بنام خداوند جان و خرد

نام اثر: **پیرامون صراط مستقیم**

نویسنده: **دکتر محمد فریور**

تایپ: تهمینهٔ غلامیان

ویرایش نهائی وصفحه بندی : رسانهٔ گروهی پارس – بوستن

چاپ سوم: بهار ۱۴۰۲ (۲۰۲۳ میلادی) – بوستن

چاپ دوم: پائیز ۱۴۰۱ (۲۰۲۲ میلادی)– بوستن

چاپ اول: تابستان ۱۴۰۱ (۲۰۲۲ میلادی)– بوستن

شابک: ۰-۲۰۳-۵۸۸۱۴-۱-۹۷۸

ناشر: رسانه گروهی پارس

Pars Mass Media,Inc.
P.O.Box 455
Westwood, MA 02090 USA
Tel:+(781) 493-2212

پیرامون

صراط مستقیم

دکتر محمد فریور

فهرست

فصل پنجم

فصل ششم

الاسرا ١٧/٨٠:

وَقِل رَّبِّ أَدْخِلْنِي مُدْخَلَ صِدْقٍ وَأَخْرِجْنِي مُخْرَجَ صِدْقٍ وَاجْعَل لِّي مِن لَّدُنكَ سُلْطَانًا نَّصِيرًا (٨٠)

شماره ونام سوره های قرآن

<table>
<tr><td>۲۸- سوره القصص</td><td>۱- سوره الفاتحه</td></tr>
<tr><td>۲۹- سوره العنکبوت</td><td>۲- سوره البقره</td></tr>
<tr><td>۳۰- سوره الروم</td><td>۳- سوره آل عمران</td></tr>
<tr><td>۳۱- سوره لقمان</td><td>۴- سوره النساء</td></tr>
<tr><td>۳۲- سوره السجده</td><td>۵- سوره المائده</td></tr>
<tr><td>۳۳- سوره الأحزاب</td><td>۶- سوره الأنعام</td></tr>
<tr><td>۳۴- سوره سبا</td><td>۷- سوره الأعراف</td></tr>
<tr><td>۳۵- سوره فاطر</td><td>۸- سوره الأنفال</td></tr>
<tr><td>۳۶- سوره یس</td><td>۹- سوره التوبه</td></tr>
<tr><td>۳۷- صوره الصافات</td><td>۱۰- سوره یونس</td></tr>
<tr><td>۳۸- سوره ص</td><td>۱۱- سوره هود</td></tr>
<tr><td>۳۹- سوره الزمر</td><td>۱۲- سوره یوسف</td></tr>
<tr><td>۴۰- سوره غافر</td><td>۱۳- سوره الرعد</td></tr>
<tr><td>۴۱- سوره فصلت</td><td>۱۴- سوره ابراهیم</td></tr>
<tr><td>۴۲- سوره الشوری</td><td>۱۵- سوره الحجر</td></tr>
<tr><td>۴۳- سوره الزخرف</td><td>۱۶- سوره النحل</td></tr>
<tr><td>۴۴- سوره الدّخان</td><td>۱۷- سوره الأسرا</td></tr>
<tr><td>۴۵- سوره الجائیه</td><td>۱۸- سوره الکهف</td></tr>
<tr><td>۴۶- سوره الأحقاف</td><td>۱۹- سوره مریم</td></tr>
<tr><td>۴۷- سوره محمد</td><td>۲۰- سوره طه</td></tr>
<tr><td>۴۸- الفتح</td><td>۲۱- سوره الأنبیاء</td></tr>
<tr><td>۴۹- سوره الحجرات</td><td>۲۲- سوره الحج</td></tr>
<tr><td>۵۰- سوره ق</td><td>۲۳- سوره المؤمنون</td></tr>
<tr><td>۵۱- سوره الزاریات</td><td>۲۴- سوره النور</td></tr>
<tr><td>۵۲- سوره الطور</td><td>۲۵- سوره الفرقان</td></tr>
<tr><td>۵۳- سوره النجم</td><td>۲۶-سوره الشعراء</td></tr>
<tr><td>۵۴- سوره القمر</td><td>۲۷- سوره النمل</td></tr>
</table>

مقدمه ناشر

دکتر محمد فریور سالهاست درمنطقهٔ بوستن به کار طبابت مشغول است و هرایرانی ساکن این منطقه اورا بخوبی می شناسد. او علاوه براینکه پزشکی حاذق است و بارها بعنوان پزشک سال در این منطقه شناخته شده است ، انسانی است کامل که از هرویژگی بد و نا شایست به دور است. اگر خودرا مسلمان معرفی می کند از زمرهٔ خشک مذهبان مقلد نیست. دین را از دریچهٔقرآن می بیند و می شناسد. وقتی قرآن پیرامون حجاب بحث می کند و حکم می دهد او به حجاب مورد نظر جمهوری اسلامی خرده می گیرد. وقتی قرآن درمورد موضوعی حکم شرعی صادر می کند وحکومت اسلامی حکمی متفاوت باآن دارد صریحاً به حکم قرآن گردن می نهدو می گوید تنهامرجع او درموردشریعت اسلام قرآن است.

او براین باوراست که فقه اسلامی و شرایع دین اسلام باید با پیشرفتهای علمی که در جوامع بشری صورت می گیرد همراه وهمگام شود زیرا قرآن می گوید دین اسلام دین همهٔ قرون واعصاراست و نباید در یک محدوده فکری درجا بزند.

شریعتی که یک فرد جاهل می پذیرد با همان شریعت که مورد قبول یک فرد تحصیلکرده و آگاه است باهم تفاوتهایی خواهند داشت.

دکتر فریور به زیان های ناشی از دینی که پاره ای حکومتگران اسلامی به دنیا معرفی می کنند اشاره کرده و می گوید این دین که با آموزه های قرآنی فاصله دارد از نظر اقتصادی، اخلاقی واجتماعی به زیان ماست. و باتعجب به اختلاس ها ودزدیهای نجومی که توسط بسیاری از کارگزاران رژیم های اسلامی صورت می گیرد اشاره می کند تا نتیجه گیری کند که اگر پیروان اسلام برصراط مستقیم باقی بمانند بدون شک اختلاس و چپاول اموال مردم ازجامعه رخت بر می بندد.وآزادی ورفاه برای مسلمانان به ارمغان می آورد.

این کتاب شاید تنها کتابی است که درمورد صراط مستقیم نوشته شده است. دکتر فریور برای نوشتن آن سالها به مطالعه کتابهای فقهی و مذهبی پرداخته و آنچه از این متون درک کرده است دراختیار خوانندگان خود می گذارد. نویسنده نه تنها به صراط مستقیم باوردارد بلکه تلاش می کند خود همواره برصراط مستقیم باشد. اگرچه انگیزه نوشتن کتاب سئوالی است که نوادهٔ او دربارهٔ صراط مستقیم ازاو پرسیده است اما صراط مستقیم که بر راهنمایی همنوعان وکمک به دیگران پافشاری می کند نیز خود انگیزه دیگری است که نویسنده را به تحقیق و پژوهش پیرامون این

موضوع کشانده است که حاصل آن را درصفحات بعد می خوانید.

رسانه گروهی پارس مفتخر است که در این راه سهم بسیار کوچکی درنشر این کتاب بر عهده داشته است بااین امید که اگر اسلام گریزهم هستیم مطالب کتاب را بادقت بخوانیم تا مبانی انسان دوستی و کمک به هم نوع ، و تکمیل سجابای اخلاقی را در خود تقویت کنیم.

دکتر فریورکه متخصص گوارش هست کتاب دیگری نوشته است به زبان انگلیسی که دررابطه با تخصص پزشکی اوست بنام((سندروم رودۀ تحریک پذیر)). عنوان انگلیسی آن چنین است:«Is It IBS or Your Diet ?» . نسخۀ دیجیتال آن هم اکنون درآمازون موجوداست و در ۵ رشته بعنوان پرفروش ترین کتاب بین المللی معرفی شده است. متخصصین گوارش درآمریکا،کانادا واسترالیا که نسخۀ دیجیتال این کتاب را مطالعه کرده اند آن را ستوده اند.

رسانه گروهی پارس- بوستن
پائیز ۱۴۰۱

پیشگفتـــار (چاپ اول)

نواده ام سیروس که متولد آمریکاست در زمانی که ۱۳ ساله بود از من سوال کرد که وقتی در نماز میگوییم:

اهدِنَا الصِّرَاطَ المُسْتَقِیمَ

صراط مستقیم یعنی چه؟ بنده به نظر خودم جواب قانع کنندهای به او دادم، ولی از وجناتش هویدا بود که از جواب کلی من راضی نیست و به دنبال جواب جامعتری میباشد. به او قول دادم که در سفر قریب الوقوع به ایران کتابی نوشته شده به زبان انگلیسی درباره صراط مستقیم را برایش به ارمغان خواهم آورد. با کمال تاسف هر چه در کتابفروشیهای کاشان جستجو کردم و از کتابفروشهای معتبر سوال کردم چنین کتابی به زبانهای فارسی، عربی و یا انگلیسی وجود نداشت. بر آن شدم که به قول خود وفا کرده و شخصا این موضوع را تحقیق و نتیجه آنرا در اختیارش قرار دهم.

با استفاده از ماخذ معتبر و متعدد، موضوعات دیگری پیرامون صراط مستقیم برایم مطرح گشت و این امر به درازا کشید. تصمیم بر آن گرفتم که فقط از قرآن به عنوان ماخذ و مرجع استفاده کنم. در نوشتن این کتاب در نظر داشتم که علاوه بر سیروس که نسل سوم مهاجر در آمریکاست، برای نسل دوم و کثیری از نسل اول های مهاجر و علاقمند، که با قرآن آشنایی قابل ملاحظه ای ندارند نیز مفید باشد.

قرآن و مطالعات محدود و معدود مذهبی، تجربیات اجتماعی اینجانب با بیش از ۵۰ سال زندگی و طبابت در آمریکا، سفرهای مختلف به کشورهای مسلمان و غیر مسلمان جهان به دلایل مختلف، فعالیت در امور فرهنگی، خیریه و عام المنفعه در ایران و آمریکا باعث برداشت های متفاوتی در پاره ای از مفاهیم مذهبی گشته است که شرح آن خواهد آمد.

در سال ۱۳۲۴شمسی در نایین متولد شدم و تا پایان دبیرستان در آنجا بودم. زندگی در نایین در طی هزار سال گشته تغییر قابل ملاحظه ای نکرده بود. هفت سال بعد را در

تهران که محیطی کاملا متفاوت بود، به دانشگاه رفته و در سال پنجم پزشکی باهمسرم که اهل کاشان و دانشجوی علوم اجتماعی بود آشنا شده و ازدواج کردم. در سال ۱۹۷۰ میلادی دکترای پزشکی گرفته و در ۱۹۷۱، در سن بیست و شش سالگی، و حدود ۱۰ سال قبل از انقلاب اسلامی، با همسر و فرزند دو ساله ام سعید به آمریکا برای ادامه تحصیل وزندگی مهاجرت نمودم.

آشناییم به زبان عربی و قرآن در حد دبیرستان آن زمان و خیلی کم بود. مانند سایر همردیفان، دامنه معلومات دینی ام از نماز، روزه، اصول و فروع دین، سوره حمد، چهار قل و آیت الکرسی، سرگذشت امام حسین و واقعه کربلا، مراسم محرم و سینه زنی عاشورا و دعای جوشن کبیر در شب های احیاء ماه مبارک رمضان تجاوز نمیکرد، به غیر از خانواده های مذهبی، نماز و روزه ام مثل جوانان امروزی مرتب نبود. اولین نفر با دیپلم در خانواده بودم و تنها کتاب دینی شرعیات دبیرستان آن زمان و روضه خوانی شب های محرم در حسینیه محله و مهمترین آن استماع چندین جلسه موعظات عالم ربانی مرحوم آیت الله العظمی آقا سید جواد غروی رحمت الله علیه بود که چند سالی در نایین در بعد از ظهر ماه مبارک رمضان منبر داشتند. در آمریکا نیز ادامه تحصیل، مشغله زیاد برای گذران امور خانواده جوان پنج نفری و مهاجر، آشنایی و خوگرفتن با فرهنگ و محیط جدید ازهر نظر، تربیت فرزندان، حرفه پر مسئولیت پزشکی موفق با عنوان دانشگاهی در دانشکده پزشکی دانشگاه بوستون و دانشگاه هاروارد و مسئول بخش بودن، مرا در حرفه ام غرق کرده بود، بنابراین تحقیق و تفحص در اسلام به علت عدم احساس احتیاج به فکرم هم خطور نمیکرد. به دلایل تاریخی و فرهنگی بوستون از شهرهای قدیمی و نزدیکترین به تعریف مدینه فاضله است.

مردم اغلب با سواد، اهل علم، انساندوست، صادق و به قوانین احترام میگذارند. دانشگاههای هاروارد و ام.ای.تی و ده ها دانشگاه معتبر و کالج در آنجا واقع شده و برندگان جایزه نوبل در که در آنجا زندگی می کنند به نسبت کم نیستند. سالها زندگی فعال در آنجا مرا با اخلاقیات و طرز تفکر مردمش همخو کرده بود.

در سالهای اولیه انقلاب جمعی از ایرانیان خواسته و ناخواسته ترک وطن نموده و معدودی به دلایل شغلی، فرهنگی و تحصیلی بوستون را برای منزل دوم انتخاب کردند. این گروه اغلب تحصیل کرده آمریکا، و مصدر کارهای مهم دولتی و غیردولتی در ایران قبل از انقلاب بودند. گروهی هم سرمایه دارانی بودند که پس از جلای وطن به علت وجود دانشگاه های ممتاز جهان در بوستون و آینده فرزندانشان به آنجا مهاجرت

کرده بودند. به دلایل مختلف مانند قدمت سکونت در آمریکا، شهرت در طبابت، راهنمایی های مختلف مورد نیاز تازه واردین و غیره را بعهده می گرفتم، در گردهمایی ها که دعوت میشدم، مکرر میدیدم که به تدریج خانواده ها از اسلام وارداتی خود فاصله میگرفتند، روسری به کنار میرفت، دامن ها کوتاهتر میشد، خانم ها سیگار به دست و آقایان آشامیدنی های متفاوت و گرانقیمت! می نوشیدند. اینان پس از سال ها بطور کلی در محیط جدید خود جذب شده و اسلامشان در وجود یک جلد کلام‌الله مجید در منزل خلاصه میشد. در گردهمایی های دوستانه بحث اغلب راجع به اسلام، حکومت مذهبی و سیستم آخوندی بود. اسلام را با حکومت اسلامی مخلوط کرده و با ادبیات مخصوص خود دین و حکومت را پایمال میکردند. گاه از من بر خلاف انتظار حرف هایی در حمایت از دین میشنیدند که از روی صداقت و بر پایه اطلاعات قبلی من بود و اینکه دین و وطن را باید از حکومت و سیاست جدا کرد و هر کدام جای مخصوص به خود را دارد.

در این میان بعد از مدتی یکی از دوستان نو رسیده، مسن، با سواد، معروف، مصدر خدمات، متعلق به خانواده مذهبی و فرهنگی خیلی معروف، مطلع و به قول خود خیرخواه بنده، کتابی به اسم ۲۳ سال را که میگفتند نوشته سناتور علی دشتی است و در میان بزرگان قوم دست به دست میگشت، به طور امانت برای مطالعه و روشن شدن افکارم به من قرض داد. در این کتاب نویسنده با برداشتی مغرضانه قسمت های کوچکی از آیات قرآن و زندگی پیامبر اسلام را مورد بحث و تمسخر قرار داده و واضح بود که تنها هدف آن ارتداد خواننده از اسلام بود. خواندن این کتاب تاثیر مورد نظر نویسنده را به آسانی برآورده میکرد. من روزها و شب ها به نوشته های آن فکر کردم. بالاخره با خود گفتم که این مطالب نمیتواند به صورتی که نوشته شده صحیح باشد، زیرا اگر چنین میبود در ۱۴۰۰ سال گذشته دانشمندان و دین پژوهان دیگری هم متوجه شده بودند و اسلام بیش از یک و نیم میلیارد پیرو نداشت و هزاران نوابغ، دانشمند، فیلسوف و حکیم مانند علی علیه السلام، حکیم ابوالقاسم فردوسی، ابو علی سینا، فارابی، رازی، ابن رشد، مولانا جلال الدین رومی، سهروردی، ابن خلدون، امام محمد غزالی، عطار نیشابوری، ابن عربی، سعدی، حافظ، صدر المتاهلین شیرازی، اقبال لاهوری و هزاران متفکر، فیلسوف و معلم اسلامی با آن فرهنگ غنی را پرورش نمیداد. در صدد بر آمدم که اگر نوشته ای در نقد کتاب ۲۳ سال نوشته شده را بدست آورده، مقایسه و مطالعه کنم. در آن زمان اوایل جنگ تحمیلی ایران و عراق با اشکال زیاد سه جلد کتاب به نام خیانت در گزارش تاریخ، پاسخ ۲۳ سال نوشته مصطفی

حسینی طباطبایی را از ایران بدست آورده و مطالعه آن نظرم را قانع کرد که دشتی در نوشتن ۲۳ سال برداشتی غلط و احیانا مغرضانه داشته است. این مطلب در من جرقه کسب دانش بیشتر راجع به اسلام، قرآن، پیامبر و زندگی او، شرع و فقه را بیدار کرد و در چندین سال متوالی پس از مراجعت از کار روزانه بیمارستان و مطب و مطالعات مجلات پزشکی، ساعاتی را نیز به خواندن متون اسلامی گذراندم و در آموختن زبان عربی و فهم متون مشکل از مکتب اساتید فن مستفیض گشتم.

خواندن کتابهایی مانند تفسیرالمیزان، نوشته های صدر المتاهلین، شیخ علی نجفی کاشانی، علامه یوسف علی، مهندس عبدالعلی بازرگان، تمهیدات عین القضات همدانی، گلشن راز و شرح آن، شیخ محمود شبستری، آثار شیخ مرتضی مطهری درباره اسلام و قرآنشناسی و کتابهای دکتر علی شریعتی، رسائل ابن عربی، کیمیای سعادت امام محمد غزالی، منطق الطیر و مثنوی معنوی، فیه مافیه مولوی، مولوی نامه استادهمایی، نفحات الانس جامی، خورشید معرفت در گناه و طاعت آیت الله سید جواد غروی و استفاده از یوتیوب برای استماع معدودی از سخنرانی های دکتر عبدالعلی بازرگان، دکتر عبدالکریم سروش، دکتر حسین الهی قمشه ای،وکلیپ های متعدد راجع به معجزات قرآن، کتاب های انگلیسی راجع به اسلام، قرآن و زندگی محمد (ص) به خصوص نوشته های خانم کارن آرمسترانگ و خانم آن ماری شیمل، آیات قرآن راجع به خلقت، قیامت و چگونگی اتمام دنیا، اطلاعات علمی، نجومی، فیزیکی و طبیعی مختلف که در زمان پیامبر و حتی تا اخیرا راجع به پیدایش جهان ناشناخته بود و اخیرا توسط استیون هاکینز توضیح داده شده، کشف معجزه عدد ۱۹ در قرآن توسط دکتر رشاد خلیفه، عقلانی بودن آنچه در قرآن هست، به این یقین رسیدم که قرآن وحی خداوند به محمد صل الله علیه و آله پیامبر اوست. همین یقین و باور است که مسیر زندگی مرا به یکبار تغییر داد و از آکادمیا و دانشگاه های هاروارد و دانشگاه بوستن و کسب شهرت، مال اندوزی و تجمل، مرا به طرف وقف وقت، انرژی و اموالم به امور عام المنفعه و خیریه سوق داد. اینکار برای سال ها با قدم های کوچک، دادن لباس عید به دانش آموزان فقیر و یتیم شروع و بعد از مدتی افطار روزه گیران در شب های احیای ماه مبارک رمضان به آن اضافه شد و هنوز هم ادامه دارد. در زمان وقوع زلزله منجیل و رودبار به کمک خیّرین منطقه بوستن صندوق کمک به اطفال یتیم زلزله زده به سرپرستی اینجانب تاسیس و فعالیت های آن تا بعد از زلزله بم برای حمایت مالی بیش از دو هزار ایتامی که سرپرست خود را در اثر زلزله از دست داده بودند ادامه داشت، (ERFO ۱۹۹۰-۲۰۱۹).

تشکیل کمیته ایران جامعه پزشکان ایرانی در آمریکا به منظور ارتقاء دانش پزشکی اساتید ایرانی و ارگانایز کردن سفرهای سالانه اساتید خارج از کشور به دانشکده های پزشکی مادر و گروه نیکی (شبکه دانش و نوآوری ایرانیان *NIKI*) برای ادامه فعالیت های توسعه علمی پزشکان که به مدت ده سال و تا خودکفایی جامعه پزشکی ادامه یافت. (بعد از انقلاب اساتید ممتاز پزشکی یا بازنشسته شده و یا ایران را ترک کرده بودند، و حتی کتاب های درسی به روز در اختیار دانشجویان نبود، بخاطر تحریم های زمان جنگ وبعدازآن اساتید ایرانی را به خارج برای دوره های نوآموزی راه نمیدادند و از اساتید و اطبای ایرانی در خارج از مرزها کسی حاضر نمیشد به دلایل مختلف منجمله خطرات احتمالی زمان جنگ ایران و عراق و بلافاصله بعد از آن به ایران سفر کند)، تشکیل خانه بهار و خیریه نگین برای نگهداری پسران ۷-۱۲ساله بی سرپرست یا بدسرپرست در کاشان و خانه نرگس در آران و بیدگل برای سکونت دختران که به تدریج به هفت خانه برای سنین مختلف از ۳-۱۸ سال میباشد بوجودآمد. این خانه ها به صورت هیأت امنایی اداره میشود و مورد تایید و حمایت سازمان بهزیستی است. عمده مخارج خیریه نگین توسط بنیاد نیکوکاری نگین تأمین میشود، برای حمایت مالی از خیریه نگین مجموعه هتل سنتی نگین شامل ۵۰ اطاق و ۲۰ دستگاه آپارتمان و چندین خانه سنتی دیگر در کاشان توسط اینجانب و همسرم ایجاد و به نام بنیاد نگین وقف شدند. با این تجربیات زندگی و زمینه فکری و روحی بود که زمانی که نوشته ای راجع به صراط مستقیم را نیافتم، در صدد تحقیق و نوشتن مقاله ای در اینباره برآمدم، این کار به دلایل مشاغل متفاوت به درازا کشید .

چون طبیعتا یک جواب، پرسش دیگری را مطرح میکرد. اینک نتیجه تحقیقات و نظرات شخصی خود پیرامون صراط مستقیم را در اختیار علاقمندان قرار میدهم، باشد تا برای معدودی مفید واقع شود.

البته ممکن است انتشار این کتاب که چکیده ای از درک اینجانب از قرآن و اسلام است برای اغلب مسلمانان ایجاد سوء تفاهم نموده و در نظر اول آن را تحلیلی نابخردانه از قرآن و تشویق بی دینی و بی بند و باری تلقی کنند، ولی این تدبر در آیات از نظر عوام تازگی نداشته و کم و بیش از طرف بسیاری از صاحبنظران و متخصصان نیز اعمال گشته است، در اینجا بدون نفی ظاهری مناسک و عبادات، عمیقتر به معنا و هدف پاره ای از اعمال واجب پرداخته شده است. این رویه در سه قرن اول اسلام رایج بود و در ادیان دیگر ابراهیمی یهود و مسیحی شعبات مختلف و متعدد مذهبی کامل

پذیرفته شده است. اکنون که دنیا تبدیل به دهکده کوچکی شده و مهاجرت مسلمانان به خصوص به کشورهای غربی برای زندگی بهتر امری عادی است، بخاطر قوانین دست وپاگیر و غیر قابل اجرای فقهی توسط بسیاری از افراد در محل کارو قوانین مدنی متفاوت در کشورهای غربی، هدف اینجانب از این نوشتار جذب مجدد جوانان و افراد به اصطلاح روشنفکر و غربزده به دامان اسلام عملی که به نظر بنده مورد قبول قرآن و خداوند است بوده است، این اسلام به نظر گروهی حداقلی است بخاطر عدم ورود سنت و حدیث وروایات ،که علت اصلی آن محدودیت دانش این حقیر در اینباره بوده و اینکه سنت پیامبر اکرم در غرب امروز جوابگو نیست و حدیث اگر هم صحیح باشد به احتمال قوی زمان، آن را از حیض انتفاع خارج نموده است. بنابراین (شایدهم اسلام حداکثری) چون قرآن حدیثی است که فقط کلام خداوند و انتظارات او از بندگانش در آن تا ابدیت وجود دارد، اسلام قرآنی، عقلانی و شورایی میتواند تا حدی از اسلام گریزی اکثر مهاجران و فرزندانشان که به علت عوامل محیطی قادر به اجرای احکام اسلامی نیستند و ایراداتی را که دشمنان به پیامبر عظیم الشان اسلام به عللی مانند ازدواجهای مجدد و ازدواج با دختر نابالغ روا میدارند رفع نماید، زیرا در تشهد میگوییم: وَأَشْهَدُ أَنَّ مُحَمَّدًا عَبْدُهُ وَرَسُولُهُ، البته بنده، عبد و پیام رسان جایزالخطاست و جزئیات سنت او در همه ادوار قابل و لازم الاجرا نیست و ایرادی به قرآن نمیتواند باشد، رسالت او آسمانی و کتابی که به او نازل گشته و دستور ابلاغ به مردم عالم گرفته کلام خداوند است و خواندن، فهمیدن و دانستن معانی تحت اللفظی، اجتهاد و درک عمیق از معانی آیات و تدبر در آنها (به روز و عرف عموم پسند مفاد آن را فهمیدن) و ملاک عمل قرار دادن شرط سعادتمندی دنیوی و اخروی است و باعث میشود که مسلمانان فقهی و سنتی نیز بیشتر متوجه منظور از خلقت خود و عباداتی مانند دعا، نماز، روزه، امربه معروف و غیره بشوند تا انشالله مسلمان بهتری شده و بالنتیجه خود و سایر مخلوقات را از ثواب بیشتری در نتیجه اعمال عبادی خود برخوردار گردانند.

به طور خلاصه در این کتاب پس ازتوضیح مختصری راجع به دین، ایمان، اسلام، مسلمان، تسبیح و صلات درفصل اول ودرفصول بعد به فطرت انسانی، هدف از خلقت او به عنوان عبد، خلیفه و دست خداوند (یدالله) در زمین، نیاز مبرم انسان برای تربیت و هدایت شدن از طرف خداوند توسط معلمین اخلاق و انبیاء بر مبنای کتب آسمانی، خواسته های انسانی(دعا) که تنها وجه متمایز کننده او از سایر مخلوقات است، عبادت برای رسیدن به کمال مطلوب هر نفر چنانکه در وسع اوست، خدمت به خلایق و ترفیع جامعه و کلیه مخلوقات به سلطان و اجازه خداوند (مشیت الهی). هدف از نماز که

آموزش زندگی متعادل بری از افراط و تفریط و بر صراط مستقیم است. روزه که باعث اعتلای سلامت جسمی و روحی و تمرین تقوی و مهار نفس از منهیات است، زکات که به نظر اینجانب به خصوص در این زمان از اهم عبادات واجب است، بعلاوه صدقه و انفاق برای بهبود زندگی فردی و اجتماعی مسلمانان، امربه معروف و نهی از منکر به معنی پیروی و احترام به قوانین اجتماعی که در آن زندگی میکنیم (دین) و احتراز از اعمال خلاف قانون و اخلاق. فضائل و رذائل اخلاقی به عنوان چراغ راهنمای سبز و قرمز صراط مستقیم، رحمان و رحیم بودن خداوند که حتی در برابر ارتکاب گناهان کبیره به غیر از شرک توبه پذیر است، و عدل خداوند که هیچ کوششی را (خوب یا بد) بدون جواب شایسته آن در دنیا و آخرت رها نمیکند و جهنم و بهشت که لازمه عدل خداوند است. آخرین فصل به مکارم اخلاقی تخصیص داده شده ودرفصل ضمائم گزیده هایی از کتاب اخلاق جلالی که بعضی از پیام های آن واقعا ابدی است ودرسهای مکارم اخلاقی آن واقعاً میتواند برای خوانندگان آموزنده باشد. همچنین راجع به رمز موفقیت یهودیان، علل مهد امید بودن کشور آمریکا برای جوانان و شایستگان سراسر دنیا با ذکر سیستم آموزشی آن مورد بررسی قرار گرفته است ، باشد که برای گروهی از خوانندگان در آن درسی مفید نهفته باشد.

تجربه کم نظیر در زندگی شخصی خود در نقاط کاملا متفاوت و افرادی با فرهنگ، دین، مکنت، سنن، قوانین و زندگی متفاوت، برایم یقین شد که مشیت خداوند و قوانین او در عالم، همواره بر صراط مستقیم بودن، اخلاقی زیستن و برای آسایش دیگران کوشیدن بنا شده و این طرز فکر همراه با عمل به آن است (نه شعار) که انسان و جامعه را به اوج عزت میرساند، و خداوند به خواسته و دعای همراه با صداقت، کاردانی، گفتار نیک و عمل نیکو جواب مثبت میدهد (از شما حرکت، از خدا برکت). عدم شناخت بعضی از مسلمانان که عبادت و صلات واقعی برای چیست؟ و اینکه معروف و منکر عقلایی و شورایی امروز در جوامع متفاوت با معروف و منکر همراه با آزار روحی و جسمی افراد در تضادهستند، شیوع تزویر، ریا، دروغ، تنبلی، دزدی و اختلاس به عناوین مختلف و فقط به فکر خود بودن، مسلمانان را از راه راست منحرف کرده و چنان که از قرائن فراوان زندگی فردی و اجتماعی آنان برداشت میشود، بخاطر ضلالت، مورد غضب خداوند قرار گرفته اند.

دریغ است که در دنیا مسلمانان، بی اطلاع، بیسواد، مشتاق و فوندامنتالیست بخاطر عدم دانش لازم به عنوان نااهلانی که قرآن آن ها را به حیوان و جماد تشبیه کرده و کلماتی

چون: کَمَثَلِ الْحِمَارِ (الجمعه ۶۲ / ۵، کَمَثَلِ الْکَلْب - الاعراف ۷ / ۱۷۶، کَالْأَنْعَام - الاعراف ۷ / ۱۷۹ وَ کَالْحِجَارَةِ - بقره ۲ / ۷۴) را درباره آنان به کار برده است، معرّفی و شناسایی گردند.

شاید زمان آن فرا رسیده است که اسلام شناسان صاحبنظر با بازنگری در فقه اسلامی و تصفیه آن از خرافات، جوانان مسلمان و تحصیل کرده، خواهان خدمت به جامعه و جویای پیام واقعی اسلام را با هدایت و روشنگری به مغز متفکر چندین میلیاردی و قافله تمدن پیشرو بشریت متصل نموده تا در آتیه مسلمانان نیز دین خود را به خداوند و عالمیان ادا نمایند.

در این مجموعه نکات تخصصی که اینجانب صلاحیت ابراز نظر در آن را نداشتم ولی ذکر آن لازم بود را مستقیما از کتب مرجع درج نموده ام تا مبادا خدای ناخواسته دخل و تصرفی ناروا در آن رخ دهد. در واقع بیشتر مطالب مذهبی، ترجمه و تفسیرها، گردآوری اطلاعات و اقتباس از کتب مختلف صاحبنظران مربوطه می‌باشد. بیشترین فیض و استفاده را مدیون نوشته ها و انتشارات مهندس عبدالعلی بازرگان ساکن کالیفرنیا هستم. در عرض چندین سال مطالعه متون اسلامی و تفسیرهای متعدد به این نکته پی بردم که اطلاعات این عالم و حکیم ربانی از اسلام و قرآن بی همتا و مطابق با علم روز است، به همین دلیل ترجمه و تفسیر کلیه آیات قرآنی و جستجوهای مربوطه برداشته از سایت اینترنتی پرتوی از قرآن وبااجازهٔ این بزرگوار میباشد. بنده این سایت را به تمام آنهایی که به دنبال فهم قرآن هستند اکیدا توصیه میکنم. سعی کردم که از مشورت صاحب نظراتی درباره موضوعات مطرح شده استفاده نمایم ولی متاسفانه به این فرصت دست نیافتم.

در خاتمه لازم به یادآوری است که اینجانب سال هاست که دور از ایران بوده و نوشتن این کتاب در کمال سادگی وشاید با اشتباهات گرامری فراوانی همراه است و بسیاری از لغات و جملات میتوانست زیباتر و ادبی بوده و بهتر و آسانتر معنی و هدف را برساند. بخاطر این کمبود از خوانندگان محترم تقاضا دارم تقصیراتم را با بزرگی خود عفو بفرمایند و با راهنمایی‌های خود مرا در تصحیح اشتباهات در چاپهای آینده (انشاالله) کمک نمایند.

دکتر محمد فریور
تابستان ۱۴۰۱

پیشگفتار (چاپ دوم)

چاپ اول کتاب «پیرامون صراط مستقیم»پس اززمان کوتاهی کمیاب شد . بهمین دلیل و با تأکید دوستان علاقمند به چاپ دوم مبادرت گردید.

دراین بازنشر به دلیل عدم آشنائی اغلب خوانندگان به زبان عربی فقط به معانی فارسی آیات اکتفا شده است.

مجدداً لازم می دانم به خوانندگان محترم یادآوری نمایم که مطالب مندرج دراین کتاب ، فهم من از آیات مربوطه قرآنی بعداز تدبر وخواندن ترجمه وتفاسیر متعدد و منطبق کردن آنها با شرایط زندگی شخصی خود می باشد.(شغل، معلومات، خانواده، طرز تفکر) و جزاین ادعائی نداشته وندارم. امیدوارم که خواندن آن برای افراد با موقعیت مشابه خالی از استفاده نباشد.

چون دینداری فطری است وحتی افراد د بظاهر بی دین هم بخدا وخوبی وبدی همان اعتقاد را دارند که افراد متدین ، هدف از نوشتن این کتاب آشنائی وجذب جوانان ناآشنا وگریزان از اسلام به دامان اسلام قرآنی است. زیرا که قرآن برعکس سایر منابع درهمه جا بهمه زبان ها ودر کلیه زمانها وتوسط کوچک وبزرگ قابل دسترسی بوده وصحت وسقم اطلاعات کتاب به آسانی قابل راستی آزمائی است.

لازم دیدم برای درک آسانتر مفاهیم مورد بحث در کتاب ابتدا صفحاتی را به مطالب مهم مورد بحث شامل معانی دین ، اسلام ، مسلم و مسلمان، تسبیح، صلات ومکارم اخلاقی با تاریخچه ای ازآن بپردازم. زیرا اکثر مسلمانان این صفات را تنها شایستهٔ خود می دانند بدون آنکه به آن عمل کنند.

همانطوریکه از اهمّ توصیه های دینی شرایعی مانند بودائی، یهودی، مسیحی متعادل وبرصراط مستقیم بودن است شریعت محمدی هم که کامل کننده مکارم اخلاقی است همین انتظار را ازپیروان خود دارد.

فردی برصراط مستقیم است که مخلوقات دربارهٔ او احساس امنیت می کنند (جان، مال، ناموس، باورها وشیوهٔ زندگی) عدالت خواه است، درکلیه امور زندگی عاقلانه ومعتدل بوده واز رذائل اخلاقی افراط و تفریط بدور است.

انسان برصراط مستقیم پیوسته منافع اجتماع را به منافع زود گذر و شخصی خود ترجیح می دهد.

طبق قرآن، اگر«مسلمان مناسکی» دارای فضایل اخلاقی نامبرده نباشد درواقع از دین اسلام وراه حق وحقیقت به دور مانده است.

دکتر محمدفریور پائیز ۱۴۰۱

فصل اول

واژه های کلیدی در قرآن

بِسْمِ اللَّهِ الرَّحْمَنِ الرَّحِيمِ

به نام خدای رحمت گستر بر عام و خاص

اسم: همان عنوان، علامت و لفظی است که بر اشخاص، اشیا و امور مادی و غیرمادی میگذارند تا ماهیت آن از بقیه مشخص و متمایز گردد. این یک تعیین هویت برای تشخیص تفاوت هاست که با فعل و انفعالات انفرادی انجام می شود. اسم گذاری دو حالت دارد: بی محتوا مثل بعضی از اسماء فرزندان و با محتوا به گونه ای که نشانگر واقعی چیزی یا کسی باشد. (اسم با مسمی) در قرآن آمده است که خداوند تمامی اسما را به آدم آموخت. منظور آموزش الفاظ و اسماء بی مسمی نیست بلکه استعداد و قابلیت بالقوه شناخت ماهیت همه چیز در جهان را در نهاد او قرار داد. در قرآن آمده است که اسم یحیی را که بر کسی گذاشته نشده بود، فرشتگان از سوی خدا بر پدرش زکریا بشارت دادند.

سوره مریم آیه ۷: یَا زَكَرِيَّا إِنَّا نُبَشِّرُكَ بِغُلَامٍ اسْمُهُ يَحْيَى لَمْ نَجْعَلْ لَهُ مِنْ قَبْلُ سَمِيًّا ﴿٧﴾

یحیی از ریشه حی (حیات، زندگی) دلالت بر وجود حیات بخش و تحول آفرین یحیی برای بنی اسراییل میکرد و همو بوده که زمینه را برای رسالت عیسی مسیح آماده ساخت. نام مسیح را نیز فرشتگان به مریم ابلاغ کردند.

سوره آل عمران آیه ۴۵: إِذْ قَالَتِ الْمَلَائِكَةُ يَا مَرْيَمُ إِنَّ اللَّهَ يُبَشِّرُكِ بِكَلِمَةٍ مِنْهُ اسْمُهُ الْمَسِيحُ عِيسَى ابْنُ مَرْيَمَ وَجِيهًا فِي الدُّنْيَا وَالْآخِرَةِ وَمِنَ الْمُقَرَّبِينَ ﴿٤٥﴾

نام های موسی (از آب گرفته شده)، عیسی، مریم، اسماعیل، محمد و ... تماماً معرف ماهیتی واقعی هستند. و چنین است "اسماءالحسنی" (نام های نیکوی خدا) که هر کدام دلالت بر صفتی از خدا می کند و در سوره حمد بر مهمترین یا یکی ازمهم ترین آنها که "رحمت" است، در دو جلوه "رحمانیت" و "رحیمیت" اشاره میکند.

الله: اسم ذات خداوند است. اسامی دیگر همه صفات او هستند. بسم لله الرحمن الرحیم به ما

میفهماند آن کسی که ما را خلق کرده نسبت به ما بی تفاوت نیست. رحمت او هم چون نور و تابش خورشید بر جهان هستی و بر ما میتابد.

رحمان: رحمت عام خدا برای همه است مثل اشعه، نور و گرمای خورشیدی که به همه جای زمین یکسان میتابد. این رحمتی یک طرفه است. اما رحیم بودنش، رحمت "دوطرفه" است. به نسبتی که بندگان خود را در معرض رحمت او قرار دهند رحمت بیشتری به آن ها میرسد. در قرآن ده بار آمده است که خدا به همه بندگان "رئوف و رحیم" است یعنی همه مردم قابلیت و استعداد ارتباط مستقل با خدا دارند و او نسبت به همه مهربان است، ولی آنها ارتباطی با خدای خود برقرار نمیکنند.

حمد: ستایش سپاس گزارانه و پرستشانه است(سپاس، ستایش، پرستش) رحمان عام و رحیم خاص است، رحمان دادنی است که خداوند به تمام موجودات کرامت فرموده و رحمت رحیمیه گرفتنی است و مخصوص کسانی است که از طریق ایمان و اعمال صالح، خود را در مسیر وزش این رحمت خاص خداوند قرار داده اند.

دین: یعنی جزا و نتیجه عمل. اصل دین تسلیم به راه خدا، قوانین و نظامات او در جهان و به جزا و ثواب اعتقاد داشتن است و حضرت نوح اولین دیندار بود. (دین دو معنی در قرآن دارد، یکی کیش و آیین، دیگری حساب و جزا)

سلام: سلامتی

جن: ناشناخته و پوشیده، فریبکاران پوشیده باطن

انس: مردم ساده لوح احساس باور

شیطان: از شطن، به معنای دور شده از خیر است. این واژه بهر کس القای انحراف کند اطلاق شده و به انسان های دور از حق و بدکار نیز گفته میشود.

ابلیس: از فرشتگان خارج از حریم و نظاماتی است که خداوند مقرر کرده است.

هدایت رساندن به مقصود است و نه فقط راهنمایی کردن

صلات: روی کردن به خدا و به خاطر رضایت او کاری را انجام دادن. اولین مسلمان حضرت ابراهیم اولین نمازگزار است.

رکوع: داوطلبانه کاری را انجام دادن. ابراز تواضع و احترام و تسلیم در برابر حق بودن، رکوع در نماز و رکوع در دادن زکات یعنی با طیب خاطر زکات دادن.

سجود: خاکساری و در خدمت مشیت خدا بودن. در قرآن بارها به سجده ماه و خورشید و کوه و درخت و سایر موجودات در آستان پروردگار اشاره شده است.

مسجد: محلی برای سجده، سجده گاه، پیشانی هم می تواند مسجد باشد

تسبیح: کار مثبت انجام دادن و عیب و نقصی را رفع کردن، بروز استعدادهای خداداد

هر موجود در جهان هستی، تسبیح اوست که کار حساب شده ای را انجام میدهد، بگونه ای که بدون آن عیب و نقصی پدید میآید. تمام موجودات و مخلوقات در جهان تسبیح کننده اند و بنابراین لازم الوجودند.

سبحان: منزه، بی نیاز، تنها خداوند ازهر چیز بی نیاز است.

مشیت: قوانین و نظامات

شریعت: راه هایی که به راه اصلی می رسند، دین تنه درخت و شریعت شاخه های آن است.

صراط: راه اصلی و مفرد و کوتاه ترین راه بین دو نقطه است و سبیل راه های فرعی است.

تقوا: کنترل، فرد متقی نفس خود را ، در انجام کارهای بد مهار میکند و بر انجام کارهای خوب و بر صراط مستقیم زندگی کردن اصرار دارد.

صیام : خودداریها (از ۱۰ خودداری یکی غذایی و بقیه زبانی هستند.)

شهوت: تمایل شدید به هر چیزی

عذاب: محرومیت، گرفتاری، درد و رنج، مقابل راحتی است.

مجرم: یعنی قطع رابطه کردن و مقابل مجرمین مصلحین هستند.

عابد: وجود خود را رام کردن و تسلیم شدن.

زهد: عدم وابستگی به چیزی.

احسان: کار خوب، کیفیت.

برّ : کار خیر، کمیت، برّ خوبی است که مرز و اندازه ندارد.

اذن خدا: قوانین خدا

حکمت: چگونه با دیگران عمل کردن از دوست تا دشمن.

صالحات: کارهای مثبت و مقابل مفاسد است.

لعنت: دوری از حق

فاسق: قانون شکن، او میخواهد آزاد باشد.

ظلم: مصرف کننده بی محصول، عدم تعادل و بی نظمی

اولوالألباب: مقابل فاسقین، محافظان قانون و نگهداران حریم

ثواب: نتیجه و دست آورد

کفر: پوشاندن، مقابل شکر است.

کتاب: قرآن، قوانین، نظامات و احکام

انذار: آگاه کردن از خطر

اثم: خودخواهی، مقابل برّ است

جناح: گناه

فحشا: کار زشت و شرم آور

عواقب کار بد بسته به نوع آن به اسم های: ذنب، جرم، اثم، فسق و فجور خوانده می شود.

عربی: روان و ساده، قرآنا عربیا یعنی خواندنی ساده

رب: مدیر، رئیس، صاحب اختیار و کارفرما، خداوند نه تنها خالق ماست، رب ما نیزهست. (ارباب، مربی)

شُکر: استفاده صحیح از نعمت در راستای خواست دهنده نعمت، و مقابل کفر است که بمعنی نادیده گرفتن نعمت و انکار نعمت دهنده است.

شرک: بی خدایی نیست بلکه شرکت دادن کسانی یا چیزهایی در کنار خداست، ((باخدا)) نه ((به جای خدا)). به فرموده حضرت علی علیه السلام شرک مانند مورچه سیاه روی سنگ سیاه در شب تاریک است و شناختنش گاهی خیلی مشکل و احتیاج به کمک از علم و حکمت دارد. شرک تنها بت پرستی نیست، دوستی بیش از حد هر چیز که باعث فراموشی خداوند و انحراف از خط مستقیم شود شرک است، برای بعضی از افراد مال، فرزند و دوستی مقام میتواند بت و شرک باشد. طبق قرآن هر گناهی بخشودنی است به جز شرک.

کلمه: در اصل به معنای تأثیر است. در قرآن چهاربار از کلمه یا کلمات لله نام برده شده منظور همان نظامات و قوانین مؤثری است که در جهان مقرر داشته است. ازجمله نظام علت و معلولی که هر عملی را عکس العملی است، مثل روی گرداندن مستمر از حق که موجب از دست دادن استمرار ایمان میگردد.

عبادت: صاف و هموار کردن راه دل است برای معبود، بدون هیچ اکراه و مقاومت درونی. ریشه کلمه عبد، هم ریشه با تعبد و عابداست.

رجس: آثار پلید افکار و رفتار

شریعت: ثابت و مشتمل بر اصول کلی و مبادی عمومی است (گاهی هم درباره جزئیات بحث میکند.). دستورالعمل های شریعت، گزینش نوعی شیوه زندگی یک انسان دیندار است که بایستی آمیخته به فرهنگ زمانه، سنت های گذشته، تکنولوژی روز و پیش فرض های صاحبان شریعت است و تایید و یا انکار آنها نوعی مواجهه با چهار عامل فوق است، نه رد و اثبات دین.

فقه: در لغت یعنی درک و فهم، یَفْقَهُوا قَوْلِي (۲۸) ـ طه ۲۰ / ۲۸، و در اصطلاح قوانینی است که احتیاجات روزمره زندگی بشر را از شریعت استخراج میکند وهرگاه با موانعی از خارج برخورد نکند، احوال و اوضاع متحول و متغیر زندگی را با اصول ثابت و تغییرناپذیر شریعت وفق میدهد.

حنیف: حق گرا
جهاد: حداکثر تلاش با قبول سختی و محرومیت
محراب: محل حرب و جنگ با نفس لوامه
عربی: فصیح و روشن
عجمی: گنگ و نامفهوم
دعا: درخواست، نیاز

قرآن، کلام خدا و وحی بر پیامبر است

سوالات:

آیا قرآن وحی الهی است یا رویای پیامبر؟ آیا پیامبر امی و بیسواد بود؟ و اینکه آیا پیامبر آنچه از راهبان مسیحی و یهودیان آموخته را تکرار میکرده و در قرآن جمع آوری کرده اند؟ آیا قرآن معجزه است؟

جواب:

قران کلام الهی،و وحی بر پیامبری است که خواندن و نوشتن نمیدانست. در اینجا به طور خلاصه به دو موردی که در سالهای اخیر راجع به قرآن کشف شده و کلام خدا و معجزه بودن آن را بدون تردید ثابت میکند، میپردازم. قُدما فصاحت و بلاغت قرآن و اینکه پیامبر اُمی و بیسواد نوشته و به جز خدا دیگری نمیتواند بدون هیچ غلط گرامری چنین کتابی را بنویسد، از معجزات قرآن میدانستند. گروهی مدعی هستند که منظور از اُمی این است که از اهل کتاب نبود (یهودی یا مسیحی) ولی با سواد بوده است.

عنکبوت ۲۹ / ۴۸: تو پیش از آن (قرآن) هیچ کتابی نمیخواندی و به دست خود چیزی نمینوشتی که در اینصورت ابطال کنندگان دستاویزی پیدا میکردند. (تا بگویند آنچه را میگوید در تورات و انجیل خوانده است).

شوری ۴۲ / ۵۲: و بدین سان روحی از امر خویش را (قرآن) بر تو وحی کردیم، تو (پیش از این) نه میدانستی کتاب چیست و نه ایمان

۱. خداوند کشف معجزه ارتباط عدد ۱۹ با تمام قرآن را، توسط دکتر رشاد خلیفه در مسجد توسان آمریکا ممکن کرد تا نشان دهد که قرآن از طرف خدا نازل و بدون هیچگونه تغییرحفظ شده است. (قرآن عهد نهایی ترجمه رشاد خلیفه ۱۹۹۲) به طور خلاصه تمام پارامترهای قرآن به طریقی قابل تقسیم بر عدد ۱۹ هستند، امری که نه تنها از عهده انسانها بلکه سوپر کامپیوتر با هوش مصنوعی نیز ممکن نیست. بطور مثال تعداد سوره ها ۱۱۴=۱۹X۶،

تعداد آیات قرآن۶۳۴۶=۱۹×۳۳۴، بسم لله الرحمن الرحیم ۱۹ حرف دارد. لله ۲۶۹۸=۱۹×۱۴۲ بار در قرآن آمده، تمام لغات بسم لله الرحمن الرحیم مضربی از ۱۹ هستند، اسم ۱۹ بار، الرحمن۵۷=۱۹×۳ ، الرحیم ۱۱۴=۱۹×۶، و در سوره حمد لبها ۱۹ مرتبه بسته میشود(ب و م). به این دلیل رشاد خلیفه سوره فاتحه را کلید ارتباط مستقیم با خداوند میداند. تمام جزییات سوره فاتحه از آیات تا کلمات و حروف به طرز حیرت آوری مضربی از ۱۹ هستند. اولین آیات وحی ۱۹ کلمه (علق۹۶ / ۱-۵) و۷۶=۱۹×۴ حرف و ۱۹ آیه دارد و از انتهای قرآن سوره نوزدهم است. و آخرین آیه نازل شده بر محمد نیز (سوره نصر) ۱۹ کلمه دارد. برای اطلاعات بیشتر راجع به این موضوع رجوع شود به ترجمه لاله، قرآن عهد نهایی، رشاد خلیفه، مسجد توسان، آریزونا

اولین آیات وحی شده به پیغمبر در غار حرا (اولین ۵ آیات سوره علق) از نظر زمان، مکان، معنی و محتوا واقعا معجزه است:

علق ۹۶ / ۱-۵: بخوان (اسرار خلقت را، چون قرآن نبود و پیغمبر خواندن نمیدانست) بنام رب(اسم خدا در نقش تربیتی و مربی) که خلقت در دست اوست، انسان را از علق (لخته خون، مانند زالو چسبنده به رحم، معلق در رحم، پیوسته و علاقمند از نظر ژنتیکی به بقیه موجودات)، بخوان که رب تو اکرم است (اولین صفتی که از خداوند ذکر میشود، کرامت است، کریمترین، با شخصیت ترین، بی عیب ترین)، که با قلم (بزرگترین کرامت به انسان ابزار نوشتن) آموزش داد (تا انسان بتواند تجربیات خود را نوشته و با انتقال علم و تجربه اش به دیگران و آیندگان ازدیاد علم نمایند) آنچه را نمیدانستند. بنابراین خداوند به یک فرد بیسواد در محیطی که سواد خواندن و نوشتن را تعداد انگشت شماری میدانستند وحی میکند که: بخوان بنام تربیت کننده ای که خالق همه چیز است و از طریق قلم به انسان آنچه را نمیداند میآموزد. در جای دیگر (القلم ۶۸ / ۱) خداوند به قلم و آنچه مینویسد سوگند میخورد:

ن وَالقَلَمِ وَمَایَسطُرُونَ (کتاب، روزنامه،...)

در اولین ارتباط صحبت از خواندن و قلم (نوشتن) و آموزش و شناخت است (طبیعت با علم و ماوراء طبیعت با وحی و ایمان به خدا و آخرت) وهدف کلیه

انسان ها و آیندگان هستند. جل الخالق

۲.   دکتر موریس بوکای فرانسوی از نظر علمی قرآن را مورد تحقیق قرار داده و با مقایسه با انجیل به این نتیجه میرسد که در تورات و انجیل اشتباهات و ادعاهای غیر علمی فراوانی وجود دارد. حتی در مطالب به ظاهر مشترک با قرآن مانند داستان پیامبران، سناریوهای قرآن با علم امروزی مغایرتی ندارد، ولی انجیل چنان نیست. بنابراین محمد صلوات الله علیه نمیتوانسته است که داستان ها را از تورات و انجیل اقتباس نماید و اطلاعات جدید و ندانسته ای را عرضه کند.

قرآن نه تنها به تحصیل علم سفارش میکند بلکه درقرآن هیچ موضوعی که مغایر با علم امروزی باشد وجود ندارد. مطالب بیشماری در قرآن وجود دارد که علم، اخیرااز آنها مطلع وآن را کشف نموده است، ولی در زمان پیامبر و قرنها بعد از آن بدلیل مجهول بودن اطلاعات کافی، مفسران منظور علمی آیات را نفهمیده و تعبیرهای متفاوتی از بعضی لغات و آیات ارائه کرده اند که نیاز به بازنگری دارد. در زیر شمه ای از آیات مربوط به خلقت جهان بنظر شما میرسد:

اعراف ۷ / ۵۴ : مسلما رب شما خدایی یکتاست که آسمان و زمین را در شش دوره آفرید.

فصلت ۴۱ / ۹ تا ۱۲:بگو آیا شما کسی که زمین را در دو دوره آفرید (دو مرحله رتق گازها و فتق اجرام تشکیل شده) نادیده میگیرید، و در زمین (برای مهار حرکت خشکی ها) کوه هایی (همچون لنگر کشتی) از فراز آن قرار داد، و بدان برکت بخشید و قوت غذایی (خاک) آن را در چهار دوران (دوران بمباران شهاب سنگ ها، سرد شدن تدریجی پوسته زمین، عصر آبفشان ها، عصر لجنزار ها) به قدر نیاز خواستاران تقدیر کرد. سپس به جو زمین پرداخت که هنوز دودی (گاز با ذرات ریز) بود. پس آن توده گازی را در دو ایام به صورت هفت آسمان سامان دادیم و به هر (لایه ای از) آسمان نقش خلقت آن را وحی کردیم و آسمان پایین تر را با نور افشانی هایی بیاراستیم و (عاملی) حفاظتی (در برابر اجرام و اشعه هایی مخل حیات زمینی) قرار دادیم. (هفت طبقه جو زمین شامل تروپوسفر، تروپوپوز، استراتوسفر، استراتوپوز،

مزوسفر، ترموسفر، اگزوسفر. و تقسیم بندی دیگری بر اساس اجزاء تشکیل دهنده آن مانند هوموسفر، هتروسفر، مگنتوسفر و غیره)

انبیا ۲۱ / ۳۰: آیا آنها که انکار کردند نمی‌بینند که آسمان ها و زمین که بهم بسته بودند (رتق – گاز فشرده که بهم بسته و تشکیل یک توده داده بودند)، سپس ما آن دو را گشودیم (فتق= منفجر، مه بانگ). و از آب همه چیز را زنده کردیم.
(زندگی موجودات در روی زمین از گنداب ها شروع و دی.ان.ای DNA خشت اول حیات در آن بوجود آمد.)
الدخان ۴۴ / ۱۰: پس در انتظار روزی باش که آسمان دودی آشکار پدید آورد (قیامت)

جهان از بهم فشرده شدن گازها در نبولای اولیه و در تعقیب آن خورد شدن آن (مه بانگ) منظومه ها را تشکیل داد. منظومه ها شکستند و ستارگان بوجود آمدند، و از انفجار آن ها کرات و سپس قمرهای آنها. این ها را نیروی جاذبه معلق نگهداشته (ستون های نامرئی). فضای بین کرات و منظومه ها بنظر خالی است ولی بخار بسیار رقیق فضای وسیعی را که اشغال کرده اند بنظر نمی‌آید. دانشمندان معتقدند که وزن فضای ما بین اجرام و منظومه ها به مراتب از وزن خود اجرام بیشتر است. تمام این اطلاعات تازه کشف شده در قرآن آمده است.

مریم ۱۹ / ۶۵: گرداننده آسمان ها و زمین و آنچه بین آن هاست.

الانبیاء ۲۱ / ۳۳: و اوست آنکه شب و روز را آفرید و خورشید و ماه را که تماما در مداری در حال حرکت هستند.

یونس ۱۰ / ۵: اوست آنکه خورشید را فروزان (پرتو افکن) و ماه را نورانی (منعکس کننده نور خورشید) قرار داد و برای آن (ماه) منزلگاه هایی قرار داد تا شمار سال ها و حساب (روز ها و کارها) را بدانید. این (تقویم آسمانی) را خدا جز به حق (روی حساب) نیافرید.
آیات فراوان دیگر در مورد آفرینش عالم (یونیورس) گردش آب، دریا،

گیاهان، حیوانات، تولید شیر، تولید مثل انسان و غیره وجود دارند که موافق علم امروزی بوده و هیچکدام از این حقایق در زمان پیامبر دانسته نبود. در ۲۰ آیه اول سوره رحمن نیز به نشانه هایی اشاره شده که مردم زمان محمد از آن اطلاعی نداشتند. برای اطلاع بیشتر مطالب علمی در قرآن رجوع شود به کتاب انجیل، قرآن و علم نوشته دکتر موریس بوکاییل فرانسوی ۱۹۷۳

تلاوت، ترتیل و تدبر در قرآن

تدبر در لغت ژرف اندیشی و عاقبت اندیشی میباشد که نتیجه اش کشف حقایقی است که در ابتدای امر و نظر سطحی به فکر نمی‌آید. تفکر و اندیشیدن در ورای ظواهر تا چهره باطن و منظور از آیات و توجه به نتایج و عواقب امر مشخص گردد. این واژه ۴ بار در قرآن به کار رفته و در سه آیه قرآن کریم مخاطبین خود را به تدبر در اعماق و مقاصد پیام خویش دعوت نموده است. آهنگ و سیاق این آیات نوعی توبیخ و اعتراض را به همراه دارد. برای تدبر در آیات توسط عامه مردم ترجمه، شرایط علمی، روحی و اجتماعی متدبر کافی است. برای شرایط خاص تدبر مرتبه فقهی، اجتهاد و تفسیر آیات نیز لازم است و به گروه علما و اولیاء و امامان اختصاص دارد.

در تدبر، فکر و دل هر دو شرکت دارند لیکن تفسیر جریانی است فکری و علمی و با جریان قلبی و احساسی همراه نیست. در تدبر شخص خود را مخاطب آیات می بیند. در تدبر کافر و مشرک هم شرکت دارند. تدبر از قرائت شروع و با فهم عمیق ادامه یافته و به عمل ختم میشود.

از آنجا که قرآن در کنار حادثه ها و ناظر به آنها نازل شده است و از آنجا که اشارات قرآن را در دل زندگی روزانه و حادثه ها می‌توان یافت، باید به آیات مورد تدبر در طول شبانه روز و در شرایط مختلف کار، فعالیت و استراحت، فکر را بر آن متمرکز نمود و ترجیحا روی آیاتی که با نیازهای اساسی افراد در جامعه و مشکلات روحی، فکری، شغلی و اجتماعی آنان مرتبط است بیشتر فکر کرد.

برای تدبر، اول ترتیل قرآن، خواندن، تانی در معانی و منظور، مختصر تفسیر و شأن نزول که در بعضی از ترجمه ها وجود دارد. فهمیدن از طریق شنیدن به همراه پذیرش و سکوت توام با تمرکز فکر و آرامش باطنی و سیر فکری و روحی در فضای فردی

آن ضروری است. در این تمرکز ضمیر خود آگاه و ناخودآگاه هر دو شرکت دارند تا کشف پیام آیه در لحظات آرامش فکر و فراغت از همسران و کششهای دنیایی جلوه گر شود، البته این لزوما با خلوت و تنهایی همراه نیست، بلکه در خلال فعالیتهای روزانه و نشست و برخاست و در کنار جمع نیز مطرح است. آنجا که امور روزانه به دیده عبرت نگریسته شود و هر حرکت و سکون برای انسان به منزله پیام الهی تلقی گردد. آیات قرآن جلوه های بسیاری از حقایق را در باطن خویش پنهان نموده و هر کس به میزان صلاحیت علمی و معنوی به حقایقی چند از آیات پی میبرد و این معنی به کسی اختصاص ندارد چون قرآن سفره گسترده ایست که خداوند همه را به تناول از آن دعوت نموده است و بیش از صلاحیت علمی صلاحیت معنوی مورد نیاز است. به این دلیل نباید مقهور افکار بزرگان در طول تاریخ یا در زمان خویش گشت و از بدست آوردن نتایج جدید و گفته نشده نباید هراسید. چون کشف پیام آیات برای همیشه حیات بخش بوده و فکر را از خلال الفاظ به باطن خود میکشاند. به خصوص برای فردی که با توجه به واقعیتهای زندگی از نظر علمی و عملی با شناخت خود و محیط از تجربه بیشتری برخوردار است و اشارات و نظارت آیات را نسبت به اوضاع نفسانی و اجتماعی بهتر درک میکند. البته علاوه بر جسارت فکری، خلاقیت و ابتکار پس از رسیدن تدبرِ در آیه و تحصیل معانی جدید، مشورت با اهل فن و کتب مختلف مرجع لازم است. وَأَمْرُهُمْ شُورَى بَیْنَهُمْ - الشورى ۴۲ / ۳۸ تا از فرو غلطیدن در ورطه هولناک تفسیر به رأی، انحرافات و بدعتهای حرام جلوگیری کند. پیامبر عظیم الشأن هم به مشورت و نظر خواهی از اصحاب خویش حتی با خطا کاران آنان مامور میگردد. از عوامل مهم انحطاط و عقب ماندگی جوامع اسلامی عدم جسارت فکری، خلاقیت و عدم مشورت می‌باشد. حریت تفکر، خلاقیت و مشورت از عوامل اساسی پیشرفت حیرت انگیز علمی غرب در چند قرن اخیر می‌باشد ولی متاسفانه عدم اجازه استقلال فکری و استبداد در رأی پیشوایان دینی عقب ماندگی مسلمانان را رقم زده است. در واقع دو عنصر اساسی تفکر آزاد و مشورت در فرهنگ قرآن را غربیان به کار گرفته و موفق شده اند.

تفاوت قرائت قرآن و تلاوت آن است که تلاوت متابعت از قرآن در قرائت و دنبال کردن معانی و پیروی در عمل می‌باشد.

خداوند متعال به پیامبر ترتیل قرآن را سفارش میفرماید:

الفرقان ۲۵ / ۳۲ : بدینسان قرآن را یکباره نازل نکردیم که از این راه دل پر

التهاب تو را ثبات بخشیم و دلیل دیگر اینکه آن را ما به نحو خاصی چیده و نظام بخشیده‌ایم.

الاسرا ۱۷ / ۱۰۶ : وقرآنی عظیم را نازل کردیم که جدا جدایش نمودیم به این مقصود که آن را بر مردم با تأنی و درنگ بخوانی و به این دلیل بنحو خاصی آن را نازل کردیم.

المزمل ۷۳ / ۴ : یعنی قرآن را با تأنی در ادای کلمات برای تأمل در معانی آن بخوان، و تدبر در قرآن (برداشت عقلانی و عمیق از آیات) را در کلیه اعصار و قرون سفارش فرموده وافرادی را که بر خلاف آن عمل میکنند مورد توبیخ قرار داده است. دستورات قرآنی را باید همانند نماز، با تدبر برقرار کرده و بپا داشت (فکر، درک و تدبیر وعمل).

الزخرف ۴۳ / ۳: ما قرآن را خواندنی ساده و روان قرار دادیم تا شما راجع به آیات آن فکر و عمل کنید.

محمد ۴۷ / ۲۴:چرا در قرآن عمیقا فکر نمیکنند، مگر برای نو اندیشی(ایجاد تغییرات بر حسب زمان) قفل (غیر قابل تغییر) بر دل هایشان زده شده (توبیخ خداوند)

النسا ۴ / ۸۲: أَفَلَا يَتَدَبَّرُونَ الْقُرْآنَ وَلَوْ كَانَ مِنْ عِنْدِ غَيْرِ اللَّهِ لَوَجَدُوا فِيهِ اخْتِلَافًا كَثِيرًا ﴿۸۲﴾

ص ۳۸ / ۲۹: كِتَابٌ أَنْزَلْنَاهُ إِلَيْكَ مُبَارَكٌ لِيَدَّبَّرُوا آيَاتِه وَلِيَتَذَكَّرَ أُولُو الْأَلْبَابِ ﴿۲۹﴾ لِيَدَّبَّرُوا آيَاتِهِ نظر به عموم مردم دارد و وَلِيَتَذَكَّرَ أُولُو الْأَلْبَابِ را در نظر دارد، بدون تدبر در قرآن عمق و مغز آیات را نمیتوان دریافت.

الکهف ۱۸ / ۱ :ستایش ویژه خدائی است که این کتاب را بر بنده خویش نازل کرد و در آن هیچگونه پیچیدگی (دشواری درک و فهم) قرار نداده است.

الزمر ۳۹ / ۱۷-۱۸:...پس بندگان مرا بِشارت ده! همان کسانیکه سخنان را میشنوند و از نیکوترین آن ها پیروی میکنند.

قرآن جلوه خداوند، مجموعه ای از آیات و کتابی است که شامل **هدایت** ، **نور** ، **تذکر**، موعظه، برهان، شفا، حکمت و علم است، که از طریق وحی بر پیامبر القاء شده است. استفاده از قرآن فقط برای تلاوت، تجوید، حفظ کردن و مسابقه، زینت سفره عقد و هفت سین، و روی سر مسافر نگهداشتن، وسیله سوگند، بر سر قبور خواندن،

و در مراسم افتتاحیه برای جمع آوری دعوت شدگان و امثالهم نیست. آیه به معنای نشانه است، نشانه جهت رفتن و عمل براه مستقیم و متعادل، نه نشستن و گوش کردن به قاری! آنچه از قرائت، تلاوت، ترتیل و تجوید مهمتر است، تدبر و تفکر در آیات برای حرکت در مسیر الهی است.

دستور تدبر، جستجو و پرسش دائمی برای همه افراد بخصوص صاحبان علم و اندیشه، همه عصرها و نسلهاست، تا کسی گمان نکند همه نکات قرآن را پیشینیان برای همه ادوار و شرایط زندگی فهمیده اند و دیگر جایی برای تدبر و تامل نیست. معنی تدبر یعنی اینکه برداشت ما از قرآن باید عقلانی و به تناسب عقل زمان، محور عقیده، عمل، اخلاق، اقتصاد، سیاست، قانون و روابط اجتماعیمان باشد. در قرآن هیچ حکم فراتاریخی اجتماعی، خانوادگی، قضایی و سیاسی وجود ندارد و این امور به عقلا و شورا (عقل و اجماع) واگذار شده است. خداوند درباره اهل کتاب میفرماید:

المائده ۵ / ۶۶: اگر آنان تورات و انجیل و آنچه را که بسوی آنان نازل گردیده به پا دارند (بدستورات آن عمل کنند)، از هر سو نعمت بر آنان سرازیر میشود.
و درباره کسانی که کتاب آسمانی را به پا نمیدارند میفرماید:

المائده ۵ / ۶۸: بگو ای اهل کتاب هیچ و پوچید مگر آنکه کتاب آسمانی را بپا دارید (به دستورات آن عمل کنید).
الزمر ۳۹ / ۲۷: ما در این قرآن برای مردم از هر گونه چیزی سخن گفته ایم.
الروم ۳۰ / ۵۸: ما در این قرآن برای مردم از هر گونه مثلی سخن گفته ایم

تفاوت در مثال زدن در آیه فوق الروم ۳۰ / ۵۸، و صرف آن در این آیه است، که افراد بتوانند به تناسب سن، سلیقه، جنسیت، فهم، زمان، مکان و شعور اجتماعیشان از مثال ها استفاده کنند.(در نظر بگیرید صرف فعل ضرب با ۱۴ حالت آن)

طه ۲۰ / ۱۱۳- ما اینچنین بر تو متن خواندنی آسان را نازل کردیم و در آن هشدارها را صرف کردیم.(به زبان ها و سلیقه های مختلف برای تمام افراد و تمام ادوار)

امید است که تدبر در آیات قرآنی و درک صحیح از آن موجب بازنگری جدی در فقه اسلامی و تصفیه آن از خرافه های مضاف به آن در طی قرون گذشته شده و اسلام را

از خطر نابودی و غرق شدن در دریای طوفانی جهل و جمود نجات دهد.

خلاصه آنکه قرآن زندگی ما را کارگردانی میکند و هر یک از ما در صحنه های مختلف باید نقش خود را به تناسب شرایط اخلاقی، روحی، فکری، اجتماعی، شغلی صراط مستقیم و موضع مناسب آن را از روی تدبر اتخاذ کرده و نقش خود را در زندگی روزانه ایفا نماییم.

دین : دین در قرآن بمعنی قانون است وشامل قوانین الهی و قوانین مملکتی (انسانی) است

دین راهنمای زندگی مادی، معنوی وابدی برای زندگی برمبنای قوانین طبیعت است معارج: و الذین یصدقون بیوم الدین (روز رستاخیز را تصدیق می کند هم قلبی وهم عملی که ویژگی مصلحین واقعی است.)

حمد: مالک یوم الدین(مالک روز جزا)

۱۲:۷۶- پس(یوسف) به بازرسی بار برادرش(بنیامین) پرداخت وسرانجام آنهارا از بار برادرش بیرون کشید(اینگونه برای یوسف چاره سازی کردیم.)درقوانین پادشاه مصر ، مجاز نبود برادرش را (بی دلیل) بازداشت کند. مگر اینکه خدا بخواهد(راهنمائی کند) كَذٰلِكَ كِدْنَا لِيُوسُفَ مَا كَانَ لِيَأْخُذَ أَخَاهُ فِي دِينِ الْمَلِكِ إِلَّا أَنْ يَشَاءَ اللَّهُ طبق این آیه هر کس وظیفه دارد ازقوانین مملکتی كه درآن زَنَدگی می کند پیروی نماید واگر با آن موافقت نمی کند راهی برای رهایی ازآن بیابد که قانونی واخلاقی باشد. درممالک پیشرفته مردم دین موردقبول خودرا (قوانین)با آرای خود تضمین می نمایند(لکم دینکم ولی دین)

روم۳۰:۳۰- پس تو رویکرد خویش به دین(قانون خدائی) را حق گرایانه بپادار(طرفدار حق وحقیقت باش) این دین همان فطرت(سرشت) خداست که مردم را براساس آن (ازعدم) آفریده است .انسان قابلیت رسیدن به خداراادارد . آفرینش خداهم دستخوش دگرگونی نخواهدشد(سرشت انسان ثابت است) این است دین به پادارنده، (رشد دهنده)،اما بیشتر مردم نمی دانند (که راه رشدوکمال در گرویدن به هدایت وازکجی به راستی واستقامت است(حنف بودن معادل مشرک نبودن است).

۳۰:۴۳- پیش از آنکه روز بازگشت ناپذیری از جانب خداوند فرارسد (مرگ ، قیامت

یا عذاب) روی خویش را بسوی دین برپادارنده به پادار.(آئین خالص توحیدی را راهنمای زندگی خودقرارده.). اقامهٔ وجه برای دین قیم یعنی جدی گرفتن آئین خدائی وراهنمای عمل خود قراردادن درتمام برنامه های فردی واجتماعی.

۳۷:۲۰- وگویند وای برما این همان روز جزاست.(یَومِ الدّینْ)

۳۸:۷۸- ومسلماً لعنت (دوری ازرحمت) من تاروز جزا برتو خواهد بود.(عتاب خداوند به ابلیس بعداز سجده نکردن به آدم، وقتی گفت من بهترازاویم، مراازآتش (انرژی) آفریده ای واوراازخاک (ماده)

۳۹:۱۴- بگو من خدارا (نه بت هارا) درحالیکه دین خودرا برای او خالص کرده ام (خرافات زدائی) عبادت می کنم. (احتراز ازشرک وانگیزه های غیر خدائی درعبادت)

۴۲:۱۳- برای شما ازدین همان را مقررداشت که نوح رابه آن سفارش کرده بود وآنچه برتو وحی کردیم وآنچه به ابراهیم وموسی وعیسی سفارش کردیم (جزاین نبود) که دِین(قانون الهی) رابرپادارید ودرآن گروه گروه نشوید.

۲:۱۹۳- یَکُونَ الدّینُ اللهِ انحصار قانونگزاری دردین برای خداست.

۲:۲۵۶-لَا إِكْرَاهَ فَي الدَّینِ ... ودرپذیرش دین اکراه واجباری نیست. زیرا راه رشد ، به کمَال رسیدَن از کژراهه مشخص شده است و دستورات ودین خدایی که قوانین جوامع متمدن ازآن الهام گرفته است بایستی قلباً وبدون اکراه واجبار پیروی گردد

۱۳:۱۵-هر آنچه درآسمانها وزمین است با میل(قوانین) وبدون کراهت(جبراً) مشغول انجام وظیفه هستند.

۳:۸۳- منحصراً برای خدا هرآنچه در آسمانها وزمین اند بامیل وبدون کراهت(جبراً) تسلیم اند(هیچ حیوانِی نمی خواهد صید گردد)

۶:۱۰۹- لَکُم دِینکُم وَلِي دِینِ.. دین شما برای شما ودین من هم برای من. درواقع منشور آزادی عقیده و ایمان است. اکراه واجباردردین که به دل آدمی وایمان و آرامش او ارتباط دارد نتیجهٔ معکوس می دهد. پیروی ازدین الهی برای کلیه مخلوقات واجرای قانون(دین مملکتی) برای هرشهروند واجب است.

۲:۱۳۲- ابراهیم فرزندان خود(اسماعیا واسحاق) واسحاق پسرش یعقوب را توصیه کرد : ای فرزندانم بی گمان خدا این دین (اسلام) رابرای شمابر گزیده (تصفیه کرده) ، پس زنهار که جز به حال تسلیم به او (مسلمان) نمیرید.(بجای تسلیم به نفس خود یا دیگران)

اصطفای دین دلالت بر سیر تحول اوهام واندیشه های بشری درطول تاریخ می کند

که بتدریج با تصفیهٔ آمیختگی ها وخرافات زمینه را برای تجربهٔ آئین توحیدی وتسلیم ابراهیمی وتوصیه در تداوم تسلیم به قوانین خدائی تازمان مرگ رافراهم آورد. تسلیم از سلم وسلامت ناشی می شود که تنها درهماهنگی بانظاماتی که آفریدگار مقدر کرده وپیروی از کتاب هدایت وقانون او ممکن می گردد. بارها درقرآن تکرارشده که فقط یک دین وجوددارد ، آنهم دین تسلیم بخداست.(نه نفس خود، شیاطین وخناسان، ارباب زورورنر و تزویر).

۳:۱۹- اِنَّ الدِّیْنَ عِنْدَاللهِ الْاِسْلامُ

دین اسلام ثابت است وهمچون رودخانه ای است که درفواصل مختلف نهرها وشبکه هائی از آن جدا شده اند. این شعبات رادراصطلاح دینی، شریعت می گویند. شرایع برحسب زمان ، مکان، فرهنگ وشرایط زندگی افراد در فقه واحکام تفاوتهائی دارند.

۴۲:۱۳- خداوند از آن دینِ واحد (تسلیم ابراهیمی) شریعتی برای پیامبر آخرین جاری ساخت. همچنانکه قبلاً شرایعی را برای نوح، ابراهیم، موسی وعیسی جاری ساخته بود.

منظور از اسلام مهار سرکشی های نفس وتسلیم شدن اختیاری به قوانین شریعتی وتکوینی خداوند است. تسلیم زبانی گام نخست اسلام است وگام های بعدی را با اخلاق باید طی کرد تاایمان شکل گیرد. بادیه نشینان باادای شهادتین به پیامبر می گفتند ایمان آوردیم (به جای جنگ باشما) تسلیم شده ایم وایمان هنوز دردل شما وارد نشده است ۴۹:۱۴

دین قانون الهی است که همچون قوانین بشری دوطرفه بوده وتنها باتمکین به اصول آن تأثیر می گذارد. چهاربار درقرآن دین القیم یا دیناً قیماً تکرارشده به معنای آئین ثابت وپایدار یا برپادارنده ورشد دهنده (نقش برپادارندگی دین وقائم بودنش برمصالح فردی واجتماعی است).قوانین الهی برای تمام کائنات ثابت بوده ودرهیچ زمان وموقعیتی ، بدی بر خوبی تفوق نمی یابد.

اقامه: اهمیت دادن وجدی گرفتن ، برپاداشتن .

کفر به آیات الله همان نادیده گرفتن وعمل نکردن به آیاتی است که بر تسلیم به خدا، ترک خودخواهی ها،زیاده طلبی ها ،حرص وحسد توصیه می کند.

نه هیچ مسلمان شناسنامه ای پیش ازتسلیم اختیاری به خدا مسلمان واقعی است ونه هیچ خداپرست باورمند به آخرت واهل عمل صالح ازهر شریعتی (دینی) که باشد غیر مسلمان است.

یونس ۳۱:۱۰- بگوچه کسی شما را ازآسمان وروی زمین روزی می دهد؟ یا چه کسی برگوشها وچشمها یک فرمانرواست وکیست که زنده را بی جان وبی جان راازنده خارج می سازد وکیست که امور جهان را تدبیر می کند..؟ بی درنگ خواهندگفت الله. بگو پس چرا پروا نمی کنید(فقُل اَفَلا تَتَقون)

درمنطق قرآن باوراین که چهارپایهٔ هستی : رزق رسانی، ابزارشناخت که طبق نظامات او عمل می کند، چرخهٔ مرگ وزندگی وتکامل را چرخاندن و تدبیر درامور جهان ، به دست قدرت خداست(خداشناسی نظری) برای دینداری وخداپرستی کافی نیست. زیرا چهارپایهٔ فوق جنبهٔ نظری واعتقادی دارند ولی مادام که عملاً تغییری درزندگی ایجاد نکند وموجب اخلاص در تعهد وبندگی خداوند درخدمت به خلق وآفرینش نگردد،حاصلی ببار نمی آورد. معنای تقوا عمل کردن به لوازم علم است.

وقتی علم حاصل شود که رزق مابا شناخت ما، مرگ وحیات ما واداره امورمان به دست خداست کاربرد صادقانه این آگاهی پرهیز ازطمع داشتن ازبندگان دیگر ودرخدمت دیگران بودن عبد منافع دنیوی خود ودیگران بودن بخاطر کسب قدرت ، ثروت یا موقعیت اجتماعی است.

بقره:۱۲۷ و(بیادآر) آنگاه که ابراهیم پایه های خانه رابالا می برد واسماعیل (نیز به او کمک می کرد، درمقام دعا گفتند) پروردگارا (این خدمت را) ازما بپذیر که همانا تو تنهاتوئی بس شنوای دانا.

بقره: ۱۲۸- پروردگارا مادوتن را تسلیم خودبگردان(رَبَّنَا وَاجْعَلْنَا مُسْلِمَیْن) وازنسل ما نیز امتی تسلیم به خودت پدید آر(امه مسلمه) وراه وروش عباداتمانَ را به ما بنما وتوبه مارا بپذیر.

بقره:۱۳۲- ابراهیم فرزندان خود (اسماعیل واسحاق را) وهمچنین اسحاق (پسرش یعقوب را) به آن توصیه کرد وگفت فرزندانم بی گمان خدا این آئین رابرای شما برگزیده پس زنهار که جز به حال تسلیم به او (مسلمون) بمیرید.

طبق آیات فوق ابراهیم، اسماعیل ونسلهای بعدی آنان اسحاق، یعقوب وفرزندان او همه مسلمان بودند(عملی)

اسلام و مسلمان

دین یکی است و آن اسلام است.

۲:۱۹ - إِنَّ الدِّينَ عِنْدَ الله الْإِسْلَامُ

همانا دین نزد خدا اسلام (تسلیم حق بودن) است. اسلام به معنای تسلیم شدن به حق است که در آئین ابراهیمی تسلیم تشریعی با تسلیم تکوینی موجودات نسبت به خداوند حی و قیوم پیوند داده شده است (سرچشمه حیات و حرکت) در جهان.

تسلیم از سلم و سلامت ناشی می شود که تنها در هماهنگی با نظاماتی که آفریدگار مقدر کرده و پیروی از کتب آسمانی ممکن می گردد.

بنابراین اسلام یعنی دینداری، و دینداری یعنی تسلیم حق بودن و اخلاقی زندگی کردن.

آل عمران:۵۲ - پس همین که عیسی (نشانه های عملی) کفر را در آنان احساس کرد گفت چه کسانی از یاران من بسوی خدا یند؟ حواریون گفتند ما یاران خدائیم، به خدا ایمان آورده ایم، گواه باش که ما تسلیم (خدای صاحب اختیارمان) هستیم. (وَاشْهَدْ بِأَنَّا مُسْلِمُونَ)

یونس:۷۳ - پس اگر (به دعوتم) پشت کردید هیچ پاداشی از شما نخواستم. پاداش من تنها خداست و فرمان یافته ام که از تسلیم شدگان باشم. (نوح)

(وامرت ان اکون من المسلمین)

یونس: ۸۴ و موسی گفت ای قوم من اگر به خدا ایمان آورده اید پس به او توکل کنید اگر به راستی تسلیم شده هستید (ان کنتم مسلمین)

نمل: ۲۹ (ملکه سبا) گفت ای سران (کشوری و لشکری و درباریان) به من نامه ای بس گرامی افکنده شده (القاء شده) است ۳۰ - این نامه از سلیمان است و (مضمون) آن به نام خداوند بخشندهٔ مهربان بسم الله الرحمن الرحیم است. ۳۱ - اینکه بر من برتری طلبی نکنید و تسلیم شده نزد من آئید (واتونی مسلمین)

آل عمران:۸۵ - و هر کس دینی به غیر از اسلام بر گزیند هرگز از او پذیرفته نمی گردد و در آخرت از زیانکاران خواهد بود (وَمَنْ يَبْتَغِ غَيْرَ الْإِسْلَام)

آل عمران: ۸۰ - خدا هرگز شما را به ارباب گرفتن فرشتگان و پیامبران فرمان نمی دهد، آیا پس از آنکه مسلمان شده اید شما را بکفر فرمان دهد.

(أَيَأْمُرُكُمْ بِالْكُفْرِ بَعْدَ إِذْ أَنْتُمْ مُسْلِمُونَ) آل عمران:۸۴ - بگو ما به خدا و آنچه بر ما نازل شده و آنچه ابراهیم و اسماعیل و اسحاق و یعقوب و اسباط (انبیا و بر گزیدگان از فرزندان یعقوب ۱۲ تیره) نازل شده و آنچه که به موسی و عیسی و پیامبران (دیگر) از

پروردگارشان داده شده ایمان داریم، هیچ جدائی میان هیچیک ازآنها نمی نهیم وفقط تسلیم (اوامر) او هستیم(نه تمایلات خویش وباورهای پدرانمان) (ونحن له مسلمون) آل عمران ۸۳- هرآنچه درآسمانها وزمین است تسلیم اویند وبسوی او (درمسیر کمال) باز گردانده می شوند(وَلَهُ أَسْلَمَ مَنْ فِی السّمَاوَاتِ وَالأرْضِ)

جن۱۴- برخی ازما (دربرابر نظامات خدا) تسلیم هستیم و بعضی سرکش، وکسانیکه تسلیم می شوند به راه رشد وکمال می پیوندند(وَأنّا مِنّا المُسْلِمونَ وَمِنّا الْقَاسِطونَّ فَمَنْ أَسْلَمَ فَأُولَئك تَحرّوْا رَشَدًا)

مائده:۳- وَرَضِیتُ لَکُمُ الإسْلاَمَ دینًا

امروز دین تان رابرای شما بهَ کمال رساندم ونعمتم را برشما تمام کردم واسلام (تسلیم دربرابر قوانین پروردگار عالم) رابعنوان دین برای شما پسندیدم.

حجرات:۱۷- برتو منت می نهند که اسلام آورده اند. بگو اسلام آوردن خودرا برمن منت ننهید، این خداست که برشما منت نهاده است.

(قُلْ لا تَمُنُّوا عَلَیّ إسْلاَمَکُمْ)

انعام:۱۶۳- هیچ شریکی برای او نیست ومن به این فرمان یافته ام و(خود دراین محیط شرک زده) اولین مسلمانم(وانا اول المسلمین.محمدص)

اعراف:۱۲۶- ساحران دربارفرعون بعدازدیدن معجزات حضرت موسی: خداوندا بما صبر عطا فرما ومسلمان بمیران(درحال تسلیم به خودت ونه فرعون) وتوفنامسلمین

یونس:۶۰- فرعون درحالیکه درآب غرق می شد ایمان آورد وگفت من از تسلیم شدگان هستم. (وانا من المسلمین)

قصص:۵۳- وچون قرآن برآنها تلاوت شود گویند به آن ایمان آوردیم که بی تردید حقی است ازجانب پروردگارمان ، ما پیش ازاین نیز مسلمان بوده ایم(یهودی ومسیحی) (انا کنا من قبله مسلمین)

ذاریات:۳۵و۳۶- ابراهیم ازفرشتگان پیام آور عذاب برای قوم لوط می پرسد که مأموربود آتشفشان برآن شهر ببارند وکفاررا نابودسازند. آنها می گویند (۳۵): مؤمنانی را که درشهر بودند ازخطر خارج ساختیم (۳۶): ولی درآن شهر جز خانه ای از مسلمین نیافتیم.

احزاب :۳۵- مسلماً خدابرای مردان وزنان مسلمان باایمان، فرمانبردار (خدا) ، راست (گفتار وکردار) ، صبور، فروتن، صدقه دهنده (انفاق کننده) ، روزه دار، پاکدامن و یادکننده فراوان خدا (صلات دائم) آمرزش واجر عظیمی فراهم کرده است.

تسبیح:

بروز استعدادهای خدادادی هرموجود درجهان هستی تسبیح اوست. زیرا هرموجودی کار حساب شده ای را بعهده دارد وانجام می دهد که بدون آن عیب ونقصی پدید می آید.

تسبیح عملی اصلاحی، مثبت ومفیدوهماهنگ با سمفونی خلقت است.

نور۲۱:۴۲- آیا ندیدی که بی تردید هرآنکه درآسمانها وزمین است تنها برای خدا تسبیح (ایفای نقش مثبت وجودی) می کند وپرندگان بال گشوده که همگی بی گمان برصلات (رویکرد و انقیاد به قوانین طبیعی) و تسبیح خویش آگاهی دارند. وخدا برآنچه می کنند داناست.(مهاجرت پرندگان، پروانه ها وماهی آزاد، لاک پشت های دریایی وغیره مشتی از خروارند)

اسراء ۱۷:۴۴- آسمانهای هفتگانه وزمین وهر که درآنهاست تسبیح کنندۀ خداوندهستند واصلاً چیزی وجودندارد جزآنکه به ستایش او تسبیح کننده است ولی شما تسبیح آنهارا درنمی یابید(وشرط بندگی بجای نمی آورید)

انبیاء ۲۱:۲۰- شب وروزاورا (باایفای نقش مثبت اصلاحی خود) بی هیچ سستی تسبیح می کنند. (يُسَبِّحُونَ اللَّيْلَ وَالنَّهَارَ لَا يَفْتُرُونَ)شناور ومتجلی درمیدان کوانتومی هستند.

۲۱:۳۳- واوست که شب وروز راآفرید وخورشید وماه را که تماماً درمداری درحال حرکت هستند (مثبت وکمال آفرین)

۲۱:۴۱- آیا ندیدی که بی تردید هرآنکه در آسمانها وزمین است تنهابرای خدا تسبیح می کندو(ازجمله) پرندگان بال گشوده (معلق درآسمان) که همگی بی گمان برصلات (رویکرد وهدف بالا) و تسبیح (انجام وظیفه مثبت اصلاحی) خویش آگاهی دارند وخداوند برآنچه می کنند داناست.

جمعه ۶۲:۱- هرآنچه در آسمانها وزمین است(باایفای نقش مثبت خویش) خدارا(ازهرعیب ونقصی پِرجهان هستی عملاً) منزه می شمارد (همان) پادشاه پاک فرادست فرزانه.(يُسَبِّحُ لِلَّهِ مَا فِي السَّمَاوَاتِ وَمَا فِي الْأَرْضِ الْمَلِكِ الْقُدُّوسِ الْعَزِيزِ الْحَكِيمِ) پادشاه مطلقاً پاک ازبی عدالتی پادشاهان .

تسبیح از «سباحه» به معنی شناوری وحرکت منظم در مسیرومداری معین، مشتق شده است. وقتی قرآن تأکید می کند همۀ اجزای هستی وهرآنچه در آسمانها وزمین است

خدا را تسبیح می کنند، جوش وخروش وجنبشی درطبیعت وذرات عالم را نشان می دهد که به سوی هدفی متعالی وکمال آفرین جریان داردمعنای سجده همین درخدمت پدیدهٔ مافوق وبرتر درآمدن است واگر درقرآن به دفعات به سجده ماه وخورشید وکوه ودرخت وسایرموجودات درآستان پروردگار اشاره شده ، معنایش رام و تسلیم ودرخدمت مشیت خداوندبودن است.(وَیُسَبِّحُ الرَّعْدُ بِحَمْدِه.. رعد:۱۳) طبق نظریهٔ کوانتومی جهان از میدان ها(fields) ساخته شده که پدیده هایی هستند سیال و بدون شکل ودرتمام فضا پراکنده اند. همه چیز تجلی میدانهاست که در آن شناورند وبصورت موج وذره خودنمایی می کنند کل هستی ساختاری بهم پیوسته دارد ووحدت، در کثرت حاکم است(میدان واحد quantum field) که درهمه جا هست ویکسان عمل می کند وتابع زمان ومکان نیست.همه چیز تجلی یک میدان ویک آگاهی است بخاطر این درهم تنیدگی میدانهاست که هرفکر وفعل ماروی تمام هستی اثر می گذارد. فکر، کوچکترین واحد تجلی یافتهٔ آگاهی است وعامل اصلی تجلی بخشیدن به پدیده ها درجهان برون است. آگاهی، کوانتوم پذیر نیست(کوچکترین واحد قابل اندازه گیری) ولی دارای مراتب است مثل دوست داشتن وحالات نفس، ولی ماده از مشتقات آگاهی است که روی ذهن اثر کرده وفکر پدیدار می شودوازفکر کلمه و عمل بوجود می آید. شاید درآیت الکرسی به چهار نیروی میدانهای نگهدارندهٔ جهان (کرسی) اشاره شده که عبارتند از نیروهای الکترومغناطیس، جاذبه، انرژی هسته ای ضعیف، وانرژی هسته ای قوی که بنیان تمام میدانهای هستی بوده وهمه چیز درآنها روی مداری معین غوطه ورند

نتیجه:

کلیهٔ موجودات دین دارند ومسلمان هستند(تکوینی وفطری) ، بجز انسان که مؤمن است(تکوینی) ولی قرآن به ما می آموزد که: دین ومسلمانی او اختیاری است ومسلمانی عملی دربین مسلمانان اسمی نادراست.

دین: بمعنی قانون است ودرقرآن یکبار به قوانین مملکتی هم لغت دین اطلاق شده است(درسوره یوسف بمعنی قوانین مملکتی آمده است)

مالک یوم الدین: یعنی روزی که سیستم الهی به پروندهٔ افراد رسیدگی می کند ومجرمین قانون را مجازات ومؤمنین را جزای خیر می دهد.

مؤمن: کسی است که به غیب وقوانین الهی ایمان دارد ولی ممکن است مجری

کامل آن نباشد.

اسلام: بمعنی تسلیم خداوند وقوانین الهی بودن ومُسْلِم کسی است که قوانین تشریعی الهی را تمام وکمال به گردن نهاده وبه آن پای بند است. تعداد مسلمین بسیار کمتر از مؤمنین است (قرآن).

تسبیح: به معنای کار مثبت واصلاحی انجام دادن برای پیشرفت خود وسایرین.

تمام موجودات تسبیح دارند (تکوینی) ولی تسبیح انسان اختیاری و تشریعی است. بنابراین دین فقط یکی است و آن پیروی ازقوانین طبیعی الهی وبالنتیجه اخلاقی زیستن است وکلیهٔ پیامبران برای این منظور مبعوث شدند وپیامبر عظیم الشأن اسلام (خاتم الأنبیاء)برای اتمام مکارم اخلاقی برای کلیه بشریت تمام مخلوقات (ازپرندگان تا حیوانات وغیره) هر کدام پیرو دین مخصوص بخود هستند واجباراً ازآن پیروی کرده و یارای سرپیچی ندارند(ثبت درDNA) ؛مهاجرت پروانه های آمریکای شمالی به مکزیک وماهی سلمون ازآمریکا به آلاسکا وغیره از آنجمله اند. اجرام قوانین فیزیکی وریاضی مخصوص بخود رادارند.

کسانیکه اخلاقی فکروعمل می کنند مسلمان نامیده می شوند. مهم نیست که از چه شریعتی پیروی می کنند (لائیک، بودائی، یهودی، مسیحی وشریعت محمدی، اسلام ناب محمدی).

خداوند می فرماید :

حجرات ۴۹:۱۳- مکرم ترین شما نزد خداوند متقی ترین شماست(پس رنگ، شریعت ودین، مکنت، جنسیت وغیره ملاک عمل نیست.)ان اکرمکم عندالله اتقیکم. ومتقی کسی است که می تواند هوای نفس خودرا مهار کرده وبرای خودودیگران اخلاقی زندگی کند ودرراه اصلاح خودوجامعه تاجائی که دروسع اوست کوشاباشد(تسبیح)

خلاصه: دین برای تمام انسانها یکی است و آن اسلام است . هر آنکس اخلاقی زندگی کند مسلمان است ولی اغلب افراد پیرو شرایع متفاوت هستند که برحسب زمان، مکان و سطح تمدن بندگان متفاوت است.

درحال حاضر هم شرایع برحسب زمان ومکان لازم التغیرند وبخصوص دراسلام فقه اسلامی احتیاج به تغییر عاجل دارد که فقط می تواند بطور موضعی بر رأی مسلمانان وقانونگزاران صاحب نظر استوارباشد

فصل دوم

قرآن و خلقت انسان

در اینجا سعی شده است که تاریخچه ای از خلقت زمین و انسان را همانطوری که در قرآن آورده شده گردآوری نموده و به اطلاع خوانندگان برسانم. بنظر من یکی از معجزات قرآن وجود چنین آیات و مطالبی در آن است که علوم زمین شناسی، بیولوژیک و انسانی امروزی آنرا تایید میکنند. درباره خلقت کره زمین و آماده کردن آن برای زیستن انسان قرآن ما را چنین مطلع میکند:

فصلت ۴۱ / ۱۰:و کوهها را بر فراز زمین قرار داد و به زمین برکت بخشید و قوت غذایی (خاک) آنرا در چهار دوران به قدر نیاز خواستاران (گیاهان، حیوانات و انسانها) تقدیر کرد.

چهار دوران تحولات فیزیکی و شیمیایی زمین عبارتند از:

۱. دوران بمباران شهاب سنگها و بارش هیدروکربن و اسیدهای چرب و پوشاندن زمین با خاک سیاه چرب

۲. سرد شدن تدریجی پوسته زمین در اثر برخورد دنباله دارهای حاوی آب بنام عصر سفال که اسیدهای آمینه و فسفاتهای فعال بوجود آمد و گل و لای سطح زمین را پوشاند.

۳. دوران آبفشانها

۴. و بالاخره عصر لجنزارها و پیدایش حیات در آبگیرهای راکد و متعفن. و بعد از آماده بودن زمین، موجودات زنده را آفرید.

التین ۹۵ / ۴: براستی انسان را در نیکوترین اعتدال آفریدیم.

و در احسن تقویم یعنی در زمانی که کره زمین از هر نظر برای زندگی انسان آماده بود، (زمین و جو آن، آب، هوا، نبات و حیوان)

الحجر ۱۵ / ۲۶: هر آینه ما انسان را از گل سیاه (لجن) بد بو آفریدیم.

الحجر ۱۵ / ۲۹: پس آنگاه که او را به سامان آورده و از روح خود در آن دمیدم به حالت سجده بر او افتید.

و به انسان در حالیکه با دمیدن روح خود در جسمی از سفال و لجن، موهبت آزادی و اختیار و قدرت خلق کردن را داده بود، به ملائک فرمود که در خدمت انسان باشند. انسان طبعا ظلوم و جهول (بسیار ظالم و نادان) است.(الاحزاب ۳۳ / ۷۲)

احتمالا ظلوم و جهول مطلق انسان اولیه Homo Erectus وحشی صدها هزار سال قبل

در آفریقاست، که برای زنده ماندن اجبارا نسبت به همه مخلوقات بسیار جاهل و بسیار ظالم بود و تا انسان اخلاقی و عاقل شدن فاصله زیادی داشت و هزاران سال طول کشید تا با تجربه و گذشت زمان به صفات انسان عاقل مزین گردد. انسان هومو ارکتوس مانند حیوانات در صدد کسب غذا، دفاع از خود و تولید مثل بوده و از هیچ عملی در این راه فروگزار نمیکرد و در واقع تحت فرمان نفس امّاره (یوسف ۱۲ / ۵۳)، در جنگل مانند حیوانات ولی از آنها با هوشتر، آزاد و مختار به دنبال دانه، میوه و شکار حیوانات کوچک برای تغذیه، و فرار از شکار شدن توسط حیوانات درنده بود.

پس از گذشت صدها هزار سال و پیدایش شعوب متعدد در نقاط مختلف جهان مانند انسان Homo Neanderthal که تا ۴۰۰۰۰سال قبل در منطقه مابین اروپا و آسیا Eurascia و خاورمیانه میزیست (آثار زندگی انسانها در ۶۰ هزار سال پیش در غارهای کوههای زاگرس در لرستان بخصوص ناحیه خرم آباد یافت شده و دانشمندان را عقیده بر این است که انسان پس از مهاجرت از آفریقا، اول در این منطقه ساکن شد و بعد گروه های نزدیک بهم از نظر ژنتیکی به نواحی مختلف مانند اروپا، چین، اندونزی و غیره مهاجرت کردند)، انسان امروزی بنام انسان عاقل یا Homo Sapiens از ۷۰۰۰۰ سال قبل رو به ازدیاد نمود و در ده هزار سال گذشته انسان ها فقط از گروه سپیس سپیس هستند. مغز اولین هومو سپینس ها در ۵۰۰۰۰ سال قبل بزرگتر از انسان امروزی بود، زیرا مجبور بود که از هر جهت خود کفا باشد و با گروه کوچکی از همسایگان زندگی راحت خود را با کوچ کردن به دنبال مواد خوراکی و شکار در جنگل اداره میکرد. روزانه چند ساعت را به جمع آوری غذا از زمین، بوته، درخت یا شکار میگذراند و سپس نزد خانواده خود برای استراحت باز میگشت. اطلاعی در دست نیست که از چه وقتی خانواده تشکیل شد. انسان بالاجبار با استاندارد امروزی، فعال و در حرکت روزانه، غذاهایش متنوع (دانه، میوه، سبزی، و گوشت کم)، سالم و کم حجم بود، بدنش ورزیده و سالمتر از مردمان کنونی بود، به علت عدم ازدحام ،عاری از بیماری های میکروبی و ویروسی واگیرداربود، و چون بدون مال و دارایی بود و چیزی نبود که بخواهد، بنابراین از حسد و غبطه و بیماری های روانی رنج نمیبرد. در آن زمان کلیه ساکنین زمین از پنج ملیون نفر تجاوز نمیکرد. انسان حدود۱۲۰۰۰ سال قبل تصمیم گرفت که از بهشتی که شرح آن رفت خارج شده و در منطقه بین النهرین و غرب ایران به کشاورزی و زندگی اجتماعی بپردازد. او گندم را شناخت و به کاشت و توسعه آن همت گماشت، انسان با آموختن زراعت گندم توانست با زندگی کوچ و جنگل و شکار برای کسب رزق روزانه وداع کرده و زارع سکونت گزین شود. " پدرم

روضه رضوان بدو گندم بفروخت. "سپس مرغ و گوسفند را اهلی کرد. سگ قبل از آن و ۱۵ هزار سال قبل به انسان پیوسته بود. لازمه این زندگی کشاورزی ثابت بودن و سکونت در یک مکان بود، محصول کشاورزی او تحت تاثیر تغییرات جوی باران، خشکسالی، یخبندان ،گرما ، ملخ و حشرات دیگر، قارچهای انگلی وغیره قرار داشت وبا احتمال قحطی و مرگ ناشی از کمی محصول گندم مجبور بود قبل از طلوع آفتاب تا غروب در مزرعه با همسرش کار کند، غذایش احتمالا از نان در بین النهرین یا بعدا برنج در چین تجاوز نمیکرد. با گذشت زمان سوء تغذیه، و امراض ناشی از مصرف زیاد کربوهیدرات و کمبود پروتئین، و بتدریج بیماریهای عفونی در مراکز تجمع جمعیت و غیره دامنگیر او شد، که تا به امروز بیشتر و بیشتر میشود (رانده شدن حضرت آدم پیامبر علیه السلام از بهشت).

مهمترین رمز موفقیت انسان عاقل یا *Homo Sapiens*، اختراع تکلم برای ارتباط با یکدیگر، اطلاع رسانی، همکاری، همفکری و تشکیل جوامع موفق بود. و شاید این هم یکی از عواملی بود که به او امکان همفکری، شور و صحبت با دیگران را داده و او را از بهشت زندگی انفرادی، جنگلی با نگرانی رزق روزانه با استرس کم رانده و به زندگی شهری، کشاورزی ونگرانی رزق سالانه پر استرس هبوط داد. لازمه زندگی مشکل شهر نشینی دخالت بیش از پیش افکار شیطانی در اعمال انسان و دوری از بهشت موعود است.

حضرت آدم مورد بحث در قرآن احتمالا یک فردهومو سپیانس است که به احتمال قوی بعد از عصر یخبندان در بین النهرین پا به عرصه وجود نهاد (به اعتقاد مسلمین در منطقه عرفات در مکه) و با زندگی سالم و کم استرس جنگل زیستی وداع کرده و به کشاورزی پرکار و پر استرس پرداخته بود. و خداوند او را به پیامبری برگزید و مامور تربیت و هدایت انسانهای کشاورز و دامدار زمان خود قرار داد.وشاید خداوند روح خودرا با یاددادن اسماء وصفات خود دراوونسلهای قبل ازاو دمیده باشد.

راجع به هدف از خلقت انسان عبدالکریم سروش در یک سخنرانی موجود در کانالی به نام روشنگری در یوتیوب چنین تشریح میکند:
"فلاسفه و متعلمین اشعری معتقدند که خداوند در افعال خود هدف ندارد. علامه طباطبایی در تفسیر المیزان هم با این عقیده موافقند، که افعال لله معلل به اغراض

نیست. ما آدمیان هدف داریم، خلقت بی هدف است، آقای سروش این نتیجه گیری را از پخته ترین حرفهای فلسفی میداند، خلاقیت خداوند هنری و جوشان و فیضان است نه عقلی و فکری، و در نهج البلاغه نیز گفته شده که خداوند بی فکر است، راجع به آیه غرض از آفریدن جنیان و انسان ها این بود که مرا عبادت کنند، مردم که عبادت نمیکنند پس خداوند ناکام مانده و به مقصود نرسیده است، پس این عبادت مجازی است و نه حقیقی، یا اینکه معنی دیگری بکنیم، بعضی میگویند معنی جن و انس مؤمن است نه کافر، چون خدا میدانسته که آنها عبادت نمیکنند، و زمخشری در تفسیر کشاف معتقد است که خداوند گفته مردم را نیافریدم مگر اینکه مرا اختیاراً عبادت کنند، پس اگر نکردند اشکالی ندارد، و اشاعره و معتزله مسائل جبر و اختیار را مطرح میکنند".

در سخنرانی دیگر در همان کانال سروش میگوید:

"خداوند همه چیز دارد و مقصدی از آفرینش ندارد. فلاسفه معتقدند که خداوند یک چشمه جوشان است. از فرط مملوی میجوشد و خلق میکند و بیرون میریزد، و برای چیزی و بخاطر چیزی نیست و خدا در افعال خود هیچ غرضی ندارد. خداوند فاعل بالقصد نیست و فاعل به تجلی است و هر چه بیرون بریزد زیباست. و تجلی خدا مخلوقات هستند."

دکتر حسین الهی قمشه ای نیز در این مورد با دکتر سروش هم عقیده است و در کانال یوتیوب ماندگار دکتر قمشه ای معتقد است که: "خداوند غرضی از خلقت انسان نداشته چون اگر بهر دلیل باشد او محتاج به آن دلیل میشود و خداوند غرضی برای خلقت تعیین نکرده است. خداوند اصل ذاتش فیض و جوشش و بخشش است."

ولی برخلاف نظر این آقایان، بنا بر آیات متعدد در قرآن خداوند در خلقت انسان هدفمند است:

المومنون ۲۳ / ۱۱۵: آیا فکر میکنید که ما شما را بیهوده آفریده ایم؟

که به این معنی است که شما به عبث آفریده نشده اید و در آفرینش شما هدفی مثبت منظور است.

الحجر ۱۵ / ۲۹: پس هرگاه او را به سامان (کمال جسمی) آورده و از روح خود در او دمیدم برای او به حال سجده درآیید.

ص ۳۸ / ۷۲: پس آنگاه که او را به سامان آورده و از روح خود در آن دمیدم به حالت سجده بر او فروافتید.(در خدمت رشد و کمال او قرار گیرید.)

الذاریات ۵۱ / ۵۶:-من جن (انسان ها و هر چیز ناشناس غریبه برای شما) و أنس (آدمیان آشنا، مانوس و معاصر شما) را نیافریدم، جز برای اینکه مرا بندگی کنند. (در خدمت من باشند.) چون همه چیز آفریدهٔ خداونداست درخدمت من بودن یعنی درخدمت کلیهٔ خلایق عالم.

البقره ۲ / ۳۰: خداوند به فرشتگان گفت من قرار دهنده جانشینی در زمینم. خلاصه اینکه من برای خود بنده و خلیفه در زمین قرار میدهم و شما فرشتگان و ملائک همه به او کمک کنید تا در ماموریتش که بندگی و خلافت خداونددربه کمال رسیدن خود وحواشی اوست، موفق شود.

البقره ۲ / ۳۱: و تربیت آدم را با آموزش اسماء وصفات خود آغاز نمود.

بنابراین خداوند در بهترین شرایط زیستی (احسن تقویم) کره زمین، مخلوقی خلق کرد که از روح خود در او دمیده بود (الحجر ۱۵ / ۲۹ ، ص ۳۸ / ۷۲) و در فطرت او قابلیت کمال قرار داد، و به او اختیار و آزادی عمل بخشید، منتهی چون میدانست که آزادی عمل در انسان تربیت نیافته میتواند باعث گمراهی شود، برای او معلمینی از انبیا و اولیا و صالحین و صادقین و ... و کتابهای آسمانی تورات، انجیل و قرآن را قرار داد تا انسان ها را هدایت کرده (بشیر، نذیر، هادی) و به صراط مستقیم زندگی فردی و اجتماعی متعادل راهنمایی کنند، و با اطاعت از مجموعه قوانین و مشیت الهی مندرج در کتب الهی خداوند هدایت بندگان متقی و بر صراط مستقیم را تا سرمنزل مقصود که برگشت به سوی اوست به عهده گرفت. (راهنمایی آدرس دادن و هدایت بردن شخص به محل آدرس است.)

احتمالا پیامبران الهی از نسل حضرت آدم که در حدود ده هزار سال قبل میزیسته، هستند و نباید با اولین انسان خلق شده در میلیونها سال قبل اشتباه گردد.

آل عمران ۳ /۳۳:همانا خدا آدم ونوح وآل ابراهیم وآل عمران رابرجهانیان (به لطف تصفیه وتطهیر درابتلائات(برگزید۳۰/۳۴: فرزندانی هستند برخی از نسل برخی دیگر، و خدا (به اقوال و احوال همه) شنوا و داناست.

الاعراف ۷ / ۱۷۲:خداوند از نسل حضرت آدم گروهی را انتخاب کرده و آن ها را بر خود شاهد گرفت که به تربیت او وبعنوان پروردگارشان گردن نهند (شاید در DNA

آنها ژن خداشناسی و خداپرستی نهاده شده بود.) و آنها قبول کردند.

خداوند از نسل حضرت آدم و ذریه نوح (۴۰۰ سال بعد از حضرت آدم) کسانی را برای پیامبری برگزید (بنا بر کتب عهد عتیق آدم سه پسر داشت، هابیل، قابیل و ست. حضرت نوح نسل هشتم از ست Seth است، نوح فقط دو نوه دختری داشت، به همین دلیل نسل برگزیده از طریق ژن مونث موروثی است. هابیل چوپان بود و بدست برادرش قابیل کشاورز بعلت حسادت که آن هم منشأ دینی داشت شهید شد.)

ص ۳۸ / ۴۷: و به یادآر بندگان ما ابراهیم و اسحاق و یعقوب را (سه نسل موحد) که نیرومند (در تحمل سختی ها) و دارای بصیرت بودند. و مسلما آنها نزد ما از بر گزیدگان نیکان هستند.

پس از قرارداد روز الست با بنی آدم، دستورات تربیتی خداوند به آنها بصورت وحی در ۷ فرمان نوح، زبور داوود، ده فرمان و تورات به موسی و انبیا، کلمه وانجیل به عیسی، و قرآن به محمد مصطفی صل لله علیه و آله بتدریج و با جزئیات کاملتر و مناسب با زمان خود نازل شدند، تا فرزندان آدم علیه السلام راه راست را از انحراف تشخیص داده و با زندگی شرافتمندانه و راحت در حد تواناییشان به خدمت خالق و مخلوق درآیند و روز قیامت عذری نداشته باشند که اگر در دنیا بد کردیم کسی آگاهمان نکرده بود و نمیدانستیم چه کنیم! رسالت پیامبران گسترش اعتقاد بخدای یکتا، اخلاقی زیستن با عمل صالح، و باور داشتن به معاد برای رسیدگی به اعمال شخص در دنیا و گرفتن جزای متناسب آن است.

وظیفه انسان آزاد و مختار سرشار از روح خدایی (خلاقیت، مهر، عشق به کلیه آیات الهی) در زمین بندگی (بنده، برده، کارگر) و خلیفه گری خداوند است (بعضی از انسان ها علاوه بر عبد، بسته به شرایط مختلف تکوینی و تشریعی میتوانند به مقام خلیفه خداوند بودن هم ارتقاء پیدا کنند مانند انبیا، اولیا، معلمین، مخترعین، صالحین، شاهدین، صدیقین، الگوها و رهبران اجتماعی، دانشمندان، مکتشفین، شعرا و نویسندگان، فلاسفه، مدیران، صاحبان موسیقی و هنرهای تجسمی ...)، تا این انسان بتواند نه تنها از آزادی، امنیت، سلامتی، رفاه، راحتی و تشکیل خانواده، بسته به توانایی خود با تعلیمات مناسب به کمال مطلوب رسیده و با زندگی سعادتمندانه خود، نیات خداوندی را که احتیاج به عملکرد انسان در نقش دست خدا (الفتح ۴۸ / ۱۰) را دارد و باهدایت خداوند انجام دهد. انسان اغلب بخاطر وسوسه های شیطانی، نفس اماره حیوانی، نفس لوامه ناکامل،

آزادی و اختیار، هوش، قدرت تکلم و ارتباط، توان جسمی و فکری، خواسته ها، طمع، موقعیت های جبر و اختیار، حسد و... در انتخاب راههای متفاوت در مسیر زندگی به گمراهی و ضلالت رفته و از صراط مستقیم خارج میشود. هدف غائی، هدایت و رشد انسان پیرو نفس اماره و شرور به انسان اخلاق مدار متقی با نفس مطمئنه است (الفجر ۸ / ۲۷ / ۹) که با باور به خداوند و اطمینان به روز جزا، در خدمت جامعه و حفاظت و ترفیع کلیه مخلوقات خداوند (زمین، آب، هوا، نبات، حیوان، انسان) کوشا باشد. اگر انسان در دنیا باعث خشنودی دیگران شد، خداوند او را در آخرت خشنود خواهد کرد (الفجر ۸۹ / ۲۸).

همانطوری که خداوند خورشید و ماه را پس از خلق و در مدار قرار دادنشان، طبق قوانین فیزیکی بحال خود رها کرده، وسرپیچی ازآن برای آنها مقدورنیست، بخاطر آزادی عملی که به انسان داده (مشیت خداوندی) اختیار عمل را از او نمیگیرد و تا زمان سر زدن عمل از بنده (بسته به فطرت و تقوای او) در تصمیم او دخالت مستقیم نمیکند، اگر عملش بر صراط مستقیم است تمام کائنات طبق مشیت و قوانین الهی حاکم بر کائنات، برای کمک در بثمر رسیدن آن با او همراهی میکنند، و بدلیل کمک کائنات به او درتسهیل نیل به مقصود، جزای دنیوی و بخصوص اخروی اعمالش، چندین برابر میشود. این عدم دخالت خداوند در سر زدن عملی از بنده شاید بتواند ایراد بعضی از افراد به خداوند را که چرا اجازه داد فلان کس چنین و چنان کند جوابگو باشد. برای عدم انجام عمل شیطانی انسان باید عالم، خدا شناس ، متقی و مومن به جزا در روز معاد باشد.

البته قابل توجه است که تمام موجودات که فاقد آزادی و اختیار هستند از درخت و گل و گیاه گرفته تا حیوانات رسیدن به کمال در ژن آنها تعبیه شده و جزو فطرت آنهاست، به همین دلیل اگر میوه نارسی را از شاخه جدا کرده و در مکانی قرار دهی بعد از چند روز رسیده و خوشمزه میشود، غنچه شکفته میشود، یا حیوانات که برای ازدیاد نسل به دنبال بهترین جفت میگردند و گاهی با رقیب تا پای جان میجنگند، و رودخانه که گاه هزاران فرسنگ میرود تا به دریا بپیوندد و...

الفتح ۴۸ / ۱۰: آنها که با تو بیعت می کنند در حقیقت با خدا بیعت می کنند دست خدا بالای دست آن هاست.

خداوند دست کسانی را می گیرد که به قرآن و پیغمبر باور داشته و از آنها پیروی کنند، در واقع خدا با آنها بیعت کرده و دستشان را گرفته و به سوی انجام اهداف خود هدایت میکند. یعنی آن انسان دست خدا در زمین میشود.

محمد ۴۷ / ۷: ای کسانی که ایمان آورده اید، اگر خدا را یاری کنید خدا نیز شما را یاری میکند و گام هایتان را استوار میسازد.(یاری کردن خداوند کمک در به کمال رساندن خود و دیگر مخلوقات است.)

محمد ۴۷ / ۱۷: و کسانیکه هدایت پذیر باشند بر هدایتشان می افزاید و خویشتن داریشان می بخشد.

البقره ۲ / ۲۶۱: مثل کسانی که اموال خود را در راه خدا انفاق میکنند همچون دانه ای است که ۷ خوشه برویاند که در هر خوشه صد دانه باشد و خدا برای هر که خواهد (عملش از روی ایمان بخدا و صادق باشد تا او را شایسته بداند) چندین برابر کند و خدا وسعت دهنده داناست.

الانعام ۶ / ۱۶۰: مَنْ جَاءَ بِالْحَسَنَةِ فَلَهُ عَشْرُ أَمْثَالِهَا وَمَنْ جَاءَ بِالسَّيِّئَةِ فَلَا يُجْزَى إِلَّا مِثْلَهَا وَهُمْ لَا يُظْلَمُونَ ﴿۱۶۰﴾
هر کس نیکی کند او را ده برابر پاداش خواهد بود (بخشش کریمانه)، و هر کس زشتی به عمل آورد جز همانند آن جزا نبیند و مورد ظلم (بیش از کیفر عملش) قرار نگیرد (عدالت حکیمانه).

در صورت انجام عمل خلاف عرف ،عقل و دین عدل الهی مجازات او را در این دنیا و در آخرت بسته بنوع خطا و در خور آن تضمین کرده است (اصل عمل و عکس العمل)، ولی اگر از عمل شیطانی خود پشیمان شده و به راه راست برگردد، خداوند برگشت او را با راهنمایی به راه راست پذیرا میشود و گناهش را در صورت عدم تکرار میبخشد (استغفار و توبه).

محمد ۴۷ / ۵: به زودی خدا رهبریشان خواهد کرد و امورشان را سامان خواهد بخشید. (جامعه ای که حاضر به دفاع از حق خود باشد خدا آنها را کمک کرده و

امورشان را اصلاح میکند.)

البقره ۲ / ۶۲: ...کسانیکه بخداوآخرت ایمان دارند وعمل صالح انجام می دهند اجرشان نزد پروردگارشان ذخیره است.
النحل ۱۶ / ۹۰: إِنَّ اللَّهَ يَأْمُرُ بِالْعَدْلِ وَالْإِحْسَانِ... ﴿۹۰﴾
و در رابطه با موضوعات اجتماعی خداوند امر به گسترش عدالت و احسان میکند.
الشوری ۴۲ / ۳۸: ... وَأَمْرُهُمْ شُورَى بَيْنَهُمْ ...﴿۳۸﴾
و از مهمترین معیارهای عدالت و اخلاق، عرف عقلایی جامعه وشورا است.

آل عمران ۳ / ۱۱۰: كُنْتُمْ خَيْرَ أُمَّةٍ أُخْرِجَتْ لِلنَّاسِ تَأْمُرُونَ بِالْمَعْرُوفِ وَتَنْهَوْنَ عَنِ الْمُنْكَرِ ... ﴿۱۱۰﴾
و پیروی از قوانین اجتماع و عدم ارتکاب جرم (معروف) و قانون شکنی و اعمال خلاف اخلاق (منکر) است

در زمان پیامبر که قوانین مدنی بر پایه عرف و عقل اجتماعی وجود نداشت و بیشتر رسومات سنتی اقوام بدوی اعراب در جامعه حکم فرما بود، امر به معروف و نهی از منکر به دستور خداوند و گاه با آیات ناسخ و منسوخ، با تغییر، تعدیل یا اصلاح قوانین توسط پیامبر و مطابق با عرف عقلای جامعه و عدالت بود ولی امروزه دراغلب جوامع پیشرفته قوانین مدنی لیبرال دمکرات جانشین آن شده است.

التغابن ۶۴ /۹:کسانیکه به خداوند ایمان دارند و عمل صالح انجام میدهند گناهانشان بخشیده شده و وارد بهشت میشوند.
البته هر انسان باهر آئین و مسلک، با ایمان به خدای یکتا، و انجام عمل صالح بهشتی میشود.
(الحجرات ۴۹ / ۱۳::...إِنَّ أَكْرَمَكُمْ عِنْدَ اللَّهِ أَتْقَاكُمْ...﴿۱۳﴾)
گرامی ترین شما نزد خداوند با تقواترین شماست...

هدف غایی خداوند تربیت انسانهای مسئول و وظیفه شناس، کوشا، صادق، دانشمند، صبور، عاقل و عادل است که امور خودی و اجتماعی زمان خود را به بهترین وجه ممکن انجام دهند، علاوه بر پیامبران و معلمین اخلاق، انگشت شمار افرادی را که

اولیای منتخب او هستند با علم لدنی که به مراتب بیش از آنست که در مدرسه و دانشگاه آموخته اند (به اصطلاح افراد نظر کرده)، برای تغییرات اساسی بر میگزیند تا بشریت را به سرعت بسوی ترقی و تعالی که هدف خداوند است سوق دهند علاوه بر انبیاء و پیامبران خداوند در زمانهای مختلف تاریخی و به مناسبت آمادگی جوامع مختلف ، بندگان قابل شرایط را به موهبت علم لدنی و شرایط اجتماعی ترفیع داده تا با علوم مختلف ریاضی، فیزیک، شیمی، پزشکی، اکتشافات، اختراعات، هنر، نقاشی، شعر، موسیقی، سیاست، فلسفه و حکمت وغیره باعث ایجاد زندگی سالمتر، مرفه تر، عقلانی تر، و بالاخره خوشحالتر برای مخلوقات گردند، افرادی مانند لوئی پاستور مخترع پاستوریزه کردن، ادوارد جنرو واکسن آبله، ماری کوری واشعه ایکس، اسحق نیوتن و قانون جاذبه و قوانین علت و معلولی، چارلز داروین و تکامل، استیو هاوکینز و تئوری مه بانگ، هرتز و امواج رادیو، آلبرت اینشتن و قانون نسبیت، بیل گیت بنیانگزار میکروسافت و کامپیوتر خانگی، استیو جابز بنیانگزار اپل کامپیوتر و بهترین تلفن هوشمند، مخترعین برق، اتومبیل، هواپیما، قطار مسافربری، کشتی های اقیانوس پیما، یخچال، تلفن، تلگرام، رادیو، تلویزیون، اینترنت، تلفن هوشمند، کشف DNA و صدها، بلکه هزاران افراد قابل ذکر دیگر. درخدمت بشریت باشند.

مسلمانی چه شد و چرا هیچ یک از این افراد مسلمان نیستند، به نظر شما آیا از نظر خداوند مسلمانی به اسم است یا به عمل؟! نماز خواندن به موقع بدون عمل به آن بهتر است یا کشف واکسن فلج اطفال توسط فردی که نماز نمیخواند! و هزاران مثال مشابه دیگر.

خداوند همه را بهر انجام کاری مثبت، آفریده و بعضی را به بعض دیگر تسلط و از نظر توانائی ارجحیت داده است که راهنمای زندگی فردی و اجتماعی دیگران باشند، چون نه همه علم به علوم زندگی و خدایی دارند و نه اگر داشته باشند به آن رفتار میکنند. البته بایستی عبد بداند که خداوند ارباب سختگیری نیست.

البقره ۲ / ۱۸۵: ...او خیلی مهربان، بخشنده، کریم ،عفو کننده و توبه پذیر است و ازبنده اش در کارهایش انتخاب راه میانه و نه چندان مشکل را میخواهد، نه راههای مشکل افراط و تفریط، و اگر شخص گاهی سردرگم میشود که راه میانه چیست آن وقت به مدد قرآن، علم، تجربه، سنت، مشورت، پرسش و غیره آن را جستجو کرده و برای سعادت خود به آن عمل نماید.

خداوند میفرماید شما را به عبث نیافریدم (السجده ۳۲ / ۷) بلکه برای انجام وظیفه بندگی (الذاریات ۵۱ / ۵۶) و برخی از شما را به دیگران برتری دادم تا علاوه بر

بندگی، خلیفه من نیز باشند (الانعام ۶ / ۱۶۵)، خدا هیچ انسانی را جز در حد تواناییش تکلیف نمیکند.(البقره ۲ / ۲۸۶)

تربیت عبد صالح توسط والدین و از بدو تولد طفل آغاز میشود (محیط آرام، تغذیه صحیح، خواب کافی و تربیت بجا و حکیمانه)، سپس سعی در پیدا کردن استعداد خاص طفل که راه را برای به کمال رسیدنش آسانتر میکند. بعکس تصور خانواده های ایرانی خداوند همه فرزندانمان را برای پزشک و مهندس شدن خلق نکرده، بلکه جامعه مانند یک پرده نقاشی است که استاد نقاش با استفاده از رنگها و اشکال متفاوت و موزون منظره ای زیبا میآفریند، اجتماع به اساتید مجرب و وظیفه شناس در حرفه های متعدد نیازمند است.

چه بسا که اولین محل شکوفایی وشناخت استعداد استثنایی کودک، در مدرسه باشد و در اینصورت راهنمایی معلمین دلسوز، کتاب های بجا و آموزنده، امتحانات، جامعه، محل کار، روابط با افراد، با هدفمندی سعی در پیش برد جامعه از نظر اقتصادی، فرهنگی، علمی، سیاسی، دینی وغیره، خلاصه هرطوریکه میتواند، وبا سعی در کار خدا پسندانه انجام دادن، بداند که او کار را برای جامعه و از طرف خداوند انجام می دهد و نه شخص خود، و بداند که در موقع سهل انگاری، دزدی، رشوه و ... این خداوند است که میداند و می بیند و عملش ثبت و ضبط میشود و عدل خداوندی به موقع شخص را به عذاب متناسب عملش جزا میدهد.

گروه "خلفا" را ماموریتی عظیمتر و پر مخاطره تر از "عباد" است. بخصوص اگر در اثر سهل انگاری، تنبلی، عناد و شانه از زیر بار مسئولیت خالی کردن مردم را به راه کج راهنمایی کرده و موجبات زیان و ضرر به انسان، مخلوقات دیگر و محیط زندگی باشند.(هوا، آب، خاک، گیاه، حیوان وغیره)

انسان بایستی از محیط زیست و آلوده کردن زمین و آب و هوا گرفته تا رابطه با خود، اجتماع (از اجتماع کوچک خانواده تا بزرگ زمینی) و خداوند، مواظب اعمال و رفتار خود باشد.

برای هدایت مستمر بندگان، خداوند برقراری نماز(صلات) را واجب فرمود که روزانه ۵ مرتبه در مواقع مختلف شبانه روز انسان رابطه تنگاتنگی با او داشته و در انجام کارهای پیش رو مدد بگیرد.(از طریق فطرت، هوش، عقل، کتاب، سنت، توکل مشورت، دعاوغیره). و فکر کند کی و کجا ممکن است در چند ساعت گذشته انتخابی ناثواب کرده، یا بهتر از آنچه کرد میتوانست و بایستی انجام میداد، و سعی در جبران مافات نماید و از خداوند با قول عدم تکرار آن عمل طلب بخشش نموده و بداند که

خداوند توبه پذیر و بخشنده است و گاهی در شبها در انزوا و تنهایی در محیطی بدون سر و صدا و آرام نشسته و با برقراری نماز (تفکر و تدبر) گذشته خود را به قصد تصحیح خلافش مرور نماید. (الاسرا ۱۷ / ۷۹)

خداوند فرموده است هر کار بد به اندازه و تناسب خود آن عمل عقوبت دارد، ولی عمل شایسته و خوب را خداوند از ۱۰ تا ۷۰۰ برابر پاداش می دهد، چون کار بد را تنها خودت به اختیار و آزادانه با پیروی از نفس اماره ات و شیاطین انجام میدهی، ولی در کار خوب تمام کائنات، ملائک، نظامات و قوانین دنیوی دست اندر کار میشوند که به تو در انجام آن کمک کنند و بنابراین سود آن چندین برابر میشود و شما از سود عملکرد از پیش نوشته آنها نیز برخوردار میشوی چون شروع کننده آن بودی.

علاوه بر نماز که ارتباط مستقیم با خداوند است، برای اغنیا دادن زکات نیز در ارتباط با بهبود وضع جامعه از اهم واجبات است. زکات از **عبادات** است ولی انفاق و صدقه برای کمک به مستمندان از **حسنات** محسوب میشوند.

در رفتار و کردار و طرز زندگی، خداوند به مسلمانان میفرماید: "ما شما را ملتی میانه قرار دادیم تا الگویی برای دیگران باشید". ولی متأسفانه در چند قرن گذشته نه متعادل رفتار کرده و نه قابل الگو شدن بوده ایم، از ظواهر امور بر میآید که خداوند از مسلمانان به خاطر انحراف از صراط مستقیم و تظاهر به بندگی کردن رویگردان شده است (مانند گروهی از یهودیان مدینه در زمان پیامبر که به شهادت قرآن بدلیل اعمال نا شایستشان مورد غضب خداوند قرار گرفتند). چون پیش شرط برای رویکرد خداوند ایمان واقعی و انجام عمل صالح است.

(الفتح ۴۸ / ۲۹) امت محمد در مقابله با حق ستیزان استوار، با یکدیگر مهربان، فروتن، خاضع، و در خدمت خدا و خلق هستند(سجود) همانطوریکه در تورات و انجیل از امت موسی و عیسی وصف شده بود.

اکنون سوال این است که آیا ما نسبت به همدیگر مهربان، فروتن، خاضع و در خدمت همدیگر هستیم؟ و یا دررفتارمان تعارف و در کردارمان بیشتر کلاهبرداری منظور است تا صداقت!

قوانین خلقت و مشیت خداوندی ثابت اند و لایتغیر، مطابق با نظام علت ومعلولی و عدالت، با فرمولهای ثابت حکمفرما بر عالم هستی (جف القلم). تا آنجا که گفته شده

این قوانین جز در موارد استثنایی و بسیار نادر و لازم در تاریخ بشریت ثابت مانده اند (معجزات حضرات و پیامبران نوح، موسی و عیسی از آن جمله اند) . تغییرات فیزیکی و تکاملی مخلوقات به کندی و با فاصله زمانی میلیون ها سال صورت میگیرد، خداوند انسان آزاد، متفکر و کوشا را که روح خدایی و خلق کردن در اوست آفرید تا به اختیار خود، خواست خداوند، موهبت ایمان به خدا و عالم غیب، توکل، عقل، کوشش، علم لدنی و اکتسابی، عدالت و تقوی زندگی بهتری را برای کلیه مخلوقات در فاصله زمانی بسیار کوتاهتر از قوانین طبیعی تکاملی فراهم نماید. بیشتر اختراعات و اکتشافات که باعث ارتقاء سلامت، ثروت، طول عمر و راحتی انسان ها شده مانند کشف عوامل بیماری زا و درمان آنها، درمان سرطان، کشف اتم و الکترون، ایجاد تغییرات ژنتیکی مفید در میوه ها و گیاهان مانند گندم و برنج و غیره در فاصله زمانی بسیار کوتاهی توسط انسان عبدالله و خلیفه لله (دستیاران خداوند و یا وسیله کار او) در زمین انجام گرفته است. مسلمانان از علم بعنوان ابزار تولیدی استفاده نکرده و هنوزهم نمیکنند. ما فقط به دانش و یادگیری استفاده از آنها اکتفا کرده ایم و دانشمند شده ایم، نه تولید علم و ابزار، و اکنون دانشمندی نیست که قادر باشد با یک تلفن هوشمند رقابت نماید.

بنابراین خداوند در بهترین زمان آمادگی کره زمین، با دمیدن روح خود در جسم خاکی انسان به او و عقل و قابلیت یاد گیری اسماء و صفات خداوندی و آفرینش و اصلاح را هدیه کرده، و در روز الست از فرزندان برگزیده آدم که آنان را به عقل و حکمت آراسته بود قول گرفت که وظیفه بندگی و خلافت او را در زمین به عهده گیرند. خداوند چنین انسان هایی را تنها نگذاشته و با دست خود در انجام امور خیر و عام المنفعه کمک میکند (الفتح ۴۸ / ۱۰:...یَدُ اللَّهِ فَوْقَ أَيْدِيهِمْ...﴿۱۰﴾) تا به کمال برسند.

فطرت انسان

الاحزاب ۳۳ / ۷۲: بی تردید انسان بسیار ظالم وبسیار جاهل است.

یوسف ۱۲ / ۵۳::... مسلماً نفس پیوسته به بدی فرمان می دهد..

العصر ۱۰۳ / ۲-۳: همانا انسان در زیان است (۲) مگر کسانی که ایمان آورده و عمل صالح انجام داده اند....

(۳)الاعراف ۷ / ۱۷۲::...و بر ضد خود شهادت دادند: «آیا من در پروردگار شما نیستم؟» گفتند: «آری، شهادت دادیم...

الروم ۳۰ / ۳۰: پس تو رویکرد خود به دین را حق گرایانه فرا دار، خداوند فطرت مردم را بر فطرت خود سرشته است. آفرینش خدا هم دستخوش دگرگونی نخواهد شد. این است دین بپا دارنده، اما بیشتر مردم نمیدانند (الهام خوبی ها و بدی ها به نفس انسانی).

خداوند متعال انسان را اشرف مخلوقات، مختار و آزاد، صاحب اراده با حق انتخاب، بعنوان بنده و خلیفه و بر فطرت خود آفرید، و به او قدرت ارتباط و مکالمه، علم لدنی (فطری) و هوش، دانش اکتسابی و عقل اعطاء فرمود تا بتواند با کسب معرفت الهی توسط انبیاء، و عقل عملی، به وظایف بندگی خود، در جهت تعالی فطرت و نفس اماره، و انتخاب صراط مستقیم به سعادت دنیوی و اخروی و بهتر نمودن شرایط جامعه اقدام نماید. خداوند گروهی از نوادگان حضرت آدم علیه السلام (آدم پیامبر و نه اولین انسان خلق شده) را بعنوان الگو انتخاب کرده و از آنها قول گرفت که عامل اجرای دستورات وی در زمین باشند.(تکامل فطرت حیوانی)

فطرت و حالات نفس

نفس سه حالت دارد، نفس اماره، نفس لوامه و نفس مطمئنه. و اعمال انسان نیز پیرو رشد نفس است. فطرت انسان به فلسفه برخی احکام و خوب و بد آنها واقف و معترف است.

الشمس ۹۱ / ۸: سپس بدیها و پرهیزگاریهایش را به او الهام کرده است

هر انسانی درهر شرایط و زمانی، بدی دروغ، خیانت، تهمت، آدم کشی، دزدی، ستم، کم فروشی و ... را قبول دارد، و میداند که عدالت، پاکدامنی، خدمت به دیگران، انفاق و احسان خوب است، این خوب و بدها از الهامات الهی در فطرت انسان هستند.

نفس اماره: *Natural*

یوسف ۱۲ / ۵۳::...إنَّ النَّفْسَ لَأَمَّارَةٌ بالسُّوءٍ﴿۵۳﴾

نفس اماره حالت طَبیعی انسان ولازمهٔ زنده ماندن ، فطرت جنگ و گریز است،ولی خام و تربیت نشده است و احتیاج به هدایت همه جانبه دارد توسط والدین، جامعه، معلمین، دین، عقل و اخلاق. اولین صفتی که در انسان برای تنازع بقا آشکار میشود نیروی نزاع است. این نیرو در نبات و حیوان نیز موجود است و آن میل و رغبت مناسب طبع و برای بقاء لازم است.

انسان وحشی دارای نفس اماره، نخست باید آداب خوردن، آشامیدن، نشستن و غیره را بیاموزد. در بالغین نفس اماره انسان را به راه های خطرناک میبرد. وقتی عصبانی است همه چیز را زیر پا میگذارد، انسانی که نفس اماره اش تربیت نشود و بدون کنترل رشد کند بخاطر جهلش در واقع مطیع شیطان شده، حتی خوردن و نوشیدن او هم تحت تأثیر این حالات قرار میگیرد. برای این افراد هدایت شدن به صراط مستقیم امریست بسیار مشکل و هر چه سن بگذرد شایدبیشتر غیر قابل تربیت و ناممکن شود (مغضوب علیهم).

المنافقون ۶۳ / ۶: چه برای آنها آمرزش بخواهی یا برای آنها آمرزش نخواهی به حالشان یکسان است، خدا آنها را نمی‌آمرزد زیرا خدا مردمان نقض کننده نظامات الهی را رهبری نخواهد کرد.

اصول اخلاقی لازم برای مهار کردن نفس اماره شامل: عدالت خواهی، شهامت، بخشش، عفو و اخلاص است. زمانیکه انسان تمام صفات خداداد و فطری را به جا و تحت کنترل عقل، تفکر و تدبر گرفته ، به آن عمل کرده و مراعات اصول اخلاقی را بنماید در آنوقت از روی بصیرت و اخلاقی رفتار کرده، اعمالش مهار و بری از افراط و تفریظ، و تبدیل به سجایای اخلاقی می گردد ، که شامل ادب و نزاکت در رفتار، میانه روی در کارها، درستی و امانت داری، سخاوتمندی، غیرتمندی، ثابت قدمی، عفت، تقوی، عدالت، احساس همدردی با دیگران، شجاعت، دست و دل بازی، تسامح، صبر و حلم، تحمل در سختی ها، اخلاص، قابل اعتماد بودن و وفاداری است. در آن وقت است که

انسان قابلیت عبد بودن خداوندرا احراز می نماید ودرراه سازندگی وتکامل قدم برمی دارد.

نفس لوامه: Moral

القیامهٔ ۷۵ / ۲:و سوگند نمیخورم به نفس ملامتگر (در ارتکاب گناه).
وجدان که انسان را ملامت میکند و راهنما، معلم و پلیس درونی انسان است، او را از کار زشت بر حذر میدارد و عقل راهنمای اوست. نفس لوامه گاهی دچار اشتباه شده و کاملاً موفق نیست. در این مرحله اخلاقیات به او آموزش داده شده و از عقل و وجدان و راهنماییهای (قرآن)، سنت واخلاق پیامبر، اولیا، انبیا، معلمین اخلاق و اجتماع، استفاده کرده و کارها را از روی حکمت(عقل عملی) انجام میدهد.
هنگامی که انسان عقلش کامل شده و اخلاق مدار (Moral) و با حکمت شد، میتواند بد و خوب و درجه خوبی و بدی را تشخیص دهد. وقتی فرصت انجام کار خوب را از دست میدهد و یا عمل زشتی از او سر میزند احساس بدی میکند، در این حالت با بصیرت متوجه میشود که بودنش در دنیا بی علت نیست و خداوند او را برای انجام عملی مثبت و مفید آفریده است. و سعی میکند که به هر حرفه ای که مشغول است نه تنها آنرا به بهترین وجه انجام دهد بلکه در جستجوی بهتر کردن آن هم باشد(ابزار).
بقول صدرالمتاهلین "در این مرحله است که اول احساس، بعد تخیل، بعد تصور، بعد تفکر و بعد تعقل نفسانی تفصیلی و در پایان عقل بسیط اجمالی کارگزار میگردد. تفکر و تعقلی که بدان میان حلال و حرام در کارها، نیکی و بدی در حقایق، و زیبایی و زشتی در صفات فرق گذارد اولین مرتبه از مراتب انسانیت است. (اسرار الایات، انتشارات حکمت ۱۳۸۹)
نفس انسانی بین دو جهان ملکوت (عقل) و ملک (شهوت) قرارگرفته است. به نیروی شهوت بر بدست آوردن لذات و خواسته های حیوانی و به نیروی عقل بر بدست آوردن علوم حکمت و کارهای نیک و انسانی آزمند است. بالاترین نیرو که در انسان وجود دارد و بدو شایستگی خلافت الهی را میدهد عقل است. بالاترین صفتی که بدان بر تمام فرشتگان برتری پیدا میکند علم است و حکمت.
صدرالمتاهلین شیرازی نفس انسانی را آخرین و برترین صورت جسمانی و اولین معنی از معانی روحانی میداند و پایین ترین مراتب از روحانیت، زیرا نفس در حدوث جسمانی و در بقاء روحانی است، و آن به سبب استعداد بدان حادث میگردد، و به

سبب صفات و ملکات نفسانی که راسخ در آن و به مرور در صورت ذات و حقیقت او شده است باقی میماند، و به واسطه آن ملکات و صفات از قوه به فعلیت میرسد. (صدر المتألهین همچنین در این کتاب ثابت میکند که وحی و عقل با هم تنافی و تنازعی ندارند (دین عقلانی است).

البقره ۲ / ۲۶۹: و حکمت را به هر کس که میخواهد میدهد و هر کس که دانش وحکمت یافت خوبی فراوانی یافته است و جز خردمندان اندرز نمی‌گیرند.

نفس مطمئنه: *(Spiritual)*

تمام دستورهای قرآن برای درست کردن انسان و پاکسازی نفس بوده وهیچ کدام اجباری نیستند. نفس مطمئنه آغاز حالت روحانی انسان است و خداوند روح انسان را چنان هدایت میکند بطوریکه در این جهانبه خداوند پیوسته و وارد بهشت میشود. (انسان به نهایت کمال رسیده)

الفجر ۸۹ / ۲۷-۳۰: يَا أَيَّتُهَا النَّفْسُ الْمُطْمَئِنَّةُ ﴿۲۷﴾ارْجِعِي إِلَى رَبِّكِ رَاضِيَةً مَرْضِيَّةً ﴿۲۸﴾فَادْخُلِي فِي عِبَادِي ﴿۲۹﴾وَادْخُلِي جَنَّتِي ﴿۳۰﴾
هان، ای نفس صاحب یقین و به آرامش رسیده، به سوی پروردگارت برگرد، خود خشنود و دیگران به تو خشنود، در میان بندگان من درآی، و به بهشت من درآی (نهایت لطف خداوند).
اووظایف بندگی ، خلافت ودست خداوندبودن را بخوبی ودرحد وسع جسمی، روحی ، عقلی ومالی خود انجام داده است.

الشمس ۹۱ / ۹-۱۰: قَدْ أَفْلَحَ مَنْ زَكَّاهَا ﴿۹﴾ وَقَدْ خَابَ مَنْ دَسَّاهَا ﴿۱۰﴾
کسیکه روحش را از خواست های دنیوی پاک میکند نجات میابد، ولی کسی که امیال دنیوی بر او پیروز شود باخته است. (درکلیهٔ امور خداوندباید مورد نظر باشد= صلات)

الانعام ۶ / ۱۶۲: قُلْ إِنَّ صَلَاتِي وَنُسُكِي وَمَحْيَايَ وَمَمَاتِي لِلَّهِ رَبِّ الْعَالَمِينَ ﴿۱۶۲﴾
بگو نماز من، اعمال عبادی من، زندگی و مرگ من از همه برای خداست (حضرت محمد (ص) به این درجه رسیده بود) *High moral qualities*

در این وقت شخص، خلیفه و از اولیاء خدا می شود و با دستش در دست او مزه یکی بودن با خدا را میچشد. خصائل طبیعی فرد که تحت تأثیر نفس لوامه بوده به تدریج تبدیل به سجایای اخلاقی *Moral quality* شده است.

ق ۵۰ / ۱۶: ما انسان را آفریده و از وسوسه ها و اندیشه های درونی او آگاهیم. ما از رگ گردن به وی نزدیکتریم. (انسان آگاه وتوانا وآزاد، مختاراست واسیر نفس که می تواند اورادرآب غرق کرده ویا نجات دهد. بسته به اینکه شنا می داند یانه.)

النازعات ۷۹ / ۴۰-۴۱: هر کس از خدای بزرگ ترسید و از هوای نفس دوری جست، همان بهشت منزلگاه او خواهد بود. (انسان نارس وتکامل نیافته وبی مصرف به بهشت راه نمی یابد)

الاعلی ۸۷ / ۱۴:\آن کسی که نفس خود را از آلودگی پاک کرد بحق رستگار گشت. (به مقام عبد وخلیفه ودست خداوندرسیدن درزمین مستوجب ریاضت علم، عقل، حمت وزحمت دررراه پیشبرد اهداف الهی است. نه بندۀ هواوهوس وخوشگذرانی ومال اندوزی وبفکر خود بودن)

الفلق ۱۱۳ / ۱ -۵: بگو پناه میبرم به خدای سپیده دم، از بدی آفریدگان و از شر شب تار به گاه فرا رسیدنش و از بدی زنان افسونگر هنگامی که به جادو در گره ها بدمند و از شر حسود و بدخواه چون آتش رشک برافروزد.

الناس ۱۱۴ / ۱ -۶: بگو به پروردگار مردم پناه میبرم، (به آنکه) پادشاه مردم است، معبود (واقعی) مردم است.(پناه میبرم) از شر و زیان وسوسه کننده های نهانی و آشکار، وسوسه هایی که در سینه ها (یا در ذهن و افکار) مردم عمل میکند و اثر میگذارد، (وسوسه گرانی) اعم از جنیان(غریبه ها) و انسانهای آشنا.

سوالی که مطرح است اینست که آیا مسئولیت انسان ها درتعامل خداوند در مراحل متفاوت تکامل نفسانی که مربوط به شرایط خانوادگی، مالی، درجه و نوع تعلیم و تربیت، محل زندگی و شرایط اجتماعی و زمانی او مربوط است یکسان است؟! و آیا در این برهه زمانی و مکانی آیات قرانی در موارد متعدد همان معنی و مفهوم

را دارد؟ و آیا خداوند از یک نفر مسلمان متعهد در یک کشور غربی مثل آمریکا، فرانسه و هلند همان انتظار را دارد که از صحابه پیامبر در مکه و مدینه داشت، و یا حتی مسلمانان امروزی در کشورهای مختلف مانند پاکستان، ایران، اندونزی، ترکیه و عربستان سعودی!؟ آیا شریعت آنان باید متفاوت باشد بسته به فرهنگ و امکانات مادی ومعنوی)

آیا از نظر عقلانی عباداتی مانند نماز و روزه برای همه یک حکم را دارد و یا میتواند متفاوت بوده و مع الوصف مورد قبول خداوند واقع گردد؟ آیا میتوان با تدبر و اجتهاد به جواب این سوالات پی برد، یا اینکه دستورات شرعی و فقهی مذاهب اسلامی وضع شده توسط انسان‌های اعصار و قرون قبل لایتغیر هستند؟! درحالیکه می دانیم حتی قوانین خدائی و سنتی دیرینه درمدت رسالت کوتاه مدت حضرت محمد(ص) قابل نسخ و فسخ بودند.

عبادت = خدمت به مخلوقات

خداوند متعال در هر موجودی وظایف بندگی و خلقت آنان را بودیعه نهاده و در ژن آنها نعبیه کرده است تا موجودات بر طبق آن رفتار کرده و منحرف نشوند، به جز انسان که چون آزادی و اختیار در عمل دارد فراتر از سایر موجودات و عبادت او سنگین تر و متعالی تر است. انسان به عنوان اشرف مخلوقات بایستی منشاء خدمت به سایر مخلوقات ودرواقع دست خدا در زمین وسازنده باشد. به تدریج که یک فرد بر سنش افزوده میشود بر حسب احتیاجات و امکانات متنوع دنیوی، اختیارات او و انتخاب راه درست که در دراز مدت به نفع او باشد مشکلترشده وحتی احتیاج به راهنما و تربیت شدن بیشتری دارد. دعا که مجموعه خواسته های ما در زندگی است از طریق تربیت عبادات مارا در انتخاب اصلح کمک می کنند.

المومنون ۲۳ / ۱۱۵: أَفَحَسِبْتُمْ أَنَّمَا خَلَقْنَاكُمْ عَبَثًا...﴿۱۱۵﴾
آیا فکر می کنید که ما شمارا بیهوده خلق کرده ایم؟

الذاریات ۵۱ / ۵۶: وَمَا خَلَقْتُ الْجِنَّ وَالْإِنْسَ إِلَّا لِيَعْبُدُونِ ﴿۵۶﴾
من جنّ وانس را نیافریدم جزبرای آنکه مرا عبادت کنند.

البقره ۲ / ۲۸۶: لَا يُكَلِّفُ اللَّهُ نَفْسًا إِلَّا وُسْعَهَا لَهَا مَا كَسَبَتْ...﴿۲۸۶﴾

خدا هیچکس را جز به اندازهٔ توانش تکلیف نمی کند هرچه (ازنیکی ها درنفس خود) کسب کند به سوداوست وهرچه ازبدی ها(برخلاف فطرتش) کسب کند به زیان اوست.

انسان بدون دلیل و عبث آفریده نشده بلکه تمام آفریدگان وظیفه بندگی و مثبت بودن در خلقت خود دارند و از هر یک باندازه تواناییشان انتظار خدمت می‌رود.

در این قسمت بنا بر آیات قرآنی، برداشتی متفاوت و علاوه بر آنچه مورد عنایت مسلمانان است عرضه میگردد. آیات زیر و شواهد عینی افراد، جوامع و ممالک مختلف اشاره به این دارد که منظور خداوند از عبادت و خلافت انسانها کمک در بهتر کردن سطح فهم و زندگی انسانها ولذت بردن و حفاظت از سایر مخلوقات مانند زمین، آب، هوا، نبات، حیات وحش و غیره میباشد. به همین دلیل کشورها و افرادی که در این راه قدم بر میدارند از زندگی مادی و معنوی بهتری برخوردارند تا آنانکه عبادت را در دعا و ثنای زبانی و نماز و روزه ظاهری خلاصه کرده و نقش سازندگی درجهان ایفا نمی کنند ودرواقع ازنیز وظیفهٔ بندگی وخلیفه ودست خدابودن شانه خالی کرده اندو از اجرای وظایف دیگر بندگی سر پیچی وامتناع می کنند.

الاحزاب ۳۳ / ۷۲: همانا ما آن امانت را (موهبت اختیار) بر آسمانها و زمین و کوه ها عرضه کردیم اما تماما از تحمل آن (بدلیل ناتوانی وجودی) سر باز زدند و از آن بیم کردند و انسان (به دلیل آمادگی های قبلی در روند تکاملی) آنرا به عهده گرفت بی تردید او (با نادیده گرفتن چنین امتیاز عظیمی) بسیار ظالم و بسیار جاهل است (تسلیم به غرایز و نفسانیات)

الروم ۳۰ / ۳۰: پس تو رویکرد خود به دین را حق گرایانه فرادار، خداوند فطرت مردم را بر فطرت خود سرشته است. آفرینش خدا هم دستخوش دگرگونی نخواهد شد. این است دین بپا دارنده، اما بیشتر مردم نمیدانند (الهام خوبیها و بدی ها به نفس انسانی).

منظور از عبادت انسان عبد و خلیفه خداوند در روی زمین چیست؟

خداوند از نفس خود درگِل آدم دمید واورا بر فطرت خود آفرید واورا عبد، خلیفه ودست خود درزمین قرارداد برای عبادت او.

عبادت به منظور عام آن شامل ذکر، ستایش، نیایش، استغفار، توبه، خواهش و درخواست، تضرع، دعا، نماز، روزه، زکات، حج و غیره میباشد. از خواجه عبدالله انصاری پرسیدند عبادت چیست؟ گفت: عبادت خدمت کردن به خلق است، نماز و روزه و اینها اطاعت هستند برای نزدیکی به خدا. سعدی علیه الرحمه نیز از درک متعالی آموزه های اسلامی مانند خواجه، بحق عبادت را در دو کلمه «خدمت به خلق» خلاصه کرده است:

«عبادت بجز خدمت خلق نیست   به تسبیح و سجاده و دلق نیست»

آفرینش انسان غرض و غایتی دارد و هدف بزرگی در آنست. این هدف با غور در معنی عبادت تاحدی روشن میشود. یکی از وسایل فوق العاده نیرومند و موثر برای تجدید رابطه دائم با خدا و تقویت آن، و عدم نسیان او و به یاد او بودن که به انسان آرامش و اطمینان میدهد و به او نیرو میبخشد و او را در زندگی موفق و بر مشکلات آن پیروزی میدهد، همانا برقراری ارتباط و صلات بمعنی واقعی آن برای رویکرد به خداوند است که شامل جسم (خواندن نماز) و روح (برقراری تعادل و رعایت عدالت در زندگی برای رضایت خود، مخلوقات و خدا) آن است. برقرار کردن صلات(رویکرد به خداوند) و تعادل «معراج مومن و عمود خیمه دین» است.

رویکرد بخداوند(صلات) صور متفاوت داشته وخواندن نماز فقط یک نوع آن است.

المومنون ۲۳ / ۱۱۵: آیا می پندارید شما را بیهوده و به بازیچه آفریدیم، و بسوی ما باز نخواهید گشت؟

متاسفانه در فضای مجازی یوتیوب کلیپ هائی از نظریه پردازان، فلاسفه و عالمان اسلام شناس، مانند دکتر سروش و دکتر الهی قمشه ای موجود است که علیرغم این آیات، خلقت انسان توسط خداوند را به دلایلی عبث و بدون علت خاص میدانند.

الانبیاء ۲۱ / ۱۶: ما آسمان و زمین و هر چه میان آن دواست را بازیچه نیافریده ایم.

الانشقاق ۸۴ / ۶: ای انسان! همانا تو (در زندگی دنیا) به سوی پروردگارت (در مسیر رشد و کمال) کوشنده ای، کوششی سخت (با رنج و تعب)، پس به او خواهی رسید (گام به گام به تناسب تلاش خود رشد خواهی کرد.)

بنابراین آنان که در زندگی با کار و کوشش سخت در صراط مستقیم به سوی خداوند

قدم بر میدارند به او خواهند رسید (ملاقات در قیامت، سکونت در بهشت)، حل شدن دراو، چون انسان کامل قسمتی از خداونداست(اِنّا لِلّهِ وَاِنّا اِلَیهِ راجِعُون)

آل عمران ۳ / ۱۹۱: ...خداوندا تو این را بیهوده خلق نکردی

ص ۳۸ / ۲۷: آسمان و زمین و آنچه میان آنهاست به باطل و بدون غرض و هدف نیافریدیم. این گمان مردمی است که کافرند، پس وای بر کافران از آتش.
همه چیز در طبیعت (خورشید،هوا، زمین، آب، میوه و گل...) برای استفاده دیگران خلق شده و برای خود خود نیستند. قانون طبیعت و کائنات در خدمت دیگران بودن است. انسان که اشرف مخلوقات است کلیه مخلوقات در خدمت اویندوبنابراین قانون عمل و عکس العمل ایجاب میکند که انسان خدمتگزار کلیه مخلوقات بخصوص انسانها باشد. عبادت، جزئی از وجود و کشش فطری انسان است، انبیا برای هدایت غریزه فطری انسان به مسیر مستقیم برای تکامل یافتن او مبعوث شده‌اند. عبادت، قرار دادن همه ابعاد زندگی در مسیر خواست و رضای الهی است. ما باکمک خداوند وبا کمک به او دنیای بهتری ایجاد می کنیم.
الملک ۶۷ / ۲: آنکه مرگ و زندگی را آفرید تا شما را (در مدت عمر) در میدان سختی‌ها برای انجام بهترین کار (به نیروی اختیار در دو راهی میان خیر و شر برای رشد و کمال خود و جامعه) بیندازد و او فرا دست (در عقوبت ستمگران) و آمرزگار (در بخشش مؤمنین) است.

هود ۱۱ / ۱۱۹: مگر کسانیکه پروردگارت (در دو راهی انتخاب بین خوب و بد) بر آنها رحم آورد و برای همین هم آنها را آفریده است (تا مشمول رحمت قرار گیرند، ولی اکثریت مردم به آفت شرک گرفتار میشوند) و سخن پروردگارت که دوزخ را از تمامی(منحرف شدگان) جن و أنس (غریبه و آشنای شما) پر خوهم کرد، حرف آخر (قطعی) است
ما کارگران خداوند درساخت بنای طبیعت پیرامون خود هستیم واگر کارگری تنبل کم کار ویا خرابکار باشد ونقشی مهم وسازنده درایجاد این ساختمان زیبا نداشته باشد البته صاحبکار ازاوراضی نیست واورا طرد خواهد کرد.

الذاریات ۵۱ / ۵۶: وَمَا خَلَقْتُ الْجِنَّ وَالْإِنْسَ إِلَّا لِيَعْبُدُونِ ﴿۵۶﴾

هدف آفرینش جن (نادیده ها شامل انسان غریبه) و انس (آشنایان) عبادت (دست خدا بودن و در جهت دستورات اوخدائی عمل کردن) خداوند است.

یونس ۱۰ / ۳۱: بگو چه کسی شما را از آسمان و روی زمین روزی میدهد؟ (رزق رسانی)، یا چه کسی بر گوش و چشمهایت فرمانرواست (ابزار شناخت که طبق نظامات او عمل میکنند)؟ و کیست که زنده را از مواد بی جان و بی جان را از زنده خارج میسازد؟ (چرخه مرگ و زندگی و تکامل را چرخاندن) و کیست که امور (جهان) را تدبیر میکند؟ بی‌درنگ خواهند گفت:الله! بگو پس چرا پروا نمیکنید (عدم مهار نفس اماره، که احتیاج به تکامل دارد).

در منطق قرآن باور اینکه ۴ پایه هستی بدست قدرت خداست (خداشناسی نظری) برای دینداری و خدا پرستی کافی نیست، و خداوند((پس چرا پروا نمیکنید؟)) را میفرماید ؛ زیرا ۴ پایه فوق جنبه نظری و اعتقادی دارد ولی مادام که ((عملا)) تغییری در زندگی ایجاد نکند و موجب اخلاص در تعبد و بندگی خدا در خدمت به خلق و آفرینش نگردد حاصلی به بار نمی‌آورد، معنای تقوا عمل کردن به لوازم علم است، وقتی علم حاصل شود که رزق ما، شناخت ما، مرگ و حیات و اداره امورمان به دست خداست، کاربرد صادقانه این آگاهی إِيَّاكَ نَعْبُدُ وَإِيَّاكَ نَسْتَعِينُ و اهْدِنَا الصِّرَاطَ الْمُسْتَقِيمَ میشود و پرهیز از طمع داشتن از بندَگان دیگر وَ یا ترس از آنان و در خدمت دیگران بودن (عبد منافع دنیوی خود و دیگران بودن بخاطر قدرت، ثروت و یا موقعیت اجتماعی آنان وهدف از آفرینش خودرا ضایع کردن، ازاو مزد می گیریم وبرای دیگری کار می کنیم).

از خلقت انسان به عنوان عبد و خلیفه چنین نتیجه گرفته میشود که خداوند هر انسان را برای خدمت به همه مخلوقات در حد توان آن شخص آفریده است و کلیه اعمال عبادی برای تربیت وآمادگی انسان در این راه میباشد. در قرآن خداوند خود را به سه طریق معرفی میکند: من (ان)، او (هو)، ما (لنا، انا، اننا). من مانند (اعبدونی، لا تتخذو من دونی ...). وقتی خداوند از کلمه ما استفاده میکند منظور اعمالیست که به مشیت خداوند و قوانین طبیعت توسط انسان و یا با کمک مخلوقات دیگر مانند زمین، هوا، آب، فرشتگان و غیره انجام میگیرد و در اینجا نقش بندگی تمام مخلوقات به خوبی معلوم میشود، زیرا عبادت خداوند بجز از طریق علم، آگاهی و عمل هرگز معنا پیدا نمیکند.

در قرآن عقل محصول علم و تجربه (تجربی، عقلی، نقلی و شهودی) است، بنابراین عقل خود بنیاد تعقل نیست، عقل قرآنی تفکر و تجسس در برابر پدیده ها که محصول آن علم و یا تجربه هست و حفظ و عمل به آن است. معتزله در برابر تعبد تنگ نظرانه، مسأله عقلانیت و خردگرایی را مطرح کردند ولی چون عقل قرآنی نبوده بلکه عکس العمل در برابر فکر تعبدگر بود مکتبشان دیری نپایید.

از نظر قرآن عبادت، هموار کردن راه خداشناسی و اعمال بندگی توسط خود انسان است. وجود باید صاف و هموار شود که بتواند پذیرای صفات خدایی شده و بدنبال کسب و تکامل آن برود، پس باید انسان عالم و نه مقلد باشد، خداوند میفرماید هرگز از آنچه به آن علم نداری پیروی نکن. خداوند از عبادات زبانی، ظاهری و ریاکارانه انسان ها که سودی برای بندگان او ندارد بی نیاز است.

اگر چه بدیهی است ولی آیات متعدد زیر بی نیازی خداوند را به ما گوشزد میکند:

البقره ۲ / ۲۶۳: خداوند بی نیاز و بردبار است. گفتار نیکو و گذشت بهتر از صدقه است که در پی آن آزاری باشد. (منت یا برملا کردن) و خداوند بی نیاز و بردبار است.

البقره ۲ / ۲۶۷: خدا مسلماً بی نیازی ستوده است. ای کسانی که ایمان آورده اید از پسندیده ترین آنچه بدست آورده اید و از آنچه از زمین برای شما رویانده ایم انفاق کنید و سراغ قسمت نامرغوب آن نروید که از آن انفاق کنید، در صورتیکه خود حاضر به مصرف آن نیستید مگر با چشم پوشی، و بدانید خدا مسلماً بی نیازی ستوده است.

در اینجا سفارش به انفاق بهترین محصولی است که بدست آورده ای. در واقع خداوند میگوید صاحب اصلی آن من هستم و اگر انفاق میکنی محصول را به صاحب و اربابش برمیگردانی که خواه و ناخواه باید از بهترین آن باشد، بنابراین گیرنده آن هم در باطن من هستم.

آل عمران ۳ / ۹۷: مسلماً خدا از جهانیان بی نیاز است. در آن نشانه های روشنی است مقام ابراهیم وهر که به آن درآمد در امنیت است (شاید منظور مقام معنوی، اخلاص و ایمان ابراهیم مطرح است تا محل مقام ابراهیم در جنب کعبه)، و بر عهده مردم است که هر کس توان (سفر به مکه) پیدا کند برای حج آهنگ خانه نماید و هرکه انکار کند پس بداند مسلماً خدا بی نیاز از جهانیان است. عرفات، مشعر ومنی،قربانی، سعی

وطواف تمام درسهای بزرگی از مقام معنوی ابراهیم ونقش او درفهم وظایف بندگی وخداشناسی برای همگان است

یونس ۱۰ / ۶۸:گفتند خداوند فرزندی گرفته است او منزه و مبراست، او بی نیاز مطلق است، هرآنچه در آسمانها و زمین است متعلق به اوست. (همه فرزندان اویند).

الکهف ۱۸ / ۱۱۰: ..پس هر که امیدوار لقای پروردگار خویش است باید عمل کند، عملی شایسته و در بندگی پروردگارش احدی را شریک نسازد. (عمل شایسته کردن باعث نزدیکی به
پروردگار است وگرنه فرد آلوده، سرکش وشرور هیچگاه به ساحت مقدس او راه نمی یابد).

الانبیاء ۲۱ / ۱۹: هرچه در آسمانها و زمین است فقط از آن اوست و آنان که مقرب درگاه اویند، نه از عبادتش استکبار میورزند و نه خسته میشوند. (مخلوقات دیگر دین،صلات و تسبیح خودرا می دانند.)
تمام مخلوقات در آسمان و زمین بندگان خدا هستند و انسانهائی که در بندگی (انجام عمل مثبت منظور است) بخاطر تکبر و یا بهانه خستگی از انجام وظیفه خود سرپیچی نمیکنند، مقربین درگاه احدیت هستند.

انسان عبدسه به چه معنی است؟

عبادت از مصدر عبد است که به معنی بنده و برده میباشد. وظیفه برده این بوده است که به ارباب خود وفادار باشد، از او بی چون و چرا اطاعت کند، و هر آنچه را که او میگوید انجام دهد، از مایملک او نگهداری و حفاظت کند، از خود حرکتی که بدون اجازه او باشد انجام ندهد، ازهیچ کس جز ارباب خود اطاعت نکند، هیچ چیزی را از جانب خود به دیگران نگوید، به کس دیگری که خلاف منویات اربابش حرف می زند گوش نکند. در مقابل ارباب خود به احترام ایستاده و از گفتن حرف لغو امتناع کند، هر موقع که برای انجام کاری خوانده شود فوراً حاضر بوده و آن را به بهترین وجه انجام دهد به نحوی که مورد رضایت اربابش واقع شود، و همیشه در وفاداری و اطاعت و خدمت مستدام و ممکن باشد.

وظیفه ارباب تغذیه، محافظت، مراقبت و محبت به عبد و برده است.
خداوند ارباب (رب) و ما برده (عبد) او هستیم و بنابراین وظیفه ما در عبادت به معنی عبد خداوند بودن است با وظایفی که یک برده دارد. نماز به ما یادآوری میکند که ما بنده خداوندیم و وظیفه بندگی را به ما گوشزد کرده و دستورات بندگی را از خداوند میطلبیم (خداوند از عبد خود توقع دارد که بر صراط مستقیم زندگی کند و از افراط و تفریط بپرهیزد، و از او در این راه کمک بگیرد تا گمراه نشده و مورد غضب هم واقع نشود). عبادت در برگیرنده تمامی گفتارها و کردارهای باطنی و ظاهری بوده و تمام شئون زندگی را فرا میگیرد. از شیوه غذا خوردن تا سیاست، روابط با مخلوقات اعم از انسان، حیوان، نبات، جماد، آب، هوا و...
از این روست که قرآن بندگان مؤمن را با دستورات تکلیفی و احکام شرعی که جنبه های گونان زندگی را شامل میشود مورد خطاب قرار داده است.
در آیات «کتب علیکم» (۱۷۸، ۱۸۰، ۱۸۳، ۲۱۶) در سوره بقره: مسائلی مثل زکات، قصاص، ارث، روزه، و جهاد بر بندگان مقررشده است.

البقره ۲ / ۲۱۶: ... اگرچه برای بنده ناخوشآیند باشد ولی چه بسا چیزی را ناخوش دارید (ولی بنفع شماست) و موظفید که با پذیرفتن آنها بندگی خدا را بجای آرید.
پس عبادت ظاهری ما (خواندن نماز، روزه، دعا، ذکر، استغفار، تسبیح) تکرار، یادآوری و کلاس درسی روزانه است بمنظور آماده کردن شخص برای عبادت واقعی و عملی ، برقراری نماز برای یاری گرفتن از خداوند است که امور زندگی روزانه مان بر پایه اعتدال و عدالت باشد، عبادت تمام جنبه های زندگی را دربر میگیرد، و تأمل و تفکر در به کاربردن اسباب، و مراعات قوانین وروشهایی است که خداوند در نظام هستی مقرر فرموده است. در غیر اینصورت هر قدر در طول روزالله اکبر، الحمدلله و سبحانالله بگوییم اگربا عمل صالح همراه نباشد، اثرش از نوک زبان ما فراتر نمیرود و عامل خیری برای ما، خداوند و هیچ مخلوق دیگری نیست ،بلکه میتواند در اثر غرور وخود باوری چه بسا منجر به شرک گردد.
خوش رفتاری و احترام به حقوق مردم، احسان به پدر و مادر و حفظ رابطه خویشاوندی، نیکی به یتیم و مسکین و غریب، مهر ورزیدن به ناتوان، دلسوزی به حیوانات، احترام و حراست از محیط زیست و غیره است که کفه عبادی ما را در آخرت سنگین تر میکند. عبادت اخلاق وهمه فضائل انسانی مانند راستگویی، امانت داری، پایبندی به عهد و دیگر مکارم اخلاقی را نیز شامل میگردد.

لازم به یاد آوری است که عبادت و اعمال روزانه ما **بدون** واهمه از خداوند که بازگشت ما به اوست، اعتقاد و باور به معاد و روز جزا، جهنم و بهشت، صبر به حکم خدا، شکر نعمت ها (عملی و نه زبانی) و رضا به قضای خداوند بودن چون حتما نفعی برای ما در آن نهفته است، توکل بر او، امید به رحمت و خوف از عذاب پروردگار، عبادت واقعی نیست. عبادت همچنان مشتمل بر دو فریضه بزرگ امر به معروف و نهی از منکر (قانونمند زندگی کردن، احتراز از انجام اعمال خلاف عرف جامعه، تعلیم و تذکر صحیح و مؤثر برای اخلاقی زندگی کردن نزدیکان، دوستان، آشنایان کم اطلاع و یا گمراه) نیز میباشد.

الفتح ۴۸ / ۱۰:...یَدُ اللَّهِ فَوْقَ أَیْدِیهِمْ...﴿۱۰﴾

آنها که با تو بیعت میکنند در حقیقت با خدا بیعت میکنند. دست خدا بالای دست آنهاست. (تائید) پس هر که پیمان شکند تنها به زیان خویش پیمان شکسته و هر که به آنچه با خدا پیمان بسته وفا کند پس به زودی پاداش بزرگی خواهد داشت.

الزمر ۳۹ / ۷: ...فَإِنَّ اللَّهَ غَنِیٌّ عَنْكُمْ...﴿۷﴾

خدا نیازی به عبادتِ (دعا و ثنای زبانی) ما ندارد.

النحل ۱۶ / ۹۶: مَا عِنْدَكُمْ یَنْفَدُ وَمَا عِنْدَ اللَّهِ بَاقٍ...﴿۹۶﴾

آنچه نزد شماست پایان میپذیرد و آنچه نزد خداست ماندگار است. عملی که ما انجام میدهیم نتیجه آن خوب یا بد در نظام آفرینش ماندگار است.

یس ۳۶ / ۶۱: وَأَنِ اعْبُدُونِي هَذَا صِرَاطٌ مُسْتَقِیمٌ ﴿۶۱﴾

عبادت حرکت در مسیر مستقیم الهی است. (خداوند الگوی ما در خدمت بخلق و عدالت پیشگی است.)
اعمالمان بایستی آگاهانه و با دانش کافی، عاشقانه و از صمیم قلب، خالصانه و نه از روی ریا، خاشعانه بخاطر ترس از اینکه مبادا اشتباه و یا کم کاری کنیم و در موارد بخصوصی مخصوصا صدقات مخفیانه باشد.

الکهف ۱۸ / ۱۱۰:...وَلَا یُشْرِكْ بِعِبَادَةِ رَبِّهِ أَحَدًا ﴿۱۱۰﴾

اعمالت بخاطر و در جهت رضایت خداوند باشد. اعمالی که ریا، نفاق، شهرت طلبی، و

عوام فریبی در آن باشد نزد خداوند پذیرفته نیست و شرک محسوب میشود.

المومنون ۲۳ / ۲: الَّذِینَ هُمْ فِي صَلَاتِهِمْ خَاشِعُونَ ﴿۲﴾
یکی از صفات مؤمنان رستگار این است که میترسند از صراط مستقیم منحرف شوند زیرا عقوبت آن دامنگیرشان خواهد شد.

انسان خلیفه خداوند

الروم ۳۰ / ۳۰: ... خداوند بعضی از انسانها را برگزیده و به درجات مختلف به آنها علم و حکمت عطا می فرماید بطوریکه خداگونه بتوانند خلق و اختراع کرده و باعث ارتقاء و راحت مخلوقات باشند. مثلا عوامل بیماری زا را شناسایی و درمان کنند. این گروه علاوه بر بندگی عادی (عبد) با کار و کوشش مداوم در صراط مستقیم، کمک کائنات و قوانین ومشیت الهی، لطف و عنایت خداوندی، خلفای او در زمین نیز میشوند.

الانعام ۶ / ۱۶۵: و اوست که شما را جانشینان قرار داد و برخی از شما را (در توانایی جسمی، هوش، استعداد، ثروت و...) بر برخی دیگر برتری داد تا در آنچه نصیبتان کرده شما را بیازماید.

یونس ۱۰ / ۱۴:سپس شما را بعد از ایشان در زمین جانشین کرده ایم تا بنگریم شما چگونه عمل میکنید. انتخاب مسلمانان برای این وظیفه خطیر و امتحان آنان. متاسفانه به نظر میرسد ما در این امتحان رد شده ایم.

فاطر ۳۵ / ۳۹: و اوست که شما راااز جانشینان قرار داد، پس هر که کفر ورزد کفرش به زیان خوداوست.

البقره ۲ / ۳۰: و (به یاد آر) وقتی که پروردگارت فرشتگان را فرمود که من در زمین خلیفهای خواهم گماشت، گفتند: آیا کسانی در زمین خواهی گماشت که در آن فساد کنند و خونها بریزند و حال آنکه ما خود تو را تسبیح و تقدیس میکنیم؟! خداوند فرمود: من چیزی (از اسرار خلقت بشر) میدانم که شما نمیدانید.

البقره ۲ / ۳۴: و چون فرشتگان را فرمودیم برای آدم سجده کنید پس بجز ابلیس که سر باز زد و کبر ورزید و از کافران شد [همه] به سجده درافتادند (۳۴)

تفسیر: ملائکه بر حسب اشارات قرآنی مسلط بر ماده و انرژی و مدبر و به کار برنده آن در اجرای اوامر الهی اند. همچنان که وجود مادی ما را عقل و شعور نامحسوس به حرکت در می‌آورد، کل جهان را موجودات با شعور ناشناخته ای به حرکت در می‌آورند که در اصطلاح قرآنی ملائکه نامیده میشوند.

مسلما کسانی که به بشریت از نظر علمی، اخلاقی، اجتماعی، سلامت فکری و جسمی، اقتصادی، کمک شایان کرده اند بندگان و خلفای واقعی خداوند هستند. بعضی از خلفای الهی شامل انبیا، اولیا، صدیقین، شاهدین، صالحین و عالمین هستند، مانند حضرت علی (ع)، امام حسین (ع)، دکتر مصدق، نلسون ماندلا، مارتین لوتر کینگ، مهاتما گاندی، علمای برجسته طب، فیزیک و شیمی مانند اسحاق نیوتن، آلبرت اینشتاین، لویی پاستور، بیل گیتس و خلاصه بسیاری از کاشفین و مخترعین در دو قرن گذشته که در اعتلای سطح زندگی انسانها نقش مهم و اساسی داشته اند و به موهبت اختیار و رویکرد خدایی بر موجودات دیگر فضیلت یافته اند. به نظر میرسد که اغلب خلفای الهی در زمین از موهبت علم لدنی و پشتکار و سایر صفات الهی برای ایفای نقش بندگی خاص و مفید برخوردارند و شاید منظور از خداوند به فرشتگان که "من چیزی میدانم که شما نمیدانید"، خلقت و نقش خلفای الهی بوده است که دست دردست خداوند به کمال رساندن بعضی از مخلوقات را تسریع نمایند. مانند اصلاحات ژنتیکی گیاهان برای باروری بیشتر و بهتر، احتیاج کمتر به آب و مانایی طولانی تر، و حیوانات مانند مرغ برای تخم گذاری یا گوشت، گاو شیری یا گوشتی، انقلاب اطلاعاتی و اینترنت، تلفن هوشمند با بیش از چهل استفاده متفاوت و مفید و بالاخره هوش مصنوعی که بزودی منویات و احساسات ما را نه تنها میداند بلکه علت آن و در چگونگی حصول آمالمان ما را یاری میدهد. زمان آن فرا رسیده که خداوند عقل و هوش جمعی بندگان را (مغز فعال چندین میلیاردی) در راه تعالی آنان بکار گیرد، چون هوش مصنوعی از روی الگوریتم اطلاعاتی درباره ما و اعمالمان قضاوت و راهنمایی خواهد کرد، نه از روی احساس و اطلاعات محدود و ... .

به تصریح قرآن ماه، خورشید، ستارگان، شب و روز، رعد و برق، و اصولا هر آنچه در عالم آسمانها و زمین است خدا را تسبیح (انجام وظیفه) میکنند. هفت سوره قرآن

با تسبیح عمومی جهان برای خدا یا ذکر سبحان و امر به تسبیح آغاز میشوند (حدید، حشر، صف، جمعه، تقابن، اعلی، اسرا) که به این معنی است که تمام اجزای جهان نقشی سازنده، اصلاحی و مثبتی دارند که در سمفونی خلقت به عهده آنها گذاشته شده، تا نقایص را مرتفع سازند و به تنزیه و تکمیل هستی مدد رسانند.

نه تنها آنچه در آسمان ها و زمین است خدا را تسبیح میکنند، بلکه آنها (فرشتگانی) که در آسمانها و زمین محرک و مدبر ماده و انرژی و به تعبیری کارگزاران جهانند، یکسره و خستگی ناپذیر به تسبیح خدا (ایفای نقش مثبت و اصلاحی) مشغولند. الرعد ۱۳ / ۱۳، الاعراف ۷ / ۲۰۶، الاسراء۱۷ / ۴۴، النور ۲۴ / ۴۱، الزمر ۳۹ / ۷، الزمر ۳۹ / ۵۷، فصلت ۴۱ / ۳۸، الشوری ۴۲ / ۵، الصافات ۳۷ / ۱۶۶. در این غلغله عظیمی که مواد و انرژیها و صاحبان شهرت و خلفای الهی در جهان هستی به کار تسبیحی (منزه و مبرا کردن جهان از هر عیب و نقصی که خواه و ناخواه بوجود می‌آید، مانند: ازدیاد حرارت جو زمین و...) دست اندکارند، تنها و تنها انسان است که به دلیل موهبت اختیار میتواند به اراده خود و عبد فرمانبردار بودن به کار تسبیحی پرداخته، یا اینکه با پیروی از نفس اماره به ساز ابلیس و شیاطین رقصیده و خود را از عضو ارکسترسمفونیک خداوند بودن در دنیا و آخرت محروم نماید و با تصمیم های غلط باعث اختلال در نظام جهانی گردد. (ریختن اشیاء پلاستیکی در بیابان و دریا، سوء استفاده از آبهای زیر زمینی، سوزاندن جنگل ها، چاقی و...)
سؤال تعجب آمیز فرشتگان نگرانی آنها از عمل کرد آدم در دو زمینه بوده:
۱. عدالت ۲. امنیت
معنای قرآنی فساد در زمین برهم زدن تعادل (اقتصادی، طبقاتی، نژادی، اعتقادی و ...) است که ظلم و بیعدالتی محسوب میشود.

البقره ۲ / ۳۰: ...وَیَسْفِكُ الدِّمَاءَ...﴿۳۰﴾

...وخون می ریزد....
(سرکوب و ریختن خون مخالفان) فقدان«امنیت» برای«آزادی و اختیار».
و «نقدس لك» لفظ قدس (پاکی) ده بار (عدد تمام) در قرآن تکرار شده است.
خداوند ملک القدوس (مبالغه قدس) نامیده شده که پادشاه مطلقا پاک از بیعدالتی پادشاهان زمینی است (المومنون ۲۳ / ۵۹، الجمعه ۶۲ / ۱). خداوند سرزمین بعثت پیامبران بنی اسرائیل را وادی المقدس یا ارض المقدسه نامیده است (طه ۲۰ / ۱۲،

النازعات ۷۹ / ۱۶، المائده ۵ / ۲۱) و بالاخره ۳مرتبه در قرآن از تایید عیسی (ع) به وسیله روح القدس یاد شده است (البقره ۲ / ۸۷، البقره ۲ / ۲۵۳، المائده ۵ / ۱۱۰) و یک بار نیز از نزول قرآن به واسطه جبرئیل.

(النحل ۱۶ / ۱۰۲:بگو روح القدس آن را به حق از جانب پروردگارت نازل کرده است.

آنچه فرشتگان هم از درکش عاجز بودند محصول بلندمدت «امانت» آزادی و حق انتخاب و«اختیاری» است که رب کریم به حکمش به آدمیان عرضه کرده بود.

(الاحزاب ۳۳ / ۷۲) تا در نتیجه آن شاهد پیشرفت، تعالی و خدمت انسان تا به امروز باشیم. پیش بینی فرشتگان کاملاً درست بود که انسان آزاد و مختار، فساد میکند و خون میریزد، اما این یک بعد مسئله و نیمه خالی لیوان بود، بُعد دیگر آن نقش روح دمیده شده خدایی در نفس انسان و فرایند «آزمون و خطا» و «توبه و تسلیم» و علم و عقل نقاد روشنگر، این نیمه پر از ظرف وجودی انسان بنظر فرشتگان نرسیده و عمل کرد آدمی را در تضاد با نقش خود میدیدند. دنباله ماجرا به خوبی نشان میدهد که آدم چگونه از آزادی به آگاهی نسبت به اسما و صفات خداوند رسیده و به سلطان اوست که "رسد آدمی بجایی که بجز خدا نبیند".

عملی که با ریا، عجب و یا گناه همراه باشد حتی اگر ساختن مسجد باشد، عبادت واقعی نیست. عبادت بندگی خدا کردن، و در خدمت بندگان بودن است، نه اینکه در کارها بنده خود یا دیگری و تابع هوس و تمایلات خویش بودن. ریا در عبادت علاوه بر آنکه حرام است موجب بطلان آن نیز میشود چون انتظار ستایش از غیر خدا شرک است. در عبادات (هر عمل مثبت و تسبیحی که انجام میدهیم) اعتدال شرط است و از افراط و تفریط باید احتراز کرد.

طه ۲۰ / ۲: (ای پیامبر) ما قرآن را بر تو نازل نساختیم که خود را به مشقت بیفکنی (اعتدال نه افراط).

خود را به مشقت انداختن در کارها و خروج از مرز اعتدال حتی برای راهنمایی افراد توسط رسول خدا یک وظیفه عبادی نیست.(چه رسد به بندگان و خلفای او) خداوند بعد از ایمان و عمل صالح انسان را به حق و صبر در عبادت فرا میخواند:

العصر۱۰۳ / ۳:اگر بحق و در راه عدالت عمل کنی نتیجه مثبت آن را میبینی هر چند زمان و

صبر قرآنی لازم است (ممکن است سالها طول بکشد که اعمال مثبتمان با پشتکار و زحمت فراوان به نتیجه برسد مانند پزشک شدن، و یا اینکه ممکن است خود نتیجه اعمال مثبت خود را تا زنده هستیم نبینیم و آیندگان از ثمرات آن برخوردار شوند مانند قیام امام حسین و نتایج حاصل از آن)

شرایط عبادت: کسی میتواند در راه مثبت و سازنده عبادت قدم بردارد که بالغ، عاقل، مختار و صاحب قدرت در اجرای اعمال خود باشد. قدرت و توانایی شرط تکلیف است.

الانعام ۶ / ۱۵۲: ... هیچکس را جز به قدر توانش تکلیف نمیکنیم.
روزه گرفتن بر مریض واجب نیست، زکات تنها دادن مالیات بر در آمد نیست، زکات یک سائل میتواند اخلاق خوش باشد. البته صورت دیگر مسأله این است که افراد با توانایی بالا از نظر مادی، علمی، اجتماعی و قدرت، وظایف خطیری بر عهده آنها محول شده است. (حسنات الابرار سیئأت المقربین)
وسع افراد بسته به شرایط خانوادگی، تربیتی، سواد، مکنت، محل زندگی، امکانات محیطی، روحی روانی، دینی و غیره متفاوت است و به همین دلیل میزان شکوفایی افراد متفاوت است، ولی برای هر فردی تلاش عاقلانه او در راه احراز کمال خود با در نظر گرفتن کلی شرایطش مورد نظر خداوند است.

النجم ۵۳ / ۳۹: برای انسان جز تلاش او (در آخرت) ثمره ای نخواهد بود.

محمد ۴۷ / ۳۳: ای کسانیکه ایمان آورده اید از خدا و فرستاده (او) اطاعت کنید (بر صراط مستقیم زندگی کنید) و اعمالتان را (با نافرمانی، شرک، ریا، افراط و تفریط) باطل نسازید.
خداوند اعمال مؤمنانه، (و نه تعبدی و تقلیدی از گذشتگان و بزرگان را)، از بندگان انتظار دارد و در قیامت، بندگان به میزان بهره ای که از عقل خود برده اند حسابرسی میشوند. الاحزاب ۳۳ / ۶

فصل سوم

عبادت و عمل صالح

در قرآن بیش از ۶۰ آیه راجع به رستگاری افرادی آمده است که اول ایمان به خداوند دارند و بعد عمل صالح، مثبت و سازنده بخاطر رضای خداوند و پیروی از دستورات او (از طرف او) انجام میدهند. بنابراین، اولین و مهمترین شرط قبول حتی عمل به ظاهر صالح و ثواب حاصله از آن ایمان داشتن به خداوند است و باور به اینکه دست تو در دست خداوند است و به نمایندگی و اجازه اوست که لایق و قادر به انجام این کار شده ای. شرایط ایمان به خداوند را میتوان از آیات ۲ تا ۵ سوره بقره استنتاج کرد:

در آیاتی خداوند قرآن را وسیله ای برای هدایت متقین که شرایط زیر را دارند معرفی میکند: وخاطر نشان می سازد که فقط افرادی که درجستجوی زندگی اخلاقی هستند توسط قرآن قابل هدایت اند.

۱.   ایمان به خداوند و امور غیبی که قابل درک و لمس نیست و از طریق ایمان به خداوند و آیاتش، و نه عقل عملی آن را قبول میکنیم.

۲.   برقراری ارتباط دائم و روزانه (صلات) با خداوند جهت کسب تکلیف و در صراط مستقیم زیستن و پیشرفت کردن دائم در کلیه امور

۳.   انفاق به مستمندان

۴.   احترام و باور به آنچه به پیامبر و پیامبران قبلی (موسی (ع) و عیسی (ع)) برای هدایت بشر ابلاغ شده است.

فرد مومن به خدا، معاد، آخرت، زندگی بعد از مرگ، و بهشت و جهنم اعتقاد داشته و هدفش این است که جهت اصلاح زندگی خود و اجتماع و سایر مخلوقات در حداکثر توانایی مادی و معنوی و عقلایی خود کوشش نماید. عمل صالح هر کار، اجتماع شمول است که زندگی خلایق را بهتر و راحتتر میکند و ممکن است سیاسی، تربیتی، مادی، معنوی، دینی، دنیایی، آخرتی، حمایت از محیط زیست، حمایت از حیوانات، جنگلها، هوای تمیز، آب گوارا و... باشد.

بنابراین غیر مومنانه و به غیر از برای رضای خدا و انجام وظیفه شرعی اجتماعی هر کار نیکی را انجام دهید اگر هدف نهایی از آن معروفیت اجتماعی و یا هدفهای دنیایی دیگر مانند کسب مکنت، قدرت، ریا و غیره باشد چون ثمره آنرا در دنیا میگیرید ممکن است در آخرت نتیجه ای عایدتان نشود

بنا به گفته خداوند فرد با ایمان هر چه بیشتر عمل مثبت انجام دهد (تسبیح)، بیشتر

مورد تایید خداوند بوده و به او نزدیکتر میشود، و پاداش دنیوی و اخروی او فزونتر است، در اینجا پاداش اخروی اضافه شده است. ضمنا (فاطر ۳۵ / ۱۰) گفتار خوب به طرف خداوند صعود میکند و عمل خوب باعث ترفیع درجه کلام طیب و حکیمانه میشود. در واقع گفتار نیک از پندار نیک زائیده میشود و اگر به کردار نیک منجر شود ثواب آن چندین برابر میگردد.

الاسرا ۱۷ / ۱۳: وَكُلَّ إِنْسَانٍ أَلْزَمْنَاهُ طَائِرَهُ فِي عُنُقِهِ وَنُخْرِجُ لَهُ يَوْمَ الْقِيَامَةِ كِتَابًا يَلْقَاهُ مَنْشُورًا ﴿۱۳﴾

عمل هر کسی را محکم به گردن او بسته ایم، در روز قیامت آن را ظاهر کرده و پیش او به صورت کتابی باز میکنیم.

در این آیه عمل هر کس تعبیر به پرنده ای شده است که به محض انجام دادنش میپرد، سختی یا لذت آن زودگذر است و اثر آن روی قلب و روح دائمی و سنگین یا سبک است. طائر همان پرنده تعیین کننده سرنوشت است که اعراب جاهلیت برای فال و استخاره از آن استفاده میکردند و بسته به عمل و نیت شخص روی شانه راست (خوب) یا چپ (بد) او مینشست.

در آیات مربوط به ایمان و عمل صالح: برگزاری نماز، دادن زکات، فروتنی و خشوع در برابر خداوند، صبر، کلام نیکو، عدم تجاوز به حقوق دیگران، کمک به ضعفا در امور اجتماعی برای گرفتن حق خود، توبه بعد از عمل ناشایست و عدم تکرار آن، آشکارا عمل نیکو کردن برای تشویق دیگران که به همین دلیل اجر دو برابر دارد، سفارش کردن به یکدیگر به دو موضوع مهم حق (گرفتن حق خود از اجتماع و دولت و دیگران که پایه و اساس دموکراسی است و دادن حق دیگران اعم از فرد، اجتماع، ...) و صبر تاکید شده است (العصر ۱۰۳ / ۳).

صبر در قرآن ۱۰۳ بار تکرار شده و جنبه فعال مقاومت و پایداری و تسلیم نشدن در مقابل ناملایمات را دارد. خداوند در ۴ آیه وعده همراهی با صابران (ان لله مع الصابرین) و در ۴ آیه صابر بودن را نشانه عزم و اراده قوی شمرده است. البته صبر انفعالی که معمولا در مقابل عجله و شتابزدگی است مورد نظر نمیباشد. در قرآن وظیفه ای برای شعرای زمان پیامبر نیز ذکر شده که امروزه برای فعالان اجتماعی، نویسندگان و ارباب اطلاعات جمعی صدق میکند.

الشعرا ۲۶ / ۲۲۷: مگر کسانیکه(شاعران) ایمان آورده و کارهای شایسته انجام دهند و

خدا را بسیار یاد کنند و پس از اینکه ملت مورد ستم قرار گرفتند آنها را یاری کنند. خداوند در مورد شعرا در زمان پیامبر که گروه با سواد بوده و طرفدارانی داشتند میفرماید که آنان پندارگرا و نه عملگرا هستند و در عالم خیال سیر میکنند و به سخنانی که میگویند عمل نمیکنند مگر آنان که قدرت کلام را به مثابه حربه ای علیه ستمگران به کار میگیرند و مردم را با اشعار حماسی و احساسی خود در دفاع از حق و یاری مظلومان بر میانگیزند.

اکنون همین سفارش شامل نه تنها شعرا بلکه نویسندگان، روزنامه نگاران، خبرنگاران، معلمین، روشنفکران، اساتید، دانشگاهیان و سایر رهبران اجتماعی میگردد که خداوند وظیفه روشنگری و برانگیختن مردم برای دفاع از حقوق خود را به آنها سفارش نموده است.

رعایت اعتدال در عبادات

(الفرقان ۲۵ / ۶۷) بندگان خاص خدا، آنانند که در انفاق و بخشش به مسکینان زیاده روی نکنند، و بخل نیز نورزند، بلکه در این امور میانه رو و معتدل باشند. (خداوند افراد میانه رو را بندگان خاص خود مینامد) (النسا ۴ / ۱۴۹) اگر درباره خلق به آشکار و پنهان نیکی کنید، یا از بدی دیگران بگذرید (کاری خداپسندانه انجام داده اید) پس بدانید خدا (با وجود توانایی بر انتقام) بیگمان گذشت کننده قدیر (به قدر و اندازه و حساب) است.

موارد پنهان یا آشکار کمک کردن را شخص کمک کننده باید تشخیص دهد اگر آبروی کسی در میان است در کمک به او گفته اند که دست چپ هم نباید از کمک کردن دست راست متوجه شود، ولی در بعضی موارد هست که عمل شما دیگران را به انجام عمل خیر تشویق میکند و در آنجا باید آشکارا انجام داد و ثوابش دو برابر میشود. ضمنا اشاره دیگر راجع به عفو این است که در مقدرات و نظامات کنش و واکنش روح و روان انسان، عفو دیگران کینه و انتقام را میزداید و شخص را سزاوار بخشش الهی میکند.

الانعام ۶ / ۱۶۰: هرکس کار نیکو کند ده برابر آن پاداش خواهد یافت، و آنکه به عمل زشتی دست یازد جز به اندازه کارش کیفر نیابد، و از این بابت بر هیچ کس ستم نخواهد رفت (عدالت رحمن و رحیم).
قوانین طبیعت بر انجام عمل صالح، اصلاحی و تسبیح مخلوقات نوشته شده، و در انجام کار خوب تمام قوای مربوطه در طبیعت به کمک فرد گسیل میشوند که آن را به سرانجام برسانند. بخاطرهمین کمکهاست که اثر آنی و طولانی کار خیر ده برابر آن است که خود شخص با عمل زشتش انجام میدهد زیرا در عمل زشت کاینات به کمک او نخواهند آمد.

یونس ۱۰ ِ / ۲۶: مردم نیکوکار به بهترین پاداش خود و افزونی لطف خدا نائل آیند و هرگز گرد شرمندگی و خواری بر رخسارشان ننشیند، آنان اهل بهشتند و همیشه در آن مقیم خواهند بود.
البقره ۲ / ۱۷۷: بلند نظری و بلوغ در نیکوکاری آن نیست که به سوی مشرق یا

مغرب رو کنید (نماز خواندن و رو به مکه کردن برای مسلمانان و بیت المقدس برای دعا برای یهودیان و مسیحیان)، نیکوکار کسی است که به خدای عالم و روز جزا و فرشتگان و کتاب آسمانی و پیامبران ایمان آورد و دارائی خود را در راه دوستی به خدا به خویشان و یتیمان و در راه درماندگان و مستحقان بدهد و در راه آزاد ساختن بندگان (افراد فقیر که به خاطر بدهی زندانی هستند و افراد آبرودار مقروض) صرف کند و نماز برپا کند و زکات مال دهد، به عهد خویش در وقت وعده شده وفا کند، و دربرابر دردها و سختی ها شکیبایی پیشه سازد، کسانی که با این اوصاف آراسته اند به حقیقت راست گویان عالم و همه آنها پرهیزکارانند.

الاسرا ۱۷ / ۲۷: (هرگز درهیچ کاری زیاده روی مکن) اسراف کنندگان برادران اهریمنانند.

حتی خوردن و آشامیدن بیش از حد و ناروا باعث بیماریهای گوناگون قلبی عروقی و مرگ زود رس میگردد.

الانعام ۶ / ۱۴۱: إِنَّهُ لَا يُحِبُّ الْمُسْرِفِينَ ﴿۱۴۱﴾

خدا اسراف کنندگان را دوست ندارد.

القصص ۲۸ / ۷۷: در طلب آنچه خدا برای آخرت و دنیا بتو بخشیده، سرای آخرت را طلب کن،بهره این جهانت را نیز به فراموشی مسپار و همان گونه که خدا به تو نیکی کرده نیکی کن و در پی فساد در زمین مباش.

الأسرا ۱۷ / ۲۹: در انفاق نه دست بسته باش، و نه گشاده دست که خود محتاج شوی.

الأسرا ۱۷ / ۱۱۰: ...نماز را نه بلند بخوان و نه آهسته، بلکه شیوه ای میانه برگزین (پرهیز ازهر گونه افراط و تفریط)

البقره ۲ / ۳: نماز بپادار (ارتباط با خدا) و زکات بده (ارتباط با مردم)

(النسا ۴ / ۱۳۵) نه محبت (فامیل، دوست و آشنا) شما را از گواهی حق منحرف سازد.

(المائده ۵ / ۸) نه دشمنی ها (با یکدیگر) شما را از عدالت دور کند.

الفتح ۴۸ / ۲۹: ...مومنان هم قوه دافعه دارند (اشداء علی الکفار) و هم نیروی جاذبه (رحماء بینهم)

البقره ۲ / ۱۴۳:ما شما را امتی متعادل (در عمل کردتان) آفریدیم که برای بقیه مردم الگو باشید و پیامبر نیز الگویی برای شما باشد.

القلم ۶۸ / ۲۸: متعادلترین ایشان گفت: آیا من به شما نگفتم چرا تسبیح (کار مثبت در رفع فقر و گرسنگی بینوایان) نمیکنید؟

طه ۲۰ / ۱۳۵: بگو: همه منتظریم (ما منتظر یاری خدا و شما منتظر نابودی ما) پس منتظر باشید به زودی خواهید دانست اهل میانه روی و اهل هدایت پذیری چه کسانی هستند.

الانعام ۶ / ۱۵۳: این دین من است که بر صراط مستقیم (متعادل) است، پس پیرو آن شوید.

البقره ۲ /۱۰۸: کسی که کفر را به جای ایمان قبول کند از راه میانه و معتدل گمراه میشود.

پس راست و چپ و افراط و تفریط گمراهی است.کمال آدمی برحسب عمل، جدا گشتن و دوری از صفات حیوانی مخالف هم است، در نیروی بشر نیست که به تمام معنی از آنها جدا گردد، ولی حد واسط بین ناسازگاری ها به منزله خالی بودن از آنهاست، هر دو طرف این صراط دوزخ دنیوی واخروی و میانش راه بهشت است.

طه ۲۰ / ۲: (ای محمد) ما قرآن را نازل نکردیم که خود را به مشقت اندازی (اعتدال در تذکر و انذار)

المائده ۵ / ۱۲: خدا از بنی اسرائیل پیمان گرفت و از میان آنان دوازده پیشوا برانگیخت و گفت: من با شما هستم، اگر نماز بر پا داشتید(معتدل زندگی کردید) و زکات پرداختید (برای بهبود اجتماع) و به فرستادگان من ایمان آوردید و یاریشان کردید و به خدا وامی نیکو دادید (قرض الحسنه برای فقرا)، حتما بدی های شما را میزدایم و به بوستان هایی که از زیر آن نهرها جاریست شما را درمیآورم. پس هر کس بعد از این راه انکار پوید براستی راه میانه (صراط مستقیم) را گم کرده است.

الاعراف ۷ / ۵۶: ... وَادْعُوهُ خَوْفًا وَطَمَعًا إِنَّ رَحْمَتَ اللَّهِ قَرِيبٌ مِنَ الْمُحْسِنِينَ ﴿۵۶﴾ او را با بیم و امید (که دو بال پرواز به سوی آسمان ایمان و دو وسیله نجات است) بخوانید، بی تردید رحمت خدا به نیکوکاران نزدیک است.

فداکاری، مجاهدت و جهاد

برای احراز مقام بنده خوب بودن جهاد (به معنی تلاش سخت و طاقت فرسا) با قبول مشقت و محرومیت در راه کمال شرط است. جهاد ابعاد متنوعی دارد شناخته شده ترین آن جهاد نظامی با جان و مال است و دیگر از مهمترین آنها جهاد فرهنگی و آموزشی است.

جهاد با نفس اماره (جهاد اکبر) و جهاد فرهنگی، سیاسی، اقتصادی، اجتماعی، آموزشی و غیره با اسلحه علم، منطق، مهربانی، استدلال و جدال احسن امکان پذیر است.

النسا ۴ / ۹۵: بر جای نشستگان (محافظه کاران،بازنشستگان) بجز آنان که معذورند(بیماری، پیری مفرط، نقص عضو و...) با مجاهدانی که با مال و جانشان در راه خدا به جهاد بر میخیزند مساوی نیستند.خداوند مجاهدان با مال و جان را بر خانه نشینان به درجاتی برتری داده است.

البقره ۲ / ۲۰۷: بعضی از مردمانند که از جان خود در راه رضای خدا درگذرند. خدا دوستدار چنین بندگان است.

البقره ۲ / ۱۹۰: در راه خدا با آنان که به جنگ شما بر خواسته اند بجنگید ولی از حد (رعایت عدالت و انسانیت حتی در جنگ با دشمن) تجاوز نکنید که خدا متجاوزان را دوست ندارد.

بنابراین در اسلام جنگ مجاز فقط جنگ دفاعی است و میگوید با کسانی که با شما میجنگند(نه آنانکه به شما کاری ندارند) بجنگید و پس از دفع آنها به پیشروی در خاکشان ادامه ندهید. (اگر منظور از حد، سرحد باشد و یا انتقام مساوی)

الفرقان ۲۵ / ۵۲: پس کافران را اطاعت مکن و با (منطق) قرآن با آنان جهادی (آموزشی و تربیتی) بپا کن.

منظور مقابله عقلی، علمی، فرهنگی و آموزشی با منکران توحید است. یعنی همانطور با کافران مجاهدت باید کرد که در مقابله با دشمن متجاوز به سرزمین، اما با اسلحه منطق، مهربانی، استدلال و جدال احسن.

العنکبوت ۲۹ / ۶۹: کسانیکه در راه ما (با قبول مصیبت ها، مشکلات و محرومیت ها) مجاهدت (کوشش، جهاد) میکنند، ما نیز مسلما به راه های خود رهبریشان خواهیم کرد، خدا در معیت نیکوکاران است.

در قرآن همراهی (معیت) خدا با سه گروه متقین، صابرین و محسنین مورد تاکید قرار گرفته است. پر واضح است که: امروزه جهاد همه جانبه فرهنگی و اجتماعی برای بروز کردن فقه اسلامی و برقرار کردن اسلام قرآنی بر روشنفکران مذهبی واجب است.

دعا

معنی دعا در عربی در خواست و نیاز است. خواندن دعا برای مسلمانان به خصوص شیعیان نیازی حیاتی و عرفانی است و اگر با صداقت و خلوص نیت همراه باشد بعضی از ادعیه می‌تواند تا اعماق روح انسان نفوذ کرده و مدعا را در خود به معراجی روحانی ببرد. مشاهده افراد در شب های احیای ماه مبارک رمضان، و تجربه شخصی اینجانب در هنگام خواندن بعضی از ادعیه و به خصوص شنیدن آن از زبان مداحان مشهور اهل بیت مانند حاج مهدی سماواتی وصف ناشدنی است، در مواقعی نه چندان نادر احساس میکنم که میخواهم به دامان دعای مجیر و یا جوشن کبیر برای تقویت قوای روحی پناه ببرم. تاثیر دعاهای فرج، کمیل، ابو حمزه ثمالی و دعای سحر ماه مبارک رمضان از همین قبیل است. عمق عرفانی و معنوی مناجاتهای عاشقانه حضرت سجاد با خداوند (صحیفه سجادیه) به قدری است که حتی برای اولوالالباب ممکن است کاملا قابل درک نباشد.

مناجات، زیارات، اذکار، تسبیح و تکبیر در زمره ادعیه بشمار میآیند. ادعیه قرآنی توسط پیامبران الهی واقعا آموزنده هستند و به ما یادآوری میکنند که دعاهایمان از چه جنسی باید باشد.

ذکر، واسطی است برای فراخوانی باورها و متناسب با صفات خداوند رحمان و رحیم، برای اصلاح رفتار و نگرانی ها مثل رزاق، ستار العیوب، غفار و غیره.

پس از این مقدمه کوتاه منظور خداوند از دعا در قرآن چیست؟

دعا خواستن توأم با کوشش مداوم درراه اجابت آن توسط خداوند(مشیت الهی وقوانین) است. دعای زبانی همانند نماز خواندن وزبانی بدون عمل برای مدعی ومصلح س.دی جز درمواردی برای اعتلای روحی موقت او ندارد.

دعا حلقه ایست بسته که از خداوند شروع شده و به بنده القاء میگردد، و بعد از قبول

در ناخودآگاه، بنده به صورت دعا از خداوند در خواست میکند، و خداوند در زمان واجد شرایط شدن بنده آن را در طول زمان و با صبر قرآنی مستجاب میفرماید.

دعا کردن و درخواست از خدا مخصوص انسان هاست. حیوانات بر طبق غریزه خود بر صراط مستقیم عمل میکنند و توقع دیگری ندارند، ولی انسان با داشتن مواهب عقل، آزادی و اختیار، بیشتر از غذا، تمایلات جنسی و قدرت دفاعی که مخصوص حیوانات است، آرزوها، توقعات و مسئولیت بیشتری در زندگی به او محول شده است و این مجموعه خواسته های متعالی در قرآن، دعا نامیده میشود. علی علیه السلام به امام حسن (ع) وصیت فرمود که به عنوان انسان، ما فقط مالک دعای خویشتن هستیم و ارزش هر کس متناسب با دعا، آمال و خواسته های او در زندگی است. دعا باید هدفمند و دارای ارزش متعالی باشد تا انسان را از لحاظ مادی، معنوی، روانی و اجتماعی ترفیع دهد. دعا هدف متعالی زندگی فردی بوده و برای استجابت آن احتیاج به کوشش و پشتکار دارد، برخلاف تصور عوام که مانند نماز دعا را هم تبدیل بیک امر لفظی و زبانی و خواندنی کرده و توقع استجاب خواسته های زبانی خود را فوراً از خداوند دارند، دعای زبانی و بدون عمل مانند خواندن نماز بدون عمل به آن سودی برای برگزار کننده آن ندارد. امروزه افراد و ملل غیر مسلمان هستند که آنچه را هدف دعا و نماز است عملا انجام می‌دهند بدون اینکه اطلاعی از مناسک ظاهری آن ها داشته باشند و به همین دلیل خداوند آنها را در انجام وظایف بندگیشان موفق و تایید کرده است. دعا باید در خواست بنده از خداوند، برای زندگی بر صراط مستقیم، توأم با کسب یک یا چند صفت الهی در راه رسیدن به کمال باشد، دعا باید انتخاب آمال و اهداف نیکو و در جهت اسماء و صفات خداوندی برای کمال تدریجی بنده بروسع او باشد. اجابت دعا از طرف خداوند به معنی برداشتن موانع از سر راه برای آسان کردن رسیدن به مقصود است، به شرط اینکه خواسته و دعا شخص را به طرف معنویت و انجام کار مثبت و تسبیحی در زندگی ارتقاء دهد، انسان معنوی به مادیات اهمیت زیاد نمیدهد، نوع دوست و آرمانگراست، هدف و ارزش های متعالی دارد و مسئولیت پذیر است. خواسته در دعا بایستی با قوانین طبیعت هم مطابقت داشته باشد و از نظر عقلی غیر ممکن نباشد. به طور مثال: میگویند "الدعاء شفاء من کل داء" اگر منظور از دعا در اینجا دکتر و درمان باشد و یا کشف واکسن برای پیشگیری از بیماری صحیح است ولی اگر نشستن و دعای شفای بیماری را به عربی خواندن باشد نتیجه مطلوبی از آن حاصل نمیشود.

فردی که به مدرسه نرفته و درس نخوانده با تمام دعاهای مردم دنیا پزشک نمیشود، دانشجوی دانشکده ادبیات مدرک مهندسی از دانشکده فنی نمیگیرد، سرطان لاعلاج با دعا خوب نمیشود، دشمن با خواست ما (نفرین) از پای در نمی‌آید، در زاینده رود خشک و بی آب به خواست و دعای باران هزاران نفر باران نمیبارد و یا دعای امام مکه و کلیه مسلمانان حاضر بعد از افطار در خانه خدا، که پروردگارا قرض همه مسلمانان را ادا کن، کلیه مریض های اهل اسلام را شفا بخش، و دشمنان اسلام را ذلیل کن، مطابق با قوانین طبیعت و مشیت الهی نبوده و به نتیجه مطلوب نمیرسد .

خداوندی که از ورید گردن به ما نزدیکتر است و همیشه بخصوص در قلبهای شکسته جای دارد، خواسته های مادی و معنوی ما را قبل از اینکه خود بدانیم و بخواهیم او میداند، و در واقع خواسته های متعالی زندگی ما که به آتیه ما مربوط میشود را او خود در فکر وجان ما کاشته تا در روح و روانمان تحول ایجاد کند و رفته رفته به به آن بیاندیشیم و قبول کنیم که مثلا، من میخواهم پزشک شوم،(تجربهٔ شخصی) او عطش این آرزو را در من روزبه روز بیشتر میکند و اینبار با تلاش خود من که دعا و دعوت خداوند را قبول کرده ام، با زحمات فراوان در سال های متمادی و عبور از موانع مختلف، به کمک مستمر خداوند و قوانینی که پیرو مشیّت او هستند و بعد از سال ها بالاخره دعایم مستجاب شده و پزشک میشوم (صبر قرآنی)، در واقع در اینجا بعد از ایجاد این تفکر در روان و فکر من توسط خداوند و اجابت اولیه من، بتدریج آتش اشتیاق، مرا به جلو میراند و در این راه حالات بیم از نتوانستن، و امید به موفقیت با توکل به خداوند، و تلاش دائم این مهم امکان پذیر میگردد (نابرده رنج گنج میسر نمیشود). بنابراین دعا و اجابت آن دو طرفه است. این برای تمام شئون زندگی صدق میکند. بدیهی است که در انجام کارهای غیرخدایی و غیر انسائی و بد، که ما به وسوسه و دعای شیطان لبیک میگوییم و آنرا اجابت میکنیم، با کوشش لازم در راه کج باز هم بر طبق قوانین طبیعی در مشیت الهی به حصول آن نائل میشویم (نمونه آنرا در زندگی خیلی از اطرافیانمان ملاحظه میکنیم)، ولی در اینجا کائنات در انجام آن ما را یاری نمیکنند چون مورد تایید خداوند نیست و باعث ضلالت و عذاب شده و نتیجه آنرا هم در دنیا (به طرق مختلف که گاهی شناخت آن احتیاج به بصیرت دارد) و هم در آخرت خواهیم دید. بنابراین به خاطر موهبت اختیار که خداوند به انسان عنایت فرموده است، اجابت دعای خداوند و یا شیاطین که عوامل ابلیس اند به اختیار شخص است و جزای آن در اختیار خداوند قادر متعال و عادل.

البته خداوند به علل خاصی استثنا در قوانین لایتغیر طبیعت قائل شده و اجابت فوری و

عاجل دعا توسط بعضی از افراد در مواقع اضطراری ممکن است(معجزات)، بعضی از این موارد استثناء از قوانین و ترتیب اثر به دعای معصوم مانند به سلامت گذر کردن حضرت ابراهیم از آتش، حامله شدن مریم صدیقه عیسی مسیح را، صحبت کردن حضرت عیسی در گهواره و زنده شدن مرده به دست او، تبدیل عصای حضرت موسی به اژدها، باز کردن دریا برای عبور بنی اسراییل و فرار از سپاهیان فرعون، ید بیضاء و نورانی کردن دست موسی، تولد یحیی از زکریای پیر و همسر فرتوت و پیرش، بخواب کردن و مصون نگهداشتن اصحاب کهف به مدت بیش از ۳۰۰ سال در غار، و نزول قرآن به محمد مصطفی یتیمی امی و بیسواد در منطقه ای دور افتاده، برای هدایت کلیه افراد عالم. قرآن که به دلائل مختلف شناخته و تاکنون ناشناخته از بالاترین معجزات است مانند فصاحت و بلاغت، کشف رشاد خلیفه در اثبات غیر قابل تغییر بودن و غیر قابل انسانی بودن این کتاب بخاطر تنظیمات و تقسیمات متفاوت و متعدد بر عدد ۱۹، لغات متناقض عبدالرزاق نوفل و....، موضوعات تاریخی، علمی، انسانی راجع به گذشته، حال و آینده که از حوصله این کتاب خارج است ولی صدها مقاله و کتاب راجع به این موضوعات نوشته شده است. موضوعاتی راجع به شریعت و طبیعت که تمام دوران و بشریت را شامل است و به دلیل پویا بودن شریعت تغییرات مطابق زمان در آن از واجبات است. هر سوره قرآن پیرامون موضوعی خاص و دارای مقدمه متن و نتیجه است، موضوعات علمی متعدد که نه تنها در دوران نزول قرآن بلکه تا زمان حال هم ناشناخته بودند و به تدریج بشریت و علم متوجه آنها میشوند مانند مه بانک (Big Bang) و تولد جهان تا پایان یافتن و انهدام آن که شرح آن در قرآن مطابق یافته های جدید علم فیزیک و کیهان شناسی مدرن است.

برگردیم به مطلب مورد بحث درباره دعا، همه شاهد هستیم که خداوند متعال به لطف خود و برای پیشبرد زندگی افراد به طرز معجزه آسایی به دعای افراد کوشا، زحمتکش، عاشق انسانیت با الهام عقاید به افراد واجد شرایط جواب مساعد داده است، از آن جمله اند: متفکرین و بنیانگزاران سواد عمومی و تاسیس مدارس، دانشگاه، دمکراسی، جمهوریت، آراء عمومی، تساوی زن و مرد، پزشکان و کاشفین میکروب و آنتی بیوتیک، ویروس و واکسن، دی.ان.آ،....، مخترعین ماشین چاپ، برق، تلفن، موتور دیزل، اتومبیل، هواپیما، اتم، کامپیوتر، رادیو، تلویزیون، اینترنت، تلفن هوشمند، موتورهای جستجوی اینترنتی مانند گوگل، هوش مصنوعی و .... . البته دعای بندگان مضطر و درمانده، پدر و مادر، و افراد صادق و غیره در حق دیگران گاه زودتر از زمان معمول مستجاب میشود و بیشتر به معجزه شباهت دارد. گاهی وسیله

استجابت دعا بلایا و ناملایماتی هستند که باعث تغییرات بنیادی در زندگی میشوند که رسیدن به هدف مطلوب را امکان پذیر مینماید.

ادعیه ای که از امامان نقل شده و بین شیعیان مرسوم اند اغلب جنبه های معنوی و آموزشی دارند و باید در زندگی بعنوان سر مشق از آنها استفاده کنیم. در دعا کردن باید تنها خدا را خواند و به رابطه ای برای ارتباط به او متوسل نشد چون بنا بر قرآن: خداوند از ورید گردن به ما نزدیکتر است. خداوند بین انسان و قلب او قرار دارد. خداوند همیشه نزدیک ماست اگر او را بخوانیم.

البقره ۲ / ۱۸۶: و اگر بندگانم سراغ مرا از تو گرفتند، من که مسلما نزدیکم. من دعای دعا کننده را آنگاه که مرا بخواند اجابت میکنم، پس باید برای من طالب اجابت باشند و باید بمن ایمان بیاورند، باشد تا رشد یابند.
(خداوند انسان‌ها را از دعای با واسطه منع میکند.)

غافر ۴۰ / ۶۰: مرا بخوانید تا شما را اجابت کنم... (بدون واسطه)

النمل ۲۷ / ۶۲: أَمَّنْ يُجِيبُ الْمُضْطَرَّ إِذَا دَعَاهُ وَيَكْشِفُ السُّوءَ...﴿۶۲﴾
و خدا کسی است که شخص درمانده را، وقتی (فقط) او را میخواند، اجابت میکند و بدی را بر طرف میسازد. درماندگی، تضرع و اصرار امکان استجابت دعا را بیشتر میکند.

الرعد ۱۳ / ۱۴: تنها خداست که خواندنش (در ستایش یا سوال و خواستن) حق است و کسانی که جز او را میخوانند (آن معبودان) هیچ حاجتی را برای آنان اجابت نمیکنند...
الاحقاف ۴۶ / ۵: و کیست گمراهتر از آنکه بجای خدا کسی را بیاری میخواند که تا روز قیامت هم خواسته اش را برآورده نمیسازد و حتی آن (واسطه ها) از دعای او بیخبرند.

در آیات متعدد خداوند میفرماید: من که همیشه با شما هستم و از آنچه در درونت میگذرد آگاهم. خودم را بخوان تا جواب دهم، احتیاج به واسطه نداری: خداوند وقتی شخص درمانده او را میخواند اجابت میکند و دیگر اینکه مردگان را توانایی وساطت نیست.

الاحقاف ۴۶ / ۹: ای پیامبر بگو من نو ظهوری از رسولان نیستم (رسولم و رسالت سابقه

تاریخی دارد)، نه میدانم (قیامت) بر خودم چه خواهد رفت و نه بر شما، من تنها از آنچه بسویم وحی میشود پیروی میکنم، و جز هشدار دهنده آشکاری نیستم.

یونس ۱۰ / ۴۹: پیامبر: من اختیار هیچ نفع و ضرری را نسبت بخود (چه رسد به شما) جز آنچه خدا خواهد ندارم...
الزمر ۳۹ / ۴۴: شفاعت و بخشش منحصر به خداوند است.

غافر ۴۰ / ۵۰: ...و دعای کافران (منکران حق و ناسپاسان) جز به پوچی نمیرسد.

هنگام دعاکردن بدون صدا، به حالت تضرع و در خفا و نه با تکبر و گردن کلفتی و حالت طلبکار بودن، خواسته خود را با خداوند (الاعراف ۷ / ۱۸۰) با ذکر اسماء حسنی که مربوط به موضوع دعا است در میان بگذاریم و در در خواست خود مُصرّ باشیم و بدانیم که خداوند دعای فرد مضطر را زودتر اجابت میکند. البته وظیفه ماست که نقش خود را برای شرایط اجابت دعا حتی الأمکان اعمال کرده وصبر قرآنی داشته باشیم. گاه ممکن است به خاطر احراز شرایط لازم خداوند بلایی بر ما نازل کند که ما را در مسیر مطلوب مستقر نماید و بنده چون نمیداند مایوس گشته و از دعای (ادامه فعالیت) خود دست بردارد، یا اینکه فرد ممکن 'ست رسیدن به کمال مقصود را حاصل زحمات و علم خود دانسته و از یاد خداوند و تشکر لازم متناسب با ایجاب دعا غافل گردد، در اینصورت به تدریج آثار ثواب دعا در این دنیا و یا در آخرت از او سلب خواهد شد. بیاد داشته باشیم که هر کار مثبت و خیری که انجام میدهیم با تایید خداوند است. اگر این موضوع را فراموش کردیم در واقع ناسپاسی و کفر (پوشاندن حقیقت) کرده و دعای بعدی ما (کافر) به پوچی خواهد انجامید.

الشوری ۴۲ / ۲۰: هر کس کشت آخرت را خواهد بر کشته اش میافزاییم (عمل صالح و مشیت خداوند در طبیعت). و هر کس کشت دنیا را طلب از آن به او میدهیم ولی در آخرت او را نصیبی نیست.

هود ۱۱ / ۱۵: هر کس همیشه خواستار زندگی دنیا و زینت های آن باشد، اعمالشان را در همین دنیا بطور کامل به آنها میدهیم، و در دنیا از حقشان کاسته نمیگردد (سهمی در آخرت ندارد).

دنبال مال دنیا و تجملات رفتن به نتیجه میرسد (عدل خداوند و ثواب دنیوی)، ولی مال و منال او برایش در آخرت سودی ندارد.

النسا ۴ / ۱۳۴: هر که بهره دنیا را میخواهد، پس بداند که بهره دنیا و آخرت نزد خداست ...

بنابراین در دعا بسته به کوشش و خواسته ها، اگر دنیوی باشد نتیجه آنرا به تناسب خواسته ها و فعالیت و زحمات خود میگیری، نه بیشتر و نه کمتر، ولی اگر خواسته متعالی داشته باشی در دنیا و آخرت هم چندین برابر ثواب میگیری.

الاسرا ۱۷ / ۱۸،۱۹،۲۰: هر که شتابان (زندگی دنیا، پولی که برای آن زحمت نکشیده، ربا، مال مردم خواری) را بخواهد، ما نیز برای او آنچه خواهیم، برای آنکس که اراده کنیم شتاب میکنیم، سپس دوزخ را برای او قرار میدهیم که نکوهیده و طرد شده به آن درآید.

۱۹- و هر که آخرت را طلب کند و برای این تلاش متناسب با آن را انجام دهد، مشروط بر آنکه مومن باشد، تلاش چنین کسانی نیز به ثمر خواهد نشست.

۲۰- ما به همه مدد میرسانیم، هم آنان و هم اینان، و عطای پروردگارت از هیچکس باز داشته نیست (مشیت خداوند، قوانین علت و معلولی و عدل الهی).

الزمر ۳۹ / ۴۹: گاهی خداوند دعا را اجابت میکند و شخص ممکن است فکر کند این بخاطر علمی است که داشته و این یک امتحان است.

یکی از مهمترین آثار خواندن دعا اینست که اگر معنی آنچه را که میگویند بفهمند به راز و نیاز و روابط عاشقانه بین خدا و بنده بیشتر آشنا میشوند. دعاهای صحیفه سجادیه از آنجمله اند .

دعای زیبا و طولانی کمیل ابن زیاد، راجع به نعمات گوناگون و گناهان متفاوت و عذاب مربوط به آن یعنی رابطه علت و معلولی در نظام خداوندی را به وضوح بیان میکند، اگر خوانندگان این دعا که در پنجشنبه شبها در مساجد بطور دستجمعی برگزار میشود آنرا بگوش جان میسپردند از انجام بسیاری از منهیات خودداری میکردند. برای نمونه فرازی از دعای کمیل را در اینجا یادآور میشویم:

خدایا بیامرز برایم گناهانی که بدرند پرده ها را

خدایا بیامرز برایم گناهانی که فروبارند بدبختی ها را

خدایا بیامرز برایم گناهانی که دگرگون سازند نعمتها را

خدایا بیامرز برایم گناهانی که جلوگیرند از دعا (منظور دعای واقعی و سوختن دل که مستجاب شود، و یا ما را از درخواست هدف متعالی باز دارند)

خدایا بیامرز برایم گناهانی که فرود آورند بلا را

خدایا بیامرز برایم هر گناهی که کردم و هر خطایی که نمودم.

فراز فوق نشان میدهد که بسیاری از گناهان ذنب (دمدار و دنباله دار) محسوب شده و شخص گناهکار دچار عواقب و گرفتاریهای طولانی مدت در اثر انجام آنها میشود (روحی، جسمی، مادی، معنوی، اجتماعی و ...) و اگر خودش فرصت کافی در این دنیا نداشت جزای آن ممکن است دامنگیر فرزندانش شود، و آن گناهان عبارتند از پرده دری و هتک حرمت دیگران، گناهانی که باعث نفرت دیگران شود، و ذنوبی که نعمت خدا را از گناهکار گرفته و او را در دامان بدبختی و ذلت رها میکند، گناهانی که باعث بلا و بیماریهای طولانی مدت میشوند مانند تنبلی، پرخوری، سیگار کشیدن، اعتیاد و غیره و یا بلایای طبیعی مانند سیل، زلزله، خشکسالی، طوفان و امراض مسری و لاعلاج عمومی.

بعضی از گناهان چنان روان را کدر میکنند که شخص دیگر قدرت درست فکر کردن و عمل صالح را ندارد و در مسیر شیطانی روزبه روز عمق سیاه دلی و شرارتش بیشتر میگردد. جمله آخر حاکی از آنست که در صورت پشیمانی و توبه کردن خداوند ذنوب و خطاهای (ارتکاب غیر عمدی گناه) ما را در صورت درخواست بخشش میبخشد.

ادعیه قرآنی

در قرآن دعاهای فراوانی از درخواست پیامبران الهی، افراد متقی و صاحب حکمت ازخداونداست که بایستی الگویی برای نوع در خواست های ما باشد، زیرا نشاندهنده آن است که چگونه و برای چه نوع درخواستی باید به درگاه خداوند دعا کرد تا احتمال استجابت آن بیشتر باشد.

به طور خلاصه پیامبران الهی و صاحبان حکمت و بصیرت از خداوند:

طلب حکمت در انجام امور، صبر قرآنی در شدائد، صداقت در زبان و عمل، ثابت قدم بودن به خصوص در زمانیکه حتی ممکن است به ضررمان باشد، وفای به عهد، پندار نیک که در پی آن گفتار نیک و بالنتیجه کردار نیک باشد زیرا کلام پاک صعود میکند و عمل صالح آن را بالاتر میبرد (فاطر ۳۵ / ۱۰). دعا در استعانت برای

انجام باقیات صالحات و نام نیکو بعد از مرگ، داشتن همسران، فرزندان، فرزندان و ذریه صالح (اعقاب) و افتخار آفرین که الگویی برای مردمان باشند، دوستان با حکمت، عاقل و مومن که باعث رشد معنوی شوند. ازدیاد علم، دلی پاک، رئوف و مهربان، هدایت به راه مستقیم و زندگی متعادل، پذیرش توبه، طلب عزت و شکر نعمت.

حفاظت از: شر و وسوسه شیاطین جن و انس، گمراهی و ضلالت، زن و فرزندان نا صالح، دوستان و مصاحبین ناصالح و گمراه، حسد ورزی حسودان، سنگدلی و قست قلب، دروغگویی و به خصوص شهادت دروغ، شرک، فحشا، فسق و قانون شکنی، کج فکری و سوءظن، غضب بیجا و بالاخره آتش جهنم

طلب بخشش: از گناهان عیان و مخفی، دانسته و ندانسته، کم یا زیاد، کبیره و یا غیر آن، پوشاندن گناهان از خودی و غیر و ستر عیوب، آنچه از خوبی ها که فراموش کردم انجام دهم و یا قصور در انجام آنچه باید میکردم به خاطر عذرهایی نظیر نادانی، ترس، تنبلی، خست و یا کم توانی، ریا در انجام امور خیر، غرور و خود بزرگ بینی، آنچه درهنگام دعا ندانسته از تو خواستم و به صلاحم نبود، حق الناس را که دانسته و یا ندانسته پایمال نمودم، و بالاخره نومیدی: از آینده، پذیرش توبه، مغفرت و رحمت الهی.

طلب آمرزش و مغفرت برای دیگران به خصوص پدر و مادر، مومنین و مومنات، مسلمین و مسلمات.

توکل تنها بر خدا و باور به آن

آیات ادعیه قرآنی به ترتیب سوره ها:

البقره ۲ / ۱۲۷: ... رَبَّنَا تَقَبَّلْ مِنَّا إِنَّكَ أَنْتَ السَّمِيعُ الْعَلِيمُ ﴿۱۲۷﴾ (ابراهیم و اسماعیل در ساختن خانه کعبه)

البقره ۲ / ۱۲۸: رَبَّنَا وَاجْعَلْنَا مُسْلِمَيْنِ لَكَ وَمِنْ ذُرِّيَّتِنَا أُمَّةً مُسْلِمَةً لَكَ وَأَرِنَا مَنَاسِكَنَا وَتُبْ عَلَيْنَا إِنَّكَ أَنْتَ التَّوَّابُ الرَّحِيمُ ﴿۱۲۸﴾ (درخواست ابراهیم از خداوند برای اعقاب و انصارش)

البقره ۲ / ۲۰۱:... رَبَّنَا آتِنَا فِي الدُّنْيَا حَسَنَةً وَفِي الْآخِرَةِ حَسَنَةً وَقِنَا عَذَابَ النَّارِ ﴿۲۰۱﴾ (دعای حجاج و پیامبر در مراسم حج)

البقره ۲ / ۲۵۰:... رَبَّنَا أَفْرِغْ عَلَيْنَا صَبْرًا وَثَبِّتْ أَقْدَامَنَا وَانْصُرْنَا عَلَى الْقَوْمِ الْكَافِرِينَ ﴿۲۵۰﴾ (دعای سپاه طالوت در جنگ با جالوتیان)

البقره ۲ / ۲۸۶: لَا يُكَلِّفُ اللَّهُ نَفْسًا إِلَّا وُسْعَهَا لَهَا مَا كَسَبَتْ وَعَلَيْهَا مَا اكْتَسَبَتْ رَبَّنَا لَا تُؤَاخِذْنَا إِنْ نَسِينَا أَوْ أَخْطَأْنَا رَبَّنَا وَلَا تَحْمِلْ عَلَيْنَا إِصْرًا كَمَا حَمَلْتَهُ عَلَى الَّذِينَ مِنْ قَبْلِنَا رَبَّنَا وَلَا تُحَمِّلْنَا مَا لَا طَاقَةَ لَنَا بِهِ وَاعْفُ عَنَّا وَاغْفِرْ لَنَا وَارْحَمْنَا أَنْتَ مَوْلَانَا فَانْصُرْنَا عَلَى الْقَوْمِ الْكَافِرِينَ ﴿۲۸۶﴾ (پیامبران الهی)

خدا هیچ کس را جز به اندازه توانش تکلیف نمیکند، هرچه (از نیکی ها در نفس خود) کسب کند به سود اوست و هر آنچه (از بدی ها برخلاف فطرتش) کسب کند به زیان اوست. پروردگارا، اگر فراموش کردیم یا مرتکب خطا شدیم ما را (به عوارض گناه) مگیر، پروردگارا بار سنگین (آثار گناهان) را آن چنان که بر پیشینیان ما بار کردی بر ما منه، پروردگارا آنچه طاقت تحملش را نداریم بر ما تحمیل مکن، از ما درگذر ما را ببخش و بر ما رحمت آر که تویی (تنها) مولای ما پس ما را بر کافران یاری (وپیروزی) بخش.

آل عمران ۳ / ۸: رَبَّنَا لَا تُزِغْ قُلُوبَنَا بَعْدَ إِذْ هَدَيْتَنَا وَهَبْ لَنَا مِنْ لَدُنْكَ رَحْمَةً إِنَّكَ أَنْتَ الْوَهَّابُ ﴿۸﴾ (خردمندان اهل ایمان)

آل عمران ۳ / ۹: رَبَّنَا إِنَّكَ جَامِعُ النَّاسِ لِيَوْمٍ لَا رَيْبَ فِيهِ إِنَّ اللَّهَ لَا يُخْلِفُ الْمِيعَادَ ﴿۹﴾ (خردمندان متقی)

آل عمران ۳ / ۱۶: الَّذِينَ يَقُولُونَ رَبَّنَا إِنَّنَا آمَنَّا فَاغْفِرْ لَنَا ذُنُوبَنَا وَقِنَا عَذَابَ النَّارِ ﴿۱۶﴾ (بندگان پرهیز کار)

آل عمران ۳ / ۲۶: قُلِ اللَّهُمَّ مَالِكَ الْمُلْكِ تُؤْتِي الْمُلْكَ مَنْ تَشَاءُ وَتَنْزِعُ الْمُلْكَ مِمَّنْ تَشَاءُ وَتُعِزُّ مَنْ تَشَاءُ وَتُذِلُّ مَنْ تَشَاءُ بِيَدِكَ الْخَيْرُ إِنَّكَ عَلَى كُلِّ شَيْءٍ قَدِيرٌ ﴿۲۶﴾ (خطاب خداوند به یهودیان در زمان پیامبر)

آل عمران ۳ / ۳۸: هُنَالِكَ دَعَا زَكَرِيَّا رَبَّهُ قَالَ رَبِّ هَبْ لِي مِنْ لَدُنْكَ ذُرِّيَّةً طَيِّبَةً إِنَّكَ سَمِيعُ الدُّعَاءِ ﴿۳۸﴾ (زکریا)

آل عمران ۳ / ۵۳: رَبَّنَا آمَنَّا بِمَا أَنْزَلْتَ وَاتَّبَعْنَا الرَّسُولَ فَاكْتُبْنَا مَعَ الشَّاهِدِينَ ﴿۵۳﴾ (حواریون عیسی)

آل عمران ۳ / ۱۴۷: وَمَا كَانَ قَوْلَهُمْ إِلَّا أَنْ قَالُوا رَبَّنَا اغْفِرْ لَنَا ذُنُوبَنَا وَإِسْرَافَنَا فِي أَمْرِنَا وَثَبِّتْ أَقْدَامَنَا وَانْصُرْنَا عَلَى الْقَوْمِ الْكَافِرِينَ ﴿۱۴۷﴾ (همراهان پیامبر در جنگ)

آل عمران ۳ / ۱۹۱: الَّذِينَ يَذْكُرُونَ اللَّهَ قِيَامًا وَقُعُودًا وَعَلَى جُنُوبِهِمْ وَيَتَفَكَّرُونَ فِي خَلْقِ السَّمَاوَاتِ وَالْأَرْضِ، رَبَّنَا مَا خَلَقْتَ هَذَا بَاطِلًا سُبْحَانَكَ فَقِنَا عَذَابَ النَّارِ ﴿۱۹۱﴾ (خردمندان = وجدان داران خدایی)

آل عمران ۳ / ۱۹۲: رَبَّنَا إِنَّكَ مَنْ تُدْخِلِ النَّارَ فَقَدْ أَخْزَيْتَهُ وَمَا لِلظَّالِمِينَ مِنْ

أَنْصَارٍ ﴿۱۹۲﴾ (خردمندان متدین)

آل عمران ۳ / ۱۹۳: رَبَّنَا إِنَّنَا سَمِعْنَا مُنَادِيًا يُنَادِي لِلْإِيمَانِ أَنْ آمِنُوا بِرَبِّكُمْ فَآمَنَّا رَبَّنَا فَاغْفِرْ لَنَا ذُنُوبَنَا وَكَفِّرْ عَنَّا سَيِّئَاتِنَا وَتَوَفَّنَا مَعَ الْأَبْرَارِ ﴿۱۹۳﴾ (خردمندان اهل ایمان و پیروان پیامبران)

آل عمران ۳ / ۱۹۴: رَبَّنَا وَآتِنَا مَا وَعَدْتَنَا عَلَى رُسُلِكَ وَلَا تُخْزِنَا يَوْمَ الْقِيَامَةِ إِنَّكَ لَا تُخْلِفُ الْمِيعَادَ ﴿۱۹۴﴾ (خردمندان)

النسا ۴ / ۷۵: ...رَبَّنَا أَخْرِجْنَا مِنْ هَذِهِ الْقَرْيَةِ الظَّالِمِ أَهْلُهَا وَاجْعَلْ لَنَا مِنْ لَدُنْكَ وَلِيًّا وَاجْعَلْ لَنَا مِنْ لَدُنْكَ نَصِيرًا ﴿۷۵﴾ (دعای مستضعفان، زنان و کودکان تحت فشار کفار، برای خروج از مکه)

المائده ۵ / ۸۳: ...رَبَّنَا آمَنَّا فَاكْتُبْنَا مَعَ الشَّاهِدِينَ ﴿۸۳﴾ (یهود و مسیحیان که با شنیدن آیات قرآن مسلمان میشدند)

الانعام ۶ / ۱۶۲: قُلْ إِنَّ صَلَاتِي وَنُسُكِي وَمَحْيَايَ وَمَمَاتِي لِلَّهِ رَبِّ الْعَالَمِينَ ﴿۱۶۲﴾ (خطاب خداوند به پیامبر)

الاعراف ۷ / ۲۳: قَالَا رَبَّنَا ظَلَمْنَا أَنْفُسَنَا وَإِنْ لَمْ تَغْفِرْ لَنَا وَتَرْحَمْنَا لَنَكُونَنَّ مِنَ الْخَاسِرِينَ ﴿۲۳﴾ (آدم و حوا)

الاعراف ۷ / ۴۷: ...رَبَّنَا لَا تَجْعَلْنَا مَعَ الْقَوْمِ الظَّالِمِينَ ﴿۴۷﴾ (بهشتیان در قیامت وقتی که جهنمیان را میبینند)

الاعراف ۷ / ۸۹: ...رَبَّنَا افْتَحْ بَيْنَنَا وَبَيْنَ قَوْمِنَا بِالْحَقِّ وَأَنْتَ خَيْرُ الْفَاتِحِينَ ﴿۸۹﴾ (شعیب و یارانش در مقابل کفار)

الاعراف ۷ / ۱۲۶: ...رَبَّنَا أَفْرِغْ عَلَيْنَا صَبْرًا وَتَوَفَّنَا مُسْلِمِينَ ﴿۱۲۶﴾ (ساحران در محضر فرعون پس از ایمان آوردن به خدای موسی)

الاعراف ۷ / ۱۵۵: ...أَنْتَ وَلِيُّنَا فَاغْفِرْ لَنَا وَارْحَمْنَا وَأَنْتَ خَيْرُ الْغَافِرِينَ ﴿۱۵۵﴾ (موسی و هفتاد تن ازمردان گوساله پرست قومش که در اثر زلزله مردند)

الاعراف ۷ / ۱۸۸: قُلْ لَا أَمْلِكُ لِنَفْسِي نَفْعًا وَلَا ضَرًّا إِلَّا مَا شَاءَ اللَّهُ...﴿۱۸۸﴾ (خطاب به پیامبر)

التوبه ۹ / ۵۳: قُلْ أَنْفِقُوا طَوْعًا أَوْ كَرْهًا لَنْ يُتَقَبَّلَ مِنْكُمْ إِنَّكُمْ كُنْتُمْ قَوْمًا فَاسِقِينَ ﴿۵۳﴾

التوبه ۹ / ۱۲۹: ...فَقُلْ حَسْبِيَ اللَّهُ لَا إِلَهَ إِلَّا هُوَ عَلَيْهِ تَوَكَّلْتُ...﴿۱۲۹﴾ (خطاب به پیامبر برای توکل به خداوند)

یونس ۱۰ / ۴۹: قُلْ لَا أَمْلِكُ لِنَفْسِي ضَرًّا وَلَا نَفْعًا إِلَّا مَا شَاءَ اللَّهُ...﴿۴۹﴾ (خطاب به پیامبر)

یونس ۱۰ / ۸۵-۸۶: فَقَالُوا عَلَى اللَّهِ تَوَكَّلْنَا رَبَّنَا لَا تَجْعَلْنَا فِتْنَةً لِلْقَوْمِ الظَّالِمِينَ ﴿۸۵﴾ وَنَجِّنَا بِرَحْمَتِكَ مِنَ الْقَوْمِ الْكَافِرِينَ ﴿۸۶﴾ (قوم موسی که ایمان آوردند)

هود ۱۱ / ۴۷: قَالَ رَبِّ إِنِّي أَعُوذُ بِكَ أَنْ أَسْأَلَكَ مَا لَيْسَ لِي بِهِ عِلْمٌ وَإِلَّا تَغْفِرْ لِي وَتَرْحَمْنِي أَكُنْ مِنَ الْخَاسِرِينَ ﴿۴۷﴾ (طلب بخشش نوح پس از درخواست از خداوند برای نجات پسر نااهلش. خداوند در آیه ۴۶ به نوح میفرماید که او از اهل تو نیست، او عملی ناشایسته است، پس چیزی را که دانشی نسبت به آن نداری از من درخواست مکن، من تو را پند میدهم که از جاهلان مباشی)

یوسف ۱۲ / ۱۰۱: ...أَنْتَ وَلِيِّي فِي الدُّنْيَا وَالْآخِرَةِ تَوَفَّنِي مُسْلِمًا وَأَلْحِقْنِي بِالصَّالِحِينَ ﴿۱۰۱﴾ (یوسف)

الرعد ۱۳ / ۲۷: ...قُلْ إِنَّ اللَّهَ يُضِلُّ مَنْ يَشَاءُ وَيَهْدِي إِلَيْهِ مَنْ أَنَابَ ﴿۲۷﴾ (خطاب به پیامبر)

ابراهیم ۱۴ / ۳۸: رَبَّنَا إِنَّكَ تَعْلَمُ مَا نُخْفِي وَمَا نُعْلِنُ وَمَا يَخْفَى عَلَى اللَّهِ مِنْ شَيْءٍ فِي الْأَرْضِ وَلَا فِي السَّمَاءِ ﴿۳۸﴾ (دعای ابراهیم در مورد حاجر و اسماعیل)

ابراهیم ۱۴ / ۴۰: رَبِّ اجْعَلْنِي مُقِيمَ الصَّلَاةِ وَمِنْ ذُرِّيَّتِي رَبَّنَا وَتَقَبَّلْ دُعَاءِ ﴿۴۰﴾ (ابراهیم)

ابراهیم ۱۴ / ۴۱: رَبَّنَا اغْفِرْ لِي وَلِوَالِدَيَّ وَلِلْمُؤْمِنِينَ يَوْمَ يَقُومُ الْحِسَابُ ﴿۴۱﴾ (ابراهیم)

الاسرا ۱۷ / ۸۰: وَقُلْ رَبِّ أَدْخِلْنِي مُدْخَلَ صِدْقٍ وَأَخْرِجْنِي مُخْرَجَ صِدْقٍ وَاجْعَلْ لِي مِنْ لَدُنْكَ سُلْطَانًا نَصِيرًا ﴿۸۰﴾ (محمد)

الکهف ۱۸ / ۱۰: ...رَبَّنَا آتِنَا مِنْ لَدُنْكَ رَحْمَةً وَهَيِّئْ لَنَا مِنْ أَمْرِنَا رَشَدًا ﴿۱۰﴾ (جوانانی که به غار کهف پناه بردند)

الکهف ۱۸ / ۷۳: قَالَ لَا تُؤَاخِذْنِي بِمَا نَسِيتُ وَلَا تُرْهِقْنِي مِنْ أَمْرِي عُسْرًا ﴿۷۳﴾ (موسی)

مریم ۱۹ / ۴: قَالَ رَبِّ إِنِّي وَهَنَ الْعَظْمُ مِنِّي وَاشْتَعَلَ الرَّأْسُ شَيْبًا وَلَمْ أَكُنْ بِدُعَائِكَ رَبِّ شَقِيًّا ﴿۴﴾ (زکریا)

طه ۲۰ / ۲۵-۲۸: قَالَ رَبِّ اشْرَحْ لِي صَدْرِي ﴿۲۵﴾ وَيَسِّرْ لِي أَمْرِي ﴿۲۶﴾ وَاحْلُلْ عُقْدَةً مِنْ لِسَانِي ﴿۲۷﴾ يَفْقَهُوا قَوْلِي ﴿۲۸﴾ (موسی)

طه ۲۰ / ۱۱۴: ...رَبِّ زِدْنِي عِلْمًا ﴿۱۱۴﴾ (خطاب خداوند به حضرت محمد: که در خواندن قرآن، پیش از آنکه تمام شود شتاب مکن و بگو: خداوندا، دانش مرا بیفزای)

الانبیا ۲۱ / ۸۳: وَأَيُّوبَ إِذْ نَادَى رَبَّهُ أَنِّي مَسَّنِيَ الضُّرُّ وَأَنْتَ أَرْحَمُ الرَّاحِمِينَ ﴿۸۳﴾ (ایوب)

الانبیا ۲۱ / ۸۴: فَاسْتَجَبْنَا لَهُ فَكَشَفْنَا مَا بِهِ مِنْ ضُرٍّ وَآتَیْنَاهُ أَهْلَهُ وَمِثْلَهُمْ مَعَهُمْ رَحْمَةً مِنْ عِنْدِنَا وَذِكْرَى لِلْعَابِدِینَ ﴿۸۴﴾ (ایوب)

الانبیا ۲۱ / ۸۷: ... أَنْ لَا إِلَهَ إِلَّا أَنْتَ سُبْحَانَكَ إِنِّی كُنْتُ مِنَ الظَّالِمِینَ ﴿۸۷﴾ (یونس در شکم نهنگ)

الانبیا ۲۱ / ۸۹: وَزَكَرِیَّا إِذْ نَادَى رَبَّهُ، رَبِّ لَا تَذَرْنِي فَرْدًا وَأَنْتَ خَیْرُ الْوَارِثِینَ ﴿۸۹﴾ (دعای زکریا برای فرزنددار شدن در سن پیری)

المومنون ۲۳ / ۲۸: ...الْحَمْدُ لِلَّهِ الَّذِي نَجَّانَا مِنَ الْقَوْمِ الظَّالِمِینَ ﴿۲۸﴾ (خداوند به نوح میفرماید: بعد از اینکه در کشتی نجات قرار گرفتید، تو و همراهانت برای شکرگزاری این دعا را بخوانید)

المومنون ۲۳ / ۲۹: وَقُلْ رَبِّ أَنْزِلْنِي مُنْزَلًا مُبَارَكًا وَأَنْتَ خَیْرُ الْمُنْزِلِینَ ﴿۲۹﴾ (نوح در کشتی)

المومنون ۲۳ / ۹۷-۹۸: وَقُلْ رَبِّ أَعُوذُ بِكَ مِنْ هَمَزَاتِ الشَّیَاطِینِ ﴿۹۷﴾ وَأَعُوذُ بِكَ رَبِّ أَنْ یَحْضُرُونِ ﴿۹۸﴾ (محمد)

المومنون ۲۳ / ۱۰۹: ... رَبَّنَا آمَنَّا فَاغْفِرْ لَنَا وَارْحَمْنَا وَأَنْتَ خَیْرُ الرَّاحِمِینَ ﴿۱۰۹﴾ (خطاب به مومنون و صابرین)

المومنون ۲۳ / ۱۱۸: وَقُلْ رَبِّ اغْفِرْ وَارْحَمْ وَأَنْتَ خَیْرُ الرَّاحِمِینَ ﴿۱۱۸﴾ (خطاب به پیامبر)

الفرقان ۲۵ / ۶۵: وَالَّذِینَ یَقُولُونَ رَبَّنَا اصْرِفْ عَنَّا عَذَابَ جَهَنَّمَ إِنَّ عَذَابَهَا كَانَ غَرَامًا ﴿۶۵﴾ (بندگان رحمان)

الفرقان ۲۵ / ۷۴: وَالَّذِینَ یَقُولُونَ رَبَّنَا هَبْ لَنَا مِنْ أَزْوَاجِنَا وَذُرِّیَّاتِنَا قُرَّةَ أَعْیُنٍ وَاجْعَلْنَا لِلْمُتَّقِینَ إِمَامًا ﴿۷۴﴾ (عباد رحمان)

الشعرا ۲۶ / ۸۳-۸۹: رَبِّ هَبْ لِي حُكْمًا وَأَلْحِقْنِي بِالصَّالِحِینَ ﴿۸۳﴾ وَاجْعَلْ لِي لِسَانَ صِدْقٍ فِي الْآخِرِینَ ﴿۸۴﴾ وَاجْعَلْنِي مِنْ وَرَثَةِ جَنَّةِ النَّعِیمِ ﴿۸۵﴾ وَاغْفِرْ لِأَبِي إِنَّهُ كَانَ مِنَ الضَّالِّینَ ﴿۸۶﴾ وَلَا تُخْزِنِي یَوْمَ یُبْعَثُونَ ﴿۸۷﴾ یَوْمَ لَا یَنْفَعُ مَالٌ وَلَا بَنُونَ ﴿۸۸﴾ إِلَّا مَنْ أَتَى اللَّهَ بِقَلْبٍ سَلِیمٍ ﴿۸۹﴾ (ابراهیم)

الشعرا ۲۶ / ۱۶۹-۱۷۱: رَبِّ نَجِّنِي وَأَهْلِي مِمَّا یَعْمَلُونَ ﴿۱۶۹﴾ فَنَجَّیْنَاهُ وَأَهْلَهُ أَجْمَعِینَ ﴿۱۷۰﴾ إِلَّا عَجُوزًا فِي الْغَابِرِینَ ﴿۱۷۱﴾ (لوط)

النمل ۲۷ / ۱۹: ...رَبِّ أَوْزِعْنِي أَنْ أَشْكُرَ نِعْمَتَكَ الَّتِي أَنْعَمْتَ عَلَيَّ وَعَلَى وَالِدَيَّ وَأَنْ أَعْمَلَ صَالِحًا تَرْضَاهُ وَأَدْخِلْنِي بِرَحْمَتِكَ فِي عِبَادِكَ الصَّالِحِینَ ﴿۱۹﴾ (سلیمان)

النمل ۲۷ / ۵۹: قُلِ الْحَمْدُ لِلَّهِ وَسَلَامٌ عَلَى عِبَادِهِ الَّذِینَ اصْطَفَى... ﴿۵۹﴾ (خطاب به پیامبر)

النمل ۲۷ / ۶۲: أَمَّنْ يُجِيبُ الْمُضْطَرَّ إِذَا دَعَاهُ وَيَكْشِفُ السُّوءَ...﴿۶۲﴾ (دعای افراد مضطر)

القصص ۲۸ / ۱۶: قَالَ رَبِّ إِنِّي ظَلَمْتُ نَفْسِي فَاغْفِرْ لِي...﴿۱۶﴾ (موسی)

العنكبوت ۲۹ / ۳۰: قَالَ رَبِّ انصُرْنِي عَلَى الْقَوْمِ الْمُفْسِدِينَ ﴿۳۰﴾ (لوط)

الاحزاب ۳۳ / ۳: وَتَوَكَّلْ عَلَى اللَّهِ وَكَفَى بِاللَّهِ وَكِيلًا ﴿۳﴾ (خطاب به محمد)

الزمر ۳۹ / ۴۴: قُل لِّلَّهِ الشَّفَاعَةُ جَمِيعًا...﴿۴۴﴾ (هشدار به بت پرستان)

غافر ۴۰ / ۳: غَافِرِ الذَّنبِ وَقَابِلِ التَّوْبِ شَدِيدِ الْعِقَابِ ذِي الطَّوْلِ لَا إِلَهَ إِلَّا هُوَ إِلَيْهِ الْمَصِيرُ ﴿۳﴾ (خداوند قرآن)

ذنب به دنباله و آثار و عوارض گناه میگویند. **غفران**، پاک و زایل کننده آثار عمل کرد سوء بندگان است، **عقاب**، آنچه در پی چیزی بیاید.

غافر ۴۰ / ۷-۹:...رَبَّنَا وَسِعْتَ كُلَّ شَيْءٍ رَّحْمَةً وَعِلْمًا فَاغْفِرْ لِلَّذِينَ تَابُوا وَاتَّبَعُوا سَبِيلَكَ وَقِهِمْ عَذَابَ الْجَحِيمِ ﴿۷﴾ رَبَّنَا وَأَدْخِلْهُمْ جَنَّاتِ عَدْنٍ الَّتِي وَعَدتَّهُمْ وَمَن صَلَحَ مِنْ آبَائِهِمْ وَأَزْوَاجِهِمْ وَذُرِّيَّاتِهِمْ إِنَّكَ أَنتَ الْعَزِيزُ الْحَكِيمُ ﴿۸﴾ وَقِهِمُ السَّيِّئَاتِ وَمَن تَقِ السَّيِّئَاتِ يَوْمَئِذٍ فَقَدْ رَحِمْتَهُ وَذَلِكَ هُوَ الْفَوْزُ الْعَظِيمُ ﴿۹﴾ (دعای فرشتگان برای مؤمنین)

الدخان ۴۴ / ۱۲: رَبَّنَا اكْشِفْ عَنَّا الْعَذَابَ إِنَّا مُؤْمِنُونَ ﴿۱۲﴾ (انكار كنندگان در قيامت بعد از مشاهده جهنم)

الاحقاف ۴۶ / ۱۵:...رَبِّ أَوْزِعْنِي أَنْ أَشْكُرَ نِعْمَتَكَ الَّتِي أَنْعَمْتَ عَلَيَّ وَعَلَى وَالِدَيَّ وَأَنْ أَعْمَلَ صَالِحًا تَرْضَاهُ وَأَصْلِحْ لِي فِي ذُرِّيَّتِي إِنِّي تُبْتُ إِلَيْكَ وَإِنِّي مِنَ الْمُسْلِمِينَ ﴿۱۵﴾ (دعای فرزند برای والدین)

الفتح ۴۸ / ۲ خطاب به پيامبر: لِيَغْفِرَ لَكَ اللَّهُ مَا تَقَدَّمَ مِن ذَنبِكَ وَمَا تَأَخَّرَ وَيُتِمَّ نِعْمَتَهُ عَلَيْكَ وَيَهْدِيَكَ صِرَاطًا مُّسْتَقِيمًا ﴿۲﴾

تا خدا گناهان گذشته و آينده تو (و آثار بلندمدت آينده) آن را ببخشد و نعمتش را بر تو تمام گرداند و به راه مستقيم رهبريت كند.

الحشر ۵۹ / ۱۰:...رَبَّنَا اغْفِرْ لَنَا وَلِإِخْوَانِنَا الَّذِينَ سَبَقُونَا بِالْإِيمَانِ وَلَا تَجْعَلْ فِي قُلُوبِنَا غِلًّا لِّلَّذِينَ آمَنُوا رَبَّنَا إِنَّكَ رَءُوفٌ رَّحِيمٌ ﴿۱۰﴾ (ایمان اورندگان بعد از مهاجرین و انصار)

الممتحنه ۶۰ / ۴:...قَوْلَ إِبْرَاهِيمَ لِأَبِيهِ لَأَسْتَغْفِرَنَّ لَكَ وَمَا أَمْلِكُ لَكَ مِنَ اللَّهِ مِن شَيْءٍ رَّبَّنَا عَلَيْكَ تَوَكَّلْنَا وَإِلَيْكَ أَنَبْنَا وَإِلَيْكَ الْمَصِيرُ ﴿۴﴾

الممتحنه ۶۰ / ۵: رَبَّنَا لَا تَجْعَلْنَا فِتْنَةً لِّلَّذِينَ كَفَرُوا وَاغْفِرْ لَنَا رَبَّنَا إِنَّكَ أَنتَ الْعَزِيزُ الْحَكِيمُ ﴿۵﴾ (ابراهيم)

التغابن ۶۴ / ۱۱: مَا أَصَابَ مِنْ مُصِيبَةٍ إِلَّا بِإِذْنِ اللَّهِ وَمَنْ يُؤْمِنْ بِاللَّهِ يَهْدِ قَلْبَهُ وَاللَّهُ بِكُلِّ شَيْءٍ عَلِيمٌ ﴿۱۱﴾

التحريم ۶۶ / ۸:...رَبَّنَا أَتْمِمْ لَنَا نُورَنَا وَاغْفِرْ لَنَا إِنَّكَ عَلَى كُلِّ شَيْءٍ قَدِيرٌ ﴿۸﴾ (پیامبر و همراهانش در روز قیامت)

التحريم ۶۶ / ۱۱:...رَبِّ ابْنِ لِي عِنْدَكَ بَيْتًا فِي الْجَنَّةِ وَنَجِّنِي مِنْ فِرْعَوْنَ وَعَمَلِهِ وَنَجِّنِي مِنَ الْقَوْمِ الظَّالِمِينَ ﴿۱۱﴾ (همسر فرعون)

نوح ۷۱ / ۲۶-۲۷: (وَقَالَ نُوحٌ) رَبِّ لَا تَذَرْ عَلَى الْأَرْضِ مِنَ الْكَافِرِينَ دَيَّارًا ﴿۲۶﴾ إِنَّكَ إِنْ تَذَرْهُمْ يُضِلُّوا عِبَادَكَ وَلَا يَلِدُوا إِلَّا فَاجِرًا كَفَّارًا ﴿۲۷﴾ (درخواست نوح از خداوند)

نوح ۷۱ / ۲۸: رَبِّ اغْفِرْ لِي وَلِوَالِدَيَّ وَلِمَنْ دَخَلَ بَيْتِيَ مُؤْمِنًا وَلِلْمُؤْمِنِينَ وَالْمُؤْمِنَاتِ وَلَا تَزِدِ الظَّالِمِينَ إِلَّا تَبَارًا ﴿۲۸﴾ (دعای نوح)

القيامه ۷۵ / ۱۳: يُنَبَّأُ الْإِنْسَانُ يَوْمَئِذٍ بِمَا قَدَّمَ وَأَخَّرَ ﴿۱۳﴾

در آنروز آدمی به آنچه در زمان حیاتش پیش فرستاده و آنچه از آثار نیک و بد (اعمالشان پس از مرگ) باقی گذاشته، آگاه خواهد شد.

به نظر میرسد آثار بلند مدت اعمال نیک و بد آدمی در نسلها و عصرهای بعدی است که به حساب او واریز میگردد.

الانفطار ۸۲ / ۵: عَلِمَتْ نَفْسٌ مَا قَدَّمَتْ وَأَخَّرَتْ ﴿۵﴾ آنگاه که هر نفسی به آنچه (از آثار نیک و بد اعمال) مقدم و مؤخر داشته (در مدت عمر از پیش فرستاده یا آثار باقی آن) آگاه میشود.

الفلق ۱۱۳ / ۱-۵: قُلْ أَعُوذُ بِرَبِّ الْفَلَقِ ﴿۱﴾ مِنْ شَرِّ مَا خَلَقَ ﴿۲﴾ وَمِنْ شَرِّ غَاسِقٍ إِذَا وَقَبَ ﴿۳﴾ وَمِنْ شَرِّ النَّفَّاثَاتِ فِي الْعُقَدِ ﴿۴﴾ وَمِنْ شَرِّ حَاسِدٍ إِذَا حَسَدَ ﴿۵﴾

الناس ۱۱۴ / ۱-۶: قُلْ أَعُوذُ بِرَبِّ النَّاسِ ﴿۱﴾ مَلِكِ النَّاسِ ﴿۲﴾ إِلَهِ النَّاسِ ﴿۳﴾ مِنْ شَرِّ الْوَسْوَاسِ الْخَنَّاسِ ﴿۴﴾ الَّذِي يُوَسْوِسُ فِي صُدُورِ النَّاسِ ﴿۵﴾ مِنَ الْجِنَّةِ وَالنَّاسِ ﴿۶﴾

به نظر اینجانب مهمترین خناس وشیطان ،نفس امارهٔ خود ماست که در اثر دانش محدود از دین، عدم توکل به خداوند و در پی قدرت بودن، هراس از فقر و تنگدستی در آینده نامعلوم به بهانه تراشی درآمده وما را ازانجام کارهای خیر باز میدارد. درآیات زیر، به بسیاری از نکات آموزنده، پیرامون تولد حضرت عیسی و یحیی اشاره میشود،

که امید است خواننده گرامی با تفکر و تعمق از آنها درس زندگی بیاآموزد.

آل عمران ۳ / ۴۰: ابراهیم: پروردگارا، مرا و فرزندانم را بر پا دارنده صلات بگردان و ذکریا نیز طلب فرزند پاک میکند (آل عمران ۳ / ۳۸). آیات آل عمران ۳ / ۳۵ تا ۳۹ همسر عمران در مناجات با خدا گفت: خداوندا من آنچه در رحم دارم نذر تو کردم تا با خدمت در راهت از هر تعلق و وابستگی آزاد باشد، پس وقتی دختر زایید متاثر شد که او قادر به خدمت در کنیسه نیست و او را مریم نام نهاد. زکریا مریم را سرپرستی کرد و هر وقت به او وارد میشد مریم رزقی نیکو داشت، پرسید: از کجاست؟ گفت خداوند، هم عیسی و هم رزق نیکو از جانب خدا برای مریم میرسد. در این فضای روحانی بود که زکریا از خداوند خواست که به من هم از جانب خویش فرزندی پاک ببخش (در خواست معجزه برای امری به ظاهر غیرممکن با وجود پیری مفرط او و همسرش) که براستی تو بس شنونده دعا هستی. فرشتگان به زکریا که در محراب نماز ایستاده بود، خبر تولد یحیی را دادند، که او تصدیق کننده کلمه خدا (عیسی مسیح)، بزرگوار، پارسا و پیامبری از صالحین خواهد بود، خداوند به یحیی از کودکی حکمت آموخت و به جدی گرفتن تورات توصیه اش کرد.

یحیی مهر و محبت خدایی داشت، پاک سرشت، پرهیز کار و نسبت به والدینش بسیار نیکوکار بود و هرگز خودکامگی و نافرمانی نداشت. (مریم ۱۹ / ۱۲)، او از صالحین روزگار بود (الانعام ۶ / ۵۸) والدینش نیز پیشتاز در کارهای خیر و خاشع توأم با بیم و امید در دعای پروردگار بودند.

فصل چهارم

صلات

نماز یکی از مهمترین اعمال عبادی وعموددین درشریعت اسلام محمدی است. متأسفانه درایران دو استحاله دراقیم الصلات روی داده و«برقراری ارتباط قلبی وراهبردی با خداوند» تبدیل به «خواندن» نماز شده است.

بموقع نماز خواندن ، کشیدن «ض» در « والضالین» ، جای مهر برپیشانی واحیاناً داشتن ته ریش ازعلائم و نشانه های مسلمان خوب بودن است. ما اورادی را می خوانیم که اغلب یا معنی آن را نمی دانیم یا توجه نمی کنیم چه می گوئیم. فقط ادای احترام با دولا و راست شدن راانجام می دهیم وفکر می کنیم صلات را بجا آورده ایم . درصورتیکه بعدازاین عمل بظاهر عبادی هیچ تغییری درافکار واعمال مان ایجاد نشده واین عدم تغییر درشخصیت ما دلیل قبول نشدن صلات روی کردی ماست. خداوند درقرآن میفرمایدکه به بندگان پیامبر وبندگان صالح وصبور صلات دارد وبندگان به او وپیامبر (الگوی اخلاقی) صلات دارند.

صلات خداوند(رویکرد او) به مصلحین واقعی کریمانه، رحیمانه،حکیمانه وهدایت گر است، ولی صلات ما اغلب نسبت به خداوند طوطی وار، تجاری(امید به بهشت)، ریا واغفال مردم ویا ادای تکلیف است که هیچیک از آنها مقبول ومنظور از صلات نیست.

نمازخواندن فقط یک نوع از صلات است. وصلات ما طرز رفتار ما باخود، فامیل، جامعه وبقیهٔ مخلوقات است وشکل ثابتی ندارد.ولی حتماًدر خواندن نماز خلاصه نمی شود.

متاسفانه در جامعه امروز ما که قضاوت ها سطحی و ظاهری است، درجه مسلمانی افراد با **خواندن** به موقع نماز، سجده طولانی ، حاضر شدن در نماز جماعت مسجد محل و نماز جمعه ارتباط مستقیم دارد. درصد قلیلی از این افراد مسلمانان قابل اعتماد و درستکار هستند و افراد و جامعه از طرف آنها در امانند، ولی متاسفانه بعد از انقلاب اسلامی برای گروهی متظاهر، نماز تبدیل به وسیله ای برای سوءاستفاده های مختلف گشته و مشاهده این حالت سبب شده است که ایمان جوانان نسبت به مسلمانی روزبه روز خدشه دارتر گردد. گرچه اکثرا نماز را بخاطر رضایت خداوند، ترس از جهنم و امید به بهشت میخوانند (تجاری)، ولی اگر واقف به منظور اصلی برقراری آن که جستجوی صراط مستقیم در گذران زندگی است نباشند، نماز خواندنشان آنان را از تله های فراوانی که نفس اماره، خناسان و شیاطین در سر راهشان گسترده اند حفاظت نمیکند. صلات کلیه مخلوقات بالاجبار و انسان ها به اختیار حفظ تعادل در زندگی وطی مسیر تکامل است. متاسفانه مسلمانان برداشتی ناکامل از برگزاری نماز داشته

و اغلب احساس غرور میکنند که به موقع مغازه ها را تعطیل کرده و به مسجد برای خواندن نماز میروند ولی در برگشت رفتارشان هیچ تغییری نکرده است و نماز برایشان مثمر ثمر نبوده است.

صلات رویکردی است داوطلبانه (معنی رکوع) و خاکسارانه (معنی سجود) به خدای یکتا، برای هدایت شدن در وظیفه بندگی متعادل بودن، انجام عمل صالح از روی ایمان و بخاطر خدا و نیل تدریجی تکامل خویشتن با نگهداری و ماندن در صراط مستقیم.

نماز زبانی محض یادآوری و تربیت بنده است و فواید بیشماری دارد ولی بدون عمل به هدف مورد نظر خداوند از توصیه به برگزاری صلات، برای نمازگزار سود چندانی ندارد، نمازگزاران قبل از اسلام ذکرشده درقرآن ، هیچکدام نماز خوان به معنی آنچه که ما بجا میآوریم نبودند. ممکن است مناسکی را که پیامبر (ص) به مسلمانان توصیه کرد برای گردهمائی مسلمانان اولیه وداشتن مناسک مذهبی حرفی وعملی، تشکر از خداوند، وقت شناسی، شناسایی و همبستگی مسلمین، تربیت تازه مسلمانان برای تمیز بودن وبرای مسلمانان درکلاس اول مدرسه بود، ولی توقع خداوند از امت مسلمان این بوده که به تدریج و به مرور زمان با تعمق و تدبر در قرآن، مطالب و مناسک نماز بتدریج به هدف از این مسأله مهم پی برده وبه درجه دکترای صلات برسند ودرکلاس اول یا حتی بدتر درجانزنند.

شواهدی از قرآن در تایید این مدعا فهم موضوع مورد بحث را آسانتر میکند: خداوند میفرماید تمام مخلوقات و طیور بر نماز و کار اصلاحی و مثبت خود آگاهی دارند (النور ۲۴ / ۴۱)، ابراهیم اولین نمازگزار بود (الانعام ۶ / ۱۶۱)، و از خداوند درخواست کرد که فرزندان مرا از **نمازگزاران** قرار ده (ابراهیم ۱۴ / ۴۰)، اسماعیل نمازگزار بود (مریم ۱۹ / ۵۷)، لقمان به پسرش نصیحت کرد که از **نمازگزاران** باشد (لقمان ۳۱ / ۱۶)، مژده تولد یحیی به زکریا در هنگام نماز داده شد (آل عمران ۳ / ۳۹)، شعیب (هود ۱۱ / ۸۹)، موسی (طه ۲۰ / ۱۴)، و عیسی (مریم ۱۹ / ۳۲)، همه از نمازگزاران بودند. به فرموده خداوند نماز مکیان قبل از اسلام تمسخری بیش نبود و با جنجالشان مردم را (عقلا) از خود دور میکردند، و بالاخره خدا برای بندگان صالح نماز و صلوات دارد (البقره ۲ / ۱۵۷).

کلیه آیات فوق درباره صلات و نمازگزاردن مخلوقات زمینی و آسمانی و انسان های ماقبل اسلام است واینکه صلات معانی واهداف متفاوت دارد ویکی از آنها خواندن نماز است به ابتدائی ترین نحو آن بادرسهای بسیار آموزنده ومتعالی که درآنت مستتر است.

اوقات برگزاری نماز:

فهم اینجانب این است که منظور اصلی ازخواندن نمازهای پنجگانه درشبانه روز رویکرد بخداوندو یاری گرفتن از او در اعمال پیش رو است. در نماز ظهر هر عملی را از صبح تا بحال انجام داده ایم چه درست و چه غلط، اثر خود را روی ما، افراد دیگر و کائنات گزارده و این مرغ از دست ما پریده است و نمیتوان آنرا برگرداند، فقط نتیجه آن در روح و جسممان اثر کرده است. در نماز بعدی از خداوند میخواهیم که با رحمت خود ما را ببخشد و توبه ما را بپذیرد و فرصت اصلاح عنایت فرماید و در کارهای بین دو نماز ما را به صراط مستقیم هدایت

فرماید و کمک کند تا بتوانیم نفس اماره را مهار کنیم تا تکرار منهیات نشودوبتدریج مارا بصفات نماز گزاران واقعی متصف گرداند

گاهی آنقدر اعمالمان از کنترل خارج میشودیا مسائل بقدری پیچیده واحتیاج به تفکر وتعقل داردکه باید پاسی از شب را به نماز گزاردن (فکر کردن به نتیجه اعمالمان در محیطی آرام و بدون مشغولیات دیگر) و اینکه چگونه جبران مافات نماییم سپری کرده و از خداوند رحیم در این راه کمک بطلبیم و یا برای امور مهم پیش رو تفکر و تعقل نماییم (نماز نافله).

النسا ۴ / ۱۰۳: نماز برای مومنین فریضه ای زمان بندی شده است (احتیاج دائم برای طلب کمک و راهنمایی از خداوند که در تمام ساعات شبانه روز بر صراط مستقیم بمانیم، زیرا ریا، نفس اماره، شیطان و افکار و اعمال شیطانی دائما در کمین هستند). به همین دلیل صرف خواندن نماز قضا نمیتواند مورد قبول خداوند باشد، همینطور خریدن نماز برای اموات سودی برای آخرت آنها ندارد.

اوقات تعیین شده: وقت نماز صبح از دو ساعت قبل از طلوع آفتاب، نماز ظهر وقتی که خورشید در بالاترین نقطه پائین اش در آسمان است، نماز عصر ۳-۴ ساعت قبل از غروب آفتاب، نماز مغرب زمانی که خورشید در افق ناپدید شود و نماز عشا وقتی است که آفتاب کاملا ناپدید شده و هوا تاریک است.

هود ۱۱ / ۱۱۴: در دو طرف روز و اوایل شب صلات را برپا دارید،(خدارادرنظر بگیرید واعمالتان را ازغربال او بگذرانید) که نیکی ها بدی ها را از بین میبرد (منظور از نماز کارهای نیک است و یا توبه از کار بد و ترمیم آن با کار نیک و اصلاحی)، این

تذکری برای پندگیران است.

منظور از نیکی ها پایبند به عدالت در کلیه اعمال بودن و حد اعتدال را در همه چیز رعایت کردن است.

البقره ۲ / ۲۳۸: بر نمازها به ویژه نماز میانه (نمازظهر، و یا ممکن است منظور اعمالی است که حتما اعتدال و میانه روی باید رعایت شود) پای بند باشید و برای خدا به پا خیزید. (میانه رو باشید و اعمالتان از روی ایمان بخدا و تسبیحی باشد)

(البقره ۲ / ۲۳۸: زیرا خداوند میخواهد مسلمانان در عملکرد خداییشان برای سایرین الگوی میانه روی باشند.

البقره ۲ / ۲۳۹: پس اگر از دشمن بیم داشتید، پیاده یا سواره نماز بپادارید، (حتی در زمان جنگ با یاد خداوند معتدل و خدا ترس باشید) و چون ایمن شدید خدا را یاد کنید (تشکر از زنده ماندن)، همانطوریکه به شما چیزهایی را آموخت که نمیدانستید.

النسا ۴ / ۱۰۳: و چون نماز را به پایان بردید، خدا را در همه حال ایستاده، نشسته و خوابیده یاد کنید و همین که ایمن شدید نماز را بپا دارید، چراکه نماز فریضه ای زمان دار است. (زندگی کوتاه و فرصت انجام وظایف بندگی خداوند به هر دلیلی غیر قابل جبران و از دست رفتنی است و امکان انحراف از صراط مستقیم فراوان است. در این شرایط هر چه زودتر جبران مافات باید کرد.)

نمازهای متعدد روزانه برای این وضع شده است که در هر نوع عملی که به اختیار انجام میدهیم (فکر، صحبت و عمل) با در نظر داشتن خدا بر صراط مستقیم بوده و متعادل و عادل بمانیم.

النسا ۴ / ۱۰۱: در سفر اگر بیم داشتید که کفار به شما آسیب رسانند مانعی نیست که نماز را کوتاه کنید (شاید منظور از کوتاه کردن نماز عدم رعایت اعتدال در مقابله با دشمن در زمان جنگ باشد)، همانا کافران دشمنان آشکار شمایند.

در اینجا مانعی نیست که نماز شکسته و کوتاه باشد و بجز این مورد، در هیچ موقعیت دیگر خداوند شکستن و قصور در اعتدال و عدالت در کارها را توصیه نمیکند.

در سه آیه فوق اهمیت برقراری نماز (اعتدال) را در همه حالات نشان میدهد و عذری موجه برای خروج از صراط مستقیم نیست، ولی سفارش به ارجحیت ایمن کردن جان خود از خطرو آسیب در موقع جنگ حتی به قیمت خروج از اعتدال و صراط مستقیم را دارد،

شاید سفارش به برقراری نماز کوتاه (شکسته) برای این است که مسلمانان در جنگ هم انسانیت را مراعات کرده و از انجام کارهای خلاف عرف، شرع و اخلاق حتی علیه دشمن اجتناب نمایند، مانند اعمال گروه تکفیری داعش از تجاوز به زنان و دختران، تا سوزاندن، زنده به گور کردن و گردن زدن افراد ودرمعرض دید عموم قراردادن از طریق یوتیوب که نفرت دنیا را علیه مسلمانی و مسلمانان برانگیخته است، و اسلام را دینی بیرحم، انتقامجو و بیفکر بدنیا معرفی میکند، هیچ دشمن اسلام تا به حال نتوانسته است چنین صدمه ای به اسلام وارد کرده و نعوذ بالله قرآن سوزی توسط پیروان سایر ادیان را باعث گردد.

بعضی ازمسلمانان در هنگام مسافرت نماز خود را شکسته میخوانند و روزه نمیگیرند. این اگر چه در صدر اسلام برای سلامت مردم بادیه نشین صحرای سوزان عربستان که پیاده سفر میکردند لازم بود ولی امروزه این طرز فکر و عمل از نظر عقلا حتماباید مردود شناخته شود.

النسا ۴ / ۴۳: ای کسانیکه ایمان آورده اید در حال مستی به نماز نزدیک نشوید تا بدانید چه میگویید. چه میخواهید، چه میگویید و چه میکنید و نه در حال جنابت تا غسل کنید، و اگر آب نبود تیمم کنید... (به حضور خداوند رسیدن مستوجب پاکی درونی و بیرونی هوشمندانه است)

الروم ۳۰ / ۱۷-۱۸: ۱۷. خدا را به شام و بام (تاریکی و روشنایی)باانجام کارهای اصلاحی ستایش کنید. ۱۸. همه (مخلوقات) در آسمان ها و زمین او را میستایند.

الاسرا ۱۷ / ۱۱۰: صلات را نه بسیار بلند بخوان و نه زیاد آهسته، بلکه حد میان آن را اختیار کن. (شاید منظور حفظ اعتدال فقط در خواندن نماز نیست، بلکه در هر نوع صلات و رویکرد به خداوند و اعمالی که گفتگو کردن در آن دخالت دارد، آنرا باید تا حد اعتدال به زبان بیاوریم تا موجب تشویق دیگران و نزدیکان نیز بشود و راجع به آن نه اصرار زیاد کرده و نه سکوت اختیار کنیم.)

الجمعه ۶۲ / ۹: ای مؤمنان چون به نماز جمعه ندا داده شود بشتابید به سوی یاد خدا، و داد و ستد را رها کنید، این به نفع شماست اگر میدانستید. (دیدن افراد، باخبر شدن از اجتماع، رفع اشکالات زندگی خود و دیگران در اجتماع، مشاوره، دوست یابی و

غیره)(رویکرد وصلات به خداوند وسایر مسلمانان و آشنایان)
واین تأکیدی است براینکه روزجمعه برای استراحت وگردهمایی امت بمنظور
پرداختن به امور ومشکلات شخصی واجتماعی است.

المزمل ۷۳ / ۶-۸: ۶.عبادت و راز نیاز در شب مؤثرتر و پرهیزگارانه تر است (با
آرامش میتوانی فکر کنی و سعی کنی تصیم صحیح بگیری، جبران مافات نمایی) ۷. در
طول روز فرصت بسیار داری تا به کارهای دیگر بپردازی ۸. نام پروردگارت را ذکر
بگو تا هرچه بیشتر به او نزدیک شوی (و تصمیم عاقلانه بگیری).

الانسان ۷۶ / ۲۶: و پاره ای از شب را به درگاهش سجده کن (در خدمت مشیت
خدا باش)، و از شکوه و بزرگی او یاد کن، در بسیاری از شبهای دراز. (در شب های
طولانی زمستان مقداری از شب را به جای خوابیدن و تلف کردن عمر در انجام امور
خیر سپری کن).

مسجد: محل سجده، خانه خدا، محل گردهمایی مسلمانان برای نماز جماعت. محل
مسجد نباید غصبی بوده، یا از پول حرام و یا توسط فردی مشرک (ساختن مسجد برای
کسب معروفیت، ریاء یا هر نوع سوءاستفاده) ساخته شده باشد. در چنین مسجدی نماز
مورد قبول خداوند نیست.
مسجد می تواند پیشانی هم باشد که بالاترین نقطه بدن ودرتماس بازمین درخدمت
خداست ویا محل prefrontal lobe که مرکزثقل وتفکردرمغزاست.

محراب: محراب محل امام مسجد است. و از لغت حرب ماخوذ است، به این معنی
است که نمازگزار در زندگی با نفس اماره خود همیشه و اقلا پنج بار در روز در جنگ
است وهرنمازگزاری در آن لحظه باید نیت کند و بداند با چه چیزی در محاربه و مبارزه
است؟ و اگر نتیجه مثبت در کنترل نفس اماره خود نگرفت، جنگ را باخته و نمازش
درواقع باطل وبیفایده بوده است. باید ببیند چرا؟ آسیب شناسی کند و سعی کند آن
را بفهمد و اصلاح نماید.

قبله: قبله الهام بخش توحید و یادآور خط توحیدی همانندابراهیم حنیف است. توجه
به خانه خدا و آنکه هدف از برگزاری نماز فقط تقرب به خداوند متعال برای ابراز
بندگی، تشکر و در خواست راهنمایی ماندن بر صراط مستقیم است. (البقره ۲ / ۱۲۵)
وضو: شستشوی صورت، دستها تا آرنج، دست کشیدن روی سر با دست تر و شستن پا
تا مچ (المائده ۵ / ۶). اگر آب نبود دست و صورت را با خاک تمیز (تیمم) مسح

نمایید (النسا ۴ / ۴۳ و المائده ۵ / ۶). در صورت عمل جنسی که انزال صورت گیرد غسل و تمیز کردن تمام بدن واجب است (النسا ۴ / ۴۳). برای رسیدن به خدمت خداوند قبل از قیام به نماز و از عالم مادی به دنیای معنوی قدم گذاردن لازمه مقدماتی برای آمادگی شرف حضور پیدا کردن و درخواست کمک از درگاه کبریایی خداوند است. اولین آن وضو گرفتن و طهارت جسمی و روحی است. طهارت برای نماز مراحلی دارد: طهارت از نجاسات با شستشو و لباس تمیز، طهارت اعضا از گناهان و جرائم و طهارت روح از فساد اخلاقی.

اقامه وقیام: به معنی بپا داشتن وبرخاستن وقیام کردن قیام است و فقط برای نماز نیست، در قرآن اقامه قسط (عدالت اقتصادی)، اقامه شهادت (گواهی دادن به نفع صاحبان حق)، اقامه وزن (میزان و انصاف را در معاملات رعایت کردن)، و اقامه وجود (جدی گرفتن و توجه به آرمان های بزرگ) ذکر شده است.

به طور خلاصه قرآن بها قائل شدن، جدی تلقی کردن و تلاش مسئولانه در هر کار را اقامه آن میگوید.

نیت: اولین واجب در نماز است و عامل جذب الطاف الهی است (العنکبوت ۲۹ / ۶۹: وَالَّذِینَ جَاهَدُوا فِینَا لَنَهْدِیَنَّهُمْ سُبُلَنَا...﴿۶۹﴾)، نیت فضای ذهنی درست میکند که آماده عبادت و درخواست مشخصی شود و مشغله های روزمره را کنار بگذارد و بیاد میآورد که اگر از هر نظر لایق باشد ممکن است خداوند او را در محضرخود قبول بفرماید، بنابراین با متانت و آرامش، اندام، جوارح، ذهن و قلب همه به نماز فراخوانده میشوند. تصمیم و عزم برای انجام عملی مثبت و نیکو با اخلاص، و اگر نماز برای ریا باشد شرک خفی محسوب میشود. در نیت انسان بایستی قصد از نماز مورد نظر را برای خود معین کند، اگر تصمیم به کاری دارد از خداوند کمک بخواهد، اگر هدف تشکر از خداوند بخاطر نعمات و الطاف است با خود بیاندیشد، و اگر دعا برای دیگران است آنرا هم معین کند، در واقع آگاهانه و با هدف معین در مقابل خداوند به نماز بایستد. متأسفانه مسلمانان مهمترین دلیل برای نماز که وصل بخداوندوازاودرخواست کمک برای امر معینی رادارد(نیت) بطورکلی اشتباه گرفته ونیت را درگفتن« بجا آوردن دور رکعت نمازصبح یا چهار رکعت نماز ظهر» خلاصه کرده اند.

تکبیرة الاحرام:الله اکبر: یادآوری به شناخت آنکه خداوند از هر چیز قابل تصوری بزرگتر است و هر چیز دیگر در نظر نمازگزار کوچک و بی ارزش است و خداوند به هر کاری قادر و تواناست.

خواندن نماز: خواندن نماز (قرائت) مقدمه ویادآوری برای برگزاری نماز (اقامه)

آن است. پس از ادای احترام و ابراز شناخت خداوند رحمان و رحیم و اعتقاد به روز جزا، از خداوند طلب کمک در چگونگی گذراندن امور روزمره خود را میکند.

در اقامه مهمترین عامل حضور قلب، توجه به کارهای بین دونماز گذشته و آینده، درخواست کمک برای انتخاب راه خداپسند و مستقیم است، خلیفهٔ دوم، از رسول اکرم صلی الله علیه پرسید: چگونه نماز بهتر از جهاد است؟ (حی علی خیر العمل در اذان و دعوت به صلات) با اینکه انسان در جهاد از جان و مال و فرزند میگذرد. پیامبر (ص) در جواب عمر فرمودند: هرکس در جهاد کشته شود یک مرتبه کشته شده و به بهشت میرود، اما برای اینکه نماز قبول شود باید همیشه برای رسیدن به اخلاص و حضور قلب مجاهدت کرد. (هزار و یک نکته درباره نماز)

نماز با توجه قلبی شروع شده، هم توصیف و ثنای زبانی دارد، و هم حمد و ذکر را با گوش میشنویم، و هم با اندام و حرکات و اعضا به عبادت میپردازیم، و هم از خداوند کمک میخواهیم که ما را در انجام امور روزانه در تمام ساعات و اعمال اختیاریمان یاری داده و از شر افکار شیطانی حفظ کند، در واقع در تمام کارها خدا را حاضر، ناظر و شریک میدانیم.

خواندن سوره فاتحه (حمد): خواندن سوره حمد در دو رکعت اول کلیه نمازهای شبانه روزی الزامی و واجب است (اقلا ده بار در شبانه روز سوره حمد را در نمازخواندن) .

در اینجا علاوه بر معانی تحت اللفظی کلمات و آیات سوره حمد، از کتاب تدبر در قرآن، نوشته دانشمند محترم آقای ولی الله نقی پورفر استفاده بردُه و برای خوانندگان معانی عمیقتر عینا درج گردید است.

عناوین سوره سبعاً من المثانی، حمد، فاتحه الکتاب و ام القرآن میباشد.

تعبیر اول که به معنی یک هفت آیه با عظمت فراتر از وصف بشری از قرآن مورد تمجید است که در سوره حجر همطراز همه قرآن معرفی شده است.

الحجر ۱۵ / ۸۷: وَلَقَدْ اٰتَیْنَاكَ سَبْعًا مِنَ الْمَثَانِي وَالْقُرْاٰنَ الْعَظِيمَ ﴿۸۷﴾

همانا به تو سبع مثانی (سوره حمد یا هفت آیه مرتبط به هم) و قرآن عظیم را دادیم. مثانی بودن قرآن همچون عدد ۲ که به یک یک برمیگردد و بر آن بنا میشود هماهنگی و ارتباط تمامی آیات قرآن را با یکدیگر نشان میدهد که آیات مفسر و مرتبط با یکدیگر بوده و به سوی صراط مستقیم هدایت می‌کنند.

الزمر ۳۹ / ۲۳: اللَّهُ نَزَّلَ أَحْسَنَ الْحَدِيثِ كِتَابًا مُتَشَابِهًا مَثَانِيَ...

سوره حمد چرا که تمام ادله اختصاص حمد به خدا را با بیان جامع تمام شئون الهی از مبدا تا معاد با خود دارد و کیفیت حمد زبانی و عملی را به ما می‌آموزد.

فاتحةالکتاب است چرا که همچون فهرست و مقدمه ای جامع abstract، در مورد محتویات قرآن می‌باشد که دلیل بر خدایی بودن چینش سوره است.

ام القرآن است زیرا این سوره فقط شامل آیات محکم است و محکمات را ام الکتاب مینامد و مرجع کلی تمامی قرآن.

موضوع سوره با توجه به عنوان حمد و بیان شأن کلی خالق و مخلوق نسبت به یکدیگر می‌باشد.

هدف سوره آموزش کیفیت حمد و ستایش و بندگی خدا از جهت فکری و عملی می‌باشد.

مخاطب سوره فردی است که از علم و عقل برخوردار است و اهل اندیشه و تفکر که مبداء و مسیر و مقصد هستی را میشناسد. این شأن در اواخر سوره آل عمران به اولوالالباب نسبت داده شده است. آنان که از معرفتهایی نسبت به خلاقیت الهی، ربوبیت او در هستی، درک و چشیدن رحمت بیکران و عنایت خاص خداوندی و باور به قیامت، در کنار درک شأنیت انحصاری اینکه ستایشها مخصوص خداوند است.

به دلیل اهمیت سوره فاتحه و تفسیر آن کتاب های متعددی نوشته شده است که نمونه هایی از آن در اینجا ذکر میگردد: (آشنایی با قرآن، تفسیر سوره حمد و قسمتی از بقره، صفحه ۱۲۰-۱۱۵، سال ۱۳۷۴، مرتضی مطهری، انتشارات صدرا)

سوره حمد از سوره های کوتاه قرآن است و در همان حال ام الکتاب و برترین سوره. این سوره خلاصه و ایجازی از عقاید اسلام و پیمانی محکم بین مردم و پروردگار آنهاست، باشد تا رسالت ایشان را در هستی محقق سازد. سوره حمد تمنائی است از درگاه حق تا به راه راست هدایت فرماید و نعمت های خود را با خوشنودی عطا کند. خداوند خواندن سوره فاتحه را در تمام نماز ها واجب نمود تا مناجات دائم بین مردم و خداوند باشد. چون انسان با یکی دو ارشاد صیقل نمی یابد و ضرورت ایستادن در مقابل خدا باید تکرار شود چرا که نادانی نفس و وسوسه های شیطان پایان ناپذیر است، لذا دعا باید تکرار شود، بدین جهت است که:

النسا ۴ / ۱۰۳:.. همانا صلات برای مؤمنین وظیفه ثابت و در زمان معینی است.

سوره حمد اعتراف به شناخت و معرفت به خداوند، و ثنای او و آمادگی و استعداد دیدار وی، و تعهد بر بندگی اش، و آنگاه درخواست و رجاء از او تا آنکه ما را آن

گونه که دوست میدارد قرار دهد.)

دکتر رشاد خلیفه کاشف معجزه عدد ۱۹ در قرآن که آن را به کتابی تغییر ناپذیر و فوق بشری تثبیت کرده است، سوره فاتحه را به دلایل معجزات ۱۹ هدیه ای از خداوند و کد برگزاری تماس روزانه با خداوند میداند:

(سوره ۱: کلید (الفاتحه) حمد دارای معجزه ایست که بر پایه عدد ۱۹ پی ریزی شده است و ساختار آن بسی فراتر از توان و اندیشه بشر است.

بسم لله الرحمن الرحیم از نوزده حرف تشکیل شده و تکرار هر واژه آن در سراسر قرآن مضرب صحیحی از عدد نوزده است. و در سوره فاتحه ۱۹ لغت عربی است که شامل ۶۷ حرف است (۴×۱۹)، بسم ۱۹ بار، لله ۲۶۹۸ بار (۱۴۲×۱۹)، الرحمن ۵۷ بار (۳×۱۹)، الرحیم ۱۱۴ بار (۶×۱۹)،

سوره الفاتحه باید به عربی خوانده شود زیرا وقتی به عربی بخوانید ۱۹ بار لبهای شما باهم تماس پیدا میکنند. لبها فقط هنگام تلفظ ((ب))و ((م)) باهم تماس پیدا میکنند، چهار ((ب)) و پانزده ((م)) در سوره الفاتحه وجود دارد که حاصل جمع آنها ۱۹ است و این کد ارتباط مستقیم با خداوند است.)

ضمنا قرآن ۱۱۴ سوره، ۶۳۴۶ آیه (۳۳۴×۱۹) دارد. البته ساختار قرآن بر مبنای عدد ۱۹ بسیار گسترده است و مقالات و کتب متعددی در اینباره نوشته شده است.

برای بیشتر آشنا شدن به معجزه محیرالعقول عدد ۱۹ در قرآن رجوع شود به قرآن عهد نهایی، ترجمه لاله، و کتاب تماس مستقیم نوشته احسان رمضان.

نظرات محققین بر اینست که بعد از اینکه آدم و حوا از میوه ممنوعه خوردند و مرتکب گناه شدند (الاعراف ۷ / ۱۲–۲۳)، از خداوند تقاضای پذیرش توبه شان را کردند (الاعراف ۲۳ / ۷)، و خداوند به آنها کلماتی را آموخت که با گفتن آن توبه شان پذیرفته شود (البقره ۲ / ۳۷)، و این کلمات سوره فاتحه یا کلید تماس مستقیم با خداوند بود. و صلات بقیه پیامبران مانند ابراهیم نیز مضمون همین سوره بوده است و یهودیان هنوز دعای تماس با خداوندشان معنای لغاتش درست همان معنای سوره فاتحه است و تلفظ هم نزدیک به تلفظ عربی است چون زبان عربی و عبری از یک ریشه هستند.

هفت آیه سوره حمد بشرح زیر است:

۱.بِسْمِ اللَّهِ الرَّحْمَنِ الرَّحِیمِ ﴿۱﴾:

اسم الله جامع جمیع صفات شؤن الهی است و شأن خلاقیت به این اسم جامع برمیگردد. بسم الله الرحمن الرحیم شعاری است که مجموعه مسائل از مبدأ خلقت، مسیر خلقت و

مقصد خلقت و تمام وظائف بندگی و کیفیت سیر در مسیر بندگی را مطرح مینماید. مبدأ خلقت از اسم الله و مسیر خلقت از رحمانیت الهی و سپس خلقت انسان و تعلیم تکلم و بخشیدن قدرت تکلم به او، و رحیمیت عنایت خدا در زندگی دنیا و آخرت را نشان می‌دهد. توضیحات فوق نشان می‌دهد که بِسْمِ اللهِ الرَّحْمَنِ الرَّحِيمِ خلاصه تمام قرآن است از این رو این خلاصه در ابتدای هر سورهٔ آمده است.

الزمر ۳۹ / ۶۲: اللهُ خَالِقُ كُلِّ شَيْءٍ وَهُوَ عَلَى كُلِّ شَيْءٍ وَكِيلٌ ﴿۶۲﴾

اعراف ۷ / ۵۴: إِنَّ رَبَّكُمُ اللهُ الَّذِي خَلَقَ السَّمَاوَاتِ وَالْأَرْضَ فِي سِتَّةِ أَيَّامٍ ثُمَّ اسْتَوَى عَلَى الْعَرْشِ يُغْشِي اللَّيْلَ النَّهَارَ يَطْلُبُهُ حَثِيثًا وَالشَّمْسَ وَالْقَمَرَ وَالنُّجُومَ مُسَخَّرَاتٍ بِأَمْرِهِ أَلَا لَهُ الْخَلْقُ وَالْأَمْرُ تَبَارَكَ اللهُ رَبُّ الْعَالَمِينَ ﴿۵۴﴾

رب در اصل از تربیت است که آن پرورش دادن چیزی تا کمال خویش است.

به نام خداوند بخشنده مهربان: رحمان عام است و رحیم خاص است. رحمان دادنی است که خداوند به همه موجودات کرامت کرده است. رحیم رحمت خاص و گرفتنی است و مخصوص کسانی است که از طریق ایمان و اعمال صالح، خود را در مسیر وزش این رحمت خاص خداوند قرار میدهند.

۲.الْحَمْدُ لِلَّهِ رَبِّ الْعَالَمِينَ ﴿۲﴾:

حمد یعنی سپاس همراه با ستایش و پرستش، مخصوص خداوند است، احساسی پاک درونی که از اعماق روح انسان سرچشمه میگیرد.

رب: در رب هم مفهوم خداوندی و صاحب اختیاری نهفته است و هم معنای تکمیل کننده و پرورش دهنده. خدا است که صاحب اختیار عالم و به کمال رساننده آن است. در الحمدلله گوینده سخن ملحوظ نیست زیرا به هر عملی در خلقت با یاد خدا و با استعانت از قوانین او می‌باشد.

النور ۲۴ / ۴۱: أَلَمْ تَرَ أَنَّ اللهَ يُسَبِّحُ لَهُ مَنْ فِي السَّمَاوَاتِ وَالْأَرْضِ وَالطَّيْرُ صَافَّاتٍ كُلٌّ قَدْ عَلِمَ صَلَاتَهُ وَتَسْبِيحَهُ وَاللهُ عَلِيمٌ بِمَا يَفْعَلُونَ ﴿۴۱﴾

الاسراء ۱۷ / ۴۴: تُسَبِّحُ لَهُ السَّمَاوَاتُ السَّبْعُ وَالْأَرْضُ وَمَنْ فِيهِنَّ وَإِنْ مِنْ شَيْءٍ إِلَّا يُسَبِّحُ بِحَمْدِهِ وَلَكِنْ لَا تَفْقَهُونَ تَسْبِيحَهُمْ إِنَّهُ كَانَ حَلِيمًا غَفُورًا ﴿۴۴﴾

الرحمن ۵۵ / ۲۹: يَسْأَلُهُ مَنْ فِي السَّمَاوَاتِ وَالْأَرْضِ كُلَّ يَوْمٍ هُوَ فِي شَأْنٍ ﴿۲۹﴾

در رب الله به هر چیزی خلقت مناسبش را اعطا کرده و تحت تربیت قوانین خلقت خود آنان را مرحله به مرحله به کمال نهایی شان هدایت مینماید.

طه ۲۰ / ۵۰: قَالَ رَبُّنَا الَّذِي أَعْطَى كُلَّ شَيْءٍ خَلْقَهُ ثُمَّ هَدَى ﴿۵۰﴾

پس به دلیل خلقت و به دلیل ربوبیت حمد و ستایش مختص اوست. این ربوبیت بدو شأن رحمت عام نسبت به همه موجودات و رحمت خاص نسبت به شاکران (و غضب نسبت به کافران) آنان را به زیبایی تربیت مینماید. این ربوبیت الهی به جهان ابدی نیز کشیده می‌شود تا شاکران و کافران به تمامی نتیجه انگیزه ها و اعمال خویش دردنیا نائل آیند.

۳.الرَّحْمَنِ الرَّحِيمِ ﴿۳﴾

رحمان صیغه مبالغه از ریشه رحمت میباشد، به معنی کسی که رحمت فراوانی را اعطا میکند.

اعراف ۷ / ۱۵۶: وَاكْتُبْ لَنَا فِي هَذِهِ الدُّنْيَا حَسَنَةً وَفِي الْآخِرَةِ إِنَّا هُدْنَا إِلَيْكَ قَالَ عَذَابِي أُصِيبُ بِهِ مَنْ أَشَاءُ وَرَحْمَتِي وَسِعَتْ كُلَّ شَيْءٍ فَسَأَكْتُبُهَا لِلَّذِينَ يَتَّقُونَ وَيُؤْتُونَ الزَّكَاةَ وَالَّذِينَ هُمْ بِآيَاتِنَا يُؤْمِنُونَ ﴿۱۵۶﴾

غافر ۴۰ / ۷: الَّذِينَ يَحْمِلُونَ الْعَرْشَ وَمَنْ حَوْلَهُ يُسَبِّحُونَ بِحَمْدِ رَبِّهِمْ وَيُؤْمِنُونَ بِهِ وَيَسْتَغْفِرُونَ لِلَّذِينَ آمَنُوا رَبَّنَا وَسِعْتَ كُلَّ شَيْءٍ رَحْمَةً وَعِلْمًا فَاغْفِرْ لِلَّذِينَ تَابُوا وَاتَّبَعُوا سَبِيلَكَ وَقِهِمْ عَذَابَ الْجَحِيمِ ﴿۷﴾

الرحمن ۵۵ / ۱–۴: الرَّحْمَنُ ﴿۱﴾ عَلَّمَ الْقُرْآنَ ﴿۲﴾ خَلَقَ الْإِنْسَانَ ﴿۳﴾ عَلَّمَهُ الْبَيَانَ ﴿۴﴾

رحیم یعنی کسی که رحمت ثابت و پایدار دارد و در فرهنگ قرآن این صفت الهی صرفا مومنین را شامل میشود.

الاحزاب ۳۳ / ۴۳: هُوَ الَّذِي يُصَلِّي عَلَيْكُمْ وَمَلَائِكَتُهُ لِيُخْرِجَكُمْ مِنَ الظُّلُمَاتِ إِلَى النُّورِ وَكَانَ بِالْمُؤْمِنِينَ رَحِيمًا ﴿۴۳﴾

۵. مَالِكِ يَوْمِ الدِّينِ ﴿۴﴾:

دین به قانون و شریعت الهی و یا به قانون مملکتی اطلاق میشود که باید مورد اطاعت و انقیاد قرار گیرد و روز جزا روز گردن سپاری و انقیاد تام در برابر حاکمیت ثواب و جزای الهی است.

الانفطار ۸۲ / ۱۵–۱۹: يَصْلَوْنَهَا يَوْمَ الدِّينِ ﴿۱۵﴾ وَمَا هُمْ عَنْهَا بِغَائِبِينَ ﴿۱۶﴾ وَمَا أَدْرَاكَ مَا يَوْمُ الدِّينِ ﴿۱۷﴾ ثُمَّ مَا أَدْرَاكَ مَا يَوْمُ الدِّينِ ﴿۱۸﴾ يَوْمَ لَا تَمْلِكُ نَفْسٌ لِنَفْسٍ شَيْئًا وَالْأَمْرُ يَوْمَئِذٍ لِلَّهِ ﴿۱۹﴾

مالک و ملک (صاحب و فرمانروا) روز جزا.

تا به حال توحید نظری یعنی خداوند را به یگانگی و صفات رب و رحمان و رحیم و مالک و ملک هر دو جه ان شناخته و حمد را مخصوص او میداند، البته کسی که به نماز میایستد این را فطرتا و عملا قبول دارد، مثل اینست که فرزند به والدینش در روز چند بار تکرار کند که من عاشق شما هستم و میدانم که شما در خانه خود از هر نظر مرا مواظبت میکنید و بدون شما امکان زندگی راحت برای من نیست.

۶. إِيَّاكَ نَعْبُدُ وَإِيَّاكَ نَسْتَعينُ ﴿۵﴾

در اَینجا سخن اَز غیبت به خطاب فعلی مبدل میشود، بنده با حضور در بارگاه مقدس الهی پس از اقرار به شناختن مقام الهی، زیبا دیدن فعل ربوبیت فراگیر و مطلقه او، رحمت خاص و عام و ایمان به روز انقیاد و فرمانبرداری لیاقت خطاب و حضور در بارگاه قدسی حاصل میشود و به صورت فعل مضارع استمراری کمک در هدایت در مسیر عبودیت و بندگی را در جزء جزء اعمال خود از او طلب میکند چون میداند تا قله بندگی راه فراوانی در پیش دارد و خطرات گمراهی هر لحظه موجود است.

نعبد: در عربی به حالتی گفته میشود که انسان رام و نرم و مطیع بشود. به طوری که هیچگونه عصیان و تعدی و مقاومتی نداشته باشد. انسان عبد و معبد کسی است که رام و تسلیم و مطیع است و هیچ گونه عصیانی ندارد. و این حالتی است که انسان فقط باید نسبت به خداوند داشته باشد. اگر عبادت هر چیز دیگری در کنار خدا (عرض خدا) قرار بگیرد شرک است.

پس ایاک نعبد یعنی خدایا یعنی تنها تو را بندگی میکنیم و رام و مطیع تو هستیم، «بندگی میکنیم» شامل همه است، خدایا ماهمه باهم به سوی تو و گوش به فرمان تو روانیم تا شاید ضمیمه عبادت بندگان خاص ازجمله انبیاء و اولیاء، صالحان و غیره شده به این امید که عبادت ما نیز مورد قبول واقع شود.

و ایاک نستعین: تنها از تو کمک و استعانت می‌طلبیم، یعنی انسان درواقع به خدا تکیه دارد و آنچه را که در دنیا از آن استمداد میجوید تنها وسیله ایست و بداند که خود انسان، قوای وجودی او، نیروی بازو و نیروی مغزی او همه و همه وسایلی هستند که خداوند آفریده و سررشته در دست اوست. ضمنا نمازگزار در اینجا با جمع کردن خود با دیگران وظیفه دارد که اطرافیان خود را اقلا در گروه **ایاک** آورده و فرزندان و فامیل خود را در این دعا شریک و کمک نماید.

علاوه بر مسئولیت فردی تک تک افراد باید خودرا امت واحده محسوب نموده و در

تشکل ایمانی امت واحدِ اسلامی خدا را بندگی کنند.

انبیا ۲۱ / ۹۲: إِنَّ هَذِهِ أُمَّتُكُمْ أُمَّةً وَاحِدَةً وَأَنَا رَبُّكُمْ فَاعْبُدُونِ ﴿۹۲﴾

المومنون ۲۳ / ۵۲: وَإِنَّ هَذِهِ أُمَّتُكُمْ أُمَّةً وَاحِدَةً وَأَنَا رَبُّكُمْ فَاتَّقُونِ ﴿۵۲﴾

آل عمران ۳ / ۱۰۳: وَاعْتَصِمُوا بِحَبْلِ اللَّهِ جَمِيعًا وَلَا تَفَرَّقُوا وَاذْكُرُوا نِعْمَتَ اللَّهِ عَلَيْكُمْ إِذْ كُنْتُمْ أَعْدَاءً فَأَلَّفَ بَيْنَ قُلُوبِكُمْ فَأَصْبَحْتُمْ بِنِعْمَتِهِ إِخْوَانًا وَكُنْتُمْ عَلَى شَفَا حُفْرَةٍ مِنَ النَّارِ فَأَنْقَذَكُمْ مِنْهَا كَذَلِكَ يُبَيِّنُ اللَّهُ لَكُمْ آيَاتِهِ لَعَلَّكُمْ تَهْتَدُونَ ﴿۱۰۳﴾

۷. اهْدِنَا الصِّرَاطَ الْمُسْتَقِيمَ ﴿۶﴾:

کسی که در جریان بندگی خدا قرار گرفت در واقع در صراط مستقیم قرار گرفته است و نیازمند هدایت در صراط مستقیم می‌باشد که اشاره به عدم توقف و سیر مستمر انسان دارد که امری جبری است. این سیر جبری جهت آن باختیار انسان می‌باشد که یا به سوء اختیارش بسوی دوزخ رود و یابد عنایت خداوند به رضوان الهی رسد. تا مادامی که نفس اماره نمیخواهد به زیر اطاعت و فرامین خدا در آید خطر هبوط و سقوط و بیرون افتادن از صراط مستقیم او را تهدید میکند بنابراین طلب دائمی ولحظه ای عنایت خداوند در هدایت وماندن در صراط مستقیم مطرح است.

صراط مستقیم چیست؟ در اینجا اختصارا بیان شده و در فصلی جداگانه به تفصیل راجع به آن بحث خواهد شد، چون به نظر اینجانب هدف ما انسان ها از خلقت زندگی کردن بر صراط مستقیم است تا به کمال وجودی خود از نظر فیزیکی، روحانی، دانش، بینش، عشق بخدا و خدمت به بندگان او وبالأخره تکامل لایق نفس خود برسیم.

از اینجا به بعد است درسورهٔ حمد که از خداوند کمک میطلبیم که در زندگی ما را به صراط مستقیم هدایت فرماید و ضمنا آدرس راه راست را هم میدهیم و اذعان میکنیم که منظور راهی است که رفتنش موجب هدایت و نرفتنش غضب خداوند و گمراهی ما را به دنبال دارد، حالا فکر کنید آیا هیچ پدر و مادری حاضرند که فرزندشان مرتب فقط ابراز عشق و بندگی کند ولی اصلا توجهی به نصایح آن ها نکرده و چه بسا بر خلاف آن هم عمل کنند. معنی هدایت رساندن انسان به سر منزل مقصود است و نه فقط راهنمایی و آدرس دادن. ما از خداوند میخواهیم که در راه رسیدن به کمال انسانی درخور توانایی مان، ما را رها نفرماید و با توکل به او، کمک و رهنمونمان در صراط مستقیم باشد.

«در زندگی روزمره راه های گوناگون و بی شمار در برابر انسان قرار دارد که باید

یکی را برگزیند:

- راه خواسته ها و هوس های خود - راه انتظارات و خواسته های مردم - راه وسوسه های شیطان - راه طاغوت و ابر قدرت ها - راه نیاکان و پیشینیان و بالاخره صراط مستقیم که راه مورد توصیه خداوند برای پیامبران، اولیای خدا و بالاخره کلیه بندگان است. »(پژوهشی در قرآن، ج۴)

راه مستقیم راه میانه و وسط و کوتاهترین فاصله بین دو نقطه است، یعنی میانه روی و اعتدال در تمام امور و احتراز از هر نوع افراط و تفریط. وقتی میگویند اهدنا الصراط المستقیم دعایی برای بقیه مسلمانان نیز هست، هرچند خود فرد در مرحله ای از زندگی باشد که مسکین و خانه نشین است و به دنیای خارج ارتباطی ندارد، برای قبول دعا بنده باید کار خود را با نهایت اخلاص انجام داده و قبول آنرا توسط خداوند آرزو کند. البقره ۲ / ۱۸۵: شَهْرُ رَمَضَانَ الَّذِي أُنْزِلَ فِيهِ الْقُرْآنُ هُدًى لِلنَّاسِ وَبَيِّنَاتٍ مِنَ الْهُدَى وَالْفُرْقَانِ...﴿۱۸۵﴾

البته در قرآن راه های هدایت و تمیز حق از باطل و صراط مستقیم بطور آشکارا بیان شده و کسیکه خواستار آن است خداوند یاریش خواهد کرد.

العنکبوت ۲۹ / ۶۹: وَالَّذِينَ جَاهَدُوا فِينَا لَنَهْدِيَنَّهُمْ سُبُلَنَا وَإِنَّ اللَّهَ لَمَعَ الْمُحْسِنِينَ ﴿۶۹﴾

البته خداوند طالب هدایت را مرتب امتحان میکند و اگر از امتحان پله اول بالا رفت به پله بعد سوق میدهد و رسیدن به قله اورست سخت، نفس گیر و گاهی مهلک است ولی اگر حاضر به رنج و زحمت و از مال ووقت و جان گذشتن نباشی بی صبرانه در اوایل راهی که به آن صعود کرده ای خواهی ماند.

العنکبوت ۲۹ / ۲: آیا مردم پنداشتند همین که بگویند ایمان آوردیم (کافی است) رها میشوند، و مورد آزمایش قرار نخواهند گرفت؟

۸. صِرَاطَ الَّذِينَ أَنْعَمْتَ عَلَيْهِمْ (راه کسانی که به آنها نعمت داد ه ای) غَيْرِ الْمَغْضُوبِ عَلَيْهِمْ (نه کسانی که مورد غضبت واقع شده اند) وَلَا الضَّالِّينَ (و نه گمراهان) ﴿۷﴾

انعمت علیهم نشانه احسان به صاحبان عقل است و در مورد حیوانات به کار نمیرود و حکایت از ارزش و قدر و قیمت ذاتی و متعالی آن را دارد و راحتی، وسعت، نرمی، لطافت و عزت را در زندگی مادی یا معنوی پدید می اورد.

بنابراین تا این مرحله سورۀ حمد به پناهگاه امن پروردگارت پناه برده (استعاذه) اعوذ بالله من الشیطان الرجیم، و به نام او شروع میکنیم (بسم لله)، سپاس و ستایش خود را ابراز کرده (الحمد لله)، خدا را با اوصاف نیکویش یاد کردی (رب العالمین، الرحمن

الرحیم)، با ابراز اعتقاد به معاد و روز جزا (مالک یوم الدین)، اخلاص خود را به نمایش گذاشته، (ایاک نعبد) فقط از او کمک میطلبی (و ایاک نستعین)، اکنون نوبت آن رسیده که مهم ترین حاجت خود را به زبان آوری و از او یاری طلبی و درخواست کنی که ما را به راه راست و صراط مستقیم هدایت فرما، راه آنان که منت نهاده و نعمت داده ای نه راه آنان که مورد غضب واقع شده و یا به گمراهی کشیده شده اند. آمدن غیر بر مغضوبین تقابل میان دو گروه انعمت علیهم و مغضوب علیهم را نشان می‌دهد چون آنان به کلی از رحمت الهی محروم میباشند و امیدی به باز گشت آنان نیست زیرا از مسیر حق بسیار دور افتاده‌اند. ضالین راه حق را گم کرده‌اند و امید برگشت هست.

اهْدِنَا الصِّرَاطَ الْمُسْتَقِیمَ ﴿۶﴾ صِرَاطَ الَّذِینَ أَنْعَمْتَ عَلَیْهِمْ غَیْرِ الْمَغْضُوبِ عَلَیْهِمْ وَلَا الضَّالِّینَ ﴿۷﴾

بر طبق سوره حمد انسان ها در انتخاب راه و دستاورد عبودیتشان در پیشگاه خداوند به سه گروه تقسیم میشوند:

دسته اول انسان هایی هستند که راه عبودیت و صراط مستقیم را طی میکنند و خود را مشمول رحمت رحیمیه خداوند قرار میدهند و احساس میکنند دستی از غیب همیشه آنها را مدد میکند. مثل انبیاو اولیا، افراد کامل، اینان الگوی انسان ها هستند و ما پنج بار در روز از خداوند طلب میکنیم که ما را هم به صراط مستقیم هدایت فرماید، دسته دوم مقابل دسته اول هستند و به جای خدا، غیر خدا وهوی نفس را پرستش کرده و عصیان نموده اند. آنان احساس میکنند که اعمالشان در وجودشان ظهور کرده و دائماً از راه مستقیم دور میشوند و مورد خشم و غضب الهی قرارگرفته و همیشه در حال عقبگرد هستند و راهی برای نجاتشان باقی نمانده است. (مغضوب اند)

دسته سوم (وَلَا الضَّالِّینَ) گروهی که راه مشخصی ندارند و بین کفر و ایمان متحیر و سرگردانند ولی به امید به تغییر، توبه و برگشت به دامان مغفرت الهی هنوز هست.

بعد از سوره حمد اغلب در رکعت اول سوره الاخلاص ۱۱۲، و در رکعت دوم به دلایلی که ذکر خواهد شد، اینجانب پس از سوره حمد یکی از سوره های الماعون ۱۰۹، الفلق ۱۱۳ و یا الناس ۱۱۴ را میخوانم.

رکوع: سُبْحَانَ رَبِّی الْعَظِیمِ وَبِحَمْدِهِ:

رکوع یعنی داوطلبانه کاری را انجام دادن و سمبل ادب است، و در این حالت اذعان میکنی که خداوند عظیم (خیلی بزرگ، کمیت) که از این عمل تو منزه و بی نیاز است، این تو هستی که در خدمتی و برای کمک گرفتن و هدایت شدن و تشکر از نعمات آمده ای.

البقره ۲ / ۴۳: وَأَقِيمُوا الصَّلَاةَ وَآتُوا الزَّكَاةَ وَارْكَعُوا مَعَ الرَّاكِعِينَ ﴿۴۳﴾:
در اینجا رکوع را برای دادن زکات توصیه کرده است. علاوه بر آن خداوند به مریم
مقدس توصیه به رکوع آنهم پس از سجود کرده است:
آل عمران ۳ / ۴۳: يَا مَرْيَمُ اقْنُتِي لِرَبِّكِ وَاسْجُدِي وَارْكَعِي مَعَ الرَّاكِعِينَ ﴿۴۳﴾

بنابراین منظور از رکوع تواضع و تسلیم در برابر حق است و با طیب خاطر عملی را
انجام دادن چون قبل از اسلام نماز به صورتی که توسط مسلمانان خوانده میشود و
نماز جماعت وجود نداشت و رکوع دستجمعی همان تمکین جمعی و انضباط در برابر
احکام خدا و رسول است، درضمن سر فصل نماز تعداد رکعات آن است نه قیام، قعود
و سجود.

سجود:
سُبْحَانَ رَبِّيَ الْأَعْلَى وَبِحَمْدِهِ:
سجده یعنی خاکساری و در خدمت بودن. درخواست تقرب است (انقیاد و تسلیم)
کسی که ادب ندارد لیاقت تقرب ندارد، و باز بی نیازی خداوند اعلی (خیلی عالی و
بزرگ از نظر کیفیت) را از اینکار خود اذعان کرده و مجددا تایید میکنی که بخاطر
نیاز خود و اظهار بندگی، کمک گرفتن و تشکر اینجا هستی، زیرا بین دو نماز اتفاقاتی
افتاده که مهمترین آن زنده بودن، سالم و بی درد بودن، گرسنه نبودن، کار مثبت کردن
و فرصت یافتن که از طریق کار و خدمت به مخلوقات در خدمت خداوند متعال باشی.

قنوت:
البقره ۲ / ۲۰۱:...رَبَّنَا آتِنَا فِي الدُّنْيَا حَسَنَةً وَفِي الْآخِرَةِ حَسَنَةً وَقِنَا عَذَابَ
النَّارِ ﴿۲۰۱﴾

پروردگارا به ما در دنیا (نعمات پاک) نیکو و در آخرت (پاداش نیکو) عطا کن و ما
را از عذاب آتش مصون نگاهدار.

طبق روایات اهل سنت حضرت محمد (ص) در طواف خانه خدا اغلب این دعا را
میخوانده است. نمازگزار در قنوت این اجازه را می یابد که خواسته و نیازهای معنوی
و مادی خود را مطرح کند و استجابت آن ها را از آفریدگارش طلب نماید
بنده همیشه (اللهُمَّ اغْفِرْ لِلْمُسْلِمِينَ وَالْمُسْلِمَاتّ وَالْمُؤْمِنِينَ وَالْمُؤْمِنَاتّ، اللهُمَّ اغْفِرْ لِيّ
وَلِوَالِدَيّ) را هم در قنوت از خداوند استدعا میکنم. در قنوت کف دستها رو به روی
صورت بوده و رو به آسمان باز است. که باعث تمرکز میشود. گویی در زمان دعا و
درخواست چشم را از دیدن بقیه چیزها باز میدارد.

تشهد:

اَلْحَمْدُ لله اَشْهَدُ اَنْ لَا اِلَهَ إِلَّا اللهُ وَحْدَهُ لا شَريكَ لَه وَ اَشْهَدُ اَنَّ مُحَمَّداً عَبْدُهُ وَ رَسُولُه اَللّهُمَّ صَلِّ على مُحَمَّد وَ آل مُحَمَّد اَلسَّلاَمُ عَلَيْكَ اَيُّهَا النَّبِيُّ وَ رَحْمَةُ الله وَ بَرَكَاتُه اَلسَّلاَمُ عَلَيْنَا وَ عَلى عِبَاد الله الصَّالحين اَلسَّلاَمُ عَلَيْكُمْ وَ رَحْمَةُ الله وَ بَرَكَاتُه.

در این حالت با تشکر و شهادت به یگانگی خداوند وقبول حضرت محمد (ص) به عنوان بنده و رسول خدا و سه سلام آخر: سلام اول به پیغمبر و دوم به نمازگزاران و بندگان صالح خدا و سوم به ملائکه موکل یا تمام فرشتگان و ملائکه وتمام مخلوقات است.

رکعت سوم و چهارم تسبیحات اربعه: سُبْحَانَ الله (منزه است خدا از هر نیازی منجمله عبادت آلوده به شرک) وَ الْحَمْدُ لله وَ لَا اِلَهَ إِلَّا الله وَ الله اَكْبَر

در حین نماز اقلا سه مرتبه خود را در بقیه مسلمین حل کرده و دعا میکنیم، شاید دعای ما درباره آنها و دعای آنها درباره ما مستجاب گردد و عبارتند از:

(إِيَّاكَ نَعْبُدُ وَإِيَّاكَ نَسْتَعينُ)، (اهْدِنَا الصِّرَاطَ المُسْتَقيمَ) و(اَلسَّلاَمُ عَلَيْنَا وَ عَلى عِبَاد الله الصَّالحينَ) و در قنوت من همیشه سعی میکنم خود را در حلقه تمام نمازگزاران قرار داده و از دعایشان برخوردار گردم، (رَبَّنَا آتِنَا فِي الدُّنْيَا حَسَنَةً وَفِي الآخِرَة حَسَنَةً وَقِنَا عَذَابَ النَّارِ، اللهُمَّ اغْفِرْ للمُسلمينَ والمُسلمَاتّ والمؤمنينَ والمؤمناتّ، اللهُمَّ اغْفِرْ لِيّ ولوَالدِيّ)

به این امید که به لطف خداوند دردنیا وآخرت در زمره مؤمنین و مسلمین قرارگیرم.

آیات مربوط به صلات در قرآن

آیا خواندن به معنی قرائت و اقامه یعنی برگزار کردن تفاوتی دارند؟

در قرآن ۵۷ آیه مربوط به برقراری صلات (اقامه) آن وجود دارد :

البقره ۲ / ۳، البقره ۲ / ۴۳، البقره ۲ / ۴۵، البقره ۲ / ۸۳، البقره ۲ / ۱۱۰، البقره ۲ / ۱۵۳، البقره ۲ / ۱۷۷، البقره ۲ / ۲۳۸، البقره ۲ / ۲۷۷، النسا ۴ / ۴۳، النسا ۴ / ۷۷، النسا ۴ / ۱۰۱، النسا ۴ / ۱۰۲، النسا ۴ / ۱۰۳، النسا ۴ / ۱۴۲، النسا ۴ / ۱۶۲، المائده ۵ / ۶، المائده ۵ / ۱۲، المائده ۵ / ۵۵، المائده ۵ / ۵۸، المائده ۵ / ۹۱، المائده ۵ / ۱۰۶، الانعام ۶ / ۷۲، الانعام ۶ / ۹۲، الانعام ۶ / ۱۶۲، الانعام ۶ / ۱۳۳، الانعام ۶ / ۱۷۰، الاعراف ۷ / ۱۳۳، الاعراف ۷ / ۱۷۰، الانفال ۸ / ۳، الانفال ۸ / ۳۵، التوبه ۹ / ۵،

التوبه ۹ / ۱۱، التوبه ۹ / ۱۸، التوبه ۹ / ۵۴، التوبه ۹ / ۷۱، التوبه ۹ / ۱۰۳، یونس ۱۰ / ۸۷، هود ۱۱ / ۸۷، هود ۱۱ / ۱۱۴، الرعد ۱۳ / ۲۲، ابراهیم ۱۴ / ۳۱، ابراهیم ۱۴ / ۳۷، ابراهیم ۱۴ / ۴۰، الاسرا ۱۷ / ۷۸، الاسرا ۱۷ / ۱۱۰، مریم ۱۹ / ۳۱، مریم ۱۹ / ۵۵، مریم ۱۹ / ۵۹، طه ۲۰ / ۱۴، طه ۲۰ / ۱۳۲، الانبیا ۲۱ / ۷۳، الحج ۲۲ / ۳۵، الحج ۲۲ / ۴۱، الحج ۲۲ / ۷۸، المؤمنون ۲۳ / ۲، النور ۲۴ / ۳۷، النور ۲۴ / ۴۱، النور ۲۴ / ۵۶، النور ۲۴ / ۵۸، النمل ۲۷ / ۳، العنکبوت ۲۹ / ۴۵، الروم ۳۰ / ۳۱، لقمان ۳۱ / ۴، لقمان ۳۱ / ۱۷، الاحزاب ۳۳ / ۳۳، فاطر ۳۵ / ۱۸، فاطر ۳۵ / ۲۹، الشوری ۴۲ / ۳۸، المجادله ۵۸ / ۱۳، الجمعه ۶۲ / ۹، الجمعه ۶۲ / ۱۰، المعارج ۷۰ / ۲۳، المعارج ۷۰ / ۳۴، الجن ۷۲ / ۲۰، البینه ۹۸ / ۵، الماعون ۱۰۷ / ۵.

صلات در عربی به معنای رویکرد است. تمام موجودات صلات دارند و در فطرت آنان به ودیعه گذاشته شده و این رویکرد و پیروی از قوانین الهی برای تسبیح آنان (انجام وظیفه محوله برای اصلاح امور) اجباری است، ولی صلات انسان اختیاری است.

نماز لغت فارسی و نامناسب برای صلات است. ایرانیان تازه مسلمان که صلات اعراب را مشاهده نمودند به یاد خم و راست شدن و به زمین سجده کردن خود برای بزرگان و پادشاهان که به آن رسوم نماز میگفتند صلات را نیز نماز نام نهادند و خواندن نماز جایگزین برقراری صلات شد. با تدبر در خواندن نماز بنظر اینجانب منظور واقعی از اقامه صلات، فقط نمازی که ما مسلمانان عادت به اجرای آن داریم نیست و هدف غایی را بایستی در آنچه نمازگزار بجا می آورد و می‌گوید جستجو کرد. صلات انسان آگاهانه و با اختیار و علاقه است، روی آوردن است به آفریدگار جهان و پشت کردن به جاذبه های فریبنده دنیایی و هوای نفس و یافتن صراط مستقیم در نقشی که فرد نمازگزار در وظیفه بندگی باید ایفا کند (ذکر همراه با تفکر و عمل، تکاملی تدریجی). واژه مخالف صلات تولّی است، که معنای پشت کردن و بی اعتنایی دارد. القیامه ۷۵ / ۳۱-۳۲: فَلَا صَدَّقَ وَلَا صَلَّى ﴿۳۱﴾ وَلَكِنْ كَذَّبَ وَتَوَلَّى ﴿۳۲﴾

در اینجا از تقابلی که قرآن میان تصدیق و تکذیب و صلی و تولی در سوره قیامه آیه ۳۱ و ۳۲ قرار داده است میتوان دریافت که معنای صلی روی آوردن، و تولی پشت کردن و دور شدن است. صلوات نیز هم ریشه صِلات است و معنای توجه، روی آوردن و تایید را دارد. در سوره کوثر ۱۰۸ / ۲: فَصَلِّ لِرَبِّكَ وَانْحَرْ ﴿۲﴾ که در ماه های اول بعثت نازل شده و هنوز شکل و زمان و ارکان نماز تشریع نشده بود باید منظور از صلات بر قراری ارتباط معنوی با خداوند برای زندگی و هدایت بر صراط مستقیم بوده باشد. خداوند و ملائک به پیامبر اسلام (الاحزاب ۳۳ / ۵۶: إِنَّ اللَّهَ وَمَلَائِكَتَهُ يُصَلُّونَ عَلَى

النَّبِیِّ...﴿۵۶﴾ و به ما انسانها (الاحزاب ۳۳ / ۴۳: هُوَ الَّذِی یُصَلِّی عَلَیْکُمْ...﴿۴۳﴾ صلات و رویکرد دارند (نه اینکه نماز میخوانند یا صلوات میفرستند، بلکه ما را در جهت انجام اعمال نیک و انجام وظیفه بندگیمان کمک، تأئید و تشویق میکنند).

به نظر اکثر محققان در سال نهم بعثت و اندکی قبل از هجرت به مدینه، برقراری صلات پنج بار در شبانه روز بر مسلمانان واجب شد. اولین نماز جماعت ظهر بعد از شب معراج پیامبر بود. البته نظرات و روایات متفاوتی درباره زمان و چگونگی خواندن نماز به صورت امروزی وجود دارد که بیشتر به افسانه شباهت دارد تا حقیقت. برخی از شیعیان وجوب و اجرای صلات جماعت را در روزهای اول بعثت که توسط جبرئیل امین فرشته وحی، به پیامبر آموزش داده شد.

شاید مهمترین صفت فرد متدین از نظر عوام خواندن به موقع نمازهای شبانه روزی است. به خواندن نماز در قران چندان سفارش نشده، بلکه تاکید بر نماز گزاردن (اقامه) است. اجرای صورت ظاهر نماز از نظر تماس گرفتن با خداوند و رویکرد به او از متعالی ترین احترامات است، ولی این فقط کوبیدن درب خانه و مقدمه ای است برای ورود به حریم مبارک کبریایی برای کسب تکلیف و بندگی متناسب با قدرت و امکاناتمان، درخواست برای هدایت شدن و ماندن بر صراط مستقیم در اعمال چند ساعت آینده و پیشروی مان تا نماز بعدی و محافظت در برقراری به موقع هر نماز، تداوم به آن و عمل به دستورات، الهامات و هدایت الهی در زمان بیداری. بنابراین خواندن نماز مقدمه ای برای اقامه آن با عملکرد نماز گزار است. (خدارا پیوسته درنظرداشتن وبرای رضای او عملی راانجام دادن یاندادن)

در سوره حمد بعد از ذکر صفات رب، رحمان و رحیم خداوند و اینکه روز جزا (یوم الدین) جواب گوی اعمالمان در مقابل خداوند هستیم، از او طلب کمک (استعانت) میکنیم که ما را به راه راست (صراط مستقیم) هدایت فرماید و با گفتن (یادآوری خود) اینکه صراط مستقیم راه آنانی است که به آنها نعمت بخشیدی، نه آنان که به آنها غضب کردی، و نه راه آنان که گمراه شده اند. بنابراین آدرس راه راست را هم میدهیم، یعنی میدانم چه میگویم و چه میخواهم. حالا خداوند میخواهد که بداند شما دراین وقت معین ،هدایت به راه مستقیم را برای چه منظور و نیتی میخواهی! آیا میدانی منظور از این برقراری ارتباط با خداوند چیست؟! یا فقط طوطی وار اورادی را به زبان میآوری بدون آنکه بدانی چه میکنی!؟ (دعا که خواستن و استجاب است دو طرفه میباشد، شما درخواست میکنی، خداوند شرایط آنرا فراهم میکند و شما با به کار بستن آن شرایط خواسته ات برآورده میشود.)

منظور از خداوند که تمام مخلوقات و طیور بر صلات و تسبیح خود آگاهی دارند آنست که بطور فطری و ژنتیک نقش اصلاحی خود را در طبیعت بدون چون و چرا اجرا میکنند. در قرآن درخواست ابراهیم از خداوند که فرزندان او را از نمازگزاران قرار دهد، نصیحت لقمان به پسرش که نماز به جا بیاورد، و اینکه پیامبران همه از نمازگزاران بودند این است که آنان بر صراط مستقیم زندگی کرده و میکردند (ذکر، تفکر، تعقل، تامل و تقوی در اعمال)، و روابطشان با خداوند، خود، فامیل، اجتماع و سایر مخلوقات معتدل و مبتنی به رضایت، هدایت، قوانین و مشیت الهی بوده است.

در اوقات مختلف شبانه روز، پنج مرتبه به درگاه خداوندیش پس از تفکر و تعقل با قصد و نیت مشخص شرف حضور پیدا کرده و بعد از شکر به خاطر نعمات فراوان در زندگی از او طلب کمک و هدایت در استقرار و استمرار بر صراط مستقیم را داریم. تفکر، تعقل و تجسس برای این است که بدانیم راجع به چه موضوعی آمده و چه میخواهیم بکنیم، آیا عملکردمان علاوه بر منفعت شخصی به نفع دیگران و یا جامعه هم هست و یا ممکن است به ضرر آنها منجر شود.

بنابراین به نظر میرسد که هدف خداوند از استمراربرصلات، طلب استعانت وهدایت از او، در گذران تمام لحظات و شئون زندگی روزانه (انسان ها فعالیت های متفاوتی در طول روز و زمان بیداری دارند که قسمتی مربوط به خود مانند نوع و مقدار غذا، ورزش، بهداشت شخصی، استراحت،کار، و بخشی مربوط به خانواده مانند روابط با همسر و فرزند، پدر و مادر و فامیل و پاره ای به جامعه مانند شغل، امور عام المنفعه و غیره مربوط میشود و در هر نماز فعالیتهای پیش رو باید مورد تفکر بوده و مترصد باشد که آنها را به بهترین وجه ممکن و برای رضای خداوند انجام دهد) و بر صراط مستقیم و اعتدال پایدار بماند. غبطه خوردم که تا به حال فقط نماز را خوانده، و آنطور که باید و شاید استفاده دنیوی و اخروی از این فریضه مهم که عمود دین است نبرده ام، و چرا در دبستان، دبیرستان، دانشگاه، مساجد، حسینیه ها، و اجتماع اساتید روی این نکته که هدف از برگزاری صلات وارتباط با خداوند، درخواست خاشعانه و صادقانه از او جهت گذران امور زندگی روزانه بر صراط مستقیم است که هدف اصلی از نماز است بیشتر تاکید نمیکنند و چگونگی تشخیص صراط مستقیم دراموررا که گاه بسی دشواراست آموزش نمی دهند.

النور ۲۴ / ۴۴:آیا ندیدی که بی تردید هر آنچه در آسمان ها و زمین است تنها برای خدا تسبیح (ایفای نقش مثبت) میکنند؟ و پرندگان بال گشوده که همگی بیگمان بر صلات (رویکرد بخدا و هدفمندی در فعالیت) و تسبیح (انجام وظیفه مثبت و اصلاحی)

خویش آگاهی دارند. و خدا بر آنچه میکنند داناست.

الاسرا ۱۷ / ۴۴: آسمان های هفتگانه و زمین وهر چه در آنهاست، تسبیح کننده خدایند (به دستورات او طبق قوانین طبیعت عمل میکنند)، و اصلا چیزی وجود ندارد جز آنکه به ستایش او تسبیح کننده است ولی شما تسبیح آنها را در نمی یابید. صلات همه موجودات همان خود آگاهی آنان در پیروی از قوانین حاکم بر هستی و هدایت غریزی شان به سوی کاری است که برای آن آفریده شده اند (همه متدین،مومن و مسلمان هستند و از قوانین و شرایع الهی مربوط بخود کاملا پیروی می کنند). تسبیح آنان نیز کار مفیدی است که در مدار سازنده و مثبت خود انجام میدهند. نه تنها تمام موجودات و خلایق در آسمان ها و زمین نمازگزارند، بلکه در تمام ادیان بر قراری صلات فریضه مهمی بشمار میآید زیرا بر گزاری نماز بایستی منبع خیرات و مانع منکرات باشد.

قرآن از صلات حضرت عیسی در گهواره و مادام العمر، صلات حضرت ابراهیم و فرزندانش اسماعیل، اسحق و طرفدارانشان خبر میدهد. صلات آنها عمل کرد خدا پسندانه و حقگرای آنان بوده است و نه دعا و ثنا خواندن عاری از عمل مثبت (چون نماز به این صورت خواندنی وبی زحمت ومسئولیت وجود نداشته است).

الانعام ۶ / ۱۶۱: قُلْ إِنَّنِي هَدَانِي رَبِّي إِلَىٰ صِرَاطٍ مُسْتَقِيمٍ دِينًا قِيَمًا مِلَّةَ إِبْرَاهِيمَ حَنِيفًا وَمَا كَانَ مِنَ الْمُشْرِكِينَ ﴿۱۶۱﴾: حضرت ابراهیم اولین مسلمان حقگرا و نمازگزاراست.

مریم ۱۹ / ۵۵: کسان خود را به نماز و زکات فرمان میداد. (حضرت اسماعیل) آل عمران ۳ / ۳۹: فرشتگان او را در حالی که در محراب عبادت ایستاده و نماز میگزارد (در جنگی درونی با نفس خود و طلب استعانت از خداوند برای بر گزیدن صراط مستقیم کاری مهم) ندا دادند (مژده تولد یحیی به زکریا)

هود ۱۱ / ۸۷: قَالُوا يَا شُعَيْبُ أَصَلَاتُكَ تَأْمُرُكَ أَنْ نَتْرُكَ مَا يَعْبُدُ آبَاؤُنَا أَوْ أَنْ نَفْعَلَ فِي أَمْوَالِنَا مَا نَشَاءُ إِنَّكَ لَأَنْتَ الْحَلِيمُ الرَّشِيدُ ﴿۸۷﴾ ای شعیب آیا نمازت تو را بر این میدارد که ما را به ترک پرستش آنچه پدران ما میپرستیدند بخوانی؟ و نگذاری ما به دلخواه خودمان در اموالمان تصرف کنیم.

مریم ۱۹ / ۳۱::...وَأَوْصَانِي بِالصَّلَاةِ وَالزَّكَاةِ مَا دُمْتُ حَيًّا ﴿۳۱﴾
و خداوند مرا تا زنده هستم به نماز و زکات سفارش فرمود (حضرت عیسی).

طه ۲۰ / ۱۴::...وَأَقِمِ الصَّلَاةَ لِذِكْرِي ﴿۱۴﴾
برای یاد من بودن نماز را بپا دار (خطاب به موسی)
لقمان ۳۱ / ۱۷: ای فرزندم نماز را بپادار و امر به معروف و نهی از منکر کن (نصیحت
لقمان به پسرش)

الانعام ۶ / ۱۶۲: قُلْ إِنَّ صَلَاتِي وَنُسُكِي وَمَحْيَايَ وَمَمَاتِي لِلَّهِ رَبِّ الْعَالَمِينَ ﴿۱۶۲﴾
(خطاب به پیامبر اسلام)

رسول اکرم هم برای ما صلات دارد:
التوبه ۹ / ۱۰۳: خُذْ مِنْ أَمْوَالِهِمْ صَدَقَةً تُطَهِّرُهُمْ وَتُزَكِّيهِمْ بِهَا وَصَلِّ
عَلَيْهِمْ إِنَّ صَلَاتَكَ سَكَنٌ لَهُمْ وَاللَّهُ سَمِيعٌ عَلِيمٌ ﴿۱۰۳﴾
این آیه درباره سه نفری است که به جنگ کفار نرفته و بعدا پشیمان شدند، خداوند
دستور میدهد که از اموالشان صدقه ای که پاکشان کنی و رشدشان دهی بگیر و به آنان
توجه کن که توجه تو مایه آرامش آنهاست.

مریم ۱۹ / ۵۹: پس از آنان گروهی روی کار آمدند که نماز را قدر نشناخته وضایع
برگزار کردند و پیرو هوسهای خویش گشتند. آنها به زودی به بیراهه، تباهی و
اضمحلال (غی) خواهند رسید (اشاره به بعضی از یهودیان زمان پیامبر است، ولی
متاسفانه در مورد بسیاری از مسلمانان نمازگزار امروز هم صادق است.)
پس بطور خلاصه : صلات بقیه مخلوقات و پیامبران قبل از حضرت محمد(ص)، مسلما
نمازی نبوده و نیست که ما میخوانیم. "صلات آنها رویکرد، ذکر و تشکر از خداوند
و یاری جویی از او در گذراندن امور دنیوی بر صراط مستقیم و برای انجام وظیفه
تسبیحی بوده و بس. صلات آنها بها قائل شدن و جدی تلقی کردن رویکرد و توجه به
ملاقات با خداوند، درخواست و عمل به نتیجه و دستورات حاصله از آن رویکرد است
(امری قلبی، عقلی و عملی است). و پشت کردن به هوای نفس برای نقشی که در این
جهان هر یک از ما باید ایفا کند. بنابراین برای درک بهتر منظور از نماز بجای لغت نماز
خواندن، باید از لغت برقرار کردن تماس باخداوند وصلات استفاده کرد، تا نمازگزار

بعد از خواندن نماز بداند که منظور خواندن تنها نیست بلکه برگزاری نماز واقعی بعد از خواندن مقدمه آن و با عمل صالح اوشروع میشود.

در واقع صلات واقعی شامل دو قسمت است:

۱. پوسته که همان خواندن نماز به عنوان مقدمه برگزاری صلات و اجازه تشرف به حضور خداوند را پیدا کردن و کسب تکلیف و کمک خواستن از خداوند، در انجام امور پیش رو تا نوبت نماز و شرفیابی بعدی، در اینحال تمام توجه معطوف به خداوند است.(این پوستهٔ حفظ ایمان است وبدون آن هرآینه امکان فاسد شدن فرد وجوددارد، چون نفس اماره حیوانی، خناسان جن و شیاطین همیشه به انحراف انسان از صراط مستقیم کمر بسته اند وگریزازآنها جزباپیوند شبانه روزی با رب العالمین امکان ندارد.

۲. اصل برقراری صلات که مغز، جان و روح نمازخواندن بوده وعملی است و همان است که بقیه موجودات و پیامبران بجا میآوردند و مورد نظر قرآن است. برقراری صلات رویکردی سعی در عملکرد معتدل، بری از افراط و تفریط و بر صراط مستقیم همانطوری که در فطرت ما به ودیعه نهاده شده است باشد. در واقع مسئولیت اعمال خود را پذیرا شدن با توکل، اعتماد، آموزه های قرآن، اخلاق و سنت پیامبر، و عقول علمی، عملی، اخلاقی و اجتماعی رایج، مطابق با قانون و اخلاق جامعه (انجام آنچه که معروف زمانه و مطابق با اخلاق است و اجتناب از منکر یعنی آنچه در دین وجامعه مدنی مورد قبول اخلاقی و قانونی نیست).

نماز خواندنی مفید و مقرون به ثواب است که باعث رفتار مطابق با صلات رویکردی و عملی شود و الا ریا و غرور حاصل از آن موجب گمراهی بیشتر نمازگزار میشود. باطن نماز با خواندن ظاهری شروع میشود. با توجه تام به سوی خدا، با اخلاص کامل، روی دل واقعا به او داشتن و خود را در پیشگاه با عظمت او دیدن و با او سخن گفتن، اظهار فقر و نیاز در برابر ذات مقدس بی نیاز او نمودن، در مقابل جلال کبریاییش، در درون خویش احساس خوف و خشیت کردن، در نتیجه با خضوع و خشوع بودن، خود را از هر چه جز اوست فارغ داشتن، و روی گرداندن از هر چه جز اوست، امید باو، و از هر چه جز اوست امید بریدن و ترس از مقام او و از هیچ مقامی دیگر نهراسیدن، در تمام این احوال او را شاهد و ناظر و حاضر دانستن و بالاخره با نیت از او تقاضای هدایت بر صراط مستقیم و تعادل در کلیه امور روزانه، هر چند به نظر ساده، آسان و بی اهمیت جلوه کند (اعمال به ظاهر کوچک اگر خود سرانه و بدون فکر و مشاوره و کمک خداوند باشد میتواند عواقب زیانبار و غیر قابل جبرانی را برای شخص یا

اطرافیان تولید کند).

نتیجه صلات واقعی تسبیح (اعمال مثبت و اصلاحی) نمازگزار است، چه در محل کار، منبر، کلاس درس، آزمایشگاه، اطاق عمل، بازار، اداره، اجتماع، محیط زیست، سلامت جسمی و روحی، حراست آب و هوا، رفتار انفرادی، خانوادگی، اجتماعی و غیره. نماز غیر از این، اگر چه به ظاهر از هر نظر خوب و ولاالضالینش درست ادا گردد، اگر باطنش درست نباشد فایده ای چندان برای آخرت نمازگزار نداشته و سازنده نیست، بلکه بخاطر عُجب، غرور، ریا و عدم توجه به نقش واقعی آن در زندگی روزانه، نه تنها بی ارزش و مورد توجه خداوند نیست، بلکه بسته به دانش نمازگزار ممکن است درجات متفاوتی از ارتکاب گناه نیز محسوب گردد، چون این نمازگزار اقبال و توجه به خدا از روی اخلاص نداشته و منظور ʼاز نماز را نفهمیده وفقط اورادی را طوطی وار اداکرده است. وگناه بدتر آنکه فهمیده ولی اجرا نمی کند. و نمازهایش تحول و اثر مثبتی بر او و زندگیش نداشته است. نمازش از روی عادت، طبق معمول و از روی رسوم مسلمانی بوده است. این شخص نه معنی عبادت را فهمیده و نه نماز بر قرار کرده است. نماز اغلب مسلمانان صورتی از نماز است که شامل خم و راست شدن ، نشستن و برخاستن، آیاتی از قرآن، و اذکار و اورادی را بر زبان جاری کردن است، چنانکه طهارتش هم فقط دست و صورت شستن است، نه نیت به تطهیر باطن و شستشوی دل و پاک کردن فکر.

در نماز به یاد همه چیز هستیم جز به یاد خدا، توجه به همه چیز و اطرافمان داریم مگر توجه به خدا، گم شده هایمان را در حین نماز بیاد میآوریم و اغلب شک میکنیم که چند رکعت خوانده ایم و از زیارت اماکن متبرکه و اخیراً چین کمونیست رکعت شمار به عنوان سوغات میآوریم. نماز که نشانه مسلمانی است و پنج بار در روز، و به زبان عربی، در ساعات معین و توسط کلیه مسلمانان انجام میشود،در ایران اسلامی به آلت دستی برای سوء استفاده عده زیادی ریا کار، مفت خوار، مختلس، دزد و دغل باز مسلمان نما تبدیل شده است.

کسی که نمازش او را از فحشا (کارهای زشت) و منکرات باز نداشته است و لحظه به لحظه از خدا و رحمت او دور میشود، باید واقف باشد که نمازهایش مورد قبول پروردگارش واقع نشده و باید چاره اندیشی کند. نمازگزار واقعی در اثر تکرار روزانه نماز و تجدید رابطه اش با خداوند، دلی نورانی، قلبی پاک و هدف های انسانی، اخلاقی و متعالی داشته و پیرو هوی و هوس نیست. چنین آدمی از شیطان و وسوسه های او به دور است. نمازگزار واقعی کسی است که انسان اگر نماز گزاردن او را از طرز فکر و

عمل او شناخت دیگر از رابطه و دوستی با او هراسی ندارد، براستی و درستی، صلح و صفا، خیر خواهی و خیر اندیشی او اطمینان دارد. میداند که او تقلب نمیکند، غل و غش در معامله نمیکند، مکر و حیله و تزویر ندارد، سالوس و کلک باز نیست، بد اندیش نبوده و قصد سوء نیت به کسی ندارد، ظلم و ستم روا نمیدارد، تعدی و تجاوز به حقوق و ناموس دیگران نمیکند و در دوستی پایدار است.

باید از خود بپرسیم که به واسطه نمازمان کدام فساد و انحرافی در زندگیمان به صلاح و استقامت انجامید؟ چه خلق و خوی خوب و کدام صفت پسندیده بجای خلق و خوی بد و صفت زشتمان نشست؟ به واسطه نمازهایمان چه راهی به سوی علم، ترقی و کمال پیمودیم؟ و چه گرهی از مشکلی گشودیم.

نماز خوانده و میخوانیم ولیکن نه اجتماعمان اصلاح شده، نه محیط خانواد گیمان، و نه ممالک اسلامی مورد رشک سایر ممالک در دنیا هستند و پذیرای مهاجران از سایر کشورها. در ایران آمار فقر، فحشا، دزدی، اختلاس، اعتیاد و طلاق روز به روز بیشتر شده و بیداد میکند. چرا اینقدر زبون و کم ظرفیت شده ایم؟ جواب البته معلوم است، چون ما نماز گزار واقعی نیستیم و رویکردمان به خدا نیست.

الانفال ۸ / ۳۵: نماز آنها در زیارتگاه (کعبه) تمسخری بیش نبود و وسیله ای بوده که مردم (عاقل) به خاطر آنها (ازدحام و جنجال) رانده شوند. (قبل از اسلام) نماز را برای چه و برای که میخوانیم؟ آیا خود، اطرافیان و یا خداوند را میفریبیم؟ این نماز خواندن و برداشت ما از نماز معنی واقعی "خانه از بیخ و بن ویران است" را یادآوری میکند. اگر منظور از این دستور خداوند را فهمیده ایم آنرا به شوخی گرفته و نماز را ضایع کرده ایم (مریم ۱۹ / ۵۹). زیرا صلات واقعی زیستن بر صراط مستقیم است و بس، ویک فرم ندارد. خواندن نماز اولین پله برای صعود نردبان نماز گزاران واقعی است. چرا سجایای اخلاقی که یک نماز گزار مسلمان باید دارا باشد را در افراد ممالک متمدن، دمکراتیک، قانونمدار و غیر مسلمان می بینیم. مگر نه این است که خداوند انسان آزاد را برای زیستن در جامعه آزاد و دمکراتیک ، قانونمند واخلاق مدار آفریده تا با تکیه بر فطرت و صلات واقعی خود بتواند حداکثر استفاده را از آزادی خویش برای ارتقاء و تکامل مادی و معنوی خویش،جامعه و سایر مخلوقات بنماید

المعارج ۷۰ / ۱۹-۲۳: انسان کم ظرفیت آفریده شده است، همین که مختصر شرّی به او رسد بی تابی میکند، و چون مختصر خیری به او رسد بخل میورزد، مگر نماز گزاران

واقعی، همان ها که بر نمازشان (رویکرد به خدا و بر صراط مستقیم بودن) مداومت (ثبات و استمرار) دارند.

المومنون ۲۳ / ۹، المعارج ۷۰ / ۳۴: وَالَّذينَ هُمْ عَلَى صَلَاتِهِمْ يُحَافِظُونَ ﴿۳۴﴾
آنهایی که در نمازهایشان (رویکرد به خدا) محافظت میکنند. (سعی در استمرار بندگی و زندگی متعادل بر صراط مستقیم دارند).
در سوره مزمل خداوند بیدار ماندن محمد (ص) و پیروان او را در پاسی از شب برای **خواندن قرآن** و **برقراری نماز** تایید و سفارش میکند:

المزمل ۷۳ / ۲۰: (ای محمد)... تا حدی که برای شما میسر است قرآن بخوانید (برای بخاطر سپردن، درک و تدبر در معانی آن) و نماز بپا دارید (نه اینکه بخوانید، فکر کنید- بخداروی آورید)، و زکات بپردازید،(با کمک مالی به دیگران) و به خدا وامی نیکو بدهید (در اینجا علاوه بر زکات، قرض الحسنه هم توصیه شده است، خداوند خود را گیرنده آن میداند.)

البقره ۲ / ۴۵: از صبر و رویکرد صلات به خداوند در مشکلات کمک بگیرید.
هود ۱۱ / ۱۱۵: و صبوری کن که خدا پاداش نیکوکاران را ضایع نمیکند.
طه ۲۰ / ۱۴:...نماز داروی نسیان و وسیله ذکر (درنظرداشتن اینکه خداونددرهمه حال ناظر و حاضر است)

الکوثر ۱۰۸ / ۲: فَصَلِّ لِرَبِّكَ وَانْحَرْ ﴿۲﴾
نماز وسیله شکر از خداوند بر نعمت های اوست.
مریم ۱۹ / ۳۱:...حضرت عیسی در گهواره میگوید: خداوند مرا تا زنده هستم به نماز و زکات سفارش کرده است.

هود ۱۱ / ۱۱۴: قرآن پس از دستور به بر قراری نماز میفرماید، نماز سبب آمرزش گناهان و زدودن آثار لغزش است.(باهدایت به صراط مستقیم)

النور ۲۴ / ۵۶: و نماز برپا کنید و زکات بدهید و پیامبر را فرمان برید(او دستورات خداوندرا به شما ابلاغ می کند)، تا مشمول رحمت شوید.

الانعام ۶ / ۷۲: نماز به پادارید(متعادل باشید) و از خدا پروا دارید(نفس اماره را مهار کنید)، او کسی است که به سوی وی محشور میشوید.

الماعون ۱۰۷ / ۴-۷:پس وای بر نمازگزاران، آنان که از نمازشان غافل اند، نه اینکه نماز نمی خوانند. نماز می خوانند ولی صلات با خداوند ندارند. آنان که خودنمایی میکنند، و از رفع نیاز دیگران دریغ میورزند.

البقره ۲ / ۲۷۷: همانا کسانیکه ایمان آورده و کارهای شایسته کرده و نماز بپا داشته و زکات داده اند، پاداش آنها نزد پروردگارشان است و نه بیمی بر آنهاست و نه غمگین میشوند.

البقره ۲ / ۱۵۲: مرا یاد کنید تا شما را یاد کنم. سپس سپاس نعمت من به جا آورید، و ناسپاسی نکنید.(سپاس وشکر بمعنی استفاده صحیح از نعمت درراستای خواست نعمت دهنده است)

ابراهیم ۱۴ / ۴۰: پروردگارا ، مرا برپا دارنده صلات بگردان و فرزندانم را نیز، ای پروردگارمان، این دعا بپذیر.

صلات روی آوردن به خدا با توجه و تمرکز و در خواست کمک از خداوند، برای اجرای صحیح لحظه به لحظه خدمت و مسئولیتی است که هر کدام از ما مخصوصا برای آن منظور آفریده و پرورانده شده ایم.

ابراهیم ۶ / ۱۶۱-۱۶۲: ۱۶۱. (ای محمد) بگو پروردگارم مرا به راه راست هدایت کرده است، به دینی پاک و درست ابراهیم یگانه پرست و حق پرست، او هرگز مشرک نبود. ۱۶۲. (ای محمد) بگو نماز من، اعمال عبادی من، زندگی من و مرگ من همه منحصراً برای خداست.

البقره ۲ / ۱۸۶: من دعای دعاکننده را آنگاه که مرا بخواند اجابت میکنم پس باید برای من طالب اجابت باشند و باید به من ایمان بیاورند، باشد تا رشد یابند. (خواسته ها و نیت در نماز و دعاهایمان باید از ته دل و از روی اضطرار و صلاح، بدون واسطه ومستقیم باخدا باشد تا اجابت شود.)

ابراهیم ۱۴ / ۳۹:...إِنَّ رَبِّي لَسَمِيعُ الدُّعَاءِ ﴿۳۹﴾
به راستی که پروردگارم شنونده دعاست. (بهترین شرایط دعا و خواستن در حین برقراری نمازهای روزانه است.)

المعارج ۷۰ / ۱۹-۳۵:سوره المعارج در تعریف نمازگزاران واقعی، معراج: یعنی پله پله بالا رفتن ۱۹. انسان کم ظرفیت آفریده شده است ۲۰. همین که مختصر سختی به او رسد بیتابی میکند، ۲۱. و چون به رفاه رسد بخل میورزد، ۲۲. مگر نمازگزاران، ۲۳. همان ها که بر نمازشان پیوستگی و پشتکار دارند، ۲۴. آنها که در اموالشان حقی معلوم است (زکات، انفاق، صدقه و قرض الحسنه)، ۲۵. برای درخواست کنندگان و محرومین. ۲۶. کسانی که روز جزا را (با اعمال نیکو و معروف) تصدیق میکنند ۲۷. و کسانی که از عذاب پروردگارشان بیم دارند ۲۸. چرا که عذاب پروردگارشان ایمن شدنی نیست، ۲۹. آنان که اندام جنسی خود را (از ارتکاب گناه) حفظ میکنند ۳۰- ۳۱. مگر نسبت به همسرانشان یا آنکه در اختیارشان گرفته (زنان اسیر در جنگ) که در این صورت مورد سرزنش نخواهند بود ۳۲. و نیز آنان که مراعات کننده امانت ها و پیمان خویش اند ۳۳. و کسانی که پای گواهی های خود میایستند ۳۴. و کسانی که بر نمازهایشان (رویکرد به خدا در مواقع تعیین شده برای ماندن در صراط مستقیم تا نماز دیگر) محافظت دارند، ۳۵. چنین کسانی در بهشت هایی مورد اکرام قرار خواهند گرفت.

بنابراین مصلین با رویکرد دائمی (دایمون) به خدا ایمان خود را آغاز میکنند و تا پایان عمر از این ارتباط محافظت میکنند (یحافظون). در اینجا هم علاوه بر شرایط قبلی امانت داری، شهادت درست،(اگرچه بضرر خودوفامیل آنهاباشد) وفای به عهد و اجتناب از زناء محصنه و فحشا تاکید شده است.

در سوره المؤمنون ۲۳ / ۲-۹ تعریف مومنان موفق و رستگاربدینقراراست: خشوع در صلات (مقابل تکبر). اجتناب از سخن و عمل بیهوده. تزکیه نفس از طریق انفاق، دادن زکات از روی علاقه، و حتی در موقع بازنشستگی کار کردن و کسب درآمد برای کمک به مستمندان و پرداخت زکات. امانتداری و وفای به عهد. اجتناب از زنا و حفاظت از صلات یعنی مادام العمر اخلاقی زیستن، ودرارتباط مداوم با خداوندبودن که مبادا ازراه راست منحرف شوند وعملی خارج از صراط مستقیم انجام دهند

طه ۲۰ / ۱۴:منم همان خدای یکتا که معبودی جز من نیست، پس مرا بندگی کن و نماز را برای یاد کردن من به پادار. (رابطه ات رابامن قطع نکن وهمیشه مرا درکارهایت شاهد وحاضر بدان)

خلاصه اینکه: هدف از نماز همانطوریکه در سوره حمد آمد، زیستی اخلاقی و متعادل از نظر: کار، تفریح، استراحت و مطالعه...، در جهت اصلاح خود و اجتماع بر صراط

مستقیم (اعتدال و عدالت) است.

در آیه ۲۶ سوره بقره نیز خداوند به زبانی متفاوت اصول سوره حمد را بیان میفرماید که ایمان به خدا و روز جزا و عمل صالح است: مسلما کسانیکه ایمان آوردند (مسلمانان) و یهود و نصاری و صایبان (ذکر تمام افرادیکه اعراب آن زمان راجع به آنها مطلع بودند) هر کس به خدا و روز باز پسین ایمان آورد و عمل صالح (شایسته و اخلاقی) انجام دهد پاداش چنین کسانی نزد پروردگارشان مسلم است و نه ترسی بر آنهاست و نه اندوهگین میشوند.

در واقع صلات تمام انسانها (هدف از آفرینش انسان عاقل) صرف نظر از دین، اخلاقی و مثبت زیستن و بر صراط مستقیم و متعادل بودن (احتراز از افراط و تفریط)، در رسیدن به کمال وجودی خویشتن وارتقاء جامعه خویش است.

سوره های دیگری که اغلب مسلمانان در تعقیب سوره حمد در رکعتهای اول و دوم نمازهای روزانه میخوانند تا متوجه ناملایمات که در سر راهمان است باشیم شامل ماعون ۱۰۷، ناس ۱۱۴، فلق ۱۱۳ وکافرون ۱۰۹

سوره الناس ۱۱۴:

بِسْمِ اللهِ الرَّحْمَنِ الرَّحِیمِ

۱. بگو به پروردگار مردم پناه میبرم به آن که مربی مردم است، ۲. پادشاه مردم است، ۳. معبود مردم است، ۴. از شر و زیان وسوسه کننده های پنهانی و آشکار، ۵. وسوسه هایی که در سینه های مردم عمل میکند و اثر میگذارد، ۶. اعم از جنیان (انسان ها و مخلوقات ناشناخته و شرک خفی) وانسانهای آشنا .

در اینجا به صفات ربوبیت، مالکیت و ملکیت، و الوهیت خداوند پناه برده و از او میخواهیم از خنّاسانی که ما را از این سه طریق گمراه میکنند (ترس از کم شدن مال یا حرص بر زیاد کردن آن ، قدرت طلبی و راه های مختلف اعمال نفوذ، و عالمان دین ویا برداشت اشتباه از مسائل دینی، یا دیگران را بر حسب آنچه میبینیم یا میشنویم مورد قضاوت بیجا قرار دادن بر طبق اطلاعات کمی که از اسلام داریم، یا امر به معروف و نهی از منکر بیجا و خارج از محدوده زمانی کردن)، حتی خودمان را از انجام کارهای نیک به یکی از سه دلیل فوق راضی میکنیم که انجام ندهیم یا انجام آنرا به تعویق اندازیم، مثلا امسال نمیتوانم به فلان خانواده کمک کنم چون لازم است مدل یا سال اتومبیلم را به روز کنم، یا توجیه کردن خود برای انجام اعمال ناشایست، به خدا

پناه میبریم که به خود بیاییم. به نظر من تجربه روزانه هر یک از ما نشان میدهد که بدترین و بیشترین خنّاس، نفس اماره خودمان میباشد که باید مدام با آن در تماس بوده و از امکان اشتباهات خود برای خود راضی کردن جلوگیری کنیم. بنابراین خداوند میفرماید که به من پناه ببرید، توکل کنید و نترسید از شّر خنّاسان که از طرق مال (زر)، قدرت (زور) و دین (تزویر) در قلب و مغز شما اثر کرده و شما را از انجام کارهای خیر بازداشته و یا به انجام کارهای زشت ترغیب میکنند.

سوره الفلق ۱۱۳:

بِسْمِ اللَّهِ الرَّحْمَنِ الرَّحِیمِ

۱. بگو به خداوند سپیدهٔ دم پناه میبرم، ۲. از شر هر آنچه آفریده، ۳. و از شر هر تاریکی متراکم که فراگیر شده، ۴. و از شّر دمندگان در گره ها، ۵. و از شر حسود آنگاه که حسادتش تحریک شده باشد.

پس در اینجا خداوند به ما مژده سپیده دم را در زمانی که فکر میکنیم تاریکی شدید فراگیر شده است میدهد و میگوید که ناامید نباش، و اینکه هر چیزی همانطوریکه خداوند آن را اصولاً به منظور خوبی آفریده میتواند شرّ هم داشته باشد، بسته به نوع استفاده ما از آن، مثل آب برای زندگی لازم است ولی سیلاب تخریب به جا میگذارد و آتش استفاده های فراوان دارد ولی ضرر آن میتواند بیشمار باشد و خیلی از مثال های دیگر.

از خداوند کمک میخواهیم که به ما عقل و دانش کافی عنایت فرماید که بتوانیم در مواقع تصمیم گرفتن خیر را از شر تشخیص داده و صراط مستقیم را انتخاب نماییم، از شر افرادی که بین خانواده ها و زن و شوهرها آتش اختلاف میافروزند، که بیشتر به غیبت کردن مربوط است، به خصوص آنچه باعث بد نام کردن افراد و از هم گسیختن خانواده ها منجر شود، و از شر مورد حسدورزی حسودان واقع شدن (خود انسان هم مواظب باشد که نه تنها ممکن است در معرض حسادت دیگران قرار گیرد بلکه حسادت نسبت به دیگران ممکن است برایش شر آفرین باشد، البته در حس حسادت خیری هم نهفته است، اگر شخص این حس را فقط در راه اعتلای خود به کار برد.)

بنابراین در این سوره پناه میبریم به خداوند روشنایی ها و نور و روشنگری که راه راست را روشن کرده و مینمایاند، با شناخت اینکه هر چیز و کسی که خداوند خلق کرده اگر از مسیر خود منحرف شود و یا استفاده به جا و مطلوب از آن نشود، میتواند

ایجاد شر نماید،مانند خودانسان، از تاریکی نادانی و جهل و خرافات به خصوص زمانیکه فراگیر شده و جامعه را در برگرفته، و از شر افراد دروغگو و دو بهم زن و غیبت کننده که دنبال این هستند که راجع به افراد سر نخی پیدا کرده و آنها را در خانواده یا جامعه به پایین بکشند و بالاخره از «در معرض حسودی و حسادت قرار گرفتن» حفظ نماید.

سوره ماعون ۱۰۷:

بِسْم اللَّه الرَّحْمَنِ الرَّحِیم
۱. آیا دیدی آن کس کَه روز جزا را تکذیب میکرد؟ ۲. این همان کسی است که یتیم (را با تندی و توهین از خود) میراند ۳. و رغبت به هم سفرگی با مسکین (یا انگیزه برای اطعام مسکین) نشان نمیدهد، ۴. پس وای بر (آن) نمازگزاران، ۵. که در نمازشان سهل انگارند (در انجام عمل صالح و ماندن بر صراط مستقیم بی توجه بوده یا غافل میمانند) ۶. کسانی که ریا میکنند (در نماز، اطعام یا در انفاق های خود قصد ریا دارند)، ۷. و از عاریه دادن (اثاثیه منزل و مایحتاج همسایگان یا نعمت های عمومی رایگان) مخالفت (و خودداری) میکنند.

وای به حال نمازگزاران ریاکاراینها هرگز وصل بخداوند نخواهندشد.

در اینجا سهل انگاری در نماز به این معنی است که اگر واقعا از خداوند در هدایت به راه مستقیم کمک میخواستند، میدانستند که چگونه باید با ایتام، فقرا و مساکین رفتار کنند و از ریاکاری خودداری نمایند، و نه اینکه خود مانع کمک جنسی یا نقدی به دیگران شده و حتی دیگران را از انجام آن باز دارند. در این ظرف تشریحی بنظر نمیرسد که منظور از سهل انگاری ، نماز نخواندن یا دیر خواندن نماز باشد.

توضیح و شرح صراط مستقیم

صراط مستقیم بنظر اینجانب هدف اصلی ازبرقرار کردن صلات است .

طبق آیات قرآنی و دستورات خداوند در هر زمان که به خدمت خداوند میرسی و نماز برقرار میکنی از خداوند طلب میکنی که شما را در صراط مستقیم هدایت کرده و تا سرمنزل مقصود در آن راه نگاه دارد، در اینجا برای روشن شدن مطلب، اول خلاصه برداشتم از آیات مربوط به صراط مستقیم در قرآن و سپس مشروح آنها و

مثالهایی را خواهم آورد.

علاوه بر تدبر در معانی آیات و به روز کردن آنها در مورد لزوم ، قرآن میفرماید که ازحضرت محمد (صلوات لله علیه) پیروی کنید زیرا او بر صراط مستقیم است، بنابراین علاوه بر قرآن، طرز فکر، برخورد با مسائل اجتماعی و فرهنگی ۲۳ سال زندگی محمد (ص) بعد از بعثت(سنت) با در نظر گرفتن شرایط زمانی و مکانی آنروز اعراب بدوی چادرنشین با تمدن وفرهنگ ناچیزوفرسوده ،وشرایط امروز، و انطباق با طرز فکر و روحیه آن پیامبر بزرگوار(سیره) که کامل ترین انسان از نظر مکارم اخلاقی، انسان دوستی، مهربانی و عدالت بود اگر امروز مبعوث می‌شدند در مورد بعضی از مسائل مطرح در اجتماع مسلمین چه می کرد و چه میگفت (سنت محمدی به روز و نه ازآن ۱۴۰۰ سال قبل) می‌توان کمک گرفت.

معنی و منظور از صراط راه اصلی و مفرد است و صراط مستقیم کوتاهترین راه بین دو نقطه است (بنده و خداوند، سلامت و بیماری، خستگی و سرحال بودن، وجدان راحت و ناراحت و غیره)، راه مستقیم از اول جهت مشخص دارد، ولی سبیل راه های فرعی است که میتواند به صراط مستقیم برسد.

صراط از نظر لغوی به معنی بلعیدن است، گویا صراط مستقیم چنان رهروان واقعی خود را در خود فرومی برد که احتمال هرگونه انحراف از راه به مقصد را در آنان معدوم میسازد، و یا با اندک غفلت و انحراف رهرو از آن خارج میشود. (مصطلح است که در قیامت پل صراط از مو باریکتر و از شمشیر برنده تر است). مستقیم در لغت به کسی گفته میشود که از روی قدرت و تسلط برپاهای خود میایستد یعنی بر خود و آنچه مربوط به اوست تسلط کامل دارد. چون راه مستقیم که مجموعه ای از نقطه ها بین دو نقطه ابتدا و انتها است، مستلزم آن است که نقاط به هم چسبیده باشند تا تشکیل خط بدهند، هر نقطه بعدی ادامه نقطه قبل و پیش رو نقطه بعدی است، بنابراین صراط مستقیم راهی است که هر قدم آن ادامه قدم قبل است، قدمی که حالا برمیداری نتیجه قدمی است که قبلاً برداشته ای و راهنمای قدم بعدی است، در مقایسه با راه کج وغیرمستقیم که به هر طرف میتواند باشد و هیچ قدم با قدم قبلی بستگی و تناسبی ندارد، هر قدمی مستقل است و به هر طرفی میتواند برود (تحیّر و ضلالت). در اینجا ممکن است تصادفا و برای مسیر کوتاهی بر صراط مستقیم هم باشد.

ده مرتبه در شبانه روز از خداوند میخواهیم که ما را در صراط المستقیم هدایت فرماید، زیرا برای هر موضوعی بسته به زمان و مکان و امکانات فرد و مقصد یک راه مستقیم بیش نیست و تشخیص آن گاهی بسیار دشوار است و این موضوع برای تمام ادیان و

افراد از نظر خداوند تفاوتی ندارد. هدف از صراط مستقیم، اغلب زندگی سعادتمندانه از طی طریق اعتدال به لطف خداوند و با راهنمایی های اوست تا رونده به کمال مطلوب آنچه منظور از خلقت اوست برسد، زیرا بدون هدایت از طرف خداوند ماندن و پیمودن راه تکامل کاری است بسیار دشوار.

البقره ۲ / ۱۴۳: وَكَذَلِكَ جَعَلْنَاكُمْ أُمَّةً وَسَطًا لِتَكُونُوا شُهَدَاءَ عَلَى النَّاسِ...﴿۱۴۳﴾ راه مستقیم جهت مشخص دارد و کلیه مخلوقات بر طبق خلقت و فطرتشان بر صراط مستقیم هستند، بجز انسان به دلیل آزادی در انتخاب و وسع شخصی که در هر کس متفاوت است، همراه با وسوسه شیاطین ممکن است دچار اشتباه درانتخاب اصلح شود، به همین دلیل احتیاج به راهنما و هدایت دارد، در اینجاست که نیاز به هدایت خداوند از طریق انبیای الهی و معلمان اخلاق در جامعه مشخص میگردد. صراط مستقیم اگر چه در معنا بیش از یکی نیست ولی در موارد مختلف بسته به وسع افراد، دین، ایمان، عبادت، اخلاص، خشوع، علم، عقل، مکنت، کمال و نقص افراد متفاوت اند (سبیل های متفاوت که همه امکان بودن در رسیدن به صراط مستقیم را دارند).

آیات مربوط به صراط مستقیم

الفاتحه ۱ / ۶: اهْدِنَا الصِّرَاطَ الْمُسْتَقِيمَ ﴿۶﴾
(خداوندا) مرا به راه مستقیم راهرو باش

البقره ۲ / ۱۴۲: به زودی بیخردانی از مردم خواهند گفت: چه چیزهایی آنان را از قبله ای که بودند برگرداند، بگو: مشرق و مغرب از آن خداست. هر کس را بخواهد به صراط مستقیم رهبری میکند.

البقره ۲ / ۲۱۳: و مردم امتی واحد بودند پس خدا پیامبران را بشارت دهنده (به نیکان) و هشیار دهنده (به ستمکاران) برانگیخت و به آنان کتاب (موازین عدالت) به حق فرستاد تا میان مردم در آنچه اختلاف میکردند داوری کنند. و در آن اختلاف نکردند جز دریافت کنندگانش (کسانی که آن را میفهمیدند) پس از آنکه نشانه های روشن به ایشان رسیده بود به دلیل تجاوزی که میانشان بود. پس خداوند کسانی را که ایمان آورده بودند و در مواردی به حق اختلاف کردند به اذن خویش رهبری کرد، و خدا آن را که بخواهد به راه راست رهبری میکند.

آل عمران ۳ / ۵۱:مسلماً خدا صاحب اختیار (رب) من و صاحب اختیار شماست، پس او را بندگی کنید این است صراط مستقیم.

آل عمران ۳ / ۱۰۱: و چگونه ممکن است حق را منکر شوید درحالی که آیات خدا پی درپی بر شما خوانده میشود و رسول خدا در میان شماست و هر که به ریسمان خدا چنگ زند (کتاب او را جدی بگیرد) بی شک به صراط مستقیم رهبری شده است.

النسا ۴ / ۱۷۵: اما کسانی که به خدا ایمان آورند و به کتاب او چنگ زنند پس به زودی آنها را در رحمت و فضلی از جانب خویش وارد میکند و در صراطی مستقیم به سوی خویش به مقصد (سعادت) آنها را خواهد رساند.

المائده ۵ / ۱۶: خدا به وسیله آن (قرآن) کسانی را که در پی خوشنودی او هستند به راه های سلامت (از گمراهی و شر شیطان) رهبری میکند و آنها را به اذن خویش (نظامات مُقدّرش) از تاریکی ها (جهل و شرک) به طرف نور (آگاهی و ایمان توحیدی) برون میآورد و به صراط مستقیم رهبریشان میکند.

الانعام ۶ / ۱۶۱: بگو (ای پیامبر):بی تردید پروردگارم مرا به سوی راهی راست رهبری کرده است. دینی پایدار، آیین ابراهیم حنیف (حق گرا) که هرگز از مشرکان نبود.

الانعام ۶ / ۳۹: و کسانی که آیات (نشانه های) ما را دروغ شمرده اند همچون کران و گنگانی هستند در تاریکی ها (که نه سخن حقی میشنوند و نه سخنی به حق میگویند و نه میبینند). خدا آن را که خواهد در گمراهی رها میسازد و آن را که خواهد (شایسته بداند) در صراط مستقیم قرار میدهد.

الانعام ۶ / ۱۲۶: و این است راه مستقیم خداوند تو، ما نشانه های خود را برای مردمی که بپذیرند به وضوح بیان کرده ایم.

الانعام ۶ / ۱۵۱: بگو: بیایید تا آنچه را پروردگارتان بر شما حرام کرده است برخوانم، اینکه چیزی را شریک او میشمارید. به پدر و مادر نیکی کنید، فرزندانتان را از ترس تنگ دستی نکشید (زنده به گور یا سقط جنین) ما هم شما را روزی میدهیم و هم آنها را. به کارهای زشت چه آشکار و چه پنهان نزدیک نشوید. کسی که خدا (ریختن

خونش را) حرام کرده نکشید مگر به حق (در قصاص قتل عمد). این است خداوند آنچه شما را به آن سفارش کرده، باشد تا این اصول را به کار بندید.

هود ۱۱ / ۵۶: من بر خدایی که صاحب اختیار من و شماست توکل کرده ام. جنبنده ای نیست مگر این که پیشانی اش (زمام امورش) به دست اوست. بی تردید صاحب اختیار من (دستوراتش) به راهی مستقیم است.

ابراهیم ۱۴ / ۱: الف، لام، را (این) کتابی است که بر تو نازل کردیم تا مردم را از تاریکی ها (شرک، جهل و گمراهی) به اذن پروردگارشان به نور (هدایت و سعادت) برون آری و به سوی شا هراه عزت و ستودگی رهنمون شوی.

الاعراف ۷ / ۱۶: (ابلیس) گفت: حال که مرا (از چنین مقامی) به تباهی سپردی حتماً در صراط مستقیم تو در کمین آنها خواهم نشست.

الحجر ۱۵ / ۳۹-۴۰:

۳۹. گفت (ابلیس) پروردگارا حال که مرا (از مسیر رشد و کمال با اخراج از مقامی که داشتم) به تباهی سپردی بر آنها (بنی آدم) دنیاپرستی را در زمین حتماً خواهم آراست و بی تردید همگی آنان را به تباهی خواهم کشاند، ۴۰. مگر بندگان اخلاص یافته ات از ایشان. (اخلاص در عبادت و پاک شدن از شرک)، ۴۱. (خداوند) گفت: این (اخلاص) راهی است مستقیم به سوی من

النحل ۱۶ / ۷۳: و خداوند دو نفر را مثال میزند که یکی از آن دو لال مادرزاد است و توان هیچ کاری ندارد و سربار سرپرست خویش است، به هر کجا او را بفرستند سودی نمیرساند (توان مکالمه و بیان درخواست ندارد)، آیا چنین کسی برابر است با آنکه به عدالت توصیه میکند و خود بر راه راست قرار دارد.

النحل ۱۶ / ۱۲۱: (ابراهیم) شکرگزار نعمت های او بود (و خدا نیز استعدادهای ذاتی) او را سامان بخشید و به صراط مستقیم رهبری اش کرد.

مریم ۱۹ / ۴۳: ای پدرم به راستی (نه خیالی) آگاهی هایی بر من حاصل شده که بر تو نرسیده است پس از من پیروی کن تا به راهی درست هدایتت کنم.

مریم ۱۹ / ۳۶:(و سخن مسیح جز این نبود که): مسلماً همان خدای یکتا صاحب اختیار من و شماست پس (تنها) او را بندگی کنید که این است صراط مستقیم.

الحج ۲۲ / ۵۴: و نیز تا دانش دادگان بدانند که آن (قرآن) حقیقتی است از سوی

پروردگارت و به آن بگروند و دل هایشان بر آن نرم (پذیرا) گردد. و بیگمان خدا کسانی که ایمان آورده اندرا به صراط مستقیم رهبری خواهد کرد.

الحج ۲۲ / ۶۷: برای هر امتی مناسکی (آداب و عباداتی که منتهی به قربانی شود) قرار دادیم که مطابق آن عمل میکنند، پس درباره این امر (که مرتبط با تاریخ و فرهنگ اختصاصی هر قوم است) نباید با تو نزاع کنند و (به جای مشغول شدن به این مشاجره ها) به سوی پروردگارت دعوت کن (و بدان که) مطمئناً بر صراط مستقیم هستی.

الحج ۲۲ / ۲۴: و (بهشتیان از نظر معنوی نیز) به گفتار پاک و راه ستوده شده هدایت میشوند.

طیب بر هر آنچه دل پسند و مطلوب باشد گفته میشود که سخن نیکو شنیدن یکی از موارد آن است. در قرآن آمده است بهشتیان در آن مکان سخنان خودخواهانه و لغو نشنوند مگر گفتاری سراسر سلامت و صلح آمیز، در بهشت یکسره تحیت و زنده باد است و بالاترین آن تحیت مبارک و طیبی از جانب خداست.

المومنون ۲۳ / ۷۳-۷۴:

۷۳. و تو مسلماً آنها را به راه راست هدایت میکنی، ۷۴.و کسانی که به آخرت ایمان نمی‌آورند مطمئناً از این راه گمراه اند

النور ۲۴ / ۴۶: به راستی ما آیات روشنگری نازل کردیم و خدا آن را که خواهد (شایسته بداند) به راه راست رهبری خواهد کرد.

یس ۳۶ / ۳-۴: ۳. که مسلماً تو ازجمله فرستادگانی ۴. و بر راه مستقیم هستی

یس ۳۶ / ۶۱: و اینکه تنها مرا عبادت کنید.(پذیرای صفات و اسماء من باشید و خدا پسندانه عمل کنید)، این است صراط مستقیم.

الصافات ۳۷ / ۱۱۴-۱۲۰: ۱۱۴. و به موسی و هارون نعمت بزرگی بخشیدیم، ۱۱۵. و آن دو و قومشان را از اندوه عظیم (ستم و سرکوب) نجات دادیم ۱۱۶. و (در برابر فرعونیان) یاریشان کردیم تا آنها (به رغم سلطه مطلق ستمگران) پیروز شدند ۱۱۷. و به آنها کتاب روشنگر عطاکردیم ۱۱۸. و آن دو را به صراط مستقیم هدایت کردیم ۱۱۹. و باقی گذاشتیم (درسی از صبر و استقامت و صراط مستقیم را) در نسل های آینده آن دو (مبنای مقاومت و پشتکار)، ۱۲۰. سلام بر موسی و هارون.

الزخرف ۴۳ / ۴۳: پس به جای (دلِ نگرانی) بر آنچه بر تو وحی میشود، چنگ بزن (به قران) و (مطمئن باش که) مسلماً بر صراط مستقیم قرار داری.

الزخرف ۴۳ / ۶۱: و بی تردید آن (شگفتی تولد و زنده کردن مردگان) نشانه ای است از رستاخیز، پس در آن شک نکنید و از (کتاب) من (عیسی) پیروی کنید این است صراط مستقیم.

الزخرف ۴۳ / ۶۴: مسلماً خداست که ارباب (صاحب اختیار) من و شماست. پس (به جای تقلید و اطاعت بیچون وچرا از متولیان منحرف دینی) او را بندگی (اطاعت) کنید این است صراط مستقیم.

الفتح ۴۸ / ۲:(خطاب به پیامبر) تا خدا گناهان گذشته تو و آثار بلند مدت آینده آن را ببخشد و نعمتش را بر تو تمام گرداند و به صراط مستقیم رهبری ات کند.

الفتح ۴۸ / ۲۰: خدا به شما وعده غنیمت های فراوانی داد که به آنها دست می یابید و آن را زودتر مقدورتان ساخت و دست مردمان (دشمن) را از (تجاوز بر شما) بازداشت تا برای مؤمنان نشانه ای از (نصرت) خدا باشد و شما را در راه راست رهبری کند.

الاحقاف ۴۶ / ۳۰: (جنیان=در اینجا منظور افراد غریبه یهودی است) گفتند ای قوم ما (همکیشان)، ما (تلاوت) کتابی نازل شده بعد از موسی را شنیدیم که تصدیق کننده (ادامه دهنده) کتابهای پیشین است و به سوی حق و صراط مستقیم رهبری میکند.

الملک ۶۷ / ۲۲: آیا آن کس که سر فروافتاده (بر آخور دنیای خویش) روزگار میگذراند رهسپارتر به سوی سعادت است یا آنکه راست قامت (با نگاه روبه جلو و آینده) برصراط مستقیم قدم میگذارد؟

الاحقاف ۴۶ / ۱۹: هر گروهی را متناسب اعمالشان و کردارشان درجه است بی آنکه از حقشان کاسته گردد تماماً به آنها پرداخت میشود. هر یک درجاتی به تناسب کار و عمل خود دارند و خدا باید مزد همگی را بدهد و به آنها ستم نخواهد شد (بنابراین عمل شخص بسته به علم و امکانات او دارد نه چیز دیگری)

العنکبوت ۲۹ / ۶۹: کسانی که در راه ما میکوشند، ما نیز مسلما به راه های خود رهبری‌شان خواهیم کرد. پس هدایت فقط از ناحیه خداست، منتهی کار خدا قرار دادن

وسیله و نشان دادن مقصد به کوشش کننده است، حال ببینیم شرایط هدایت توسط قرآن چیست:

البقره ۲ / ۲-۵: ۲. این کتاب که در کلام خدا بودن آن هیچ تردیدی نیست راهبری است برای متقین (تقواپیشگان)، ۳. هم آنانکه به غیب (حقایق پنهان) ایمان میآورند و نماز (رویکرد به خدا را به منظور هدایت شدن) به پا میدارند و از آنچه روزیشان کردیم انفاق میکنند ۴. و کسانی که به تو و هر آنچه پیش از تو نازل شده ایمان میآورند و به آخرت (سرای بازپسین) یقین میکنند ۵. آنها بر هدایتی از پروردگارشان (رهسپار) هستند و هم آنان رستگارانند.

بنابراین ایمان به خدا، عالم غیب، آخرت و معاد، استمرار در به پا داشتن نماز(متعادل زیستن)، و انفاق از آنچه به آنان داده شده لازمه هدایت شدن به راه راست از طرف خداوند و قوانین مندرج در کتب آسمانی است.

البقره ۲ / ۱۷۷: برّ (بلندنظری و بلوغ انسانی) آن نیست که (هنگام نماز) روی خویش سوی مشرق یا مغرب (کعبه یا بیت المقدس) کنید، بلکه برّ صفت انسان بالغ و بلندنظری است که به خدا و روز واپسین و فرشتگان و کتاب (قرآن، قوانین، احکام و نظامات عالم) و پیامبران ایمان آورد و مال (خود) را با وجود دوست داشتنش به خویشاوندان و یتیمان و درماندگان و در راه ماندگان و درخواست کنندگان و در (آزادی زندانیان) و اسیران بپردازد و نماز به پا دارد(رعایت حد وسط) و زکات بپردازد و نیز کسانی که هرگاه پیمان بستند به آن وفا کنند و بردباران در سختی ها و پریشانی ها و هنگام جنگ، این هاهستند که (در ادعای ایمانشان) راست گفته اند و این ها همان پرهیزکاران اند.

آل عمران ۳ / ۹۲: هرگز به برّ نمیرسید تا از آنچه دوست دارید انفاق کنید. برّ به نیکی سرشار و بلند نظری و دریادلی گفته میشود. اثم مخالف برّ است. یعنی تنگ نظری خودخواهی و بدکرداری و به گناهانی اطلاق میگردد که چنین حالتی در آنها آشکارتر است مثل زنا، ربا، کم فروشی، کتمان شهادت، و امثال آن.

فاطر ۳۵ / ۱۰: برتری رهروان صراط مستقیم بر دیگران در اثر علم است، آنچه به سوی خدا سوق میکند، کلام طیب که عبارت از علم و اعتقاد است، میباشد ولی عمل صالح اثر ترفیع دادن و کمک کردن به کلام است.

الروم ۳۰ / ۱۵) خداوند از مؤمنان جان و اموالشان را به بهای بهشت خرید...

الانعام ۶ / ۵۴:...كَتَبَ رَبُّكُمْ عَلَى نَفْسِهِ الرَّحْمَةَ...﴿۵۴﴾
خداوند رحمت را بر خویش واجب داشته است.

هود ۱۱ / ۵۶: إِنِّي تَوَكَّلْتُ عَلَى اللَّهِ رَبِّي وَرَبِّكُمْ مَا مِنْ دَابَّةٍ إِلَّا هُوَ آخِذٌ بِنَاصِيَتِهَا إِنَّ رَبِّي عَلَى صِرَاطٍ مُسْتَقِيمٍ ﴿۵۶﴾
هیچ جنبنده ای نیست مگر آنکه خداوند مالک و مسلط بر اوست، که پروردگارم بر طریق عدالت است.

برای هر قوم و طایفه ای صراط و راهی هست که به جهت انگیزه دینی بر آن حرکت میکند. برای هر موجود یک حرکت ذاتی و فطری و غریزی به سوی خداوند است که راه مستقیم است.

الگوهای صراط مستقیم شامل: هود ۱۱ / ۵۶ راه خدا، الزخرف ۴۳ / ۴۳ **راه انبیا،** یس ۳۶ / ۶۱ **راه عبودیت پیروی از قرآن و سنت پیامبر** در انجام وظایف بندگی و خلافت خداوند، و آل عمران ۳ / ۱۰۱ **راه پیوند و تمسک به خدا، قرآن، قوانین و نظامات اوست.**

صفات افرادی که بر طبق آیات متعدد قرآنی بر صراط مستقیم اند به طور خلاصه در زیر ذکر میشود:

برتری رهروان صراط مستقیم بر دیگران در اثر علم، اعتقاد و عمل صالح بر مبنای کلام طیب است. رهروان صراط مستقیم متقین (در کنترل نفس اماره) هستند، به یگانگی خدا، عالم غیب، کتاب های آسمانی و معاد ایمان دارند، انفاق میکنند، نماز برقرار میکنند (در تماس دائم با خداوند در کارها از او راهنمایی و کمک میطلبند و در زندگی میانه رو هستند)، به جزا و ثواب اعتقاد دارند، زکات میدهند، صبور و مهربانند، تظاهر به مسلمانی نمیکنند ، بخشنده هستند، به عهد خود وفا میکنند، شهادت دروغ نمیدهند، به موقع نیاز شهادت میدهند اگرچه به ضرر فامیل و هم کیشانشان باشد، یگانه پرست اند و مشرک نیستند، در راه مشابهی اند و با هم همکاری دارند (ارْكَعُوا مَعَ الرَّاكِعِينَ)، کلیه اعمالشان بخاطر رضایت خداونداست و بر او توکل دارند و فقط از او کمک می طلبند.

رهروان صراط مستقیم دیگران را به برگزاری نماز (هدف ازنمازحکمت یافتن صراط مستقیم درامور و آموزش آن) و اعمال پسندیده تشویق میکنند، در مقابل زیردستان

فروتن هستند. در رفتار با دوست و دشمن با حکمت هستند ، مذاکره و مصالحه و اجتناب از دعوی را برتر از مشاجره و نزاع میدانند، به پدر و مادر احترام میگذارند، یتیمان را دلجویی و کمک میکنند، به مساکین و فقرا کمک میکنند، کمک به آزاد کردن زندانیان (شایسته کمک) میکنند، درزمان بخشش، از آنچه که دوست دارند میبخشند، در امور با دیگران (صاحب نظران مربوطه) مشورت میکنند، اگر مورد تجاوز قرار میگیرند فریاد دادخواهی میزنند، نگران بقیه هستند (فامیل، دوست، همکار، همشهری و ...) از کفر، نفاق و شرک دوری میکنند، دروغ نمیگویند، غیبت نمیکنند، زنا نمیکنند، همیشه و در همه حال شکر گزار نعمت های خداوندند. در تمام عمر سعیٍ میکنند که انسانیت خود را ارتقاء دهند و در راه کمال خود کوشاهستند. عبادتشان منحصراً به خاطر خداست، از روی انصاف داوری میکنند، نمازشان (رویکرد به خداوند) را به موقع بپا میدارند، در وزن و حجم تقلب نمیکنند و حق مردم را ادا میکنند. زمین، آب، محیط زیست را خراب و آلوده نمیکنند، قانون شکن (فاسق) نیستند. سد راه و مانع دیگران برای انجام کارهای خیر نمیشوند. از بخل، جُبن (ترس چون فرد خداپرست در راه راست به خدا تو کل میکند و نمیترسد) و حسد دوری میکنند. امربه معروف (راهنمایی به انجام کارهای عقلایی عرف جامعه) و نهی از منکر (تذکر و راهنمایی برای اجتناب از کارهای مخالف اخلاق ،عرف و قانون) مینمایند. برای انتخاب بهترین راه در کلیه امور زندگی ترجیحاً راه میانه، معتدل و مستقیم را انتخاب می کند.

البقره ۲ / ۱۴۳: در جامعه الگوی رفتاری هستند (مشاهده شوندگان یا شهدا) و در راه اصلاح جامعه میکوشند. در اینجا شاید بتوان مخترعین برق، اتومبیل، تلفن، تلگرام، رادیو، تلویزیون، روزنامه و چاپ و کاغذ، هواپیما، کامپیوتر، اینترنت، تلفن هوشمند، گوگل، فیس بوک، تلگرام، انرژی خورشیدی، کاشفین DNA و رمز و رازهای ژنوم انسانی و خیلی شبیه اینها را که باعث پیشرفت و راحتی بی چون و چرای بشریت بوده اند را جزو الگوهای بشر قرار داد و بدانیم بسیاری از آنان نه فقط بخاطر علمشان، چون همه عالم نبودند بلکه بخاطر فکر، پشتکار، صداقت و موهبت الهی بچنین فرصت هایی دست یافتند.

چنانکه خواهد آمد کلیه ادیان ابراهیمی وبودائی زیستن بر صراط مستقیم(حفظ اعتدال، دوری ازافراط و تفریط) رابه پیروان مسلمان خود(کلیه مخلوقات که قوانین الهی را رعایت می کنند مسلمان هستند) توصیه می کند.

ده فرمان در قرآن برای اصلاح زندگی فردی

الانعام ۶ / ۱۵۱-۱۵۳: بگو بیایید تا آنچه را که پروردگارتان بر شما حرام کرده است برخوانم:

۱.   چیزی را شریک او قرار ندهید.

۲.   به پدر و مادر نیکی کنید.

۳.   فرزندانتان را از تنگ دستی نکشید (زنده به گور کردن یامرتکب سقط جنین شدن)، ما هم شما را روزی میدهیم هم آنها را.

۴.   به کارهای زشت (فواحش) چه آشکار و چه پنهان نزدیک نشوید.

۵.   کسی را که خدا ریختن خونش را حرام کرده نکشید مگر به حق (قصاص).

۶.   به مال یتیم نزدیک نشوید مگر برای بهتر کردن آن تا به سن بلوغ برسد.

۷.   پیمانه (حجم) را به تمام و ترازو (وزن) به عدالت بگیرید، ما هیچ کس را جز به اندازه توانش تکلیف نمیکنیم.

۸.   چون در اختلافات سخن گویید (شهادت) عدالت را رعایت کنید هر چند (بر علیه) خویشاوند (به ضررتان باشد).

۹.   به عهد خود وفا کنید.

۱۰.   مسلما این صراط مستقیم من است.

و در ادامه خداوند میفرماید برای راهنمایی بیشتر انسان ها به موسی کتاب روشنگر دادیم و این قرآن کتاب مبارکی است که آن را نازل کردیم، پس از آن پیروی نمایید و نفس خود را مهار کنید باشد تا مورد رحمت پروردگار قرار گیرید.

ده فرمان از قرآن برای اصلاح اجتماع

ده فرمان از قرآن مجید برای تزکیه اخلاق و اصلاح امور اجتماعی جامعه بشریت

۱.   پیروی وپرستش ذات پاک خدا—قصص ۲۸ / ۸۸، نساء ۴ / ۵۹، اعراف ۷ / ۲۰۴، بقره ۲ / ۱۰۹، پیروی ازقوانین طبیعت (دینداری) ودرمسیر اصلاح و کمال زیستن.

۲.   کسب علم و دانش – بقره ۲ / ۲۶۸، طه ۲۰ / ۱۱۳

۳.   دین و ایمان – تغابن ۶۴ / ۸، البینه ۹۸ / ۵

۴.   نیکو کاری – فصلت ۴۱ / ۴۱، آل عمران ۳ / ۱۱۵، الاعراف ۷ / ۵۶

۵.   احترام به پدر و مادر و معلم –لقمان ۳۱ / ۱۴،اسراء ۱۷ / ۲۳،اسراء ۱۷ / ۲۴

۶.   اخلاق و فضیلت – اسراء ۱۷ / ۳، آل عمران ۳ / ۱۵۹

۷. تقوا و رد امانت – الاعراف ۷ / ۲۶، حجرات ۴۹ / ۱۳، نساء ۴ / ۵۸

۸. وفای به عهد – نحل ۱۶ / ۹۱، اسراء ۱۷ / ۳۴

۹. کار و کوشش – عنکبوت ۲۹ / ۵، النجم ۵۳ / ۳۹

۱۰. فداکاری و سربازی – نساء ۴ / ۵۹، بقره ۲ / ۲۰۷، نساء ۴ / ۷۱

الاعراف ۷ / ۵۶: در زمین بعد از اصلاحش تبهکاری نکنید و او (خدا) را با بیم و امید بخوانید، بی تردید رحمت خدا به نیکو کاران نزدیک است.

بیم و امید دو بال پرواز به سوی آسمان ایمان و دو وسیله نجات است که در بسیاری از آیات قرآن به ضرورت، همراهی و هماهنگی این دو بال توصیه شده است، ترس از شکست درانجام مأموریت خطیر بندگی و امید به پیروزی و نجات نهائی است.

اگر قرآن هدایتی بر متقین (بقره ۲ / ۲)، هدایت و بشارتی برای مومنین است (نمل ۲۷ / ۲)، تلک آیات القرآن هدی و بشری للمؤمنین هدایت و رحمت برای محسنین میباشد هدی و رحمت للمحسنین (لقمان ۳۱ / ۳). و این آیه تنها موردی است که رحمت خدا را به محسنین نزدیک شمرده است. این نکته ارتباط تنگاتنگ احسان و رحمت را که از یک جنس هستند نشان میدهد، احسان، هم در رابطه با خدا با بیم و امید است و هم در خدمت به خلق او.

سه سوره بقره، نمل و لقمان که هر سه با حروف مقطعه الم و نقش هدایتگر قرآن آغاز می‌شوند و در هر سه سوره جمله سه مرحله ای «الذین یقیمون الصلات و یؤتون الزکات و هم بالاخره هم یوقنون» عینا تکرار شده است هدایت قرآن را از سه منظر (خود=تقوی، خدا= ایمان و خلق=احسان) و برای سه گروه مطرح میسازد. در سوره لقمان نصایح او بفرزندش بر ارتباط آدمی با خلق و اخلاقیات مطرح است و صفت احسان مهم‌ترین نشانه انسانیت محسوب میشود. متقین و مومنین و محسنین الزاماسه گروه نیستند، بلکه سه خصلت یک انسان از سه منظر متفاوت‌اند.

تاریخچه ای مربوط به صراط مستقیم

حضرت آدم (پیامبر):

البقره ۲ /۳۵: تو و همسرت در این بهشت آرام و قرار گیرید و هر آنچه و هر جا خواستید به گوارایی بخورید (زندگی قبل از انقلاب کشاورزی که تا حدود ده هزار سال قبل انسانها در جنگل با زوج خود زندگی میکردند و فقط نگران کسب رزق روزانه

خود با شکار حیوانات کوچک و جمع آوری دانه و میوه از درختان بودند، به دنبال یافتن غذا تغییر مکان میدادند و در جایی ساکن نبودند، باین دلیل از تمام آرزوها و آمال و عواملی که باعث افکار و اعمال شیطانی انسان شهر نشین میشود مصون بودند)، ولی به شجره نزدیک نشوید (سیب، گندم، درخت دانش، شرک، شبکه اجتماعی و گرو هی تشکیل دادن، اختراع زبان و به کشاورزی و تمدن روی آوردن، و درنتیجه بالاجبار برده شیطان و نفس اماره خود شدن) که از ستمگران میشوید.

طه ۲۰ / ۱۱۷: پس گفتیم ای آدم بیگمان شیطان دشمن تو و همسرت میباشد، پس مبادا شما را از بهشت براند که به سختی افتی.

البقره ۲ / ۳۷: پس آدم کلماتی را از پروردگارش دریافت (و با آگاهی و ندامت توبه کرد) پس خدا هم توبه او را پذیرفت که خداوند بسی توبه پذیر مهربان است.

طه ۲۰ / ۱۱۷: و پیش از آن از آدم پیمانی گرفتیم که به فراموشی سپرد و اراده استواری در او نیافتیم.

آل عمران ۳ / ۳۳: خداوند آدم و نوح و آل ابراهیم و آل عمران را بر عالمیان برگزید.
۷ فرمان حضرت نوح: که بر طبق کتاب شفاهی تلمود از طرف خداوند به نسل برگزیده فرزندان و امت حضرت نوح سفارش شده تابرصراط مستقیم هدایت شوند:

۱. بت نپرستید ، برای خدا شریک قائل نشوید، و قسم دروغ نخورید.
۲. ازدواج کنید برای ازدیاد نسل پاک و عاقل
۳. زنا نکنید. در مسائل جنسی عفیف و پاکدامن باشید.
۴. از خوردن خون بپرهیزید، و ازگوشت حیوان زنده نخورید.
۵. دزدی نکنید.
۶. قتل نفس نکنید.
۷. در محکمه شهادت دروغ ندهید.

الصافات ۳۷ / ۱۱۴-۱۱۹: ۱۱۴. و به موسی و هارون نعمت بزرگی بخشیدیم، ۱۱۵. و آن دو و قومشان را از اندوه عظیم (ستم و سرکوب) نجات دادیم، ۱۱۶. و (در برابر فرعونیان) یاریشان کردیم تا آنها (برغم سلطه مطلق ستمگران) پیروز شدند، ۱۱۷. و

به آنها کتابی روشنگر عطا کردیم، ۱۱۸. و آن دو را به صراط مستقیم رهبری کردیم، ۱۱۹. و (درسی از صبر و استقامت) باقی گذاشتیم در نسل های آینده بر (مبنای مقاومت و پشتکار) آن دو.

الانبیا ۲۱ / ۴۸-۴۹:   ۴۸. ما به موسی و هارون فرقان (وسیله جدا کردن حق از باطل) و نور و آنچه مایه یادآوری متقین است دادیم. ۴۹. همان ها که از خدا در غیب و نهان بیم دارند.

ده فرمان حضرت موسی که خداوند در کوه طور واقع در صحرای سینابرای هدایت قومش برصراط مستقیم به او وحی فرمود:

۱.   غیر از من خدایی را انتخاب نکنید.

۲.   بت درست نکنید.

۳.   اسم خدا را بیهوده به زبان نیاورید. (قسم دروغ نخورید)

۴.   روز شنبه را برای عبادت و استراحت احترام بگذارید.

۵.   به پدر و مادر احترام بگذارید.

۶.   قتل نفس نکنید.

۷.   دزدی نکنید.

۸.   شهادت دروغ ندهید.

۹.   زنا نکنید.

۱۰.   از شهوات اجتناب کنید (تمایل شدید به هر چیزی شهوت است)

تورات (تمام اسفار ۳۹ گانه را که پنج سفر آن به موسی وحی و نازل شده تورات مینامند.) سفارش میکند که راهی را در زندگی انتخاب کن که در نظر رهبران اخلاق و عقلای زمان وجامعه ای که در آن زندگی میکنی مورد تائید و مطابق اصول اخلاقی باشد. یعنی متناسب با عرف اجتماعی زمان، متعادل و مورد تائید عقلای آن جوامع باشد. (فرهنگ)

مکتب عرفان یهود (کابالا یا قبول) دریافت و پذیرا شدن نور معرفت الهی (خرد، دانش، حکمت، مهر و شفقت) را حاصل از وصل اضداد بیرون و درون میداند. در این مکتب هیچ خصوصیتی نیست که احتیاج به تعادل و توازن نداشته باشد ولی تشخیص تعادل و توازن احتیاج به اراده آزاد، معرفت و آگاهی دارد و بدون آنها هماهنگی اضداد میسر نیست. از نظر کابالا هر نوع افراط و تفریطی حتی برای بهترین خصوصیات نظیر

بذل و بخشش، احسان، مسالمت و روحانیت مضر است.(صراط مستقیم، متعادل وعاری از افراط و تفریط)

صراط مستقیم در انجیل

Proverb 3 / 3-7:

3 Let love and faithfulness never leave you; bind them around your neck, write them on the tablet of your heart.

4 Then you will win favor and a good name in the sight of God and man.

5 Trust in the LORD with all your heart and lean not on your own understanding;

6 in all your ways submit to him, and he will make your paths straight.

7 Do not be wise in your own eyes; fear the LORD and shun evil.

با تمام قلب خود به خدا اعتماد کن و از خداوند در کارهایت استعانت جو. او تو را به صراط مستقیم هدایت خواهد کرد. در کارهایت خود را عاقل تصور مکن، از خدا بترس و از شیطان به او پناه ببر

Proverb 27-26 / 4:

26 Make a level path for your feet, and all your ways will be sure.

راه صاف و محکمی را برای خود بساز و به دقت در آن صراط مستقیم حرکت کن و در آن راه بمان که این راه تو را به سلامت به مقاصد رهنمون می شود.

Hebrews 13 / 12:

Make straight paths for your feet, so   that the lame may   not be disabled, but rather healed

صراط مستقیم را برای رفتن انتخاب کن. استوار باش و الا از آن بیرون رانده خواهی شد. از راهی که تو را گمراه خواهد کرد بیرون رو و توجه کن به ریشه این که چرا به گمراهی کشیده شده ای و آن را اصلاح کن تا نتیجه خوبی عایدت گردد. راه راست

افقی مسطح صاف و روشن است.

Proverb 27-26 / 4:

25 Let your eyes look straight ahead; fix your gaze directly before you.

26 Give careful thought to the paths for your feet and be stead-fast in all your ways.

27 Do not turn to the right or the left; keep your foot from evil.

با چشمانت مستقیم نگاه کن و حتی برای یک لحظه پلک هایت را به هم نزن و مواظب باش که چشم که از راه راست برنداری. فکر کن راجع به قدم هایی که میخواهی برداری، به طرف راست یا چپ منحرف نشو که مبادا اسیر شیطان شوی. راه هایی برای رفتن تو آماده شده است، مانند راه حقیقت و راستی، راه عبادت خداوند، مواظب باش چیزی را با آن همراه نکنی تا از آن راه منحرف نشوی.

صراط مستقیم و مسلک بودائی

شش درصد از جمعیت جهان در حال حاضر بودائی و ۲۱درصد مسلمان هستند. بخاطر آشنایی بیشتر خوانندگان با این مذهب، اطلاعات مختصری که در خور این مقوله باشد در اینجا آورده میشود.

شاهزاده سیدارتا گوتاما در بهار سال ۵۲۸ قبل از میلاد در ۵۳ سالگی، زیر درخت Bodhi در منطقه ای مابین نپال و هندوستان به مقام بودایی (بیدار شدن از خواب غفلت، متفاوت و روشن فکر کردن، وحی) نائل شد. او یک معلم روحانی و فیلسوف اجتماعی بود که معتقد بود: در زندگی تعادل و میانه روی (به عبارت دیگر صراط مستقیم) راه خوشبختی است، خوشگذرانی بیش از حد و ریاضت کشیدن (افراط و تفریط) هر دو اشتباه است. بودا به اصول زیر در زندگی واقف گردید:

درد و رنج در زندگی از خواستن و آرزو داشتن منشاء میگیرد، و تنها راه خلاصی از آن اینست که نفس خود را چنان تربیت کنی (مهار نفس و تقوی) که آنچه هستی و هست را به عنوان واقعیت قبول کنی و آرزو و خواسته ای نداشته باشی (دارما). و راه خلاصی از درد و رنج را پیشنهاد کرد.

بودا گفت که دنیا طلبی، آرزو و خواستن مال و منال علت درد و رنج است و تنها از طریق اخلاقی زندگی کردن و در خدمت دیگران بودن میتوان بر آن فائق آمد. برای مهربانی نسبت به کلیه مخلوقات (انسان، گیاه، حیوان،...) نباید حد و مرزی قائل شد. بودا معتقد بود: تنها اجتناب کردن از ۵ عمل ممنوعه خشونت و بیحرمتی نسبت بدیگران، دروغ، دزدی، مستی و شهوات و فحشاء کافی نیست، بلکه باید، عمل مقابل و خلاف این رذایل اخلاقی را تقویت کرد، مثلاً به جای فقط اجتناب از خشونت باید نسبت به همه و در همه حال مهربان و ملایم بود. نه تنها دروغ نگو بلکه مطمئن باش که حرف راستت هم ارزش گفتن دارد. (صحیح از روی فکر روشن و سودمند).

به جای دزدی، به آنچه داری راضی و خوشحال باش. در تمام لحظه های زندگی مواظب فکر و اعمال خود باش، قبل از انجامش راجع به آن فکر کن و مطمئن باش که کسب رضایت تو باعث نارضایتی دیگران نمیشود.

گوتاما بودا معتقد بود: خواستن توأم با نفرت است، وقتی میخواهیم، خود را در موقعیتی می یابیم که پر از حسد و عصبانیت است، به خصوص اگر افراد دیگر در سر راه موفقیتمان قرار گیرند و جلو بیفتند و یا راه ما را سد کنند. آرزوهای ما باعث میشود که ما درپی خواسته هایی برویم که رضایت و خشنودی موقت داده و ماندگار نیست و بنابراین همیشه از وضعیت فعلی خود ناراضی هستیم و آرزو داریم کس دیگر یا جای دیگری باشیم، و این آرزوهای کوچک دائماً ما را در حالت اضطراب و ناراحتی نگه داشته و هیچ وقت احساس آرامش نمیکنیم، این عشق و علاقه به تغییر دائم و خواستن، مقداری ترس و اضطراب در ما ایجاد میکند. زیاده خواهی، خودخواهی، حسد و غرق شدن در تمایلات شخصی باعث نفرت از دیگران شده و روابطمان را با دیگران مسموم میکند و ما را در محدوده آرزوها و خواسته های بی ارزش زندانی میکند.

راه بیرون رفتن از درد و رنج: ازمهمترین سه راه پیشنهادی بودا برگزاری چندین بار در روز یوگا Yoga (نوعی نماز) است که بدخیمی و تنفر را از فکر انسان زدوده و به تدریج نفس اماره تمایل آرزوی بد کردن برای دیگری را از دست می دهد و نسبت به دیگری دلسوزی داشته و خوبی و خوشی همه را میخواهد. انسان زمانی که از تنبلی و سستی رها شده و فعال شد حواسش هم جمع میشود، وقتی حالت نگرانی و اضطراب را از دست داد مغزش آرام گرفته و بالنتیجه روشن تر و صحیح تر فکر میکند و شک و تردید به خود راه نمیدهد، و اسیر افکار زمین گیر کننده نمیشود، در نتیجه به آسانی احساس عشق به همه چیز و همه دنیا را اعم از جماد، نبات، حیوان و انسان در افکارش پرورش میدهد.

می آموزد که درد و رنج دیگران درد و رنج اوست، و خوشی آنان موجب خوشی او میشود، بدون اینکه به فکر آن باشد که چه نفع و ضرری برای او دارد، در این مرحله منیت خود را از دست میدهد و یک حالت روحانی گرفته که خوبی و خوشی همه را میخواهد (نفس مطمئنه). به جای اینکه بگوید "من میخواهم" در جستجوی اینست که برای دیگران و جامعه چه چیز خوب است و چه کار میتواند در این راه انجام دهد. اقلا ۷ سال لازم است تا در اثر تمرین و ممارست به تدریج تغییرات فوق در شخص بوجود آید (مانند اغلب هنرهای دیگر). شاید فرد مسلمان هم بایستی هفت سال تمرین در راه راست بودن و عمل به آنرا در نمازها و زندگی انجام دهد تا ملکه وجودش شده و به درجه تقوی نائل آید!؟.

گوتاما بودا سه راه عملی را برای خلاصی از درد و رنج پیشنهاد کرد:

۱.   **مدیتیشن** (*Meditation*) و یوگا که به مرور زمان امکان تمرکز کردن، تفکر ، تأمل، تدبر و اخلاقی زیستن را به انسان میآموزد.

۲.   **عقلانیت** که با کمک اخلاق نیکو، یوگا و مدیتیشن میتواند صراط مستقیم را که قبل از خلقت در فطرتش به ودیعه نهاده شده است استخراج نموده و به آن عمل نماید تا در صلح و آرامش و احساس رضایت زندگی نماید.

۳.   **اخلاقی** زندگی کردن که حاصل فکر تربیت شده و آموزش دیده است و نتیجه آن پندار نیک، کفتار نیک، و کردار نیک است. چنین انسانی دیگر آرزو، خواسته، تنفر و نادانی از افکارش زدوده شده، منیت را از خود رانده، بخشی از عالم لایتناهی میشود و به آرامش در آغوش آن در میاید. از اینکه احتیاجات دیگران را بر نیاز خود مقدم میدارد و همّ و غم خود را در صدد رفع مشکلات دیگران صرف میکند احساس آرامش میکند.

بودا به این نتیجه رسید که زندگی خوشحال، آرام، و سودمند زندگی متعادل است و برای اخلاقی زندگی کردن باید در خدمت دیگران بود، و برای خدمت حد و مرزی نباید قائل شد. مضافأ اینکه خودخواهی، بلند پروازی، رقابت و کینه توزی با زندگی اخلاقی و معنوی سازگار نیست. (*Moral and Spiritual*)

بودا هنگام مرگ برای خود جانشین معین نکرد. او به پیروانش وصیت کرد که هر کدام از شما جزیره ای مستقل هستید و بر طبق آموزه هایم و تکیه بر عقل خود به زندگی ادامه دهید، از غیبت، تنبلی، تن پروری، لهو و لعب خودداری کنید، آگاه باشید که هیج چیزی برای همیشه ماندنی نیست و همه چیز گذرا و از دست رفتنی است (این نیز بگذرد).

خواستن و آرزومندی علت درد و رنج در زندگی است و از راه پایبند بودن به اخلاقیات، عقل، از خود گذشتگی و خیر مخلوقات را هدف داشتن است که انسان به سعادت میرسد. زندگی بر پایه گفتار نیک، کردار نیک، اخلاق محوری و اجتناب از رذائل: دروغ، دزدی، خشونت و پرخاش، شهوات و فحشا، و تقویت صفات حسنه معکوس آنها، با کمک از تمرین های روزانه و مرتب یوگا، تفکر و درون نگری امکان پذیرمی گردد.

با توجه به آنچه اشاره شد برای اخلاقی و در آرامش زیستن و عبد خوب بودن، کلیه ادیان اعم از بودایی، یهودی، مسیحی و اسلام صراط مستقیم و زندگی متعادل (به دور از افراط و تفریط)، مطابق با عرف جامعه را به طرفداران خود توصیه میکنند. و فلسفه تمرین یوگا چندین مرتبه در روز و فوائد ناشی از آن یادآور نمازهای روزانه مسلمانان است.

فرد بودایی خدا را قبول دارد، فقط میگوید خدا تاثیری روی درد و رنج ناشی از خواستن ما ندارد. ما آزاد آفریده شده ایم، خواسته هایمان انتخاب خود ماست، اصل کنش و واکنش که مشیت خداوندی و از قوانین لایتغیر کائنات است بر آن حکم فرماست. و برای هر عملی، عکس العملی مناسب آن را باید انتظار داشت.

مباحث فوق نشان میدهد که هدف از دین (قوانین خداوند برای کلیه ادیان)یک چیز است و آن بر صراط مستقیم بودن، متعادل زیستن و رعایت عدالت در زمان حیات است صرفنظر از اینکه پیرو دین وحی یا غیر وحی، سکولار یا حتی بی دین و اتییست باشی. حقیقت یکی است و آن ایمان به خدا، روز جزا و عمل صالح است. صراط مستقیم فقط یکی است واز مو باریکتر است . برای هر عملی یک خط راست بیشتر نیست فرق نمیکند که پیرو کدام دینی، ولی خط راست ها بسته به شرایط موجود و افراد مختلف متفاوت و بی نهایت اند . در جوامع مختلف شرایع و فقه متفاوت اند و این ها را عقلای پیروان مذاهب مختلف، فلاسفه، معلمین اخلاق و انبیا در شرایط و ازمنه متفاوت بسته به احتیاجات جوامع خود به وجود آورده اند. پیامبران ادیان متفاوت نیاوردند، دین خدایی و یک حقیقت دارد و برای کلیه انسان ها همان است چون عدالت خداوند آنرا ایجاب میکند، بنابراین پلورالیسم دینی نیست ولی پلورالیسم مذهبی هست با شرایع متفاوت که پیامبران، عقلا، فقها تفسیری از دینشان را ارایه کرده اند. فقه تابع عقل و رای مردم زمانه است و بالاجبار باید سیال باشد و نه منجمد. متاسفانه دو مذهب تشیع و تسنن در قالب های تاریخی و ایدیولوژیکشان قرن هاست که منجمد شده اند.

مذاهب بایستی نقد پذیر و پالایش شونده باشند زیرا دینداری یک فرآیند جمعی است، همانطوریکه بیدینی و سکولاریسم هم میتواند به همین دلیل باشد.

بطورکلی آنچه جوامع بشری را هماهنگ ومتحد می سازد آن است که کلیه افراد، نیروهای جسمی، عقلی، علمی ومالی خودرا درراه احراز عدالت اجتماعی و سعادت انسانها بکاربندند واین مهم امکان پذیر نیست مگر با فضایل اجتماعی وهمه گیر امانت، صداقت، سخاوت، کمک به محرومین، اغاثۀ مظلومین، نشر معروف، نهی منکر، کسب علوم وخلاصه همه گیری عدل، انصاف واحسان.

بطور خلاصه زیستن با الگوی کسب وعمل به مکارم اخلاق مادام العمر که برای همه انسانها موضوعیت دارد صراط مستقیم استوپیامبر فرمود که بعثت من برای تکمیل کردن مکارم اخلاق درجامعۀ انسانی بود. بنابراین انسان بودن بمعنی عام آن ونه فقه وشریعت، مدّ نظر خداوند ازرسالت آن حضرت بود وبهمین دلیل است که احکام کمتراز پنج درصد مطالب مندرج درقرآن کریم را شامل می شوند.

روشنگری راجع به صراط مستقیم

ادیان ابراهیمی و بودایی برای خوشبخت زیستن پیروان خود، زندگی متعادل (صراط مستقیم) را سفارش میکنند. حال با مطرح کردن مثال هایی از صراط مستقیم میتوان به پیچیدگی انتخاب صحیح این کوتاهترین راه بین دو نقطه و در ضمن باریکتر از مو و برنده تر از شمشیر پی برد.

صراط مستقیم کوتاهترین راه از مبداء به هدف مشخص و مقصد است، با وجود کوتاهی راه (قضیه حمار در هندسه) شناسایی و تشخیص آن گاهی بسیار مشکل است و احتیاج به مشعل راهنما دارد زیرا در موارد مختلف بسته به زمان، مکان، شخص و موضوع ممکن است کاملا متفاوت باشد. مانند امور پیچیده دینی، فامیلی، شغلی، خانوادگی، تربیتی، اجتماعی، مهاجرتی، تجاری، سرمایه گذاری، بازنشستگی، سیاسی و غیره. زمانی برای تشخیص صحیح صراط مستقیم دینی ، یک مسلمان ترجیحا باید با قرآن، ترجمه، تفسیر و تأویل آن آشنایی کامل داشته باشد، ودر صورت لزوم راجعِ به علوم انسانی، اجتماعی، سیاسی، خانوادگی و اقتصادی با اشخاص متخصص (ترجیحا دو نظریه متفاوت) که علاوه بر تخصص از عقل نظری و عملی (حکمت) بهره کافی

دارند مشورت نماید.

واجب است که از گهواره تاگور برنامه های آموزشی متداوم از طرق مختلف، افراد را در شناسایی راه مستقیم منطبق با شرایط زندگی آنان آموزش دهند. پوینده صراط مستقیم باید بداند که در شرایط متفاوت مقابله با یک ناهنجاری صراط مستقیم ممکن است سکوت باشد، گاه فریاد، زمانی بذل مال، و بندرت نثار جان. برای تحصیل برای فردی رشته ادبی و دیگری ریاضی مناسب تروصراط مستقیم است، برای شغل هم استعدادها متفاوت است و وظیفه والدین، مدرسه و اجتماع کمک به فرد است که صراط مستقیم شغلی خود را پیدا کرده تا بتواند امکان موفقیت خود را افزوده و علاوه بر زندگی راحت اجتماع هم از وجود عضوی فعال و کار آمد سود ببرد. به عبارت دیگر راه های اخلاقی زیستن، آرامش و در صلح با خود بودن، کسب رضایت خداوند در بندگی به حد اقتدار و وسع شخص، خواست و موقعیت انسان ها بیشمار و گوناگون است. مهم بودن در صراط مستقیم و مهمتر از آن استمرار و همیشگی بودن آن است. (حفظ رابطه ودائماً دررابطه با خدابودن که همان صلات عملی است ونه خواندن نماز) صراط مستقیم بسته به فرد، دارای درجاتی است و هر چه مکنت، علم و تقوی شخص بیشتر و تکامل یافته تر باشد تشخیص آن و یا عمل به آن مشکلتر میشود (حسنات الابرار سییات المقربین).

مریم ۱۹ / ۷۶: خداوند بر هدایت هدایت پذیران می افزاید.

راه مستقیم راه وسط و اعتدال در همه امور است: حتی در مورد عبادت، انفاق و احسان

البقره ۲ / ۱۴۳:

قرآن درباره میزان انفاق میفرماید:

الفرقان ۲۵ / ۶۷: بندگان خدا هنگام انفاق نه اسراف میکنند و نه بخل و کوتاهی، بلکه راهی معتدل و میان آن دو را دارند.

عقل، اختیار، آزادی عمل، قدرت مکالمه و ارتباط برقرار کردن مختص انسان است. تشخیص راه مستقیم و میانه (کی *WHO*، کی *WHEN*، کجا *WHERE*، چرا *WHY*) احتیاج به حکمت یعنی عقل علمی و عملی دارد، یعنی آشنایی با علوم دینی، اجتماعی، محیطی، سیاسی، اقتصادی، وجدان سالم و مشورت با صاحبنظران، و مهمتر از همه توکل به خداوند و استعانت از او همراه با التماس استجابت دعا.(با اضطراب بودن وزیاد با خودو خدامشورت کردن) حد اعتدال را نگهداشتن و میانه رو بودن در کارها

امن ترین راه جلوگیری از افتادن در تله شیاطین است. با ارتباط های متعدد روزانه برقراری صلات، توکل به خداوند و از او برای گزینش صحیح و هدایت به راه راست کمک خواستن، با در نظر گرفتن شرایط فوق به نظر اینجانب اگر اشتباه مختصر در تشخیص کرده ومطلوب ترین ومقبول ترین راه را انتخاب نکردیم بخاطر تلاش صادقانه ، خداوند مارامی بخشد گرچه ممکن است مقصودما ایده آل نباشد. زیرا بنا به حدیثی (ازمعصومین) شرک مانند مورچه سیاهی روی سنگ سیاه در شب تاریک است و دیدنش احتیاج به نور دارد، شناخت صراط مستقیم نیز گاه خیلی مشکل و احتیاج به استعانت علم، حکمت و راهنمایی یا گوشزد دیگران و توکل به خداوند دارد.

اصولاً اگر عدالت واعتدال را درکلیهٔ امور فردی واجتماعی ومحیطی ، عمل نیکو (مفید به حال خود ودیگران) واحتراز از ضرر رساندن به سایر مخلوقات را سرمشق زندگی خودقراردهیم کمتر به اشتباه می رویم.

درجات وجدان بر حسب تکامل انسانها متفاوت است، و هر با وجدانی در جایی و عملی ممکن است از نظر خداوند ودیگران بی وجدان وگمراه باشد. به طور مثال آدولف هیتلر مشروبات الکلی نمیخورد، سیگار نمی کشید، حامی محیط زیست، حیوانات و خانواده بود، به زنان احترام میگذاشت، برای اولین بار در اروپا قوانین حمایت از حیوانات را وضع کرد، ولی با وجود این ویژگیها به اشتباه رفته و با توجیحاتی که برای خودش حتما مورد قبول بود با کشتارهای دستجمعی یهودیان و کولی ها در اروپا فجیعترین جنایات تاریخ انسانی را مرتکب شد.

- صراطی مستقیم است که انجام آن بیشتر به نفع جامعه تا خود شخص باشد، و نه تنها عدم ضرر به دیگران، بلکه نفع دیگران هم در آن باشد.

- در صراط مستقیم تصور بد نکن، فکر بد نکن، عمل بد نکن، خود را راضی و توجیه نکن (پندار نیک، گفتار نیک و کردار نیک صراط مستقیم است).

یاد دادن و یادگرفتن راه های مستقیم نسبت به سن افراد و ضرورت های زندگی و رشد جسمی و عقلی آنها متفاوت است و آموزش و تمرین به آن بایستی از نوباوگی شروع شده و تا زمان مرگ ادامه یابد.

باید تقویت وتمرین به زندگی درلوای مکارم اخلاقی ازسنین کودکی تا پیری که لازمهٔ خلقیات متفاوت است صورت گیرد. باید بکودکان احترام بدیگران، صداقت وراستگوئی ، شفقت ورحم ودلسوزی ، حق شناسی و شکر کردن بجا، مهربانی، شریک کردن اطفال دیگر دربازی وچیزهائی که دیگران باشرکت درآن لذت می برند ،

همکاری درکمک به برادر وخواهر کوچکتر ، هم تیمها دربازیهای بچگانه مانند پاس دادن توپ فوتبال، اذیت نکردن بچه های دیگر وعلاقه به یادگیری(بیدارکردن این حس درآنها باسئوال کردن، کتابخواندن وآموزش به کوچکترها را در هروقت وفرصت مناسبی دست دهد یاد آوری کرد تا به آن عمل نمایند و بتدریج ملکۀ وجودشان گرددو بعدها سخت کوشی واستقلال فکری وجسمی راهم به آن اضافه نمائیم تادربزرگی صفات صداقت ودرستکاری واحترام بخود، فامیل ، جامعه ومحیط زیست، عذالت خواهی، شرافت، حق شناسی، احساس همدردی وهمدلی مهربانی، شجاعت، پشتکار، سخاوت، مسئولیت پذیری، وفاداری، تعهد پذیری، تواضع، بخشش دیگران که به حقوق او بهردلیلی تجاوز کرده اند، کنترل نفس خود ازشهوات و منهیات اجتماعی ودینی ، صبروتحمل، مهربانی، همکاری وکمک بدیگران، همه ازمکارم اخلاقی هستند که اگر دراثر تمرین درنفس فرد نهادینه شد او بدرجه تقوا نائل شده است وانسان کاملی است که مردم ازاو درامانند.

بنابراین دامان مادر، محیط خانه و خانواده، پدر، برادران و خواهران، هم کلاسان، هم نشینان، معلمان، اساتید، اجتماع، محل کار، زندگی و روابط زناشویی، روابط با پدر و مادر، قوانین و... همه تابع صراط مستقیم بوده، که در هر زمان و شرایطی ممکن است تفاوت فاحش داشته باشد. به همین دلیل برنامه های متعددی در رادیو، تلویزیون، رسانه های جمعی، کتاب ها، کلاس ها، مکالمات، مشاجرات، مناظرات و مسابقات باید راجع به صراط مستقیم باشد و با ذکر مثال هایی متناسب با سن، تجربه، زمان و مکان، جویای صراط مستقیم برای حل مسائل مختلف شد و برای پاره ای از مسائل آراء اکثریت آگاه را ملاک عمل قرار داد.

صراط مستقیم خوردن غذا برای افراد مختلف شامل نوع، کمیت، کیفیت، زمان روز، قدرت خرید خانواده و احتیاجات جسمی و سلامت آنان است. مسائل مربوط به صراط مستقیم برای شغل، امرار معاش و کار کردن شامل نکاتی مانند در نظر گرفتن تبحر، محل کار، انتظار کارفرما، و صراط غیر مستقیم آن کم کاری و دزدی از کار، کار کردن بیش از حد معمول بقصد صراط مستقیم که باعث بیماری جسمی و روحی شود، رشوه خواری، اختلاس، خیانت،(شناخت بدی های محل کار و اصلاح آن، انجام خوبی ها و تشویق به آن، مثلاً نه تنها رشوه و زیرمیزی نگیرد، بلکه با روی خوش وظیفه خود را نسبت به ارباب رجوع انجام داده و در صورت احتیاج از کمک و راهنمایی لازم دریغ نکند، تا بالنتیجه خود و خانواده از ثواب روزی حلال و نتایج آن برخوردار گردند). اوقات فراغت را به جای بطالت میتوان برای استفاده دیگران صدقه کند،

مانند: کمک خرج خانواده و افراد مستحق بسته به نوع احتیاج آنان از کاری تا زبانی، همنشینی و راهنمایی، هم صحبتی و دلجویی، رابطه با دوستان (جمع شدن دورهم، وقت گذراندن، تشریک مساعی در کار خیر، تشکیل اتاق فکر، راهنمایی در اموری که در آن تجربه بیشتر دارد). دیدن فامیل و صله رحم دررفع احتیاجات آنها، مطالعه، نوشتن، برادر یا خواهر بزرگتر شدن برای افرادی که تنها هستند و به دلایلی احتیاج به مراقبت دارند، وقت گذراندن با خانواده در سر میز شام برای مطلع شدن از امور و احتمالاً گرفتاری هایشان برای کمک فکری، معنوی و مادی در حد امکان. قبل از خوابیدن مرور بر کارهای روزی که گذشت و برنامه ریزی برای امور روز آینده، نقطه ها را به هم وصل کردن در راه راست و اگر انحرافی بود سعی در رفع آن نمودن و با قدم های ثابت، محتاط و لازم به صراط مستقیم برگشتن، روابط زناشویی محترمانه و سعی در رفع اختلافات خانوادگی قبل از رفتن به خواب. گاهی به علت گرفتاری های روزانه کاری و خانوادگی انسان فرصت فکر کردن در محیطی آرام را ندارد و در این موقع بایستی پاسی از شب را در تنهایی عمیقا فکر کند و با کمک خواستن از خداوند سعی در پیدا کردن راه حل مشکلاتش کند و اگر راه غلطی رفته است سعی در اصلاح آن کرده و از خداوند طلب مغفرت نماید.

اگر در محل کار، انجام معاملات و رفتار با دیگران طرف مشورت دیگری قرار گرفت سعی کند جوابش عالمانه، حکیمانه، صادقانه، از روی شفقت و انصاف باشد.

یکی از وسائل موثری که اکنون در اختیار مردم قرار دارد استفاده از اینترنت برای آموزش و کمک خواستن است. در کلاس ها برای دانش آموزان و دانشجویان مسائلی را مطرح کرده و داستان های آموزنده بگذارند. در کارگاه ها از دانش آموزان بخواهند که به راه حل که اغلب موافقت کرده اند عمل کنند باشد که به تدریج این طرز تفکر و عمل ملکه ضمیرشان گردد (برای ملکه ضمیر شدن و تبحر در هر کاری تمرین و ممارست مداوم برای هفت تا ده سال لازم است). به آنها تفهیم نمایند که دروغ سرمنشأ تمام بدی هاست، وشخص دروغگو ریا کاربوده وبراحتی اهل رشوه گرفتن واختلاس، عهدشکنی، مال مردم خواری، دزدی هم می شود. پس دروغ مادر رذائل اخلاقی وگناهان است و اطفال را باید بشدت ازآن برحذرداشت تا بقیهٔ مکارم وفضائل اخلاقی راحت تر درقلب و نفس او رسوخ نماید و اینکه تعارف کردن، دروغی است محترمانه، که دزدی هم مانند دروغ از گناهان کبیره هست و بفهمند که دزدی تنها به سرقت شبانه از منزل مردم نیست، رشوه گرفتن، کم کاری کردن، دیر رفتن سر کار یا زود ترک کردن محل کار، حقوق بیشتر از حد معمول گرفتن، اگر معلم هستی آماده

نبودن به حد کافی برای کلاس، رشوه برای نمره بالاتر از اکتساب دانش آموز و ارتقاء دانش آموز بدون استحقاق به کلاس بالاتر نه تنها دزدی به خود و به حقوق خود، بلکه به جامعه است زیرا به کرات اخیرا دیده میشود که این افراد مدرک دکترا گرفته و به مدارج و حقوق بالا به کار گمارده میشوند که در آن علم، تجربه و تبحر کافی نداشته و در اثر بی درایتی کلاف امور را میگورانند. اگر پزشک است و به عنوان استخدام تمام وقت دانشگاه حقوق میگیرد ولی به مطب خصوصی هم میرود، مریض را به بیمارستان خصوصی اش هدایت میکند، برای نفع خود آزمایشات غیرضروری و گاهی خطرناک و داروهای گران قیمت تجویز میکند، در واقع یک طبیب در مقام خیانت به مال، ناموس و جان مردم از شیطان هم پایین تر رفته و حتی معلم شیطان میشود. ما سعی میکنیم از شر شیطان به خدا پناه ببریم ولی از شر طبیب دزدِ مال، جان و ناموس که به صورت نجات دهنده با ما روبرو میشود به فکرمان هم خطور نمیکند که او دزد با چراغ است و خیلی خطرناک. این روند به نحوی دیگر در دادگاه با قاضی، وکیل دادگستری، پلیس و خلاصه تمام اقشار جامعه جریان دارد.

اولین قدم غلط را که برداشتی قدم های بعدی در پی آن هم غلط و به راه کج خواهد رفت، مگر اینکه تا ملکه و عادت نفس اماره نشده هر چند به ظاهر به نفعت نباشد آن را اصلاح کرده و با احساس پشیمانی، توبه و انابه به درگاه پروردگار از تکرار آن خودداری کنی، تا مورد مغفرت الهی قرار گرفته وبراه مستقیم هدایت شوی.. (البته اگر قانون تاکنون به سراغت نیامده باشد.)

قدم های اشتباه خود و دیگران را بایستی پله به پله و قدم به قدم کمک کرده و اصلاح کرد، با نصایح حکیمانه، مشفقانه و آمرانه ، راهنمایی کردن که همان امر به معروف و نهی از منکر است، منظور از این امر به معروف و نهی از منکر راهنمایی افراد به راه راست از طریق آموزش و خیرخواهی است و نه تهدید و تنبیه .

تعارف کردن، دروغگویی و ریا است و اولین منبع بدآموزی اطفال است، اگر تلفن زنگ زد و به طفل بگویند بگو پدرت منزل نیست درس دروغگویی به طفل دادن است، گفتن دروغ های مصلحتی، نگفتن حرف راستی که باید گفته شود، تهمت به افراد، همه دروغ به انواع مختلف هستند.

صراط مستقیم یکی است ولی یک سناریو برای زمان، مکان، و افراد متفاوت سبیل های متفاوت برای ماندن در صراط مستقیم را دارند. در واقع به تعداد افراد و مناسبت اعمال صراط مستقیمش فرق میکند، به طور مثال: کسی به شما روی آورده و تقاضای

وام برای خرید جهیزیه برای دخترش یا برای خرید دارو برای درمان سرطان همسرش را دارد، شما اول در ظرف زمان، مکان، امکانات، احتیاجات و شناخت طرف مقابل، همه چیز را در ضمیرت می سنجی یا راجع به آن تحقیق میکنی، اگر شخص متقاضی مورد اعتماد و احترام بوده و آدمی درستکار و آبرودار و تقاضایش بجاست، بسته به امکانات مادی خود: ۱- امکان وام دادن نداری از او معذرت خواهی میکنی و ترجیحا اگر بتوانی به او میگویی از افرادی که میشناسم سراغ میگیرم یا سفارش میکنم یا به فلان خیریه یا شخص مراجعه کن شاید شانس بهتری داشته باشی، ۲- اگر امکانش را داشتی یا اگر در آینده نزدیک خواهی داشت بگو مثلاً چند هفته دیگر به دلایلی میتوانم ولی در حال حاضر معذور هستم، ۳- توان مقداری کمک داری بگو قسمتی را میتوانم کمک کنم، ۴- امکان کمک مالی را داری، بسته به سطح مکنت ات بگو قرض الحسنه میدهم تا هر وقت امکانش را داشتی، یا بعد از مدت زمان معینی به طور قسطی وام قرض الحسنه را ادا نما، ۵- قرض با منفعت کمتر، مساوی، کمی بیشتر از بانک، و یا حتی مطابق تورم که رفع گرفتاری او را کرده باشی، ۷- اگر داری و احتیاج نداری و میدانی او واقعاً احتیاج دارد بگو حتما، بیشتر هم خواستی حاضرم بدهم و شما نگران پس دادن آن نباش و در عوض برای خانواده و رفتگان من دعای خیر کن تا گیرنده کمک هم خجالت نکشد.

بنابراین در شرایط مساوی متقاضی درخواست وام از شما، بسته به توانایی شما، راههای مستقیم متفاوتی دارد. برای کسی که امکان مالی کافی داشته و احتیاج بجای طرف مقابل را تشخیص داده‌است، جواب های: نمیتوانم، مقداری را میتوانم کمک کنم، وام قرض الحسنه، وام با بهره معمول، یا وام با بهره بالا در حد ربا هیچ کدام صراط مستقیم، نبوده و در آخرت مسئولیت داشته و درضمیر شخص دردنیا اثر نامطلوب بجای می گذارد (عذاب وجدان). صراط مستقیم برای او دادن وام است بدون قید و شرط، اگر منت بگذارد، توقع بیش ازحد احترام و انقیاد از مقروض داشته باشد، ضمانت غیر ممکن از طرف بخواهد، عمل خیرش را برخ دیگران کشیده و آبروی طرف را پلکانی برای ترفیع خود قرار دهد، این ها دیگر صراط مستقیم این رابطه نیستند و خیر مورد نظر ثواب کارش را هم تا حدی ضایع میکند. ضمنا در اینجا فرض بر صداقت متقاضی در طرح درخواستش بود. برای روشنتر شدن بیشتر موضوع چگونگی ماندن یا انحراف از صراط مستقیم به ذکر چند نمونه از تجربیات شخصی خود را که قابل تأمل و کمکی در فهم بهتر موضوع است میپردازم:

در آمریکا به خانه یکی از مریض هایم برای صرف شام دعوت شده بودم، به رسم

آمریکائیان فقط یک غذا، آنهم با گوشت خوک و قارچ تهیه کرده بودند و قبل از شام همسر خانم راجع به آن غذای مخصوص ایشان خیلی تعریف کرد. در اسلام خوردن گوشت خوک حرام است ولی در اینجا به دلایل مختلف فکر کردم صراط مستقیم خوردن غذایی بود که با گوشت خوک درست شده بود(۷۵٪ جمعیت جهان گوشت انتخابی آنهاست)، نه نخوردن آن (درست ۱۸۰ درجه اختلاف از نظر شرعی). تا باعث خجالت میزبان نگردد. البته بعد از تمام شدن غذا با ملایمت بطوریکه میزبان هم خجالت زده نشود، اول از خوشمزگی و کدبانوگری خانم تعریف کردم و بعد توضیح دادم که در دین اسلام بدلائل مختلف مثل ابتلا به بیماری لاعلاج تریشینوز و شاید علل دیگر خوردن گوشت خوک حرام است، ولی حالا به خاطر مراقبت های اداره بهداشت این بیماری در آمریکا و اغلب دنیا ریشه کن شده ولی هنوز در خوک وحشی (گراز) خطر این ابتلا وجود دارد و اجتناب از خوردن گوشت خوک وحشی امری ضروری است. راجع به سایر غذاها و نوشیدنیهای حرام در اسلام صحبت شد. خانواده که به اشتباه خود واقف شدند بعد از عذرخواهی فراوان، از اینکه نه تنها غذا را میل نموده، بلکه آنها را راجع به این موضوع آموزش دادم تشکر کردند و با خاطره ای خوش آن شب سپری شد. بعد از سالها هر وقت آن ها و فرزندانشان و سایر دوستانشان را که مریضم بودند میبینم راجع به آن طرز برخورد با نظری مثبت صحبت میکنند. حال شما مقایسه کنید اگر آن غذا را نمیخوردم و خانه آنها را به خاطر ندانستن آن موضوع ترک میکردم، چه واکنش هایی را هر چند نا گفته در پی میداشت!

صراط مستقیم نماز، خواندن آن نیست بلکه بر قرار کردن نماز است با داشتن نیت معین و از پیش فکر شده که آن ارتباط را برای چه موضوعی برقرار میکنیم. به همین دلیل است که نیت اولین واجب در نماز است. نماز را باید اول وقت و به موقع خود اجرا کرد، دیرتر و یا با هم خواندن (ظهر و عصر یا مغرب و عشا)، و در مواقع اضطراری قضای آن را خواندن صراط مستقیم نیست، چون از نظر خداوند نماز به موقع برای ملاقات با خداوند و درخواست کمک برای هدایت در ماندن بر صراط مستقیم در امور بین دو وقت نمازهاست، ولی اگر نماز ظهر و عصر را با هم بخوانیم، در واقع به مفهوم برقرار کردن نماز پی نبرده ایم تا از آن استفاده مورد نظر را ببریم، فقط عبد نادان بودن را به نمایش گذاشته و طوطی وار برای انجام وظیفه نماز خوانده ایم، این شاید برای فرد بی اطلاع ثواب داشته باشد چون انجام وظیفه عبادی خود را به جا آورده ولی طبق قرآن هدف نهایی موردنظر خداوند برای بنده از آن حاصل نمیشود، پس نمازخواندن بی موقع، نمازها را با هم خواندن و نماز قضا و یا خریدن نماز برای

رفتگان هیچکدام صراط مستقیم نماز نیستند. البته شاید هم آن طوری که گفته شده، حَسَنَاتُ اَلْأَبْرَارِ سَيِّئَاتُ الْمُقَرَّبِينَ، این نماز از افراد معمولی و بیسواد که آشنایی بیش از این ندارند و نه تنها آنها را در انجام وظیفه خوشحال میکند بلکه به سبب ایمان کافی بخداوند و روز جزا آنان را تا حدی از منهیات و گناهان دور میکند بمراتب بر نخواندن آن ارجحیت دارد، ولی مسلماً از فرد مطلع به علوم دینی، متقی و عالم، نه تنها مورد قبول خداوند نیست بلکه شاید گناه نیز محسوب شود.

در داخل اتومبیل و در حال رانندگی برقراری نماز به موقع فکر کردن، با احتیاط رفتن و مواظب جاده و دیگران بودن برای جلوگیری از تصادف، صراط مستقیم است. اگر هم اصرار در خواندن نماز داری وضو، رکوع و سجود غیر ممکن بوده و در دل باید، نیت انجام آنهارا کرد.ولی در خانه اگر سالم بوده و بدون معذوریت باشد، قوانین دیگری حکم فرماست.

کمک به افراد خانواده در حد امکان خود و نیاز آنها یک وظیفه و بر صراط مستقیم است، ولی اگر فردی تن پرور، معتاد و یا ولخرج و مسرف است کمک کردن به او بغی و (افراط) و به دور از صراط مستقیم بوده و نه تنها ثوابی ندارد بلکه ممکن است گناه هم باشد. همینطور کمک بیش ازحد به افرادی که بالنتیجه آنها را از رفتن دنبال زندگی آبرومند و کار کردن برای کسب در آمد باز میدارد. کشتن دشمن در میدان جنگ صراط مستقیم و امکان مدال قهرمانی گرفتن هم دارد، ولی در خیابان قتل حساب شده و قصاص و زندان و دیه دارد.

لیوان نیمه پر، نیمه خالی هم هست. پس هر چیزی یا کاری اقلاً دو جنبه دارد، و در امور مهم زندگی بسته بنوع موضوع باید از خداوند و ابزاری که خداوند برای بندگان قرار داده: شامل فطرت و علم لدنی، علوم اکتسابی، عقل، عمل، شعور، معرفت، حکمت، مشورت، کتاب، قرآن، اخلاق و سنت پیامبر، تجربه و بالاخره مراجع مربوطه کمک گرفت.

نمونه قابل ذکر دیگر: در شب آخر ماه مبارک رمضان سال ۱۳۹۶ خورشیدی به منزل یکی از اساتید دانشگاه کاشان دعوت داشتم که بعد از اتمام جلسه قرائت قرآن، در مورد اخلاق پزشکی به طور عموم و در آمریکا بخصوص صحبت کنم . با خوشحالی تمام به آنجا رفتم با تصور اینکه اساتید دانشگاه حتماً شبانه از هر جزو قرآن یکی دو آیه مهم را انتخاب کرده و درباره آن بحث، تعمق و تدبر مینمایند (به نظر بنده راه مستقیم برای آنها). بر خلاف تصورم در آن جلسه از بچه ۸ ساله تا پیرمرد ۸۰ ساله

گرد اطاق نشسته و به ترتیب بدون توجه به سن، آیه های سوره مربوطه را یکی بعد از دیگری میخواندند و غلط گیری میشدند و نوبت نفر بعدی میرسید، واقعا جلسه با شکوه و غیر منتظره ای بود ولی خبری از آنچه من فکر میکردم نبود. در عجبم که یادگرفتن صحیح خواندن قرآن جز اینکه طوطی وار دقیقاً کلمات ذکرشده را تکرار کنند چه فایده ای عاید خواننده میکرد و آیا این برای تمام حضار صراط مستقیم بود؟ گرچه بگوییم چون کلام خداوند است تکرار آن و خواندن آن هم مقرون به ثواب است هر چند خواننده متوجه معنی آن هم نشود، به جا و مورد قبول است، ولی آیا این برای اساتید دانشگاه هم صدق میکند؟ آیا آنها در صراط مستقیم مربوط به خود بودند؟

سازمان حج و زیارت افرادی را که آماده رفتن به حج هستند کمک میکند که مناسک حج و خواندن نماز بخصوص ولاالضالین را درست و از ته حلق ادا کنند، به جای اینکه درباره چون و چرای این سوره که کلید، گشاینده و چکیده ای از تمام قرآن است و ده مرتبه در نمازهای روزانه تلاوت میکنند صحبتی بشود، دوستی میگفت در مکه روحانی کاروان به یک حاجی گیر داده بود که حج شما قبول نیست اگر ولا الضالینت درست ادا نشود، به او گفتم حاج آقا، اگر یک نفر ترک زبان به مغازه قصابی رفت و گفت یک کیلو جوشت میخواهم، قصاب چه به او میدهد؟ گفت خوب معلوم است، یک کیلو گوشت، به روحانی کاروان گفتم آیا شما فکر میکنید که خداوند نعوذبالله کمتر از یک قصاب است که متوجه منظور این آقا نشود اگر تلفظ ولاالضالین اش صحیح نیست؟ به راستی که «مغز را گذاشته و پوست را برداشته ایم"

در همان شب جلسه قرآن بحث شد که در بیمارستان دانشگاه کاشان در آن روز عمل جراحی کودک ۲ ماهه ای به خاطر اعتصاب متخصصین بیهوشی انجام نشده بود، چون تعرفه متخصصین بی هوشی تازه اعلام شده مطابق میل آنها نبوده و کلیه عمل های جراحی کنسل شده بود. بنده رئیس بخش بی هوشی را میشناسم، او شخصی محترم و مسلمان و اتفاقاً از حافظان صاحب نام قرآن و برنده جایزه است. آیا صراط مستقیم به تشخیص ایشان دفاع از تعرفه حقوق همکاران است یا به عنوان سرمشق از پیوستن به اعتصاب دوستان سرپیچی کردن تا طفلی ۲ ماهه که برای ۱۲ ساعت ناشتا مانده عمل جراحی اش انجام شود و چنین بازتاب زشتی برای پزشکان در جامعه نباشد! آیا بهتر نبود که این عمل با اطلاع قبلی صورت میگرفت و مریض ها را مطلع میکردند تا چنین پیش آمدی رخ ندهد؟ سوالات مهم و متعددی در اینجا مطرح است و تشخیص صراط مستقیم بدون تفکر و در نظر گرفتن جنبه های مختلف مادی، معنوی، اخلاقی و بخصوص پزشکی آن دشوار است.

آیا هدف از پزشک شدن فقط کسب در آمد و زندگی مرفه است؟ آیا اخلاق پزشکی و قسم نامه بقراط چنین تجویز میکند؟ آیا پزشک نباید آنچه را که جایز میداند دستمزد بگیرد؟ مگر قصاب گوشت خوب را با بهای گوشت نامرغوب میفروشد؟ و یا اینکه حرفه پزشکی با بقیه حرفه ها تفاوت دارد؟ آیا پزشکی که جان مریض در اختیار اوست باید اجازه اعتصاب کردن داشته باشند؟ آیا در انتخاب دانشجویان پزشکی در صراط مستقیم هستیم؟ یا " خانه از بیخ و بن ویران است" ؟!

قبل از اینکه به ریشه گرفتاری ها در این باب بپردازم، اجازه دهید به اطلاع خوانندگان عزیز برسانم که در آمریکا طبق قانون، هر گروهی میتوانند اعتصاب کنند و تشکیل اتحادیه بدهند بجز پزشکان. چرا در ایران حرفه پزشکی که بایستی محترمترین حرفه ها باشد، به یک وسیله پول درآوردن تبدیل شده است؟ در این باره ما کجا از راه مستقیم منحرف شدیم؟ اولین قدم غلط را کجا برداشتیم که قدم های بعدی یکی بعد از دیگری از راه راست منحرفتر شد؟! کالبد شکافی این قضیه نشان میدهد که در ایران برای ورود به دانشکده پزشکی بعد از اخذ دیپلم، دانش آموزان در کنکور شرکت میکنند و آنان که در ردیف های بالای قبولی هستند به دانشکده پزشکی راه می یابند، عده ای بدون توجه به رتبه کنکورشان سهمیه ای وارد میشوند و گروهی که قبول نشده و خود یا خانواده علاقه مند به ورود فرزندانشان به دانشکده پزشکی و حرفه پزشکی آن هم برای اطمینان از زندگی مرفه در آینده هستند با پرداخت شهریه سنگین به دانشکده های پزشکی دانشگاه آزاد و یا شعب تازه تأسیس بین الملل دانشکده های پزشکی دولتی شده که قسمتی از کمبود بودجه دانشکده مادر را تأمین نمایند. در دانشگاه و جامعه الگوی آنها اطبائی هستند که از نظر مادی موفقترند و در واقع اطباء موفق اغلب در کار ساختمان سازی هستند یا در سهام بیمارستانهای خصوصی شریکند. در نظام پزشکی نیز به قول ضرب المثلی «روباه را به پاسبانی لانه مرغان گماشته اند". نظام پزشکی در ایران اغلب مدافع حقوق پزشکان است تا حامی بیماران زیان دیده، و این بعکس آن است که بایدباشد. دانشجویان بعد از فارغ التحصیل شدن و گذراندن طرح اجباری سربازی اگر پارتی داشته باشند به کار گماشته میشوند.

محل کار مطابق با قدرت پارتی مربوطه است، و گرنه بیکار میمانند و یا به جاهای دورافتاده فرستاده میشوند. آنان که در بیمارستانهای دولتی استخدام میشوند فولتایم (تمام وقت) هستند، معدودی از آنان بعد از ظهر و شب مطب خصوصی دارند، و اغلب مریض های متمکن را به بیمارستان های خصوصی خود برای آزمایش، عکسبرداری، بستری شدن، عمل جراحی و غیره ارجاع میدهند. بیمارستان های خصوصی گر چه از

نظر هتلی، ازدحام، غذا و اطاق بهتر از بیمارستان های دانشگاهی است ولی امکان تشخیص و درمان غلط و بیش از حد لازم و بدون کنترل در آنها بیشتر است. در چند بیمارستان دانشگاهی در کلان شهرها این جانب شاهد آن بوده ام: که اساتید حدود ساعت ۹ صبح به بیمارستان دولتی و یا دانشگاهی آمده، اول صبحانه ای شایان در اطاق پزشکان با نان سنگک گرم و پنیر و خیار و گوجه و کره و مربا میل میفرمایند، بعد با دانشجویان دیدار مختصری از بیماران بستری کرده، یا اگر جراح هست به کمک رزیدنت عمل جراحی را انجام میدهد و هرچه زودتر بیمارستان را ترک کرده، تا به منزل رفته و بعد از ناهار و استراحت به مطب خصوصی یا بیمارستان خصوصی برود. بارها در تعریف از جراح قلب مشهوری در ایران شنیده ام که روزانه تا ۸ عمل قلب باز میکند! و در یونان صاحب جزیره هست، و این فرد میشود الگو برای بقیه. آنها نمیدانند که یک جراح قلب فقط میتواند به طور مستمر حداکثر روزانه ۲ عمل قلب باز بکند (دو نفر از فرزندان اینجانب جراح قلب و ریه در آمریکا هستند) و بقیه عملها را افراد کم تجربه و احیاناً در حال آموزش و به نام استاد انجام میدهند و به همین جهت عوارض بعد از عمل آنها هم در مقایسه با کسانی که یک یا دو عمل قلب باز در روز دارند بیشتر است.

همچنین بارها به مواردی برخورد کرده ام که اطباء مشهور اشتباه فاحش در تشخیص و درمان کرده بدون اینکه مریض را مطلع کرده باشند، و بعضاً به خاطر جلب مشتری و ویزیت مکرر و تجویز داروهای گران قیمت که گاه به قیمت جان بیمار تمام شده، جراحی های غیر لازم و یا مدعی جراحی کردن (با مطالعه پرونده بیمارانی که در ایران برای اظهار نظر خود شاهد این موارد بوده ام) و دریافت وجه مربوطه از بیمار و بیمه. اگر بخواهم به ذکر جزئیات آن بپردازم سخن به درازا خواهد کشید و شاید چیزی عاید بیماران نشود و این شیطان صفتان را جز قانون راه هدایتی نیست، قانونی که متأسفانه یا وجود ندارد یا اگر هست اجرا نمیشود، ولی این جماعت دانسته یا ندانسته بالاخره مکافات دنیوی و اخروی اعمال غیرانسانی خود را خواهند دید. البته ناگفته نماند که پزشکان متدین، متقی، باسواد، مسئول ودلسوز بیماران، جامعه ومملکت درایران فراوانند ولی درحال حاضر اکثریت با آنهانیست.

در مقایسه، در آمریکا دانشجوی پزشکی بعد از اخذ درجه لیسانس با گذر از "هفت خان رستم" انتخاب میشود. در دوره چهار ساله لیسانس بایستی اقلاً نصف دروس مربوط به علوم پیرا پزشکی بوده و نیمی علوم انسانی شامل تاریخ، ادبیات، فلسفه، اخلاقیات،

ادیان و غیره، یعنی در مقایسه با نوجوان ۱۸ ساله دیپلمه در ایران، انسانی است که از نظر فکری و علمی قبل از ورود به دانشکده پزشکی بالغتر و عالمتر است. بعداً اگر درامتحان ورودی پزشکی (*MCAT*) بالاترین نمره را آورد او را برای مصاحبه دعوت میکنند، بعلاوه از او درخواست اقلاً ۴ نامه سفارش از معلمین یکی از دبیرستان و دو یا سه سفارشنامه از اساتید و مدیران دوره دانشگاه، این نامه ها سربسته و مستقیما به اداره پذیرش دانشگاه پست میشود و کاملاً محرمانه از داوطلب و مقرون به حقیقت است. در زمان مصاحبه که توسط چندین استاد عضو کمیته پذیرش انجام میشود، از او سؤال میکنند که چرا میخواهی پزشک شوی؟ چه کارهای عام المنفعه تا به حال انجام داده ای؟ (حتماً باید کار معنی دار در دوره دبیرستان و دانشگاه کرده باشی)، چه کتاب هایی اضافه بر دروس خود در گذشته خوانده ای، چرا؟ و چه درسی از آن گرفته ای .... غیر از درس خواندن در چه کارهای دیگر مهارت داری (شنا، موسیقی، ....). و به هر کدام از این چهار رده طبق استاندارد، نمره میدهند و کسانی که معدل بالاتری دارند انتخاب میشوند. کسی برای پولدار شدن طبیب نمیشود، چون دوره طب، تخصص و فوق تخصص طولانی و طاقت فرساست و حقوق پزشکان محدود و درآمد دیگری مانند بیمارستان خصوصی، یا بساز و بفروش ندارند. در موقع طبابت حق گرفتن زیرمیزی ندارند، اکثر اطبای اطفال، عمومی و یا داخلی کمتر از پنج هزار دلار در حساب پس انداز خود دارند. فرار از مالیات های سنگین ندارند، حق اعتصاب ندارند، حق تشکیل کمیته صنفی ندارند. اگر طبیب اشتباهی در تشخیص و درمان مرتکب شد، طبق قوانین مدون در بیمارستان، و بعد در سطح ایالت توسط هیئت ناظر بر پزشکان که رییس آن از طرف استاندار انتخاب میشود و پزشک است، به شکایات رسیدگی شده و اگر جرم سنگینی باشد ممکن است مجوز پزشکی را مادام العمر در آن ایالت یا تمام مملکت از دست بدهد، این است راه مستقیم از انتخاب تا تربیت در دوران دانشجویی و رزیدنتی که پله به پله حساب شده و استاندارد است و گذر از آن به سلامت کار آسانی نبوده و واقعا طاقت فرساست و فقط انتخاب درست فرد مسئول و علاقمند به حرفه پزشکی آن را امکان پذیر میسازد.

مثال دیگری از برداشت غلط از صراط مستقیم:

در محله فرمانیه تهران آپارتمان کوچکی برای سکونت موقت در سفرهای به ایران داریم. چندین سال قبل در آخرین روز اقامت در ایران که همسرم مشغول جمع آوری آپارتمان برای بستن آن برای چندین ماه قبل از سفر به آمریکا بود، به خاطر اینکه حوصله ام سر نرود پیشنهاد کرد که به شرکت تلفن رفته و آبونمان چندین ماه تلفن

را پیش پرداخت نمایم، تا در زمان غیبت در ایران به خاطر نپرداختن به موقع حق اشتراک، تلفن آپارتمان قطع نشود. قبل از ۱۱ صبح بنده به شرکت تلفن واقع در خیابان پاسداران نزدیک پارک نیاوران و در دویست قدمی آپارتمانمان، به اتاق مسئول مربوطه در طبقه همکف که به سالن ورودی باز میشد رفته، پس از ورود به حسب عادت سلام کردم، ایشان بدون جواب دادن و بعد از رسیدگی به مشتری قبلی، به من نگاهی انداخت و سؤال کرد، چکار داری؟ توضیح دادم آمده ام ۱۰۰ هزار تومان به حساب تلفن آپارتمان واریز کنم و علت آن را توضیح دادم، ایشان گفت کد محل چیست؟ چون آشنایی نداشتم به ایشان تائید کردم که آپارتمان ما در کوچه روبروست، ایشان گفت کد میخواهد. گفتم شما نمیدانید؟! گفت نه! به اطاق مجاور برو و کد را روی نقشه ببین. من به آنجا رفته و بعد از یافتن کد روی یک نقشه عظیم نصب بر دیوار مراجعت کردم و دیدم درب اطاق متصدی نامبرده قفل است. از مستخدم سوال کردم کجاست؟ گفت به طبقه بالا برای نماز ظهر و خواندن دعا و قرآن رفته است، بنشین تا بیاید، طولی نمیکشد. ماه مبارک رمضان بود. بعد از بیش از یک ساعت انتظار به طبقه بالا رفتم. او در مکانی خنک روی فرش نشسته بود و قرآن در برابرش باز و او در حال چرت زدن. به او گفتم شما مرا اول دنبال نخود سیاه فرستادی و حالا ساعت نزدیک یک و نیم بعد از ظهر است و اینجا نشستی در حالیکه میدانی ارباب رجوع منتظر است، این چه نماز و روزه و چه عبادتی است؟ او عصبانی شده و اشاره به گردنش کرد و در جواب گفت "اگر گردنم را هم بزنی نمازم را نمیتوانی از من بگیری"، به او گفتم نمازت مال خودت ولی شما حق الناس را به بهانه خواندن نماز زیر پا گذاشته و ندیده میگیری، آیا فکر میکنی خواندن قرآن و نماز و روزه ات قبول است، به طبقه تحتانی مراجعت کردم و در سالن به انتظار نشستم. او ساعت ۱۳:۳۰ به اطاق کارش آمد و کاغذی به من داد که برو بانک ۱۰۰ هزار تومان بده و رسیدش را بیاور، سوال کردم بانک کجاست؟ گفت همین بیرون آن طرف خیابان.

مقابل آن اداره بانک صادرات بود و به دلیلی با یک صف نسبتا طولانی اقلا ده نفره. بعد از رسیدن سر صف مامور بانک گفت شما وجه را به بانک ملی بدهی و ما حق قبول آنرا نداریم. بانک ملی حدود ۲۰۰ متر از آنجا فاصله داشت، در ۳ بعد از ظهر یک روز گرم خود را به سرعت به بانک ملی رساندم مبادا تعطیل شود، در آنجا هم صف بود. با هر زجری پول را گذاشته و رسید آن را گرفتم و درست قبل از بسته شدن اداره در ساعت ۱۵:۳۰ خود را به فرد ذکر شده رساندم، به او گفتم شما باید میگفتی که بانک ملی برو بجای آدرس بانک صادرات دادن، او لبخندی زد و سری تکان داد!

ولی من آن محل را افسرده خاطر و عصبانی بخاطر او، دین، مردم و مملکت ترک کردم، نیم ساعت کار آسان در عرض بیش از چهار ساعت سردرگمی و اتلاف وقت انجام شد. بهرحال خوشحال بودم بخاطر اینکه ماموریت با موفقیت انجام شده بود. به آپارتمان رفتم و حالا باید جوابگوی همسرم میبودم که چهار ساعت کجا رفتی!؟ نگرانت بودم، و پس از توضیح خنده ای کرد و گفت شما لمّ کار کردن در ایران را نمیدانی. من فقط گفتم این کار را بکنی که هم سرگرم باشی و هم متوجه شوی که کار کردن در ایران آسان نیست. متاسفانه کسی به این فرد هدف از نماز، عبادت و مسئولیت شغلی اش را یاد نداده و از صراط مستقیم فرسنگها فاصله داشت. در حال حاضر شاهد آنم که روند زندگی اغلب قریب به اتفاق مردم ایران بر این قرار است. البته به راه مستقیم رفتن، ماندن در آن و هدایت پذیر بودن تا مقصد، کار بسیار دشواری است و احتیاج به آموزش از طرف پدر و مادر، خانواده، موسسات آموزشی از کودکستان تا فوق دکترا و اجتماع، بر معنای علم و عقل و آموزه های قرآن، اخلاق و سنت پیامبر و اجرای قوانین مصوبه مملکت (معروف و منکر در جامعه) را دارد، ضمنا باید بدانیم که هدایت شدن به راه راست فقط با کمک وعنایت خداوند متعال امکان پذیر است و بس، البته اگر به انسانیت وآخرت، معاد،توکل ، ترس وامید اعتقاد وایمان نداشته باشیم باوجود رویکرد بخداوند اعمالمان طبیعتاً بنفع خود بوده وخدائی وبرصراط مستقیم نخواهد بود. به همین دلیل پنج بار در مواقع بیداری به خدمت خداوند میرسیم و از او اقلا ده بار تقاضای کمک برای هدایت شدن میکنیم (اهدنا الصراط المستقیم)، دلیل آن پرواضح است و در زندگی تمام افراد به انواع مختلف در شبانه روز جریان دارد،

خیلی راحت تر است که کمتر کار کنیم، در گذراندن امور زندگی دروغ بگوییم، رشوه بگیریم، اگر میتوانیم اختلاس کنیم، تقلب در کارها بکنیم، کلاه سر دوست و فامیل و خودی و غیر بگذاریم و...، تمام اینها به نظر خودمان زندگی ما را به نحوی بهبود می بخشد و زرنگی ما را میرساند، صاحب خانه و اتومبیل و ویلا و حساب بانکی کلان میشویم، که در غیر اینصورت یا امکان ندارد یا امکانش کم است، بنابراین در صراط مستقیم بودن به ظاهر ضرر دارد و هیچ شخص به اصطلاح امروزی ((عاقلی)) در این دور و زمانه این کار را نمیکند و "لبه تیز چاقو را به طرف خود نمیگیرد."

برای ماندن در صراط مستقیم باید باور داشت که خداوند در همه جا حاضر است، و از ورید گردن به ما نزدیکتر است و بین انسان و قلب او قرار دارد، و از کلیه افکار و اعمال ظاهر و باطنمان آگاه هست، و از او شرم و ترس داشته باشیم و در کلیه حالات و ساعات خود را بنده در خدمت او احساس کنیم، و بدانیم که ثواب و عقاب و بهشت و جهنم واقعیت دارد و کلام

خداوند صادق و کامل و تمام است.

بسیاری از اقوام و ملل هر چند به اسم، مسلمان نیستند ولی تجربهٔ شخصی درنیم قرن گذشته بمن نمایانده است که اکثریت آنان در اغلب امور بر صراط مستقیم زندگی میکنند، و ما باید بدون تعصب از آنها در پاره ای از امور درس بگیریم، باشد که بتوانیم خود و جامعه را بتدریج و قدم به قدم اصلاح کرده و شرایط را برای زندگی اخلاقی مهیا نماییم.

بعکس باور مسیحیان که انسان گناه کار بدنیا میآید و حضرت مسیح مامور بود با مصلوب شدن گناه پیروانش را به عهده گرفته و شفیعشان در رفتن به بهشت باشد، اسلام و عقل را حکم بر اینست که در بدو تولد همه بیگناه و پاک بسان آیینه متولد میشوند و اگر بعدا آیینه اش زنگار گرفت و تار شد، به خاطر خانواده، محیط تعلیم و تربیت و تاثیر اجتماع براوست.

اجتماع باید قانونمند بوده و افراد آن قانونمدار. اجتماع دمکراتیک، پیرو خرد جمعی، مسئولیت پذیری فردی،واجرای بی چون وچرای قانون خواه ناخواه بطرف صراط مستقیم هدایت می شود.

اجتماع فاسد، افراد فاسق و قانون شکن تحویل میدهد. این افراد و جوامع اگر چه به ظاهر موفق هستند، ولی در باطن نه تنها رشد نکرده بلکه خود واطرافیانشان را به قهقرا میبرند.

جوامع لیبرال دموکرات و سکولار مانند آمریکا و اروپای غربی اگر چه در خیلی از موارد موفق هستند ولی از جهاتی نه تنها خود بلکه تمام مردم جهان را بسوی انحطاط و هبوط اخلاقی سوق داده و میدهند. اجتماعات مصرفی، بازار بورس، روابط جنسی بدون کنترل و آزاد، ازدواج قانونی هم جنس بازان، اعتیاد، فیلم های مستهجن، تن فروشی، احتیاجات مالی، فقر، نژاد پرستی، چشم و هم چشمی و غیره قسمت لاینفک زندگی شده است، این اجتماعات فقط بخاطر اجرای بی چون و چرای قوانین مدنی است که تا به حال استوار مانده و اگر تغییر مسیر ندهند دیر یا زود جبر تاریخ آنها را با غرق شدن در منجلاب اخلاقیشان معدوم خواهد کرد.

در اغلب کشورهای جهان سوم که نام جمهوری را یدک میکشند و قانون اساسی آنها به تقلید ازغرب، مدرن و بر پایه آزادی و تساوی انسانها و احترام به فرد مدون شده، اجرای قوانین از پشتوانه چندانی بر خوردار نیست وقانون بعنوان اسلحه ای علیه مخالفان و منتقدان توسط مسئولان ومدیران مستبد که طبیعتا سازگاری با قانون لیبرال دمکرات ندارنداستفاده میشود.

در این کشورها صرف نظر از اینکه دینی و جمهوری نامیده می شوند به تدریج معلم دزد وخائن، طبیب دزد و خائن، پلیس دزد و خائن، کارمند دزد و خائن، وزیر و وکیل دزد

و خائن به تمام شئونات دینی، انسانی، قانونی، اخلاقی و اجتماعی و درنتیجه جامعه ای دزد و خائن تحویل میدهد. این جامعه حتی زودتر از جامعه سکولار لیبرال دمکرات محکوم به فنا و نابودی است، چون دزدی، دروغ و ریا سرآمد رذائل اخلاقی بوده و باور دینی را از ضمیر افراد جامعه بتدریج و پله پله میزداید.

جامعه مدنی متدین، با ایمان و اخلاق، بایستی محیط مناسب برای صراط مستقیم زیستن باجرای عادلانۀ قوانین وفراهم کردن شرایط زندگی وشغل مناسب وآزادی فردی واجتماعی برای آحاد ملتش فراهم نماید.

درسهایی از شهادت امام حسین علیه السلام در رابطه با صراط مستقیم

امام حسین علیه السلام امام سوم شیعیان فرزند علی علیه السلام اولین مرد مسلمان، امام اول شیعیان و خلیفه چهارم مسلمانان و فاطمه علیها سلام دختر پیامبر و خدیجه اولین زن مسلمان، نوه حضرت محمد(ص) و به قول محمد صلی ا لله علیه و آله سید جوانان اهل بهشت است. امام حسن برادر بزرگتر او بخاطر مصلحت اسلام، کریمانه خلافت را به معاویه تفویض کرده بود. بعد از مرگ معاویه یزید پسرش برای جلب اعتبار مسلمین مخصوصا احتیاج به بیعت با تنها باز مانده پیامبر حسین را نیز دارد.

امام حسین از بیعت با یزید به دلایل زیر خودداری فرمود: رها کردن فرمان برداری از خدا و روی آوردن به شیطان، فساد آشکار، فسق و فجور و تعدی از حدود الهی، اختصاص بیت المال به خود و نزدیکان و حرام خدا را حلال و حلال را حرام کردن. بالاخره کار به جایی می رسد که حسین در صورت عدم بیعت با یزید تهدید جانی میشود. امام بیعت کردن و کشته شدن در صورت عدم بیعت، هیچکدام را جایز نمیداند، بنابراین از مدینه به مکه پناه میبرد و در ایام حج مطلع میشود که عمال یزید برنامه دارند زمانی که آن حضرت مشغول طواف کعبه بوده و از خود بیخود است خون مبارکش را بریزند. برای اینکه حرمت مسجدالحرام بخاطر خونریزی خدشه دار نشود، به علاوه کوفیان هم با نامه های متعدد ایشان را به کوفه برای امامت، احیاناً خلافت و امر به معروف و نهی از منکر دعوت کرده بودند امام تصمیم میگیرد که از مکه با خانواده و اصحاب راهی کوفه شود. یزید که از این تصمیم امام با خبر میشود لشکری به سرکردگی ابن زیاد و عمربن سعد برای جلوگیری از ورود حسین به کوفه، و اخذ بیعت از او، به هر نحوی که لازم شد حتی جنگ، کسیل میکند، دو گروه مخالف در

نینوا (کربلا) به هم میرسند. لشکر دشمن امام حسین و یارانش را محاصره میکنند و آب را بر آنها میبندند.

در اینجا باز به امام حسین پیشنهاد میشود یا با یزید بیعت کن و یا کشته خواهی شد. او از بیعت با یزید خودداری میکند و اجازه میخواهد که اجازه دهند به راه خود به کوفه ادامه دهد، و اگر امکان ندارد به مکانی دور دست و حتی ایران برود. حر بن یزیدریاحی که از سر لشکران و پیام آور سپاه مخالف بود به امام عرض میکند که شما راه برگشت نداری، و اگر بیعت نکنی فردا در میدان جنگ کشته خواهی شد. امام حسین که مرگ با عزت را به زندگی با ذلت ترجیح میدهد، امر به معروف و نهی از منکر را وظیفه خود میداند، از فساد و بدعت های ایجاد شده در اسلام نوپا به خوبی آگاه است، و نابودی اسلام واقعی را در بیعت با یزید حتمی میداند، تصمیم بر ایستادگی در مقابل سپاه چندین هزار نفری یزید میکند درحالی که خوب میداند همه کشته خواهند شد. روز بعد (عاشورای محرم سال ۶۱ هجری قمری) یکی بعد از دیگری صحابه یاران و برادران، پسران خود علی اکبر و علی اصغر ۶ ماهه، قاسم جوان ۱۳ ساله فرزند حسن، و عباس علم دار و برادر خود، (۷۲ تن) منجمله سه تن دیگر از فرزندان علی^(ع) را تا قبل از ظهر عاشورا از دست میدهد و آخر خود برای اینکه درسی برای آیندگان و بشریت باشد بعد از معرفی و اتمام حجت به سپاه مخالف زیر زخم شمشیر و نیزه ها جان باخته و سر او را پسر عم ملعونش شمر از تن جدا میکند. یزیدیان خانواده او را به اسارت به دربار یزید در شام میبرند و آنجاست که خطبه معروف حضرت زینب (س) مکمل شهادت برادرش در احیای اسلام راستین جدشان میگردد.

امام حسین که به قول دکتر شریعتی «وارث حضرت آدم است، به بنی آدم آزادگی و سربلند زیستن را آموخت، او وارث پیامبران بزرگ بشریت است که به انسان چگونه باید زیست را آموختند، حسین به حق ثارالله و خون خداست. امام حسین که میوه شجره برگزیده ترین انسانهای روی زمین است، مظهر قابل مشاهده و الگوی مجموعه شجاعت و ایمان بود، به حدی که در راه حق و در مسیر صراط مستقیم از جان، مال، خانواده، مقام، دوست، شهر، خانه، خانواده و بالاخره همه چیز گذشت، تا حقیقت را به جهانیان به نمایش بگذارد و عملاً نشان دهد که در صراط مستقیم همه چیز انسان قابل فدا کردن است، حتی اگر خود نتیجه آن را نبیند بالاخره نتیجه مطلوب خواهد داد، انّ الْحَیاةَ عَقیدَةٌ وَ جِهادٌ، زندگی، عقیده و جهاد در راه حصول آن است».

حسین هدف خود را اقامه و حفظ ارزش های راستین دین اسلام بیان میکند و با بیعت نکردن از بدعت های جدیدی که در دین و سنت پیامبر به وجود آمده و اسلام را از مسیر اصلی منحرف کرده بود جلوگیری کرد. امام حسین با ایثار خود هم خود را

ماندگار ساخت و هم جامعه را از آلودگی پاک کرد. امام حسین چندین بار تغییر جهت داد ولی همه بر صراط مستقیم زنده ماندن و بیعت نکردن با مشرکان بود.

اول بیعت نکردن در مدینه، بعد بیرون رفتن از مدینه و رفتن به مکه، که مجددا در مسجدالحرام تهدید به مرگ شد و شبانه با خانواده و اصحاب خود مکه را ترک و حج را نیمه تمام گذاشته و به طرف کوفه حرکت کردند. امام حسین از کوفیان نامه های متعدد دریافت کرده بود که به آنجا برود و همانند پدرش علی به امامت و هدایت اهالی آنجا بپردازد. در راه کوفه در برخورد با سپاه یزید باز حسین درخواست و آرزوی کشته شدن ندارد، از آنها میخواهد اجازه دهند به کوفه یا مکانی دوردست رفته و به کار امر به معروف و نهی از منکر خود ادامه دهد و مزاحمتی برای یزید در شام نباشد. بنابراین حسین صراط مستقیم را در کشته شدن خود نمیدانست، یا شاید میخواست به آنها و به آیندگان اتمام حجت کند که او راه مرگ خود و خانواده اش را انتخاب نکرد و ترجیح میداد که بدون بیعت کردن با یزید از جنگ و خونریزی جلوگیری کند، ولی وقتی تمام راه ها به بیعت یا کشته شدن خود و ۷۲ نفر همراهان ختم میشد، کشته شدن (زندگی با عزت) را بر زنده ماندن (مرگ با ذلت) ترجیح داد و در واقع اسلام و خصوصا مذهب تشییع را دوباره احیا کرد. و به قول آیت‌لله خمینی ″محرم و صفر است که اسلام را زنده نگه داشته است″ و به قول دکتر علی شریعتی فتوای حسین ^(ع) این است:

آری، ″در نتوانستن نیز بایستن هست″. حالا شعار شیعیان حسین این است که ″کل ارض کربلا و کل یوم عاشورا″ و این طرز فکر و مکتب حسینی است که ایرانیان را بر صدام و جهانیان پیروز کرد.

قیام کربلا پیام آزادگی، عزت نفس و ایثار به جهانیان، به ویژه مسلمانان است. آزادگی به معنی زیر بار ظلم نرفتن. انسان آزاده زمانی که اصول، باورها، حقوق فردی و اجتماعی خود و جامعه‌اش مورد تعرض قرار میگیرد آرام ننشسته و اعتراض میکند. یکی از درسهای مهم واقعه کربلا عزت نفس است تا انسان اعتلای روحی یافته و خود را از پستی و فرومایگی رها سازد، حرمت و شرافت برای خود قائل شود و بزرگواری خود را در همه حال حفظ نماید و اجازه ندهد که سختی، راحتی، شکست و پیروزی او را به سمت تباهی و انحراف بکشاند. در ایثار و ازخودگذشتگی افراد والا در عین نیاز به آنچه در دست دارند نجات دیگران را بر خود مقدم میشمارند، و اهداف و منافع جمعی را بر اهداف فردی خود ترجیح میدهند.

در حال حاضر متأسفانه به جای درسهای عملی از زندگی و شهادت امام حسین دهه اول محرم را به سوگ او و خانواده‌اش مینشینیم و شجاعترین و با ایمانترین شهید عالم (سیدالشهداء) را مظلوم (به معنای عامیانه آن و نه درک معنی آن) جلوه داده و برای او اغلب تظاهر به گریه

کردن میکنیم. در مظلومیت او البته شکی نیست ولی نه به معنی آنچه مورد نظر عامه است. برای امر به معروف و نهی از منکر و دمیدن حیات مجدد به دین اسلام بپا خاست. خاندان پیغمبر(ص) و علی (ع) برای بقا و احیای اسلام این قربانی عظیم را در کربلا دادند، این یک تقدیر الهی بود که به گواهی تاریخ و وقایع بعد از آن در پیشگاه حق مقبول افتاد و قیام های متعددی بعد از آن پدید آمدند و خواهند آمد تا دستگاه های کفر و انحراف از دین و انسانیت را یکی بعد از دیگری سرنگون سازند بعنوان مثال: گرویدن حُرّ به سپاه آن حضرت، خروج عبد لله ابن زُبیر، خروج و قیام توّابین در کوفه، خروج مختار و کشتن قاتلان حسین، قیام ابومسلم خراسانی به طرفداری از بنی‌هاشم که منتهی به انقراض دولت اموی و روی کار آمدن خاندان عباسی هاشمی به سال ۱۳۲ هجری گردید. و دو اثر مهم و ماندگار دیگر، یکی تشکیل مجالس عزا داری و وعظ و ارشاد مسلمین در حسینیه ها و مساجد که از برکت واقعه کربلاست. در ماه محرم در این مجالس میلیون ها تن از شیعیان، از پیر و جوان، از هر صنف، جنس و طبقه حاضر میشوند که به سخنان اهل منبر از مجتهدین، فضلا و مداحان گوش فرا دهند، در هیچ کلاس و دانشگاهی چنین سیستم آموزشی وجود نداشته و نخواهد داشت که افراد با اختیار خود و با ولع به آن مکان های مقدس رفته و با گوش دادن به وعظ، خطابه و نصایح منبریان از خود انسان بهتری بسازند، البته این سیستم احتیاج به مقداری اصلاحات دارد که مطابق معروف زمان، عقل، علم و احتیاجات جامعه هدایتگر باشد و صرفا به نوحه و مداحی و روضه خوانی قناعت ننماید. نتیجه دیگر آن ظهور نوعی از شعر و ادبیات مرثیه است که بلافاصله بعد از وقایع کربلا شروع شدند و تا به حال ادامه دارند، از سخنان حضرت زینب و دعاهای حضرت سجاد گرفته تا تر کیب بند محتشم کاشانی در قرن دهم هجری و تر کیب بند حاج سلیمان صباجی بید گلی در زمان زندیه.

امام حسین در اینجا با ایمان و فراعقلی عمل کرد. ایمان امری غیر عقلی نیست بلکه فراعقلی است، بردن ابراهیم پسرش اسماعیل را به قربانگاه است. در امور فراعقلی عقل باید فدای ایمان شود و جز از مردان بزرگ و منتخب عاشق خداوند این کار میسر نیست. انتخاب شهادت، قربانی کردن و چیزی را از دست دادن پاک بازی و فرا دینی است. دین اغلب افراد تجاری است، بحث سود و زیان، بهشت و جهنم و قرض دادن به خداوند مطرح است. باز به قول مرحوم دکتر علی شریعتی « امام حسین(ع) ضعیفی که باید برای او گریست نبود. آموزگار بزرگ شهادت به همه آنهایی که جهاد را تنها در توانستن میدانند و با همه آنها که پیروزی برخصم را تنها در غلبه میدانند، میآموزد که شهادت نه یک باختن بلکه یک انتخاب است. انتخابی که در آن مجاهد با قربانی کردن خویش در آستانه معبد آزادی و محراب عشق پیروز میشود».

در تاریخ بشریت کسان دیگری هستند که توانسته اند تاریخ امت خود را با نشان دادن مظلومیت آنان و بیشرمی دشمن رقم زنند. مهاتما گاندی هندوی متدینی است که به کتاب *Bahgavad Gita* ایمان دارد، در آن کتاب داستانی راجع به یک جنگجوی افسانه ای است به نام شاهزاده ارگونا، که در روز قبل از رفتن به جنگ با لشکریانش از فکر کشته شدن مردم بیگناه در هر دو طرف مخاصمه، تنش به لرزه افتاده و شمشیر از دستش میافتد، در آن زمان خدای کریشنا به او وحی میکند که بجنگ ظالمین برو و این وظیفه فرد با شرف و صلح جویی مثل توست صرف نظر از بهای آن. گاندی که فردی شجاع و در ضمن صلح طلب است از این داستان برداشتی متفاوت دارد و میگوید این داستان ندایی برای تمام بشریت است که بر علیه ظلم و نفرت باید قیام کنند هر چند زخمی و کشته شوند، و چون زخمی کردن دشمن بسی مسلح تر و قویتر امکان ندارد او را باید با روحیه قوی و دادن قربانی از پای درآورد. این تفکر و مقاومت منفی و کشته دادن بود که آراء غرب را راجع به استعمار هندوستان توسط دولت انگلیس به کلی تغییر داد و آنها مجبور به ترک هندوستان شدند، اگر چنین نشده بود هیچ قدرتی در آن زمان نمیتوانست به استعمار انگلیس در هند پایان دهد. مارتین لوتر کینگ در آمریکا، نلسون ماندلا در آفریقای جنوبی نیز با سرمشق گرفتن از گاندی از طریق مبارزه منفی و شرمنده کردن دشمنانشان در انظار جهانیان، بر حکومت های یزیدگونه جبار، خودخواه، نژادپرست و آپارتاید آفریقای جنوبی و ایالات متحده آمریکا پیروز گشتند.

و اکنون به توضیح معانی آخرین آیه سوره حمد میپردازم تا ببینیم روی صحبت خداوند با چه کسانی است وقتی از نعمت، غضب و گمراهی صحبت میکند.

صِرَاطَ الَّذِينَ أَنْعَمْتَ عَلَيْهِمْ غَيْرِ الْمَغْضُوبِ عَلَيْهِمْ وَلَا الضَّالِّينَ ﴿٧﴾

نعمت علیهم

اکنون در ادامه آیه اهْدِنَا الصِّرَاطَ الْمُسْتَقِيمَ که به تفصیل گذشت، به آیهٔ بعداز آیه "صِرَاطَ الَّذِينَ أَنْعَمْتَ عَلَيْهِمْ" پرداخته تا معلوم شود چه کسانی مورد عنایت مخصوص خداوند هستند.

النسا ۴ / ۶۹: و هر کس از خدا و رسول اطاعت کند، آنان (در بهشت) با کسانی خواهند بود که خدا بر آنان نعمت (ویژه) بخشیده است، از پیامبران و صدیقین (راستان) و

شهدا (نمونه های ممتاز و اسوه های ایمان) و صالحان (شایستگان) و آنان چه نیکو رفیقانی اند.

صفات صدیقین

صدق راستی است. صدیق صیغه مبالغه یعنی بسیار راست گو و راست کردار، مؤمن کسی است که میان قول و فعل او دوگانگی و تفاوت نباشد و به آنچه ایمان آورده در همه حال عمل کند. اگر به انفاق و زکات، صدقه و صدقات گفته میشود از این رو است که صِداقت ایمان را با خرج کردن برای غیر میتوان شناخت. صادقون و صادقین عمدتاً به راستگویان گفته میشود، اما صیغه مبالغه این فعل فقط درباره پیامبران بکار برده شده است، که ظاهر و باطن و حرف و عمل آنها کاملاً یکی بوده است مثل حضرت ادریس و حضرت ابراهیم علیه السلام، إِنَّهُ كانَ صِدِّیقًا نَبِیًّا، و نیز حضرت یوسف که یاران زندانی اش او را صدیق مینامیدند (یوسف ۱۲ / ۴۶)، و حضرت مریم که صدیقه لقب گرفت (مریم ۱۹ / ۴۱). ناگفته نماند این صفت علاوه بر پیامبران، به صورت جمع صدیقون و صدیقین در وصف اوصیا و اولیا حق که اولین تصدیق کنندگان پیامبران با قول و فعل خود بودند نیز در قرآن آمده است (النسا ۴ / ۶۹، الحدید ۵۷ / ۱۹)

چه بسا اصحاب بدر و مهاجرین و انصار و همچنین ۱۲حواریون عیسی علیه السلام و ۴۰نفر از اولین ایمان آورندگان به موسی را بتوان در ردیف صدیقین قرار داد.

بالاتر از قول و فعل، میثاقی است که خداوند از طریق عقل و ادراک روز الست از انسان عاقل گرفته (شاید در ژن و DNA ما ثبت است) و آزمون و وسیله ی امتحانی است که معلوم شود چه حد صادقانه به آن عمل میکنیم.

الاحزاب ۳۳ / ۸: لِیَسْأَلَ الصَّادِقِینَ عَنْ صِدْقِهِمْ...﴿۸﴾
:معنای معمول شهید کشته شدن در جنگهای حق علیه باطل است، ولیکن انسان میتواند از نظر علم، ایمان، رفتار و غیره نیز در زمره شهدا باشد شهدای جنگ حق با ناحق و دفاع از مادر وطن بعد از فوت شهید محسوب میشوند. بعضی از افراد در زمان زندگی خود برای گروهی الگو هستند، مانند دکتر محمد مصدق و ممالک استعمار زده،باراک اوباما و سیاهان در تمام دنیا، گروهی هم در زندگی و هم در مرگ الگوی شهید هستند، مانند مارتین لوتر کینگ و مهاتما گاندی.

شاهد بودن به معنای اسوه و نمونه قابل پیروی را در آیات دیگری نیز میتوان به وضوح دید(الحج ۲۲ / ۷۸، البقره ۲ / ۱۴۳). قرآن از مسلمانان خواسته است شاهدی (مدل و الگویی) برای سایر مردم جهان باشند (النسا ۴ / ۴۱، المائده ۵ / ۸، المائده ۵ / ۴۴، الحج ۲۲ / ۷۸، الحج ۲۲ / ۱۳۵) و نیز پیامبران را شاهد و شهید بر امت های خود شمرده است.

صالحین: یعنی اصلاح کنندگان جامعه، مانند علی علیه السلام، امام حسین علیه السلام، مهاتما گاندی، نلسون ماندلا، مارتین لوتر کینگ، بودا و کنفوسیوس، که با اصلاح جامعه و تحقق بخشیدن به شرط «ایمان و عمل صالح» توفیق یافتند این عنوان را نصیب خود سازند. نامبردگان فوق شهدا و صالحین جوامع خود هستند.

واژه صالحین ۲۷بار در قرآن، عمدتاً درباره پیامبران آمده است، ملحق شدن به جرگه صالحان نیز دعای پیامبران بوده است و ۲۶بار ترکیب ایمان و عمل صالح هست. مؤمن یکی از صفات خداوند است. ایمان از امن میآید یعنی افراد از شخص مومن در امانند.

عمل صالح هر چند معلوم است ولی در هر زمان و موقعیتی برای مؤمن فرق میکند. چون صالح مقابل فاسد است و فساد به معنای بهم خوردن تعادل است. فساد ممکن است جهل، فقر اقتصادی، فقر اجتماعی، فرهنگی و یا سیاسی باشد و عمل صالح یعنی فعالیت در راه رفع فساد در جامعه. اگر کمبود بیمارستان است ساختن بیمارستان، اگر دختران کم سن را شوهر میدهند فعالیت قانونی در راه رفع آن، اگر بیکاری است ایجاد کار و غیره. حسنات کارهای خوب است و عمل صالح سعی در اصلاح فساد جامعه و برای زمان ها و مکان های مختلف متفاوت است. ایمانی که موجب عمل صالح نشود ایمان نیست و عمل صالحی که منتج از ایمان نباشد هم عمل صالح نیست.

مریم ۱۹ / ۵۸: اینها کسانی بودند که خدا بر آنها نعمت (توفیق در بندگی خالص) بخشید، پیامبرانی از فرزندان آدم و از (فرزندان) کسانی که همراه نوح در کشتی کردیم و از فرزندان ابراهیم و اسرائیل (لقب یعقوب) ازجمله کسانی که هدایتشان کردیم و برگزیدیم. (آنها چنین بودند که هرگاه آیات من بر آنان خوانده میشد گریان بر زمین سجده میافتادند).

گاهی برخورد با یک حقیقت انسان مستعد و هدایت پذیر را آن چنان متحول و منقلب میسازد که همچون سقفی که فرو میریزد، بی اختیار بر زمین سجده میافتد و اشک از رخسارش جاری میشود. چنین فروافتادنی نه از سر عادت همچون سجده های بی توجه

در نماز، بلکه از عمق وجود و با آگاهی است. قرآن به سجده رفتن ناآگاهانه و تشریفاتی هنگام تذکر به آیات خدا را تلویحاً نکوهش کرده است:

الفرقان ۲۵ / ۷۳: (یکی از مشخصات اهل بهشت) و کسانی که وقتی به آیات پروردگارشان یادآور شوند کر و کور (بدون شناخت و مقلدوار) بر آن نمیافتند. منظور این است که خداوند تقلید و تعبدی عمل کردن بدون شناخت را نمیپذیرد و نشانه بنده رحمان و بهشتی شدن را آزاد اندیشی و شناخت میشمارد.

الاسرا ۱۷ / ۳۶: هرگز از چیزی (یا کسی) که بر آن علم نداری پیروی نکن زیرا چشم و گوش و قلبت (ابزار سه گانه شناخت تو) تماما از این (پیروی کورکورانه ات در پیشگاه الهی) مورد پرسش قرار میگیرند.

آل عمران ۳ / ۱۰۳: وَاعْتَصِمُوا بِحَبْلِ اللَّهِ جَمِيعًا...﴿۱۰۳﴾

همه از طریق قرآن با عصمت شوید، منظور عصمت علمی و بالنتیجه تا حدی نور و برهان عملی و فکری برای همه و نه تعداد معدودی از افراد است. بنابراین اگر مطلبی عملی و یا نظری در رابطه با اسلام و بر خلاف قرآن است نوشته یا گفته ای مورد قبول نیست مانند نماز و روزه و یا حج خریدنی و استیجاری در جایی از قرآن توصیه نشده است. مندرجات قرآن روشن، عقلانی و حجت بالغه است.

مغضوب علیهم

مغضوب علیهم درست مخالف انعمت علیهم می‌باشد. از صراط مستقیم فرسنگها دور شده‌اند و امیدی به رستگاری برایشان نیست.

چه کسانی مورد غضب خداوند قرار میگیرند؟

آیه های مغضوب علیهم: الفاتحه ۱ / ۶، البقره ۲ / ۶۱،ا لبقره ۲ / ۹۰، آل عمران ۳ / ۱۱۲، النسا ۴ / ۹۳، المائده ۵ / ۶۰، الاعراف ۷ / ۷۱، الاعراف ۷ / ۱۵۲، الانفال ۸ / ۱۶
به طور خلاصه در قرآن علل غضب خداوند: خودخواهی، عدم قناعت، اسراف، درپی چیزهایی به ظاهر خوب که برای بنده مفید نیست، شهوات، احساس اینکه افراد و جامعه به تو بدهکار هستند، مفت خواری، تجاوز به حقوق دیگران، تعصب، تکبر، حسادت، غرور، برتری طلبی، انکار حقیقت، طغیان، عصیان، عهد شکنی، قتل عمد،

فرار از جهاد و دفاع مقدس، سوگند دروغ در اتهام به زنا، شرک و واسطه تراشی برای خدا.

البقره ۲ / ۶۱: ❊ و (به یادآر) آنگاه که گفتید: ای موسی! ما بر یک نوع غذا (من و سلوی) دیگر تحمل نخواهیم کرد! پس به خاطر ما از خدایت بخواه از آنچه زمین میرویاند، از (قبیل) سبزی و خیار، گندم، عدس و پیاز برای ما بیرون آورد! (موسی) گفت: آیا آنچه را پست تر است با آنچه بهتر است جایگزین میسازید؟ (حال که هوس کشاورزی و امکان تنوع در خوردنیها کرده اید، از زندگی آزاد در دل صحرا و جنگل به زندگی پر تلاطم شهری هبوط کنید! پس آنچه خواستید ارزانی تان باد (بفرمایید به آرزوی خوردنیهاتان برسید) و بر آنها (به خاطر تنوع طلبی) زبونی و بینوایی زده شد و به غضبی از جانب خدا دچار شدند، از این رو که پیوسته به آیات خدا کفر میورزیدند و پیامبران را به ناحق میکشتند! از این رو که نافرمانی پیشه ساختند و یکسره تجاوز (به حقوق دیگران) میکردند.

ذکر این محصولات کشاورزی به دنبال اعلام قاطع قناعت نکردن به من و سلوی، انگیزه گرایش آنها به شهر نشینی را نشان میدهد که مغایر برنامه تربیتی خداوند در خودسازی این قوم بود. بنی اسرائیل هنوز رب موسی را رب خود نشناخته بودند و به همین دلیل با خود بینی تمام و تکرار «لنا» (برای ما) میگفتند: برای ما از پروردگارت بخواه چنین و چنان کند! از آن بدتر اینکه، طلبکاربوده و میخواستند خدا این محصولات را تقدیم آنان کند، نه آن که خودشان با زحمت آن را به عمل آورند.

البقره ۲ / ۹۰: (یهودیان متعصب و متکبر) خود را به بد بهایی (از غرور و حسادت) فروختند که به آنچه خداوند (بر پیامبر اسلام) نازل کرده منکر میشوند (انتظار دارند نبوت در انحصار نژاد خودشان باشد) و برتری طلبی باطل میکنند از اینکه خداوند (آیات و حقایقی) از فضلِ خویش را بر هر که از بندگانش که بخواهد (شایسته بداند) نازل میکند (نه الزاماً بنی اسرائیل)، پس (به خاطر چنین خصلتی) به خشمی (فزاینده) گرفتار شدند و برای کافران (انکار کنندگان حق از هر ملت و آیینی) عذابی خوار کننده است.

آل عمران ۳ / ۱۱۲: (یهودیان معاند) بر هر کجا قدرت حضور (و زورگویی) پیدا

کنند بر آنها ذلت زده می شود. مگر (با آویختن) به ریسمان خدا (بازگشت به خدا و اخلاق) و (آویختن به) ریسمانی از مردم (پناه بردن به قدرت های جهانی و حمایت آنها) و به خشمی از خدا گرفتار شدند و بر آنها درماندگی زده شد. زیرا همواره به آیات خدا کفر میورزیدند و پیامبران را به ناحق میکشتند. این سرنوشت بدان سبب بود که نافرمان بودند و همواره به حقوق دیگران تجاوز میکردند.

النسا ۴ / ۹۳: و هر کس مؤمنی را به قصد (تحت تأثیر نفسانیات) بکشد، کیفر او دوزخ است که در آن جاودان باشد و خدا بر او خشم آورد و از رحمتش محروم سازد و عذابی عظیم بر او مهیا سازد.

خداوند به حرمت خون بندگانش قاتلان را به ۵ کیفر: دوزخ و جاودانه بودن در آن، خشم الهی، لعنت الهی و عذابی عظیم تهدید کرده است.

المائده ۵ / ۶۰: بگو: آیا (میخواهید) شما را به حاصل کار بدتری نزد خدا خبر دهم؟ (همان کارنامه و کیفر) کسانی (از پیشینیان خودمان) که مورد لعنت (دوری از رحمت) و خشم خدا قرار گرفتند و برخی از آنان را (خداوند در روش و نقشی همچون) بوزینگان (مقلد صفتان) و خوکان (زباله خواران) و سرسپردگان (نوکران) طاغوت قرار داده است. آنان (نزد خدا) جایگاه بدتری دارند و از راه راست گمراهترند.

ثواب محصول و نتیجه نیک و بد اعمال است (الزاماً معنای ثبت پاداش اعمال نیک نیست)، ثواب کاری که در دنیا انجام میدهیم مزدی است که به دست میآوریم و ثواب آنچه میخوریم انرژی است که کسب میکنیم، پس کفر و شرک و ظلم و ستم هم، ثواب متناسب و معادل خود را دارند.

واژه غضب یک بار در قرآن درباره قوم عاد و ۱۰بار (عدد تمام) درباره بنی اسرائیل (یهودیان) به دلیل طغیان و عهدشکنی های آن قوم به کار رفته است.

لفظ قِردَه سه بار در قرآن و همواره درباره قومی از بنی اسرائیل (اصحاب الست) که حرمت شرعی روز شنبه را شکستند آمده است (البقره ۲ / ۶۵، المائده ۵ / ۶، الاعراف ۷ / ۱۶۶). به دلیل تغییر و تبدیل روحیه و شخصیت آنها و تقلید از یکدیگر در خلافکاری به میمون صفتی توصیف شده اند. بقیه اعمالی را که موجب غضب خداوند میشود عبارتند از: قتل عمد، فرار از جهاد، سوگند دروغ در اتهام به زنا، اشتیاق به کفر و انکار آگاهانه حق.

رجس به آثار و عوارض پلید هر کار زشتی در جسم و جان و شخصیت آدمی گفته

میشود، مثل خوردن: گوشت مرده، خون ریخته شده، گوشت خوک (الانعام ۶ / ۱۴۵)، اعتیاد به الکل و عوارض ناشی از آن، اعتیاد به قمار، بت پرستی به هر نوع آن و دروغ گفتن (المائده ۵ / ۲۲، الحج ۲۲ / ۳). علاوه بر آن «رجس» به کسانی که ایمان نمی‌آورند (الانعام ۶ / ۱۲۵)، عقل خود را بکار نمیبندند (یونس ۱۰ / ۱۰۰) و به مشرکین (الاعراف ۷ / ۷۱)، نسبت داده شده است. این کلمه بیش از همه سوره ها (سه بار) در سوره توبه و تماماً در ارتباط با «منافقین» آمده و جمعاً ده بار در قرآن تکرار شده است.

اهمیت پرهیز از رجس آن چنان است که خداوند اهل بیت پیامبر(ص) را به پاک شدن از آن هشدار داده است، در سوره احزاب پس از ذکر نصایحی به همسران پیامبر در مورد لحن سخنشان با نامحرمان و پرهیز از خودنمایی، دوران جاهلیت قبل از اسلام آوردن را یادآوری کرده است که خدا با چنین اندرزهایی میخواهد رجس (آثار پلید رفتار) را از شما بزداید و شما را پاکتان سازد.

الاعراف ۷ / ۷۱: گفت: پلیدی و خشم از جانب پروردگارتان بر شما واقع شده است. آیا با من درباره نامهایی که خود یا نیاکانتان برساخته اید (صفاتی برای معبودانتان) مجادله میکنید؟ خدا هیچ دلیلی برای آن نازل نکرده است. منتظر باشید (حال که از بت پرستی دست بر نمیدارید، منتظر عذاب باشید) که من هم با شما از منتظرانم.

معنای اصلی جدال، محکم کردن و تابیدن نخ و ریسمان است و در مجادله میان انسان ها گویی طرفین با بحث و گفتگوی خصمانه تلاش میکنند گره اعتقادات خود را محکمتر و پیوستگی نظریات طرف مقابل را سست تر کنند و به این وسیله دیگری را مغلوب نمایند. این واژه ۱۹بار در قرآن آمده است و این از ویژگی های آدمی است که نه تنها از جسم و جان و موجودیت خود بلکه از حیثیت و آبرو و آرمان حتی باطل خویش، به سختی دفاع میکند.

سلطان: قرآن تسلط را در برتری منطق، علم و دانش برتری بخش میداند نه تسلط ناشی از زور (سلطان زمینی ما).

منتظر بودن: یعنی با زمان همراه شدن و شتاب نکردن. چون به تعبیر: خُلِقَ الْإِنْسَانُ مِنْ عَجَلٍ.

آدمی باً زور، زود و زیاد، میخواهد به نتیجه مطلوبش هرچه زودتر برسد.

فرمان خدا به پیامبر و به طبع به پیروان او، رعایت آزادی و اندیشه مخالفین و سپردن

سرنوشت آنان به عمل خودشان در هر زمان است.

الاعراف ۷ / ۱۵۲: بی تردید به کسانی که گوساله را (به پرستش) گرفتند بزودی خشمی از پروردگارشان و ذلتی در زندگی دنیا خواهند رسید. و ما دروغ پردازان (مدعیان معبود بودن گوساله را) این چنین کیفر میدهیم.

طبیعی است ملتی که پس از مشاهده معجزات متعدد عبور به سلامت از دریا، نجات از ستم و سرکوب فرعونیان و عبور به سلامت از صحرای سینا، به گوساله پرستی روی می‌آورند از نظر نفسانی به پستی و خواری دچار شده اند.

الانفال ۸ / ۱۶: و هر که در آن روز به آنان پشت کند (بگریزد) مگر برای تغییر موضع جنگی، یا پیوستن به جناحی دیگر، به خشمی از خداوند گرفتار میشود و جایگاهش دوزخ است که بد سرانجامی است.

در قرآن افرادی همانند فرعون، قارون، ابولهب، و امت هایی چون قوم عاد، ثمود و بنی اسراییل به عنوان غضب شدگان معرفی شده اند.

الفاتحه ۱ / ۶-۷: اهْدِنَا الصِّرَاطَ الْمُسْتَقِيمَ ﴿۶﴾ صِرَاطَ الَّذِينَ أَنْعَمْتَ عَلَيْهِمْ غَيْرِ الْمَغْضُوبِ عَلَيْهِمْ وَلَا الضَّالِّينَ ﴿۷﴾

گمراهان یا ضالین

در انعمت علیهم نعمت به خدا منتسب است ولی غضب به خدا منتسب نگشت چون به حکم عدالت، مشیت وقوانین و حکمت الهی باید صورت پذیرد و در هر دو مورد پاداش قطعی عملشان مطرح است. ضلالت به خود گمراه شدگان مربوط و نظر به اعمالشان دارد نه پاداششان چرا که هنوز استقرارشان در مسیر ضلالت قطعی نشده و برای فرد گمراه، امید به هدایت، برگشت و رستگاری هست. اینان همان کوران و کرانی هستند که قرآن در تقسیم بندی روحی مردم مطرح میکند.

روم ۳۰ / ۵۲-۵۳: تقابل میان میان مردگان، کران و کوران نشان دهنده امکان هدایت دو دسته اخیر می‌باشد، لیکن مردگان کسانی هستند که آگاهانه و به عمد راه کفر و تباهی را اختیار کرده‌اند.

آیه های مربوط به ضالین:

الفاتحه ۱ / ۷، البقره ۲ / ۲۶، البقره ۲ / ۱۹۸، النسا ۴ / ۸۸، الانعام ۶ / ۷۷، المومنون ۲۳ / ۱۰۶، الشعرا ۲۶ / ۲۰، الشعرا ۲۶ / ۸۶، الصافات ۳۷ / ۶۹، الواقعه ۵۶ / ۹ در قرآن افراد و گروه هایی که به عنوان گمراه معرفی شده اند که ایمان خود را به کفر تبدیل کنند، مشرکان، کفار، عصیانگران، مسلمانانی که کفار را سرپرست و دوست خود میگیرند، کسانی که مردم را از راه خدا باز میدارند، کسانی که به خدا یا رسول او توهین میکنند، آنان که حق را کتمان میکنند، قانون شکنان (فاسقین) و کسانی که از رحمت خدا مأیوسند.

البقره ۲ / ۱۹۸: بر شما گناهی نیست (که در ایام حج به هنگام فراغت از عبادت) از فضل پروردگارتان بجویید. (به تجارت و تبادل اجناس و افکار با سایر مسلمانان و تحکیم روابط میان امت بپردازید)، پس چون از عرفات (سیل وار به سوی مشعر) روان شدید خدا را در مشعرالحرام یاد کنید و یادش کنید (به پاس این نعمت) که شما را با اینکه از گمراهان بودید هدایت کرد.

الانعام ۶ / ۷۷: (ابراهیم) پس از چندی که ماه را تابان دید گفت: این رب من است پس از ساعاتی که افول کرد گفت: اگر رب حقیقی من هدایتم نکند مسلماً از مردمان گمراه خواهم بود.

المومنون ۲۳ / ۱۰۶: (دوزخیان) گویند: پروردگارا بدبختیمان بر ما چیره شد و مردمی گمراه بودیم.

الشعرا ۲۶ / ۲۰: (موسی با صداقت و صراحت) گفت: من آن کار را (کشتن قبطی) هنگامی مرتکب شدم که از گمراهان بودم.
درس مهم و امیدوار کننده برای انسان‌های خطاکار در اینجا این است که حتی فردی که قاتل بوده در اثر تربیت درست، توبه و انابه می‌تواند به مقام پیامبری برسد.

الشعرا ۲۶ / ۱۸-۲۱: (فرعون به موسی) گفت: آیا تو را از کودکی در میان خود نپروردیم و سالیانی از عمرت را میان ما نگذراندی؟ (باین حال) کردی آن کارت را که کردی (قتل مأمور مرا) و تو از ناسپاسان بودی. موسی گفت: من آن کار را هنگامی مرتکب شدم که از

گمراهان بودم، پس چون از شما میترسیدم از چنگتان گریختم. آنگاه پروردگارم مرا حکمت (اخلاق و رفتار پسندیده) بخشید و از رسولانم قرارداد.

گمراهی و هدایت امری نسبی است. مسلماً موفقیت ایمانی حضرت موسی در آغاز حرکت توحیدی خود با سنین پختگی فکری پس از ده سال زندگی با شعیب و دریافت رسالت در کوه طور قابل مقایسه نبود. همین سخن را خداوند در مورد پیامبر اسلام در سوره ضحی در آیه ۶-۷ فرموده است:

الضحی ۹۳ / ۶-۷: آیا چنین نبود که تو را یتیم یافت و پناه داد و تو را گمراه یافت و هدایت کرد.

الصافات ۳۷ / ۶۹-۷۱: چرا که آنها پدرانشان را گمراه یافتند با این حال در پی آنها (بدون هیچ تردید و اندیشه) میشتابند، قبل از آنان نیز بیشتر پیشینیان گمراه شدند.

الشعرا ۲۶ / ۸۶: (ابراهیم) و بر پدرم نیز ببخشای که او از گمراهان است.

الواقعه ۵۶ / ۹۰-۹۳: و اگر در زمره راستان (نیکوکاران) باشد، (بر او خطاب میشود): سلام بر تو (ای آنکه) از یاران راست (هستی)، و اگر در زمره تکذیب کنندگان گمراه باشد با آب داغ پذیرایی خواهد شد.

روزه گرفتن یا صیام

قبل از پرداختن به موضوع روزه در اسلام لازم است توضیح مختصری راجع به لغات عربی صیام و تقوا داده شود. صیام که در فارسی به روزه ترجمه شده در عربی به معنای دست نگهداشتن ها یا خودداری از انجام کارها است. در واقع صوم در شرع جنبه سلبی و نبایدها و نکنیدها را دارد و ناظر به نخوردن و نیاشامیدن و امساک کردن و نبایدهای دیگر است. روزه از عامترین و آسانترین امور یعنی نخوردن و نیاشامیدن آغاز میشود که دستور همگانی است. برای اینکه روزه گیر علاوه بر مبارزه با نفس و تقویت عزم و اراده بر نخوردن و ننوشیدن و احساس همدردی، به فکر فقرا، گرسنکان و تشنگان عالم باشد و در راه کمک به خانواده های مستمند و ملل گرسنه تا آنجا که امکان دارد کمک کند، و مساعدت مالی از طریق پرداخت زکات روزه به امور حیاتی و احتیاجات جوامع مسلمان که در زمان حال مانند

موسساتی که در مناطق کم آب در راه حفظ منابع آب آشامیدنی، تهیه وسایل شیرین کننده آب با نمکزدایی، فیلترینگ آب برای تصفیه میکروب ها و انگل ها در مناطق واقعا محروم به هر مقداری که برایش امکان دارد کمک نماید. بعلاوه با خالی داشتن درون از طعام، پنجره دل خود را بر نور معرفت الهی گشوده و در پرتو معارف قرآن حیات طیبه یافته و خط مشی خویش را تنظیم میکند. علاوه بر کنترل شکم، کنترل همه اعضاء و جوارح از انجام کارهای ناشایست توسط آن عضو لازم است، به طور مثال: خودداری چشم از نگاه بد بناموس مردم، گوش حرف بد را حاضر به شنیدنش نباشد و طبق دستور الهی اگر با گروهی نشسته که از کسی بدگویی و غیبت ناروا میکنند و نمیتواند از آن جلوگیری کند، جلسه را ترک کرده تا اتمام آن بحث، و بعدا مراجعت کند، زبان فحاشی نکند، غیبت نکند، دروغ نگوید و بهتان به مردم نبندد و دیگران را با زبان خود آزار ندهد، دست دزدی نکند، مطالب گمراه کننده و ناروا ننویسد و از ضرب و شتم بپرهیزد، پا قدم به راههای غلط نگذارد، قلب از حسد ورزیدن، عناد و انتقامجویی و غیره پرهیز کند، مغز فکر بد نکند و به جان، مال و ناموس افراد تعدی نکند.

تقوا به معنای ترمز گرفتن و خودداری است، فرد متقی قادر است که خود را به حدی کنترل کند که مردم از فکر، زبان، دست، پا، چشم، گوش و اعمال او در امان باشند (مومن و با ایمان)، متقی تسلط کامل بر نفس خود دارد، و این میسر نیست مگر با تمرین یک ماهه روزه داری در هر سال. در قرآن روزه گرفتن به عنوان تنبیه در موارد دیگری که عمل زشتی از شخص سر زده و باید خودداری میکرده مقرر شده مانند سه روز روزه گرفتن برای قسم دروغ در شهادت، روزه در صورت صید حیوانات و یا رابطه جنسی با همسر در حال احرام در مناسک حج و کشتن فردی از قبیله هم پیمان، که همه آنها ناشی از سست عنانی و عدم توانایی خود داری به موقع است. در این موارد روزه تجویز شده نه تنها تنبیه بلکه تمرینی برای کمک کردن به فرد در کنترل نفس میباشد.

بنابراین برای اینکه فرد مومن به متقی بودن نزدیک شود، ایجاب میکند (ضرورت دارد) که با یک ماه روزه گرفتن در سال و دوری از احترازات تجویز شده، به تدریج درجه تقوا و کنترل نفس خویش را افزایش دهد.

در سالهای اخیر استفاده روزه گرفتن در سلامت انسان ها مسجل شده و برنامه های متعددی در اینترنت وجود دارد که چگونگی روزه داشتن متناوب را برای کم کردن وزن در افراد چاق، آنانکه دچار بیماری متابولیک هستند (دیابت تیپ ۲، بالا بودن کلسترل و فشارخون و چربی دور شکم که عوارض قلبی عروقی مانند سکته قلبی

و مغزی و مرگ زودرس دارد) توصیه میکند. شایعترین روزه «۱۶:۸» نام دارد که توصیه میشود بین ظهر و ۸ بعد از ظهر غذای عادی مصرف شود و ۱۶ساعت ناشتا بماند تا فعل و انفعال تبدیل چربی به استون و تغییرات هورمونی حاصله در بدن شروع شود. البته برای خانم ها ۱۳-۱۴ساعت کافی است. خوردن آب آشامیدنی، چای یا قهوه بدون شیر و شکر مجاز است. ولی مدت زمان و روزهای روزه داری به خود شخص مربوط است و ممکن است هر روز یا ۲روز در هفته یا بیشتر باشد. تحقیقات نشان داده است که روزه داری انسولین خون را تنظیم کرده و به بدن فرصت میدهد که پروسه شیمیایی اکسیداتیو را که در اثر استرس جسمی در بدن ایجاد میشود کمتر کرده و در نتیجه طول عمر را بیشتر و از ساخته شدن ملکول های مضر سرطانزا جلوگیری میکند. روزه سلول های بنیادین برای ترمیم نسج های صدمه دیده بدن را فعال میکند. این اثر بخصوص روی جوان ماندن پوست قابل مشاهده است. روزه داری برای سلامت مغز و به تعویق انداختن آلزایمر و جلوگیری یا درمان بیماری کبد چرب و عوارض ناشی از آن مانند سیروز و سرطان کبد تاثیر بسزایی دارد. بهترین روش روزه داری باید اقلا ۱۲ساعت و هر روز در همان زمان باشد تا بدن به آن عادت کند و پروسه استون زایی آن سریعتر باشد.

البقره ۲ / ۱۸۳:ای کسانی که ایمان آورده اید، روزه بر شما مقرر شد (کتب= ایجاب میکند) همانگونه که بر پیشینیان مقرر شد (یهود و مسیحی نیز روزهای معینی برای روزه گرفتن دارند)، باشد تا خود را (از هوای نفس) حفظ کنید.

البقره ۲ / ۱۴۸: در روزهایی معدود، با این حال هر کس از شما بیمار یا بر سفر باشد، شماری از روزهای دگر روزه بدارد، و بر کسانی که طاقت خود را از دست میدهند اطعام مسکین جایگزین شده است. پس هر آنکس مشتاقانه (نه به اکراه و اجبار) کار خیری کند به نفع خود اوست، و اگر بدانید روزه گرفتن برای شما بهتر است.

البقره ۲ / ۱۸۵:ماه رمضان که قرآن در آن نازل شده است (و بخاطر این فضیلت هنگام این فضیلت روزه داری است)، (قرآن) برای همه مردم (دنیا) هدایت است، و راهنماییها (توضیحات و روشنگریهایی) برای هدایت، و معیار شناخت (کمک برای شناخت حق از باطل)، پس هر کس از شما این ماه را دریابد پس روزه بدارد، وهر کس بیمار یا بر سفر باشد شماری از روزهای دیگر(را روزه بدارد)، خداوند برای شما آسانی میخواهد

و برایتان دشواری نمیخواهد. (هدف این است)، تا شمار (آنرا) تکمیل کنید (این دوره تربیتی را تماما انجام دهید) و تا (مهمتر اینکه) خدا را به پاس آنکه شما را هدایت کرده به بزرگی یاد کنید و باشد تا شکرگزار (نعمات او) باشید.

بنابراین روزه گرفتن سالانه (مانند رفتن به اردوی ورزشی برای تمرین و آموزش و پیشرفت در ورزش معین)، برای افراد واجد شرایط، در تمام مدت ماه مبارک رمضان، برای تمرین احراز مقام تقوی (پرهیز از منهیات الهی) و خودداری و خودسازی شروع میشود، تا با استفاده از هدایت قرآنی، شکر نعمت هایی که به تو داده شده را بجا بیآوری و با احترام به قوانین، و حدود خداوند و اجتناب از محرمات، به انسان کامل نزدیکتر شوی. بر فواید جسمانی روزه گرفتن در اثر تحقیقات پزشکی روز به روز اضافه میگردد.

روزه در ماه رمضان یا واجب است یا حرام، روزه مستحب در رمضان نیست. خداوند نگرفتن روزه را بر مریض و شخص در حال سفر و شخصی که به هر دلیل طاقت آن را ندارد حرام کرده است، چون شخص روزه گیر ممکن است در اثر روزه گرفتن به سلامت خود و یا دیگران صدمه بزند و در مورد افرادی که طاقت روزه گرفتن ندارند اطعام مساکین را توصیه فرموده است.

بارها از اطبا و جراحان شنیده ام که آنها نمیتوانند بازبان روزه به وظایف خود نسبت به مریضهایشان عمل نمایند در اثر کمبود آب بدن و یا کمی قند خون و سردرد و بیحوصلگی و بیحالی ناشی از آن. روح اسلام، وظیفه پزشکی بر صراط مستقیم و رحمت خداوند، امر میکند که آنها به وظایف خود به بهترین وجه عمل کنند و جان مریض را در معرض خطر قرار ندهند. چنین اشخاصی که در حال عادی و حرفه متفاوت توانایی و طاقت آن را دارند ولی در این مورد اگر چه طاقت داشته باشند ولی بخاطر اشتباه در تشخیص و درمان، روزه گرفتن بر آنها حرام میشود. همینطور افرادی که مسئولیت های اجتماعی مهمی را بر عهده دارند و ممکن است در امور عام المنفعه کوتاهی نمایند، دانش آموزان، معلمین، زنان آبستن و شیرده، سربازان در جبهه و... ازروزه گرفتن معافند.

الحجرات ۴۹ / ۱۳: در اینجا تمام مردم روی زمین (یَا أَیُّهَا النَّاسُ) مورد خطاب هستند و میفرماید: گرامیترین فرد نزد خدا متقیترین شماست (صرف نظر از جنس، نژاد، ملیت، مکنت، قدرت، امتیاز و نسبت خانوادگی و فامیلی، دین، مذهب و بقیه امتیازات ظاهری)، تقوا در اینجا شامل توانایی خودداری از اعمالی است که انجام آنها روزه

را باطل میکند، به عبارت دیگر پرهیزکاری از امور غیراخلاقی و غیرانسانی و هر چه خداوند از انجامش انسان را برحذر داشته است. از این آیه همچنین برداشت میشود که خداوند اهمیت بیشتری برای انجام ندادن کارهای بد و خلاف اخلاق قائل است (کنترل نفس اماره مهمتر و مشکلتر است)، تا انجام دادن کارهای نیک (که ممکن است از روی خودخواهی، ریا، طالب معروفیت دنیوی و غیره شخص آنرا انجام دهد، هرچند به خداوند ایمان نداشته باشد) چون میفرماید گرامیترین افراد نزد پروردگار پرهیزکارترین آنهاست.

سه موردی که به نظر بنده جای پرسش دارند یکی رفتن به فاصله معینی از محل زندگی با اتومبیل برای کلاه شرعی برای روزه نگرفتن، دیگری رویت هلال برای اعلام ماه رمضان وپایان آن در زمانیکه اطلاعات نجومی تا ثانیه آنرا برای هزاران سال میدانند و دیگری اختلاف در غروب آفتاب است که سنیان به محض اینکه قرص خورشید از افق ناپدید شد افطار میکنند و نماز غروب را میخوانند و معتقدند که هنگامیکه شفق روشنی و سرخی سرشب) سقوط کند وقت فوت نماز مغرب است و شیعیان تا تاریک شدن هوا و غروب دوم زائل گشتن حمره مشرقیه) صبر میکنند.

شب قدر

القدر ۹۷ / ۱ ـ ۵: إِنَّا أَنْزَلْنَاهُ فِي لَيْلَةِ الْقَدْرِ ﴿۱﴾ وَمَا أَدْرَاكَ مَا لَيْلَةُ الْقَدْرِ ﴿۲﴾ لَيْلَةُ الْقَدْرِ خَيْرٌ مِنْ أَلْفِ شَهْرٍ ﴿۳﴾ تَنَزَّلُ الْمَلَائِكَةُ وَالرُّوحُ فِيهَا بِإِذْنِ رَبِّهِمْ مِنْ كُلِّ أَمْرٍ ﴿۴﴾ سَلَامٌ هِيَ حَتَّى مَطْلَعِ الْفَجْرِ ﴿۵﴾

درزمان شب قدرکه خیر آن برای بندگان از هزارماه بیشتراست نسلمانان متفق القول نیستند. سنی مذهبان شب ۲۷ماه رمضان و شیعیان شب ۱۹، ۲۱ و یا ۲۳ ماه مبارک رمضان راشب قدر میدانند. طبق روایات پیامبر فرمودند که شب قدر یکی از شبهای فرد دهه آخر ماه مبارک رمضان است و ما شیعیان شب نوزدهم که مصادف با ضربت خوردن حضرت علی علیه السلام توسط ابن ملجم است و شب ۲۱ که مصادف با شب شهادت آن حضرت است و شب ۲۳ را برای عزاداری و دعا انتخاب کرده ایم. در اینجا این سوال مطرح میشود که با وجود اهمیت شب قدر که شب نزول قرآن بزمین و بر قلب و ناخودآگاه پیامبر است (إِنَّا أَنْزَلْنَاهُ فِي لَيْلَةِ الْقَدْرِ)، و شب عبادت به معنی تفکر در تشخیص نواقص خود و جامعه و دعا به معنی خواستن ناشی از تفکر در راه اصلاح خود و جامعه، در چنین شرایطی است که شب قدر به اندازه هزار ماه ارزش دارد، حال آیا واقعا مهم نیست که روز اول ماه مبارک را مانند سایر کشورها به علم نجوم به جای چشم مجتهد خود اعتماد کنیم؟ چرا که در صورت اشتباه، شب قدر هم درست نمیشود و درثانی چرا ما شیعیان با ۹۰درصد مسلمانان در این امر اختلاف داریم؟

طبق اعجاز عددی در سوره القدر شب قدر، شب ۲۷ ماه رمضان است. سوره القدر دارای ۳۰ کلمه است به اندازه تعداد جزء های قرآن و تعداد حروف این سوره ۱۱۴ است، به اندازه تعداد سوره های قرآن کریم که نازل شده، کلمه (هیّ) در این سوره در شماره ۲۷ قرار دارد اشاره به این مهم که شب قدر در ۲۷ماه رمضان اتفاق میافتد. کلمه القدر در این سوره در ارقام ۵ ـ۱۰-۱۲ که وقتی با هم جمع شدند عدد ۲۷ در میآید. سوره ۵ در قرآن مائده، سوره ۱۰ یونس و سوره ۱۲ یوسف است. سوره یونس با: ال ر، تلک آیات کتاب الحکیم، و سوره یوسف با ال ر، تلک آیات کتاب المبین شروع می‌شوند و در سوره مائده علاوه بر ذکر احکام لازم برای زندگی مؤمنانه در آیه سوم میفرماید:

مائده ۵ / ۳: ... الْيَوْمَ أَكْمَلْتُ لَكُمْ دِينَكُمْ وَأَتْمَمْتُ عَلَيْكُمْ نِعْمَتِي وَرَضِيتُ لَكُمُ الْإِسْلَامَ دِينًا فَمَنِ اضْطُرَّ فِي مَخْمَصَةٍ غَيْرَ مُتَجَانِفٍ لِإِثْمٍ فَإِنَّ اللَّهَ غَفُورٌ رَحِيمٌ ﴿۳﴾

با توجه به این آیات به نظر می‌رسد که قرآن در شب ۲۷ ماه رمضان به قلب و ناخودآگاه آن حضرت نازل شده و به تدریج و مناسبتهای مختلف آیات یک به یک از ناخودآگاه به ضمیر خودآگاه آن حضرت وحی میشدند و در آخر آن حضرت قرآن را به ترتیب نزول و خواسته خداوند تنظیم کرده‌اند. با این اعجاز علمی امید میرود که برای برخورداری از نعمات شب قدر، شب بیست و هفتم ماه رمضان رانیز به عنوان شب قدر به دعا و ثنای الهی برای سعی در بهبود خود مشغول شویم.

خصوصیات متقین در قرآن

بقره ۱۸۳/۲: ثواب مهم روزه گرفتن طبق قرآن احراز شخصیت متقی درروزه گیر است.

قرآن هدایت کننده متقین است و روزه برای تقویت تقوی. حال ببینیم قرآن درباره متقین چه مشخصاتی را رقم میزند.

الحجرات ۴۶ / ۱۳:.. بزرگوارترین شما نزد خدا باتقواترین شماست (افرادیکه قادر به مهار نفس اماره خود هستند بدون در نظر گرفتن دین و مذهب نزد پروردگار مکرم ترین اند).

خداوند به متقین قول داده است که توسط قرآن هدایت خواهند شد.

البقره ۲ / ۲: قرآن برای متقین هدایت است. باید دراین راه قدم زد یا هدایت پذیرشد. مشخصات متقین در بقیه این آیات به قرار زیر است:

۱. ایمان به خداوند و امور غیبی که برای ما اگر چه در قرآن ذکر شده ولی قابل درک و لمس در آن برهه زمانی نیست ولی با ایمان قلبی به خداوند و آیاتش، نه عقل عملی آنرا قبول میکنیم.

۲. برقراری ارتباط همیشگی با خداوند برای کسب تکلیف کردن و در نظر داشتن او در کلیه امور زندگی از طریق برقراری صلات

۳. انفاق به مستمندان

۴. احترام و باور به آنچه به پیامبر اسلام و پیامبران قبل از او برای هدایت بشریت ابلاغ شده است.

التغابن ۶۴ / ۱۶: هر آنچه قدرت دارید تقوا پیشه کنید.

الاعراف ۷ / ۲۶: ای فرزندان آدم ما لباسی که شرمگاه شما را بپوشاند و جامه های زیبا و نرم برای شما فرستادیم و بر شما لباس تقوا که این نیکوترین جامه شماست، این

سخنان همه از آیات خداست که شاید خدا را یاد کنید. (منظور این است که لباس تقوا ارجحیت به لباس ظاهر دارد و شاید زن باتقوای بی حجاب از باحجاب بدون تقوا در نظر خداوند بهتر است، اِلله اعلم)

سه مرتبه در قرآن إِنَّ اللهَ يُحِبُّ الْمُتَّقِينَ آمده و هر سه راجع به وفای به عهد است. یک بار در بقره، ۲ بار در توبه

العنکبوت ۲۹ / ۶۹: و کسانی که در راه ما کوشیده اند به یقین راههای خود را بر آنان می‌نماییم.

البقره ۲ / ۱۱۰: نماز بپا دارید و زکات بدهید با امید آنچه را که از پیش برای خود میفرستید در نزد خدا خواهید یافت، همانا که خدا از آنچه بجا بیاورید آگاه است.

الحدید ۵۷ / ۲۸:...اهمیت ایمان به رسول و اینجا هم نور هدایت و هم بخشش از رحمت های خدا عنوان شده) اگر تقوا داشته باشید خداوند برای شما نوری قرار میدهد که به (هدایت) آن رفتار کنید (خط مشی زندگی خویش بشناسید).

(صفات دیگر متقین) آل عمران ۳ / ۱۳۴-۱۳۵: ۱۳۴. همانها که در راحت و رنج انفاق میکنند، و خشم خود را فرو میخورند و از مردم در میگذرند ۱۳۵. و چون کار زشتی کردند یا بر خود ستم نمودند خدا را یاد کنند و برای گناه خود آمرزش طلبند و دانسته بر خلافهایی که کردند پافشاری نکنند.

آل عمران ۳ / ۱۰۱: ...آنکه به خدا پناهنده شود (قرآن را جدی بگیرد) به راه مستقیم رهنمون شده است.

جالب است که برای هدایت شدن واستفاده ازقرآن، شخص، اول باید مؤمن ، محسن ومتقی باشد والا سود چندانی ازآن نخواهدبرد.

قرآن برای متقین (بقره)، مؤمنین (نمل)، محسنین (لقمان) و مسلمین هدایت است، در سه سوره بقره، نمل و لقمان که هر سه با حروف مقطعه و نقش هدایتگر قرآن آغاز میشوند و جمله سه مرحله ای (الَّذِينَ يُقِيمُونَ الصَّلَاةَ وَيُؤْتُونَ الزَّكَاةَ وَهُمْ بِالْآخِرَةِ هُمْ يُوقِنُونَ) عیناً در هر سه تکرار شده، هدایت سه گروه و از ۳ منظر را مطرح میسازد: بقره «متقین»، نمل«مؤمنین» و لقمان «محسنین» از این سه منظر میتوان ارتباط انسان را با سه موضوع خود (متقین)، خدا(مؤمنین) و خلق (محسنین) تعریف کرد. مهمترین

خصلت انسان در فرهنگ قرآن تقوا است. پس سوره بقره که با مقدمه مردم شناسی و در معرفی سه گروه: مؤمن، کافر و منافق پرداخته، بر نقش تقوا در هدایت پذیری انسان از قرآن تکیه دارد.

سوره نمل عمدتاً در ارتباط انسان با خدا تکیه دارد، از این منظر صفت ایمان مطرح میشود.

و بالاخره سوره لقمان بخصوص در آیات ۱۲-۱۹، اندرزهای لقمان به فرزندش بر ارتباط آدمی با خلق تکیه دارد و صفت احسان از این منظر مهمترین نشانه آدمی محسوب میشود. متقین و مؤمنین و محسنین الزاما سه گروه نیستند بلکه خصلت یک انسان متقی از سه منظر متفاوت است.

البقره ۲ / ۴۳-۴۶: نماز به پادارید و زکات را بدهید و با رکوع کنندگان رکوع کنید (کارتان داوطلبانه و با رضایت خاطر باشد)، از شکیبایی و نماز کمک بگیرید. بیگمان این کار دشوار است ولی نه برای خدمتگزاران که باور دارند، که با پروردگارشان دیدار خواهند کرد و اینکه سرانجام نزد او برمیگردند. (پس صبر اینجا اضافه شد).

صبر در جای دیگری هم اهمیتش در حد «حق» آمده است: وَتَوَاصَوْا بِالْحَقِّ وَتَوَاصَوْا بِالصَّبْرِ

و در کتاب آسمانی از اسماعیل نام ببر، او هرگاه وعده ای میداد به آن وفا میکرد و خانواده اش را به نماز و زکات سفارش میکرد و نزد پروردگارم پذیرفته شده بود. (پس وفای به عهد اضافه شد)

بطورکلی شخص متقی دراثر تمرین وممارست دائم، مکارم اخلاقی موردقبول جوامع پیشرفته زمان خودرا عمل می نماید وافراد دراطراف او احساس امنیت می کند.

زکات، صدقه، بخشش، وام بی بهره

زکات نخستین مالیات قانونی است که در تاریخ اقتصاد جهان مقرر شد. زکات طرز وصول و مقدار مالیات را منظم ساخت و سنگینی آن را بر دوش اغنیا و طبقه متوسط جامعه گذاشت و فقرا را از پرداخت آن معاف کرد.

زکات در عربی به معنی رشد و نمو است ودر قرآن ۳۲ آیه در مورد زکات وجود دارد که ۲۷بار با فعل یؤتون یا مشتقات آن آمده است که منظور پرداختن زکات میباشد.

زکات اغلب بعد از صلات سفارش شده است و بنابراین مهمترین فریضه بعد از نماز

زکات است، چون برای ارتقاء جامعه بشری هم عمل متعادل و درست لازم است و هم وسایل عمل کردن که با دادن زکات و تأمین بودجه میسر میشود. پیامبر فرمود: ای مسلمانان زکات دارایی های خود را بدهید تا نمازتان پذیره حق شود. صلات و زکات همچون دو پای راست و چپ، شخص را به سوی مقصد میبرند، صلات برای ساختن انسان عبدالله و خلیفهالله است که برای دادن زکات و در راه اعتلای جامعه پیشرو و سازنده که هدف خداوند است زندگی کرده و قدم برمیدارد. کسی که با خدا آشنا شده است نمیتواند به بندگان نیازمند او بی توجه باشد.

يُقِيمُونَ الصَّلاةَ وَ يُؤْتُونَ الزَّكاةَ وَ ارْكَعُوا مَعَ الرّاكِعِينَ

منظور رکوع در اینجا عامتر از رکوع نماز است، ظاهر رکوع سر خم کردن و به انحنا در آمدن و باطن آن ابراز تواضع و احترام است، بیشتر مردم زکات و مالیات را به اکراه میدهند، اما به اختیار و اشتیاق دادن آن برای آزاد شدن از وابستگی به مال و پرداختن آن به نیازمندان و ارتقاء جامعه، معنای همان رکوع در زکات است، قرآن به خوبی از کسانی یاد میکند که برای زکات کار میکنند،

التوبه ۹ / ۵۴: نه همچون کسانیکه با کراهت انفاق میکنند،

حضرت اسماعیل اولین زکات دهنده بود و أهل خود را به دادن زکات توصیه میکرد و بعد یعقوب و ۱۲ فرزندش که از سران بنی اسرائیل بودند اقوام خود را به دادن زکات سفارش کرده اند. خداوند از وضع قانون و وجوب پرداخت زکات که مبلغ ناچیزی از درآمد سالانه است، هدفی مشابه برای جامعه مسلمانان داشته است.

آیات زکات:

البقره ۲ / ۴۳، البقره ۲ / ۸۳، البقره ۲ / ۱۱۰، البقره ۲ / ۱۷۷، البقره ۲ / ۲۷۷، النسا ۴ / ۷۷، النسا ۴ / ۱۶۳، المائده ۵ / ۱۲، المائده ۵ / ۵۵، الاعراف ۷ / ۵۶، التوبه ۹ / ۵، التوبه ۹ / ۱۱، التوبه ۹ / ۱۸، التوبه ۹ / ۷۱، مریم ۱۹ / ۳۱، مریم ۱۹ / ۵۵، الانبیا ۲۱ / ۴۱، الانبیا ۲۱ / ۷۳، الاحزاب ۳۳ / ۳۳، فصلت ۴۱ / ۷، المجادله ۵۸ / ۱۳، المزمل ۷۳ / ۲۰، البینه ۹۸ / ۵.

زکات از اهم عبادات و صدقات اجباری است که باعث فقر زدایی، گردش سرمایه، پیشرفت جامعه اسلامی و غنی شدن فرد زکات دهنده در دنیا و آخرت میشود. زکات پرداخت ۲/۵ درصد از درآمد خالص در زمان برداشت محصول بوده است. در آن

زمان زکات به سرمایه و درآمد سالانه حاصل از آن مانند گندم، جو، خرما، کشمش، طلا، نقره، شتر، گاو، گوسفند تعلق میگرفت. حکم دادن زکات در مدینه و سالهای پس از هجرت، و الزاما برای تأمین بودجه لازم جامعه تازه مسلمان بوده است. زکات دهنده باید بالغ، عاقل، آزاد، مالک و با امکان تصرف کامل در مال خود باشد.

در حال حاضر ترجیحا زکات را با محاسبه درآمد سالیانه، جدا از پرداخت مالیات های دولتی باید پرداخت. وجوهی که به بنیادهای خیریه و یا برای ساختن مدرسه و بیمارستان داده میشود زکات محسوب نمیگردد. زکات مهره های از کار افتاده جامعه را به کار میاندازد، محرومان و ورشکستگان را به نوا و قدرت میرساند، مهر و عطوفت نسبت به مردم را در دلها زنده میسازد، محبت مال و دنیا را از دل زکات دهنده بیرون میبرد، زکات دهنده به کار خود میافزاید تا مال از دست رفته را جبران کند و سبب رزق است، و همچنین با گردش سرمایه در جامعه سود آنهم به زکات دهنده که شاغل یا کار آفرین است میرسد، مانند خرید لوازم خانه، تعمیرات، خرید غذا و لباس و احیانا شروع کار جدید توسط زکات گیرنده، و چه بسا ممکن است که زکات گیرنده در اثر کمکی که به او شده و بهتر شدن وضع مالی خود زمانی زکات دهنده شود.

هشت گروه شامل زکات میشوند که عبارتند از: والدین، فامیل نزدیک، فقرا (افراد به ظاهر متمکن، شاغل، آبرودار که خرجشان بدلایل مختلف از درآمدشان بیشتر است)، مساکین، درماندگان، افراد زمینگیر و پیر که توانایی کار کردن ندارند، ایتام، مسافران بی پول و بی پناه، غیر مسلمانان در جامعه که محتاجند، و زندانیانی که به علل غیر جنایی و چک بدون اعتبار در زندان هستند.

مامور توزیع زکات به مستحقین دولت است نه شخص زکات دهنده. مسئولیت جمع آوری زکات و توزیع آن هر دو با دولت است، دریافت این وجه توسط نیازمندان مانند دریافت حقوق ماهانه کارمندان، یا دستمزد روزانه کارگران بوده و کمک هزینه ای است برای امرار معاش خانواده.

بنا به توصیه بعضی از علما در صورت تأمین زندگی فقرا و محرومین هیچ مانع شرعی در کار نیست که توزیع زکات برای ساخت مدارس، بیمارستان، کارخانه ها، بنگاه های تولیدی و ارتزاق مستحقین، مساکین، مقروضین، تأمین هر یک از وسایل خدمات اجتماعی ،ساختن پل، مسجد، و سایر موسسات عام المنفعه شود. در حال حاضر در ایران به عکس، اختلاس از بیت المال روز به روز بر تعداد فقرا در جامعه میافزاید و تعداد افراد زکات دهنده کمتر میگردد.

در آمریکا و کشورهای اروپایی مالیات بر درآمد الگویی اسلامی دارد و نسبت به درآمد افراد تعیین میگردد، و افراد کم درآمد از پرداخت مالیات معاف هستند. در آمریکا مالیات بر درآمد بودجه مملکت را تأمین میکند و به قول آمریکایی ها "از دو چیز، مالیات و مرگ گریزی نیست" و هر فرد شاغلی بسته به درآمد ماهیانه تا سقف ۴۰درصد فقط به دولت مالیات میپردازد. مالیات های اجباری و سالانه دیگر به ایالت، شهر، منزل، اتومبیل و غیره نیز نه تنها قابل توجه اند، بلکه اجرای بی چون و چرای قانون اجازه فرار آنها را به فرد واجد شرایط نمیدهد.

در ممالکی که دولت از درآمد ذخایر ملی غنی مانند معادن مختلف، نفت، گاز و غیره برخوردار هستند مانند عربستان سعودی، قطر، کویت، امارت متحده عربی دادن زکات لزومی ندارد، ولی در ایران اسلامی به خصوص در شرایط تحریم اقتصادی غرب که درآمدی از نفت و گاز مانند سابق ندارد و با دریافت خمس، زکات، صدقه، خیریه، ارزش افزوده، و صادرات نا چیزقادر به تأمین زندگی افراد و اداره امور مملکت نیستیم و به تعداد خانواده های فقیر روز به روز اضافه میگردد، زکات ۲/۵ درصد درآمد جوابگو نیست. بیشتر مردم امروز مالیات را با اکراه میدهند، دولت مجبور است قانون زکات جدیدی (مالیات بر در آمد) تا سطح ۳۰ درصد که تصاعدی بر حسب درآمد است وضع و آنرا به اجرا گذارد.

صدقه

علاوه بر زکات خداوند اغنیا را به دادن صدقه، تداوم و افزایش آن ترغیب نموده و در تنوع آن از انفاق درباره والدین و خویشان، تا احسان نسبت به عموم محتاجان سفارش کرده است و برای آن که تهی دستان از ثواب و فضیلت صدقه دادن بی بهره نمانند هر گونه کار نیک و سخن نیکو و حتی یک خنده و یا سلام برای دلخوش کردن دیگری را به عنوان صدقه پذیرفته و در برابر آن اجر قائل شده است.

انفاق

انفاق نیز واژه مشابهی با زکات است. صدقات مستحب بوده و اثبات صدق ایمان از طریق کمک به دیگران است. آن کس که با صلاتش به خدا روی می آورد صادق نیست اگر خسیس و خود محور باشد. انفاق و صدقه با زکات متفاوت است، و بسته به

شرح صدر، ایمان و تمول فرد مقدارش متفاوت است.

میشود صدقات را به صورت هدیه و هبه به جمعیت های خیریه و مؤسسات خدمات اجتماعی هدیه کرده، و یا میتوان آن را به عنوان کمک در اجرای برنامه های عمرانی و عام المنفعه در اختیار حکومت و یا شورای روستا و شهرها قرار داد.

به علاوه دولت چون موظف و مکلف است برای کسانی که توانایی کار دارند شغل ایجاد کند، میتواند از زکات و صدقات برای این منظور استفاده کند.

البقره ۲ / ۸۳: و آنگاه که از بنی اسرائیل پیمان استوار گرفتیم که جز خدا کسی را بندگی نکنید، و به پدر و مادر و خویشاوندان و یتیمان و بینوایان احسان کنید، و با مردم سخن به نیکویی بگویید و نماز به پا دارید، و زکات دهید، پس جز اندکی از شما (بقیه) به حال سرپیچی از این توصیه ها روی گردانده اند.

البقره ۲ / ۱۱۰: وَأَقِيمُوا الصَّلَاةَ وَآتُوا الزَّكَاةَ وَمَا تُقَدِّمُوا لِأَنْفُسِكُمْ مِنْ خَيْرٍ تَجِدُوهُ عِنْدَ اللَّهِ إِنَّ اللَّهَ بِمَا تَعْمَلُونَ بَصِيرٌ ﴿۱۱۰﴾

و نماز را به پادارید و زکات دهید و هر چیزی که از پیش فرستید آن را نزد خدا خواهید یافت. مسلماً خدا به آنچه میکنید بینا است.

البقره ۲ / ۱۷۷: بِرّ (بلندنظری و بلوغ انسانی) آن نیست که هنگام نماز روی خویش سوی مشرق یا مغرب (کعبه یا بیت المقدس) کند، بلکه بِرّ کسی است که به خدا و روز واپسین و فرشتگان و کتاب و پیامبران ایمان آورد، و مال خود را با وجود دوست داشتنش به خویشاوندان و یتیمان و درماندگان و درخواست کنندگان و در آزادی اسیران بپردازد، و نماز به پا دارد و زکات بپردازد، و نیز کسانیکه هر گاه پیمان بسته اند به آن وفا کنند، و بردباران در سختی ها و پریشانی ها و هنگام جنگ، اینها هستند که (در ادعای ایمانشان) راست گفته اند و این ها همان پرهیز کارانند.

البقره ۲ / ۲۷۷: مسلماً کسانیکه ایمان آورده و کارهای شایسته کرده اند و نماز به پا داشته و زکات داده اند، برای آنهاست پاداششان نزد پروردگارشان، و نه ترسی بر ایشان است و نه اندوهگین شوند.

النسا ۴ / ۷۷: آیا توجه نکرده ای به کسانیکه به آنها گفته میشد دست نگه دارید (از مقابله به مثل و عکس العمل و به مبارزه منفی اکتفا کنید) نماز به پادارید و زکات بدهید. حالا که پیکار بر آنها مقرر شده، بعضی از آنها از مردم میترسند همچون ترس

از خدا و حتی بیشتر. میگویند: پروردگارا چرا بر ما جنگ را مقرر کردی چرا تا مدتی اندک مهلتمان ندادی بگو متاع دنیا اندک است (عمر کوتاه). حال آنکه آخرت برای کسی که پروا پذیرد بهتر است و اگر تقوا پیشه کنید حقتان هیچ پایمال نمیشود.
النسا ۴ / ۱۶۲: ولیکن راسخان در علم و مؤمنینی از آنها را که به آنچه بر تو و پیش از تو نازل شده ایمان دارند و نمازگزاران و زکات دهندگان و مؤمنان به خدا و روز واپسین را به زودی پاداشی عظیم خواهیم داد.

المائده ۵ / ۱۲: خداوند از بنی اسرائیل (۱۲ نسل فرزندان حضرت یعقوب) پیمان گرفت و از میان آنان ۱۲ پیشوا برانگیخت و گفت من با شما هستم اگر نماز برپا داشتید و زکات پرداختید و به فرستادگان من ایمان آوردید و یاریشان کردید و به خدا وامی نیکو دادید. حتماً بدیهای شما را میزدایم و به بوستان هایی که از زیر آن نهرها جاریست شما را درمیآوردم، پس هر کس بعد از این راه انکار پوید، هر آینه راه راست را گم کرده است.
المائده ۵ / ۵۵: بیگمان دوست شما تنها خدا و فرستاده او و کسانی هستند که ایمان آورده اند، کسانیکه نماز را به پا میدارند و با خضوع (مشتاقانه) زکات میپردازند.
الاعراف ۷ / ۱۵۶: و برای ما در این دنیا ئ در آخرت نیکویی بنویس، ما به سوی تو روی آورده ایم. گفت عذاب خود را به هر که بخواهم (مستوجب آن باشد) میرسانم و رحمت من همه چیز را فرا گرفته، شامل کسانی خواهد شد که (از گناه) پروا میکنند و زکات میدهند و کسانیکه به آیات من ایمان میآورند.

التوبه ۹ / ۵: پس چون ماه های حرام (آتش بس ۴ ماه) سپری شد (و آنان همچنان بر موضع محارب بودن خود باقی ماندند) پس مشرکین (پیمان شکن) را بکشید و دستگیرشان کنید و به محاصره درآورید و در هر گذرگاهی به کمینشان بنشینید، پس اگر توبه کردند و نماز به پا داشتند و زکات پرداختند راهشان را باز گذارید که خدا آمرزگار مهربان است.

التوبه ۹ / ۱۱: اگر توبه کنند و نماز به پا دارند و زکات(حقوق اجتماعی خود را) بپردازند، برادران دینی شما هستند و ما (با این احکام) آیات را برای مردمی که بدانند آشکارا بیان میکنیم

التوبه ۹ / ۱۸: مساجد خدا را فقط کسی (شایستگی دارد) آماده کند که به خدا و روز بازپسین ایمان دارد، نماز به پا میدارد و زکات میپردازد، و جز خدا از هیچ کس بیم ندارد.

چنین کسانی امید است از هدایت یافتگان باشند.

التوبه ۹ / ۷۱: و مردان و زنان مؤمن یار و یاور یکدیگرند، به معروف فرا میخوانند و از منکر باز میدارند، و نماز به پا میدارند و زکات میدهند، و از خدا و رسولش اطاعت میکنند و آنهایی هستند که خدا مشمول رحمت قرار خواهد داد.به راستی خدا عزتمند حکیم است.

التوبه ۹ / ۱۰۳: از اموالشان صدقه ای که پاکشان کنی و رشدشان دهی بگیر، و به آنان توجه کن که توجه تو مایه آرامش آنهاست و خداوند بسیار شنوای داناست (با زکات خود را پاک کنید و رشد و نمو دهید.)

مریم ۱۹ / ۳۱: و (خداوند) مرا هر کجا که باشم موجب برکت قرار داده، و تا زنده ام به نماز و زکات توصیه ام کرده است. (حضرت عیسی در گهواره)

مریم ۱۹ / ۵۵: و همواره اهلش را به نماز و زکات توصیه میکرد، و نزد پروردگارش پسندیده تر بود (حضرت اسماعیل).

الانبیا ۲۱ / ۷۳: و آنها را پیشوایانی قرار دادیم (ابراهیم و نواده هایش اسحاق و یعقوب) که مردم را به فرمان ما هدایت میکردند و انجام کارهای نیک و برپاداشتن نماز و پرداخت زکات را به آنها وحی کردیم و آنها فقط عبادت کننده ما بودند (شرک نداشتند).

الحج ۲۲ / ۴۱: همانهایی که اگر در زمین به آنها تمکن (امکانات و قدرت) بخشیم (به جای زورگویی و تجاوز) نماز را بر پا میدارند و زکات میدهند و دیگران را به امور شایسته فرا میخوانند و از ناپسند باز میدارند و سرانجام امور برای خداست.(مهاجران منظور است)

الحج ۲۲ / ۷۸: و در راه خدا آن گونه که سزاوار جهاد برای اوست جهاد کنید، او شما را برگزیده و برایتان در دین هیچ تنگنایی قرار نداده است.(این همان آیین پدرمان ابراهیم است.) او شما را پیش از این و در این کتاب مسلمان نامید تا این پیامبر الگوی شما باشد و شما هم الگویی برای مردم. پس نماز به پا دارید و زکات بپردازید، و به (کتاب) خدا چنگ زنید. تنها او مولای شماست و چه نیکو مولا و چه نیکو یاوری

المومنون ۲۳ / ۴:و آنان که برای زکات از طریق کار و تولید و بخشش به دیگران تلاش کننده اند.

النور ۲۴ / ۳۷: مردمانی که هیچ تجارت و داد و ستدی آنها را از یاد خدا و برپا داشتن نماز و پرداخت زکات باز نمیدارد، از روزی میهراسند که دلها و دیدگان در آن دگرگون میشوند.

النور ۲۴ / ۵۶: و نماز را به پا دارید و زکات دهید و از رسول اطاعت کنید. باشد تا مورد رحمت قرار گیرید.

(اقیمو الصلاة) همچون اقامه وزن (سنجش و ترازو در معاملات)، اقامه شهادت (به نفعِ مظلومان)، دین (آیین و کتب فکری)، وجوه (رویکرد و هدف گیری در زندگی) تماماً جدی گرفتن، اهمیت دادن و اولویت قائل شدن را میرساند. اصولا اقامه (برپاداشتن) در مقابل رها کردن و زیرپا گذاشتن است.

النمل ۲۷ / ۳: همان ها که نماز را بپا میدارند و زکات میپردازند و همان ها که به راستی به آخرت یقین میکنند.

لقمان ۳۱ / ۴: همان ها که به اقامه نماز اهمیت میدهند و زکات میپردازند و به آخرت به طور جدی یقین میورزند.

الاحزاب ۳۳ / ۳۳: در خانه های خویش آرام و قرار بگیرید و همچون خودنماهای جاهلیت پیشین جلوه گری نکنید. نماز را به پا دارید و زکات بدهید و از خدا و رسولش فرمان برید. (توصیه به زنان و اهل بیت پیامبر).

فصلت ۴۱ / ۷: آنها که زکات نمیپردازند همین ها به آخرت باورندارند.

المجادله ۵۸ / ۱۳: آیا از صدقه دادن قبل از مذاکرات خصوصی نگران شده اید؟ (سفارش خداوند برای دادن صدقه قبل از صحبت خصوصی با پیامبر)، حالا که (این کار را) نکرده اید و خدا هم شما را بخشیده، پس (به شکرانه اش) نماز را به پا دارید و زکات بپردازید و از خدا و رسولش اطاعت کنید و (بدانید) خدا از کارهایی که میکنید کاملاً خبر دارد.

المزمل ۷۳ / ۲۰:مسلماً پروردگارتان آگاه است که تو نزدیک دو ثلث شب، نیمی از آن، یا (حداقل) ثلث شب را به عبادت برمیخیزی و (همچنین) گروهی از یارانت (چنین میکنند)، و خداوند شب و روز را تقدیر (اندازه گیری) میکند. میداند که شما هرگز نمیتوانید (تمام شب را یا همانند آنان) عبادت کنید، پس (به رحمت خویش) بر شما عنایت کرد، پس تاجایی که برای شما میسر است (درنیمه های شب) قرآن بخوانید (برای بیاد سپردن و فهم آن). خدا میداند که برخی از شما بیمار خواهند بود، برخی دیگر در طلب روزی از افزونی های

الهی در سفرند، و گروهی دیگر در راه خدا پیکار میکنند. پس تا حدی که میسر است قرآن بخوانید و نماز را به پا دارید و زکات بپردازید، (با کمک مالی به دیگران) به خدا وامی نیکو بدهید (قرض الحسنه) و (بدانید) هر کار خیری که برای خود از پیش میفرستید آنان را (در آخرت) نزد خدا که بهتر و در پاداش دادن عظیمتر است خواهید یافت. از خدا طلب آمرزش کنید که خدا بخشنده مهربان است.

البینه ۹۸ / ۵: درحالی که جز به پرستش خدا به نحوی که دین را حق گرایانه برای او خالص (از شرک و خودخواهی) کرده باشند و نماز را برپا دارند و زکات (حقوق جمعی) را بپردازند ماموریت نداشتند و چنین است دین برپا دارنده.

مقدار زکات را ۲/۵ درصد درآمد سالیانه تعیین کرده اند ولی برای فقرزدائی و اعتلای سطح زندگی و فرهنگ جوامع اسلامی این باید پایین ترین مقدار باشد و بایستی همانند مالیات مقدار آن به تناسب درآمد افراد بیشتر گردد و سقف آن تا حد مجاز (برای بخشیدن ارث یعنی یک سوم) درآمد بالا رود، البته با درنظر گرفتن درآمد و سایر مقادیری که به عنوان مالیات سالیانه به دولت میپردازند.

زکات باطنی یا غیررسمی بستگی به درآمد ندارد، بلکه بستگی به وجود فقر در جامعه دارد. میگوید تا فقیر هست اغنیا مسئولند و باید به آنان زکات پرداخت کنند و تأمینشان نمایند.

المعارج ۷۰ / ۲۴-۲۵: مومنان نمازگزار در اموال خود برای محرومان حقی قرار میدهند.

الانفعال ۸ / ۳-۴: ۳. کسانی که نماز برگزار میکنند و از آنچه خداوند به آنان داده است انفاق میکنند، ۴. براستی مومن هستند. اینان نزد خداوند درجاتی دارند و از مغفرت الهی برخوردارند و رزق و روزی کریمانه به آنان میدهند.

المنافقون ۶۳ / ۱۰: از اموال و ثروت و امکاناتی که به شما دادیم پیش از آنکه مرگتان برسد انفاق کنید (در اختیار نیازمندان قرار دهید)

سبا ۳۴ / ۳۹: ...هر چه انفاق کنید (به نیازمندان بدهید.) خداوند جایش را پر میکند.

البقره ۲ / ۲۶۱: کار آنانی که دارائی خود را در راه خدا ببخشند به پاشیدن دانه همانند است، که از آن هفت خوشه بروید و در هر خوشه صد دانه باشد و خدا بر هر کس که بخواهد از این اندازه بیشتر دهد.

البقره ۲ / ۲۶۲: آنان که مالشان را در راه خدا ببخشند و بر آن منتی نگذارند و آزاری نرسانند

نزد خدا پاداشی نیکو خواهند داشت و از هیچ پیشامدی بیم ناک نشوند و هرگز اندوه به دل راه ندهند.

البقره ۲ / ۲۶۳: سائل را به زبان خوش و طلب آمرزش رد کردن بهتر از آن است که به او صدقه دهند و از پی آن آزار رسانند.

البقره ۲ / ۲۷۱:چنانچه آشکارا مستمندان را دستگیری کنید کاری نکو بجای آورده اید، اما اگر پنهان از دیگران بدین مهم پردازید عملتان نیکوتر خواهد بود و خدا به پاداش آن گناهانتان را پوشیده خواهد داشت.

النسا ۴ / ۵۳: آیا کسانیکه به اندازه هسته خرمایی به مردم بخشش نمیکنند بهره ای از ملک و سلطنت خواهند یافت؟

النور ۲۴ / ۲۲: توانگران و صاحبان ثروت و نعمت نباید درباره خویشاوندان و مسکینان و مهاجران در راه خدا از بخشش و انفاق کوتاهی کنند. مؤمنان باید همیشه بلند همت باشند و در مورد خلق خدا عفو و گذشت پیشه کنند و از بدی ها در گذرند آیا دوست ندارید که خدا هم در حق شما آمرزش و احسان روا دارد؟ خداوند آمرزنده و مهربان است.

قرض الحسنه

البقره ۲ / ۲۴۵: کیست که به خدا وام دهد، وامی نیکو و بی بهره تا پروردگار بر او چندین برابر آنچه که داده است بیافزاید. خداست که میگیرد و میدهد و همه به سوی او باز میگردند.

الحدید ۵۷ / ۱۸: مردان و زنان صدقه دهنده و کسانیکه به خدا وام نیکو دهند (یعنی در راه خدا بی چشم داشت بهره به نیازمندان وام دهند) دوچندان به آنان داده خواهد شد و پاداش بزرگ خواهد داشت.

البقره ۲ / ۲۸۰:اگر از کسی طلبکارید و او تنگ دست است مهلتش دهید تا توانگر شود، اما چنانچه به عنوان صدقه وام او را ببخشی این برای شما بهتر است اگر به صلاح خود واقف باشی.

ربا، الروم ۳۰ / ۳۹: هر گونه ربائی داده اید (درصد اضافی که بر وام خویش گرفته اید) تا در اموال مردم (نه با کار خودتان) سرمایه شما افزایش یابد (چنین عملی) نزد خدا افزوده نمیشود (برکتی ندارد) ولی هر زکاتی که برای هدف (و انگیزه) خدایی میپردازید چنین کسانی (از نظر رشد و شخصیت انسانی) همان افزون شدگانند.

فصل پنجم

امر به معروف و نهی از منکر

(پایبندی به اخلاق، عرف و قانون ونه شرع)

امربه معروف راجع به پای بندی به عرف اخلاقی و قوانین و عرف اجتماعی (قوانین مدنی) است. به خدا کاری ندارد چون امر به مشروع نیست .عرف به موضوعاتی اطلاق می شود که همهٔ مردم خوب بودن آن را قبول دارند ودرفطرت ما بودیعه گذاشته شده است.لغت دین به معنی گردن سپاری و انقیاد در چهار چوب و ضوابطی خاص میباشد وامری قلبی است . شناختن فجور و تقوا در DNA ما نهادینه است. فَأَلْهَمَهَا فُجُورَهَا وَتَقْوَاهَا.

درقرآن ۴۰ مرتبه راجع به امر معروف(عرف) ونه شرع صحبت شده است. راجع به حقوق مردم است مخصوصاً حقوق زنان مطلقه مطابق عرف جامعه.

خداوند اعمال ایمانی رادرقلوب ما زینت داده است۴۹:۷ وکفرو فسوق ونافرمانی را ناخوشایند شما ساخته است.

معروف یعنی آنچه مردم عاقل درزمان خود پذیرفته اند و قانونی است و منکر آن است که مورد قبول عامه نبوده و غیرقانونی است. امربه معروف در رابطه انسان ها با یکدیگر و یارویاور هم بودن است، نه در رابطه انسان با خدا مانند نماز، روزه، انفاق و غیره. اگر این ها مورد نظر بود آن را امر به مشروع و نهی از حرام مینامیدند.

آل عمران ۳ / ۱۰۴: در این آیه بنظر میرسد دعوت به امور خیر و معروف و نهی از منکر به عهده گروه خاص خواهد بود (متخصصین،معلمین،فلاسفه،قانونگذاران، پلیس..؟)(آگاهانی که صلاحیت آن رادارند)

آل عمران ۳ / ۱۱۰: كُنْتُمْ خَيْرَ أُمَّةٍ أُخْرِجَتْ لِلنَّاسِ تَأْمُرُونَ بِالْمَعْرُوفِ وَتَنْهَوْنَ عَنِ الْمُنْكَرِ وَتُؤْمِنُونَ بِاللَّهِ وَلَوْ آمَنَ أَهْلُ الْكِتَابِ لَكَانَ خَيْرًا لَهُمْ مِنْهُمُ الْمُؤْمِنُونَ وَأَكْثَرُهُمُ الْفَاسِقُونَ ﴿١١٠﴾

التوبه ۹ / ۷۱: وَالْمُؤْمِنُونَ وَالْمُؤْمِنَاتُ بَعْضُهُمْ أَوْلِيَاءُ بَعْضٍ يَأْمُرُونَ بِالْمَعْرُوفِ وَيَنْهَوْنَ عَنِ الْمُنْكَرِ وَيُقِيمُونَ الصَّلَاةَ وَيُؤْتُونَ الزَّكَاةَ وَيُطِيعُونَ اللَّهَ وَرَسُولَهُ أُولَٰئِكَ سَيَرْحَمُهُمُ اللَّهُ إِنَّ اللَّهَ عَزِيزٌ حَكِيمٌ ﴿٧١﴾

مردان و زنان مؤمن همه یار و دوستدار یکدیگرند. خلق را به کار پسندیده و نیکو فرا میخوانند و از امور ناپسند و زشت باز میدارند و نماز بپا میدارند و زکات میدهند و از خدا و رسولش اطاعت میکنند، آن هایند که خدا مشمول رحمت قرار خواهد داد، به راستی خدا عزتمند حکیم است.

معروف را همه بخوبی قبول دارند ، پس می شود به آن امر کرد(صحبت کرد) ولی شریعت را همه قبول ندارند وبه زور نمی شود به خورد مردم داد.

در قرآن چهار جرم است که کیفر دارد و عبارتند از: سرقت، زنای علنی و در معرض عموم، قصاص قتل عمد و اخلال در امنیت. خداوند در چندین آیه در قرآن به پیغمبر میفرماید که

خدا حق دخالت در زندگی مردم را به تو نداده است، به عنوان مثال:

الشوری ۴۲ / ۴۸::...إِنْ عَلَيْكَ إِلَّا الْبَلَاغُ...﴿۴۸﴾ وظیفه تو فقط گفتن واضح و روشن است.
النحل ۱۶ / ۸۲: فَإِنْ تَوَلَّوْا فَإِنَّمَا عَلَيْكَ الْبَلَاغُ الْمُبِينُ ﴿۸۲﴾ اگر روی برگرداندند تنها وظیفه تو رساندن پیام است

ق ۵۰ / ۴۵::...وَمَا أَنْتَ عَلَيْهِمْ بِجَبَّارٍ...﴿۴۵﴾ تو تحمیل کننده بر آنها نیستی.
الانعام ۶ / ۱۰۴::...وَمَا أَنَا عَلَيْكُمْ بِحَفِيظٍ ﴿۱۰۴﴾ بگو من پاسدار شما نیستم.

پیامبر فرمود: ما أَنَا مِنَ الْمُتَوَكِّلِينَ
همچنین خداوند آزادی و اختیار بندگان را از هر چیز مهمتر میداند و حتی در انتخاب دین و مشرک شدن آنها را آزاد گذاشته است:

البقره ۲ / ۲۵۶: لَا إِكْرَاهَ فِي الدِّينِ...﴿۲۵۶﴾
هود ۱۱ / ۲۸::...وَأَنْتُمْ لَهَا كَارِهُونَ ﴿۲۸﴾
در قرآن ۲۷ بار لغت ویل (وای به حال) آمده که ۱۲بار راجع به دروغگویان، وای به حال بعضی از نماز گزاران، وای بر کم فروشان، وای بر عیب جویان طعنه زن است، ولی حتی یکبار وای به حال بدحجابان و یا وای به مشروب خواران نیست.
به نظر فقها امر به معروف و نهی از منکر مهمترین فریضه دینی، موتور و پشتوانه بقیه واجبات است و معتقدند که اگر در جامعه ای به این دو وظیفه عمل نشود به معنی نافرمانی از خدا بوده و تمام اهالی آن جامعه مورد غضب خداوند قرار میگیرند، و چون ما هم عضو جامعه هستیم برای جلو گیری از ضرر به خودمان بایستی امر به معروف و نهی از منکر کنیم. حتی در زندگی شخصی افراد مانند خوردن شراب و یا جلو گیری از آنچه بد حجابی تلقی میشود، و شاهد میآورند که: چو می بینی که نابینا و چاه است/ اگر خاموش بنشینی گناه است، در نحوه برخورد با منکرات هم بین فقها تفاوت عقیده است از شلاق و زندان تا تحقیر، توبیخ و توضیح. اگر چه خداوند میفرماید:
التوبه ۹ / ۷۱: وَالْمُؤْمِنُونَ وَالْمُؤْمِنَاتُ بَعْضُهُمْ أَوْلِيَاءُ بَعْضٍ يَأْمُرُونَ بِالْمَعْرُوفِ وَيَنْهَوْنَ عَنِ الْمُنْكَرِ ...﴿۷۱﴾

یعنی مردان و زنان مسلمان با هم یک پیوند دوستی و مودت دارند بنابراین امر به معروف از روی دوستی و خیرخواهی احتیاج به غضب و ضرب و شتم ندارد. خداوند به حضرت موسی

میفرماید که با فرعون به ملایمت صحبت کن:

طه ۲۰ / ۴۴: فَقُولَا لَهُ قَوْلًا لَیِّنًا لَعَلَّهُ یَتَذَکَّرُ أَوْ یَخْشَی ﴿۴۴﴾

پس به ملایمت با او سخن بگویید شاید پند پذیرد یا (حداقل از عوارض ستمکاری) بیم کند. به همین دلیل گروهی از فقها امر به معروف و نهی از منکر را در کارهای عمومی و به زبان نرم توسط عالمان و عقلا جایز میدانند، و عده ای معتقدند که اگر راجع به مسئله ای سه فتوای متفاوت توسط فقهای چندین قرن گذشته صادر شده باشد تکلیف امر به معروف و نهی از منکر از آن ساقط است. البته در نظام جمهوری اسلامی نظر ولی فقیه از همه بالاتر و لازم الاجراست. فیلسوف فقیه بیت رهبری مرحوم آیت الله مصباح یزدی، آزادی را بت میدانست وخواستار براندازی آن در ایران بود، چون او و اکثر فقها معتقدند که «آزادی یعنی بی بند و باری، در صورتیکه دین و احکام الهی تکلیف اند و ما حق انتخاب نداریم و مردم باید بسته باشند، نه آزاد». از دید این فقیهان انسان ها صغیر و مانند ایتام اند و احتیاج به ولی فقیه مطلق دارند و معتقدند که وظیفه دینی آنهاست که حتی به اجبار در پی بهشتی کردن مردم از طریق امر به معروف و نهی از منکر اجباری باشند، بدون در نظر گرفتن اینکه رفتن به بهشت اکتسابی و استحقاقی است ونه اجباری. گر چه احکام فقط ۴٪ قرآن را شامل میشود و دین و پیامبر فقط برای اجرای احکام نیامده اند، بلکه تربیت انسان متعادل و جامعه اخلاقی مورد نظر خداوند است.

پیامبر میفرماید من برای کامل کردن مکارم اخلاقی مبعوث شده ام:

"إِنَّمَا بُعِثْتُ لِأُتَمِّمَ مَکَارِمَ الْأَخْلَاقِ".

و خداوند در قرآن پیامبر را بخاطر حسن خلق تمجید میکند:

القلم ۶۸ / ۴: وَإِنَّکَ لَعَلَی خُلُقٍ عَظِیمٍ ﴿۴﴾

مسلماً تو بر خلق وخوی عظیمی استواری(که می توانی این اتهامات تحمل کنی)

خداونددر قران میفرماید:

الاسرا ۱۷ / ۷۰: وَلَقَدْ کَرَّمْنَا بَنِي آدَمَ ... ﴿۷۰﴾ ما به انسان کرامت دادیم. و مسجود ملائک گرداندیم، بنابراین صغار حساب کردن این انسان به دور از انصاف و معرفت الهی است. فقها وظیفه دینی خود را حفظ ظاهر دین میدانند و به معنی، توجه کمتری دارند، به طور مثال در نماز تعلیم چگونه خواندن نماز و ادای وللضالین، دست ها به چه حالت هستند، ترتیب وضو گرفتن، قنوت و آمین میگویی یا نه مورد توجه آنان است، تا فهمیدن آنکه چرا نماز بر گزار میکنی و در نماز چه به زبان میآوری. و یا حجاب کامل زن در جامعه به جای عفاف. دینداری را اجرای احکام و پیاده کردن حدود و دیات میدانند مانند قطع دست، اعدام،

سنگسار و غیره. در صورتیکه لَا إِکْرَاهَ فِی الدِّین در دین کراهت نیست. هسته دین عشق و عرفان است و با اجبار، اکراه و تکلیف فاصله زیادی دارد.

فقهای شیعه در طول تاریخ اسلام چون مسند خلافت و قدرت در دستشان نبود، به جای فقه دولتی بیشتر روی فقه و مسائل فردی تکیه کرده اند و به دلیل نظرات متفاوت هر فقیه و مرجع تقلیدی رساله و نظر مخصوص به خود را نسبت به مسائل مختلف فقهی عرضه کرده‌اند. پیامبر زمان هجرت به یثرب فقط پیام خداوند را به مردم ابلاغ کرده و آنها را انذار مینمود، و پس از هجرت به خواهش اهالی مدینه رهبری سیاسی مردم را نیز با موافقت و انتخاب قبایل ساکن یثرب پذیرفت و یثرب مدینةالنبی نام گرفت. او رهبری سیاسی خود را مدیون رای مردم میدانست و در کارهای حکومتی با مردم مشورت میکرد، و برای خود فقط یک رأی قائل میشد و حکومتش مردمی بود. حضرت علی نیز در فرمان به مالک اشتر والی جدید مصر چهار وظیفه را برای حکمرانی او گوشزد میفرماید عبارت از: اخذ مالیات، تشکیل ارتش، دادگستری و آبادانی شهر.

در هیچ کجای فرمان حرفی از دخالت در دین، زندگی شخصی، حجاب، مشروب و غیره نیست. در جنگ صفین هم که حضرت علی با رأی مردم جنگ با معاویه را خاتمه داد، خوارج او را منع کرده و کافر شمردند ولی علی(ع) فرمود رأی مردم چنین خواست.

در عصر نزول قرآن هم آیات ناسخ و منسوخ دلیل بر تغییرات زمانی و خواسته های اجتماعی زمان خود هستند، خدا و پیغمبر هنگام رو به رو شدن با مشکلات یا اعتراضات مردم قوانین و سنن معمول را تغییر میدادند مانند قانون ارث زنان و دختران که قبلا زنان حجاز هیچ ارثی نمیبردند، طلاق ظهار، طلاق یکطرفه مردان، عده نگهداشتن زن بیوه از یک سال به چهار ماه و ده روز، که تماما در اثر اعتراض زنان زمان پیامبر به شرایط قبلی بود. شریعت عصر نزول با این زمان از نظر عقلایی متغیر است، مثلا حال که بعد از دو هفته میتوان با آزمایش خون و ادرار حاملگی زن را مشخص کرد و یا با تست ژنتیک پدر نوزاد را شناسایی کرد، معروف آنست که عده نگهداشتن زن تازه بیوه شده از نظر شرعی لزومی ندارد. با تساوی حقوق زن و مرد و قیم نبودن مرد و تنها نان آور خانواده نبودن او و اینکه به دلایل عدیده به تدریج زنان هم تمایل به ازدواج دایم در آنها کمتر میشود تساوی ارث زن و مرد خلاف شرع نیست.

معروف امروز راجع به طلاق مجددا تغییر فاحشی کرده است. اغلب زنان مستقل، با سواد، مصدر کار و اغلب اگر بیش از همسر درآمد نداشته باشند کمتر نیست و به دلیل ضریب هوشی بالاتر از مردان، دقت و پشتکار به زودی گوی سبقت را از مردان میرباینند. مردان نیز

به دلایل متعدد از جمله دادن مهریه، نفقه، حق مزد زن در خانه، حق زن بر اموال خود و عدم حق طلاق یکطرفه که قبلا دارا بودند، شوق چندانی به ازدواج دایم ندارند. در این مرحله مانند کشورهای پیشرفته که زن و مرد از حقوق مساوی برخوردارند، دیگر نظام مرد دهنده و زن گیرنده باید جزو منکرات شده و معروف آن شروع زندگی مشترک دو جوان بر مبنای عشق و تفاهم باشد، مهریه و جهیزیه اجباری نباشد و اگر به علت سوء تفاهم از هم جدا شدند، بر طبق عدالت و قوانین کشورهای پیبشرفته این طلاق و جدایی به انجام برسد.

معروف است که امام حسین علیه السلام برای امر به معروف و نهی از منکر بپا خواست "اُرِيدُ اَنْ آمُرَ بِالْمَعرُوْف وَ أَنْهى عَنِ الْمُنْكَرِ" برای اصلاح حکومت امت مسلمان و جلوگیری از موروثیَ شدن خلافت در بنیَ امیه. او خلافت در آراء مردم و شور را حق میدانست و امام جائر را ناحق. حسین علیه السلام در مقابله با حُرّ فرمود: "أَ لاَ تَرَونَ أنّ الحَقّ لا يُعمَلُ بِه ، و أَنّ الباطِلَ لا يُتَناهى عَنهُ"، و یا بالاترین امرِ به معروف و نهی از منکر را، گفتن سخن حق در برابر پیشوای ستمگر دانست "أَفضَلُ مِنْ ذَلِكَ كُلّه كَلِمَةُ عَدْلٍ عِنْدَ إمَام جَائرٍ". امام هرگز بدحجابی و شرابخواری در دربار یزید را مطرح نکرد زیرا قیام اَمَام حَسینَ(ع) در رابطه انسانها با خدا نبود، او امر به معروف و نهی از منکر را در گرفتن حق مظلومان از ظالمین میدانست.

در اغلب کشورهای غربی مردم با رأی خود دولت ها را به طریق امر به معروف و نهی از منکر انتخاب میکنند، این حقی است که مردم از دولت طلب میکنند، امر به معروف و نهی از منکر دولت نسبت به مردم تدوین قوانین به روز، مردم پسند و خدا پسند و سپس اصرار در اجرای صحیح و بدون استثنای آن است، و امر به معروف و نهی از منکر مردم به دولتیان و نمایندگانشان انتخاب یا عزل آنان با آراء خود میباشد.

بعضی از فقها را عقیده بر این است که حجاب اسلامی برای پوشاندن زن برای این است که زن عورت و باعث شرم مرد میباشد و باید او را پوشاند تا دیده نشود، البته در آن شرایط هم حجاب فقط برای زن آزاده بود و کنیزان حجاب نداشتند تا آزاده از کنیز شناخته شود!؟ در حال حاضر معروف حجاب اسلامی در کشورهای غربی به اختیار زن حداکثر روسری است، آن هم برای شناسایی عضو امت اسلام بودن اوست، والا به عفت و عصمت او کمکی نمیکند و منکر آن چادر و رو گرفتن و یا نقاب صورت در اجتماع ظاهر شدن است، زیرا آنها را عملا از شرکت در اجتماع و مدارس ومحل کار منع میکند.

در ایران که در حال حاضر احتیاج مبرم به ارز خارجی داریم، و همچنین وظیفه امر به معروف و نهی از منکر نسبت به خارجیان نداریم و مصرف مشروبات الکلی در ادیان دیگر بلا اشکال است، وظیفه دولت مسئول، ممنوع کردن مشروبات الکلی برای توریستها نیست،

بلکه آزاد کردن آن در محل اقامت موقت آن هاست تا بر تعداد توریست افزوده شود. و اگر اولیای امور نگران بدآموزی و مصرف آن توسط خودی ها هستند، همه میدانیم که انواع و اقسام مشروبات الکلی قاچاق به آسانی در اختیار ایرانیان طالب آن هست و حتی تعداد زیادی از افراد وسائل انداختن مشروبات الکلی را در منزل دارند و چه بسا تعداد زیاد افرادی که در این راه به خاطر تولید خانگی مشروبات الکل چوب، بینایی خود را از دست داده و یا جان باخته اند.

نهی از منکر واقعی جلو گیری از: اختلاس مسئولان، گرانفروشی، قاچاق مواد مخدر، قاچاق دختران جوان، رشوه دادن و گرفتن، قانون شکنی، رانت خواری، اشاعه فحشا و بسیاری از مسائل دیگر است.

جوانان تحصیل کرده آشنا به قوانین از طریق اینترنت و سایت های اجتماعی اغلب از والدین خود با سوادتر و مطلعتر هستند. مسائل امر به معروف و نهی از منکر آنها امروز دیگر از چادر و روسری و پیدا بودن تار مو و لاک ناخن گذشته است. آنها به جبر زمان با اعتیاد به مواد مخدر، سیگار، حشیش، قمار، الکل، تن فروشی، بیماری های مقاربتی و ایدز، فقر نسبی، آرزوهای برآورده نشده، ناامیدی به آینده، رقابت در مدرسه و محل کار، عدم امکان ازدواج و صاحب خانه شدن به علت گرانی سرسام آور مسکن و کمبود شغل، اختلالات روحی ناشی از استرس، بیماری های جسمی به علت سوء تغذیه و ده ها گرفتاری های دیگر میباشند. جوانان احتیاج به افرادی دارند که مثل پدر، برادر یا خواهری مهربان و بزرگتر آنها را راهنمایی کرده و از ورطه هلاکت نجات دهد. دولت باید راجع به جلو گیری و درمان آنچه ذکر شد، به سان ممالک پیشرفته برای جوانان چاره اندیشی کند، و جامعه هم از کمک کردن دریغ نکند. احتیاج به اختراع روش های پیشگیری و درمان نیست؛انجام شده، و در زمانی که دسترسی به اینترنت جهانی و انبوه اطلاعات به آسانی در دسترس مردم است. امر به معروف و نهی از منکر واقعی ،با معنا و مفید در اطراف این مقوله ها باید بچرخد.

و فراموش نکنیم که.: النجم ۵۳ / ۳۸: اَلَّا تَزِرُ وَازِرَةٌ وِزْرَ اُخْرَی ﴿۳۸﴾

هیچکس بار گناه دیگری را بر عهده نخواهد گرفت.

سنگسار، قطع ید، ضرب و شتم بخاطر حجاب، صیغه و تقیه از ایرادات غیرقابل قبول به فقه جاری ازطرف جوانان مسلمان بوده وازعلل مهم اسلام گریزی آنهاست.

به طور خلاصه وقتی آگاهی ضرورت دارد، در پی آن نشر آگاهی و در ادامه آن تحقق عملی و رفع موانع آن واجب میگردد و اینها در حال حاضر بسته به نوع آن ممکن است در

حیطه مسئولیت افراد، سیستم آموزش، قانونگذار و دولتها به تنهایی و یا مجموعا قرار گیرد. والّا جبرزمان بنحوی آن را بسرانجام هرچند نامطلوب خواهدرساند.

امر به معروف و نهی از منکر:

معروف آنست که مورد تایید عقلای زمان خود باشد. در جوامع دمکراتیک قوانین توسط نمایندگان منتخب اکثریت آراء مردم وضع شده و توسط عموم اطاعت و اجرا میشود، معروفها همان قوانینی هستند که روابط اجتماعی بر آن اساس پایه گذاری شده اند، و منکرها خلاف قانون و خلاف اخلاق عمل کردن است. اجرای بی چون وچرا، و بدون استثناء قانون و مجازات های مدنی در صورت تخلف از آنها بیمه اجرایی قوانین هستند. در این جوامع امر به معروف و نهی از منکر اخلاقی به عهدۀ خانواده، سیستم آموزشی، مراکز دینی، مطبوعات و غیره میباشد. شهروند خوب از قوانین متابعت کرده و خود را کنترل میکند (متقی)، و از قانون شکنی (فسق) خودداری میورزد.

در زمان پیامبر بعد ازهجرت به مدینه قرآن مأخذ قوانین جدید در اجتماع فاسق و فاسد حجاز بود و به جز آن قانون مدونی با پشتیبانی سیستم اجرایی وجود نداشت، مسلمانان مسئول هدایت یکدیگر برای برقراری نظم اجتماعی و اخلاقی بر مبنای قرآن و دستورات پیامبر بودند، به همین دلیل امربه معروف و نهی از منکر از اهم واجبات بود. بعد از آن هم زمانی که حکومت های اسلامی در مناطق مختلف دنیا برقرار شدند، اجرای بی چون وچرای قوانین اسلامی بر پایه امربه معروف و نهی از منکر عصر نزول وحی، به اضافه فقه موضعی که تا حدی به عوامل سنتی ، اجتماعی و خواست حکام و یا علمای مذهبی وابسته بود و تطابق با زمان خود آمروناهی شد ولی متأسفانه قرنهاست که در بعضی از ممالک اسلامی چندان تغییر نکرده و امر بمعروف ونهی از منکر جامدوساکن مانده اند.

امروزه که در کشورهای متمدن مردم با آراء خود قانونگزاران مصلح را انتخاب میکنند، و در وضع قوانین مطابق با قانون اساسی مدون سهم دارند، امربه معروف و نهی از منکر سنتی، فقهی و اجباری، و تنبیه افراد در اموری که مورد قانونی ندارد، نه تنها ثواب نیست بلکه برخلاف قانون بوده و جرم نیز محسوب میشود.

معروف مسلمانان در آمریکا تبعیت از جامعه، قوانین آن، و روابط اجتماعی حسنه با همکاران، همسایگان و هموطنان پیرو ادیان مختلف، بدون سعی در اعمال نظر در زندگی خصوصی آنان است، و منکر آن برخلاف قوانین و اخلاق عمل کردن است.

جالب توجه است که در طول یک قرن گذشته ساختار سنتی خانواده در ایران به کلی عوض

شده و معروف سابق در خانه ماندن خانم ها، حجاب کامل و با مقنعه، جواب دادن کوبه درب منزل به تناسب نوع کوبه و در دهان گذاشتن پارچه در زمان جواب دادن که مرد غریبه حتی متوجه نوع صدای بانوی خانه نشود، و اجازه از شوهر در زمان خروج از منزل تماما تبدیل به منکر شده اند، زیرا اجتماع عقلایی که شامل زنان و مردان تحصیل کرده است این نوع طرز تفکر را نه تنها قبول ندارد، بلکه آن را ننگ میداند و در بسیاری از کشورها غیرقانونی است. زنان امروزی باسواد، داری حق رأی، حق ارث، برخوردار از حقوق مساوی با مردان و مصدر کارهای مهم از جمله ریاست جمهور، وزیر، و کیل، پزشک، سناتور... حتی در کشورهای مسلمان هستند. بسیاری از معروفهای قرون گذشته که در اجتماعات بسته، بیسواد و مقلد دیروز رایج بود اکنون به منکر تبدیل شده اند، و بالعکس منکرات سابق که در حال حاضر معروف اند.

برای هر تغییر حکمی که در یک جامعه به اصلی بنیادی تبدیل شود اولً باید توسط خود جامعه نا کارا و یا غیر اخلاقی تشخیص داده شود، و سپس فضا برای پذیرش تغییرات بنیادی بسمت قانونی جدید که بتواند بمعروف تبدیل شود فراهم گردد.

پیامبر رسوم حاکم در جامعه را در ترازوی عقل عرفی آن جامعه قرار میداد و در صورتی که خلافی در آن مشاهده میکرد یا با اعتراضی جدید روبه رو میشد و از نظر عرفی تبدیل به منکر نمیشد آن را اصلاح یا تغییر میداد و اگر با اعتراض عقلایی رو برو میشد نسبت به تغییر آنها اقدام میکرد. (دستورات خداوندازطریق وحی)

الشوری ۴۲ / ۳۸: ...درامورتان بین خود مشورت کنید

النحل ۱۶ / ۹۰: خداوند به عذل واحسان امر می فرماید.

البقره ۲ / ۲۶: ... هر کس خداوند وروزقیامت ایمان داشته وعمل صالح نماید اجرش نزد پروردگارش محفوظ است.

آل عمران ۳ / ۱۱۰: شما گزیدهٔ امتی بودید که (دربستر تحولات جوامع بشری) برای مردم (ازمتن تاریخ) برآورده شدید که مردم را به معروف (ارزشهای شناخته شده) فرا می خوانید وازمنکر (ناپسند) باز می دارید و بخدا ایمان می آورید.
بنظر می رسد این آیه درمورد پدران قانون اساسی آمریکا و *Decoration of Independence* هم مصداق دارد.

لتغابن ۶۴ / ۹: هر انسانی با هر آیین و مسلک با رعایت سه شرط اعتقاد به خداوند (توحید)، اعتقاد به هدفمندی خلقت (معاد)، و انجام عمل صالح در پیشگاه خداوند رستگار شده و بهشتی خواهد شد.

مواردی که در این فصل مورد بحث قرار گرفت نشان می دهند که قوانین فقهی و شرعی نه تنها قابل تغییر، بلکه واجب التغییربوده و احتیاج به بازنگری ادواری دارند. و این مهم را خداوند بعداز خاتم الأنبیاء بعهدهٔ عرف و آراء اجتماع آزاد، بالغ و عاقل، باراهنمایی و هدایت از کتابهای آسمانی بخصوص قرآن قرارداده است.

فصل ششم

فضائل و رذائل اخلاقی

استغفار، توبه و بخشش گناهان

تاریخچه ای از مکارم اخلاق

پیامبر فرمود: إنّما بُعثتُ لأتمّمَ مکارمَ الأخلاقِ.
همانا من برای تکمیل کردنِ مکارم اخلاقی مبعوث شدم. بهمین دلیل لازم دانستم که درچاپ دوم باین موضوع بیشتر پرداخته شود. برای این بحث گذری بتاریخچه مکارم اخلاقی از آدم تا خاتم آموزنده وخالی از لطف نیست.

۳:۳۳ - همانا خداوند آدم، نوح، آل ابراهیم و آل عمران رابرعالمیان بر گزید.
بنظرمن حضرت آدم پیامبر (نه اولین انسان درروی زمین) پیامبر بعداز عصر یخ بندان است و زمانی که انسانها بتدریج اززندگی فردی جنگلی خارج شده ودرمناطق بین النهرین برای کشاورزی ودامداری سکونت گزیدند ورفتارشان اقتضای داشتن پیامبر را می کرد مبعوث گردید..

خداوند ازاو تعهد می گیرد که آیا من پروردگار تو هستم واو قبول می کند. درمقابل رب او، برای امتحان باو گوشزد می کند که به این شجره نزدیک نشو. ازآنجا که انجام ندادن کاری خیلی مشکلتراز انجام دادن آن است به نفس اماره خود جواب مثبت داده وتحریک می شود که ببیند چه اتفاقی می افتد. بخاطر نافرمانی خداونداورا ازبهشت اخراج می کند. بعداً به او کلماتی می آموزدو(شاید صفات خود واخلاقیات را) وازاو می خواهد تا توبه کند.(عدم حرف نشنوی) واورا می بخشد.(درسهای بسیارمهمی دراین داستان نهفته است.)بعداًدازنسل های بعدی او برای هدایت مردم پیامبرانی را برمی گزیند۱۹:۵۸

ده نسل بعداز حضرت آدم ، نوح(ع) به پیامبری بر گزیده می شود. فرامین ابلاغ شده توسط خداوند به مردمان معاصر نوح عبارتند از: بت نپرستید، قسم دروغ نخورید، دزدی نکنید، قتل نفس نکنید، زنا نکنید، خون وحیوان زنده نخورید، شهادت دروغ ندهید(این دستورات نشانۀ فساد عالمگیر درآن جوامع بوده است) این دستورات بیشتر مناهی هستند وبرای جلو گیری از بداخلاقی دامنگیر جامعه بوده وهست.

ازنوح تا ابراهیم ده نسل دیگر سپری می شود . ابراهیم اول پیامبر توحید است وبت شکن، حنیف ویکتاپرست. انبیاء متعددی ازنسل ابراهیم درمنطقۀ خاورمیانه واسرائیل کنونی ظهور می کنند واقوام خودرا به راست وخداپرستی ترغیب می کنند ودرقراردادی که باخداوند درروز الست منعقد کرده اند حتی الأمکان پایدار میمانند. حضرت موسی قریب هزارسال بعداز نوح وحدود ۱۲۰۰ سال قبل از میلاد مبعوث می شود ودستورات جدیدالهی به یهودیان درصحرای سینا زمانی که ازاسارت فرعون درمصر آزادشده وبطرف سرزمین موعود

درحرکت بودند الواح ده گانه درکوه طور با تکلم خداوند به موسی ابلاغ می گرددکه علاوه بر منهیات نوح دراینجا دودستور:« درروزهای شنبه استراحت کنید(اجباری)» و«به پدرومادر احترام بگذارید»، اضافه شده است. عالمان یهودی بسیاری از منهیات و تنبیه هارا به فقه خود اضافه کردندو۲۰۲۲ سال قبل عیسی روح الله از مادری با کره به کرۀ خاکی قدم نهاد . او تجلی روح خداوند وعشق او به بندگانش بود. عیسی(ع) سفارش به همدردی، ترحم، تواضع، مهربانی، بخشش ومغفرت گناهکاران ودشمنان ، مقابله با ظالمان، حمایت از مظلومان ودوست داشتن همسایه (غریبه، دشمن وغیر همدین راهم شامل است)، الگوی عملی درزندگی وخداپرستی بودن برای دیگران را توصیه کرد ، واحتیاج به بعثت پیامبر درمنطقۀ عربستان برای اعراب ویهودیان منطقه بحدی بود که قبل از سپری شدن هزارسال (بهر الفی الف قدی برآید– باباطاهر) ودرسال ۶۰۹ میلادی حضرت محمد (ص) درمکه به پیامبری مبعوث وبعداز ۱۳ سال به مدینه محل زندگی یهودیان مهاجرت فرمود.

راجع به مکارم اخلاقی مورد نظر قرآن و پیامبر که دلیل بعثت ایشان بود او ل به نظریات معلمان وپیامبران غیر سامی بشریت دراینجا مختصراً اشاره ای لازم است. برای آشنائی خوانندگان بیش از ۱۸۰۰ سال قبل از میلاد حمورابی پادشاه بابل ، کلده و آشور اولین سند قانونی شناخته شده شامل ۲۸۲ ماده راجع به حقوق مدنی ، جزا و تجارت رابرای افراد مملکت خود منتشر کرد. این ستون سنگی درسال ۱۹۰۱ میلادی درشوش کشف شد ودرموزۀ لوور نگهداری می شود.

« منم حمورابی ، شاهی که خدایان مرا بر گزیدند تا برای مردم رفاه را بارمغان آورم تا عدالت وداد گستری رادرزمین گسترش دهم، تا ظلم وبدی را ازبین ببرم، تا قوی نتواند بر ضعیف ظلم کند. من اجازه ندادم کسی مردم را آزار دهد و برنجاند. من اجازه ندادم کسی به کودک یتیم یا زن بیوه ظلم کند. من برای همیشه قلب مردوک خدای بزرگ رااز خود شاد کردم.» ۱۳۰۰ سال بعدازحمورابی وحدود ۵۰۰ سال قبل از میلاد، کوروش کبیر پادشاهی هخامنشی بعداز فتح بابل وآزاد کردن یهودیان از یوغ بخت النصر وبرگرداندن آنها به اورشلیم وپرداختن بهای دوباره سازی ومرمت معبد سلیمان دستورداد واستوانه ای بفرمان او به خط بابلی بنگارند(۵۳۸ قبل از میلاد)

این استوانه گلی در سال ۱۸۷۹ در نمایشگاهی درشهر باستانی بابل پیداشد ودرموزۀ بریتانیا نگهداری می شود:

« من برای همه انسانها آزادی پرستش خدایانشان را برقرار کردم وفرمان دادم که هیچکس حق ندارد به این دلیل مورد بدرفتاری قرار گیردفرمان دادم که هیچ خانه ای ویران نشود وصلح وآرامش وآسایش رابرای تمام انسانها تضمین کردم. من شهر بابل وهمۀ شهرهای

مقدس را در فراوانی نعمت پاس داشتم. درماندگی مردم را چاره کردم و ازبیکاری برهانیدم.»
کوروش نیز همانند حمورابی برگزیدن و موفقیت خود را مدیون خدای بزرگ مردوک می داند و رضایت خاطر او در فکر و اعمالش مورد نظرش بود.

حضرت زرتشت پیامبر فارسی بروایات مختلف از ۶۰۰ سال تا ۱۰۰۰ سال قبل از میلاد میزیسته وهمانطوریکه اطلاع دارید شعار دین او : پندار نیک، گفتار نیک، و کردار نیک است که کوتاه ترین راه به زندگی اخلاقی ، دینی وانسانی است وهمه تعریفات دیگررا شامل می شود.

سیدارتا گوتاما درسال ۵۲۸ قبل از میلاد در ۵۳ سالگی زیر درخت Bodhi بمقام بودائی (بیدارشدن از خواب غفلت وروشن فکر کردن) مفتخروبه این نتیجه رسید که حفظ تعادل ومیانه روی درزندگی (صراط مستقیم) راه خوشبختی است وخوشگذرانی بیش از حد وریاضت کشیدن (افراط و تفریط) هردو اشتباه است.

افلاطون فیلسوف یونانی(۳۴۸–۴۲۸ قبل از میلاد) مؤسس آکادمی درآتن ، شاگرد سقراط و معلم ارسطو است. او معتقد بود که انسانها در جامعه ای که تساوی، عدالت و زیبائی حکمفرماست خوشحالند(فطرت انسان) واین احتیاج به افرادی متدین دارد که در کارخود هرچه باشد وتا درجه ممتازی کوشش می کنند.. آمریکایی ها می گویند:

Do your best, no matter what you are doing.

که سعی در بهترشدن وبهتربودن درتمام حالات فکری وعملی است.
زندگی موقعی خوب وارزشمند است که هماهنگی بین خرد، روحیه ومیل ورغبت ذاتی شخص وجود داشته باشد.

ازنظر افلاطون فرد رشد کرده و *moral* (اخلاقی) درصورت لزوم آمال و آرزوهای شخصی خود رافدای منافع عمومی می نماید. ضمناً اودریک سخنرانی عمومی اذعان می کند که خوب فقط یکی است(*Good is one*)

ارسطو مدت ۲۰ سال باافلاطون نزدیک بود ودرآکادمی به تحصیل وتدریس اشتغال داشت ودرسال ۳۲۲ قبل ازمیلاد در ۶۲ سالگی و ۹۵۴ سال قبل از رحلت رسول اکرم از دنیارفت.

او ارزشهای اخلاقی را(*moral values*) میانه روی در کارها، سخاوت و بخشندگی ، شجاعت ومروت می داند.

بنظر او خردمندی ودرایتِ زمانی روشنفکرانه است که اخلاقیات ورفتارنیکو را کنترل وراهنمائی می کند. تقوی وپرهیز کاری(*virtue*) زیر مجموعه ای است از صفات خوب که ذاتی نیستند، بلکه اکتسابی بوده واحتیاج به تمرین وممارست دارند تا جزوی از نفس

ومورد قبول آن واقع گردند ودرصورت عدم استفاده کاربردی ازآنها برای همیشه این صفات پسندیده را ازدست می دهیم.

تقوی (virtue) درعمل وهدف ما نقش مستقیم دارد وشخص متقی همیشه راه اعتدال و (صراط مستقیم) رادرامور انتخاب می کند. اموری که ازنظر اخلاقی غیرقابل قبولند(رذائل اخلاقی) مانند دروغگوئی، دزدی، زنا وقتل نفس برایشان حد اعتدالی نمی توان قائل شد. خرد، معرفت، عقل، تجربه، دانش، بنیان وحکمت لازم است که در مواقع مختلف راه مستقیم ودرست را از نادرست تشخیص دهد. خوب بودن بدون خردمند بودن و یا خردمند واقعی بودن بدون داشتن صفات اکتسابی خوبی(تقوی) غیر ممکن است.

تنها زمانی که دلیل وبرهان صحیح با خواستاری برصراط مستقیم باهم جمع شوند محصول آن عمل اخلاقی وخداپسندانه خواهد بود.

رعایت اعتدال (صراط مستقیم) درزندگی عقلانی واخلاقی است ودوطرف آن که افراط و تفریط اند احساسی ومذموم، زمانی خوشحال هستیم که اعتدالمان براساس عقل، اخلاق واحساس را رعایت کرده باشیم تفکر، تعمق وتأمل دردستورات الهی بایستی چراغ راه تمرین مناسب وقابل قبول ارزشهای اخلاقی باشند. انسان باید چنان زندگی کند که بعداز مردنش هم اثرات زندگی اش ادامه داشته باشد.

درقرن ۱۶ میلادی (۱۵۱۷) یک راهب مسیحی بنام مارتین لوتر درآلمان برخلاف کلیسای کاتولیک سراپا خرافات برهبری پاپ، شورید وتزی رادر۹۵ ماده منتشر کرد که بنیانگذار مذهب لوتران وبعدها شاخه های متعدد آن مانند پروتستانیسم درانگلستان شد. سه اصل مهم آن عبارتند از:

۱- خداوند تمام بندگان را برابر آفریده وتقرب همه نسبت باو یکسان است وروحانیون نمی توانند ادعای نزدیکتربودن بخدارا داشته ویا نماینده اودرزمین باشند(وگناه انسانها رادربرابر اعتراف آنان وگرفتن پول ببخشند).

۲- ایمان ترکیب معنوی قلب انسان وخداوند است وامریست وجدانی و اختیاری، دین تقلیدی، ازروی اجبار ویا جهل ارزشی ندارد.

۳- پیوند انسان با خداوند بطور مستقیم واز راه درک کلام الهی که درکتب مقدس تورات وانجیل آمده ودردسترس همگان قراردارد انجام می گیرد (او انجیل را از لاتین به زبان آلمانی ترجمه کرد) واحتیاج به میانجی ندارد.

کلیسای انگلستان برهبری پادشاه انگلیس از کلیسای پاپ دررم جداشد وپادشاه انگلیس رئیس مملکت و کلیسا شد ولی چون فقه وباورهای مذهب پروتستان درانگلستان کاملاً

بری از خرافات کاتولیک نشده بود. گروهی (خوارج؟) ویا جدائی طلبان بنام pilgrim در ۱۶۳۰ به آمریکامهاجرت کردند تا با تشکیل زندگی مستقل ، بتوانند دین خودرا آنطور که باید دنبال کنند .آنها به محلی که امروز plymouth نامیده می شودرسیدندوسالهابعد پوریتن ها (بنیادگرایان یا خشکه مقدس ها) درمحلی که Massachusetts Bay نامیده می شد وامروزبوستون نام دارد پای بخشکی نهادند.

نوادگان بنیانگذاران ومهاجرین انگلیسی، قریب ۱۵۰ سال بعدبا وقوع جنگهای محلی از انگلستان جداشدند . دراعلامیهٔ استقلال آمریکا Declaration of Independence آورده شده است:

«« ما این حقایق رابدیهی می دانیم که کلیه انسانها برابر آفریده شده اند وپروردگارشان حقوق سلب ناشدنی معینی به آنها اعطاء نموده که شامل حق زندگی شرافتمندانه، آزادی وجستجوی خوشبختی است.»»

این اعلامیه را ۵۶ نفر ازاهالی ، بعضی معروف وبعضی افراد عادی که در جلسه حضورداشتند درفیلادلفیا امضاء نمودند. زمانی که یکی از امضاء کنندگان آقای بن فرانکلین معروف از جلسه خارج شد. یکی از خبرنگاران ازاو پرسید که«« آیا اکنون پادشاهی داریم یا دمکراسی»» واو گفت:«« اگر بتوانید آن را حفظ کنید، دموکراسی.»»

آقای جان آدامز امضاء کنندهٔ دیگر ودومین رئیس جمهور آمریکا درسرمقاله ای درروزنامهٔ محلی نوشت:«« این قانون اساسی برای دمکراسی مردمان متدین واخلاق مدار، کارآمددارد وبرای حکومت برهراجتماع دیگر بی کفایت است.»» دقیقاً هم آنچه عقیدهٔ ارسطو بنیانگذار عقیدهٔ دمکراسی بود وآنچه تاریخ تابحال نشان داده است که ممالک عقب افتاده وبدون اعتقاد به اخلاقیات که دین را تقلیدی وارثی می دانند نتوانسته اند جمهوریت ودمکراسی عملی را که که پس از خونریزی وانقلابها بدست آورده اند حصانت کنند.

یکی از ده منشور حقوق افراد که ضمیمه اعلامیه فوق است اکیداً ممنوع می کند که دین درحکومت دخالتی داشته باشد و یا اینکه افراد یاگروهی از انجام اعمال عبادیشان ،هرآنچه که باشد محروم گردند.درچنین جامعه ای است که افراد آزاد بادراختیارداشتن وسایل لازم شکوفا می شوند و دنیا از ثمره فکروعمل صالح آنها برخوردار می گرددومهد امید جوانان طالب زندگی وآیندهٔ بهتر می گردد.

حال بر میگردیم به زمان حضرت محمد، شرایط اعراب بادیه نشین درمکه وحوالی آن واعراب ویهودیان مدینه در ۱۴۰۰ سال قبل وزمانی که اعراب دختران نوزاد خودرا بدلیل ترس ازفقر زنده بگور می کردند، جنگهای قبیله ای وکشت وکشتار امری عادی بوده ، بردگان، زنان مطلقه وبیوه ازحقوق ناچیزی برخوردار بودندورویکرد آنها بخدا(صلاتشان)

اگرچه بظاهر ولی مسخره بود (قرآن)ومال ومنال وثیقه، تعداد فرزندان پسر افتخار آفرین بود ویهودیان سنگسار، قطع دست ، انواع حرامهای غذایی وغیره درزندگی روزانهٔ آنها حکمفرمابود.

دردوطرف این صحرای سوزان عربستان رومیان ویونانیان و ایرانیان باتمدنی بیش از هزارسال ومبانی اخلاقی مطلوبی بودند، پیروان موسی(ع) دراورشلیم، پیروان حضرت عیسی(ع) دراروپا وقسمتی ازخاورمیانه پیروان زرتشت درقلمرو امپراتوری ایران قدیم ، پیروان بودا و کنفوسیوس در چین واطراف آن همه دم از اخلاقی وزیستن برصراط مستقیم(متعادل بودن) را موعظه کرده وسرمشق فکر وعمل خود قرار می دادند.

کلیه پیامبران، معلمان بشریت وفلاسفه حدّ اعتدال درهرامر اخلاقی را فضیلت ودوطرف افراط و تفریط آن را جز رذائل اخلاقی ومذموم می دانستند (صراط مستقیم) .آنها تأکید می کردند که حدّ وسط وصراط مستقیم یکی بیشتر نیست ولی تمایل به راست یا چپ درجات متفاوت داشته و می تواند بی نهایت باشد.

درقرآن خداوند مکرر درباره دوست داشتن محسنین (احسان کنندگان به بندگان وهمنوعان)، قوّامین، مطهرین، متقین، مقسطین (مجریان عدالت بدون درنظر گرفتن دوست یا دشمن) صابرین ومتوکلین ودوست نداشتن (لایحب) ظالمین،مسرفین، خائنین،مستکبرین،مفسدین، کافرین، افراد خودبزرگ بین وفخرفروش، معتدین (تعدی کنندگان به احکام الهی وحلال وحرامهای من درآوردی) ، کفار اثیم (رباخواران وصدقه ندهندگان، عاملین فواحش)، بدگویی و غیبت دیگران و فرحین(سرمستان وافراد الکی خوش) اشاره می کند. البته دوست داشتن ونداشتن خداوند بمعنی آثار عملی تکوینی وتأثیر بیرونی اعمال ماست.

دعای بیستم صحیفه سجادیه از امام سجاد راجع به مکارم اخلاقی است(فردی واجتماعی) وشامل لزوم تبدیل حسد به مودت ، ترک عیب جوئی ازدیگران وعیب زدایی از خود، نفی قدرت طلبی وبرتری جوئی وتجاوز به حقوق دیگران، رعایت ادب اجتماعی واخلاق عمومی، پرهیز ازاسراف، پاسخ دادن خوبی درمقابل بدی، مسئولیت پذیری، تبدیل دشمنی دوستان ونزدیکان به دوستی، لزوم رفع بی اعتمادی وبدگمانی دیگران ، همکاری، خدمت به جامعه ، معاشرت مناسب وخوشرفتاری، ایجاد امنیت وآرامش ومبارزه باظلم وخشونت در کنار توجه به کرامت وحیثیت انسانها ، حتی اگر بضررباشد لزوم مقابله باظلم واهمیت هدایت مردم وفضائلی نظردوستی، مدارا ومحبت، راستگوئی ، امانت، شهادت نومیدی از غیر خدا ، بخشش به نیازمندان، خوش خلقی ، احترام به آزادی دیگران(عدالت اجتماعی) است، احترام به پدرومادر ، زکات، صدقات، سخاوت وایثار راجزو مکارم اخلاقی است چون به محتاجان وفقرزدائی درجامعه کمک می کند.

رذائل اخلاقی شامل شرک(هرنوع آن) ، فسق ، دزدی، فحشاء(هرنوع آن) ، قتل نفس ، مال مردم خواری، عهد شکنی، شهادت دروغ، ریا، رشوه، دروغگوئی ومال اندوزی، تکبر، غیبت و تهمت، اسراف وستمکاری است .

وسوسه شیطان

أعوذُ بِاللهِ مِنَ الشّيطانِ الرّجيمِ

شیطان صفتی است که به هر متمرد خارج شونده از حریم اطلاق میگردد، چه ابلیس که فرشته ای از جنس آتش و انرژی بود و با عصیانش از امر پروردگار (بخاطر خود خواهی تبعیض و برتری جنسی) در سجده (در خدمت رشد و کمال انسان بودن) به آدم (از جنس گل و ماده) از حریم فرشتگان هبوط کرد و قول داد که آدمیان مستعد را از دو راهی انتخاب رحمان و یا شیطان، به راه شیطان متمایل کند، ابلیس بخاطر تکبر و اینکه از جنس برتری است ، با غرور و حسد از احترام به انسان امتناع ورزید. **بنابراین تکبر، غرور و حسد از اصول تفکر شیطانی است.** همچنین در فرهنگ قرآن انسان های طغیانگر و دیو صفت، شهاب سنگهای سرگردان آسمانی و ستاره های دنباله دار که از مسیر خود خارج شده و به جو زمین برخورد میکنند، میکروبها و عوامل بیماری زا، از شیاطین هستند.

و حضرت سلیمان ، به لطف خداوند توفیق یافت متجاوزان شیطان صفت (؟ مغولان یا چینی ها) معاصر خود را مهار کند و به کارهای سازنده همچون بنایی و ساخت و ساز، دریا نوردی، غواصی، بندر سازی و سد سازی بگمارد و همچنین اشرار غیر قابل اصلاح را نیز به بند درآورد.

ابزاری که شیطان به وسیله آنها انسان را گمراه میکند و در قرآن ذکر شده عبارتند از: وسوسه و وسواس، ایجاد شک و تردید، وعده فقر، امر به فحشاء، ایجاد احساس شعف و زیبایی در ارتکاب گناه، ایجاد یأس و نومیدی، ایجاد اختلاف و کینه بین افراد و ملت ها، لهو و لغو،

حسادت، غرور وتکبر

حربۀ شیطان برای افراد مختلف متفاوت است و بر حسب شخصیت و امکانات فرد به تدریج، پله پله و با پشتکار اغواء میکند. در دیوار عقیدتی و افکار یک مسلمان اول روزنه ایجاد میکند و کم کم آن را بزرگتر کرده تا آن را منهدم نماید. (نفس اماره ورشد تدریجی آن)

خداوند به پیغمبر میفرماید:

المومنون ۲۳ / ۹۷-۹۸: ۹۷. (و برای غلبه بر تعصب و خشم و خشونت) بگو: پروردگارا من از عیب جویی و نفرت آفرینی شیاطین (مردمان شیطان صفت یا خیالات شیطانی) به تو پناه میبرم، ۹۸. و به تو پناه میبرم از اینکه (افراد یا افکار شیطانی) بر من حضور یابند (توسط آنها وسوسه شوم)

خداوند قول داده که در صورت توکل به او ما را از شر وسوسه های شیطانی حفظ خواهد کرد.(تکامل نفس اماره به لوامه و مطمئنه)

الناس ۱۱۴ / ۱-۶: ۱. بگو پناه میبرم به پروردگار آدمیان، ۲. حکمروای انسانها، ۳. خدای یکتای، ۴. از شر وسوسه های خناس ۵. (شیاطینی) که اندیشه های بد به دل می افکنند، ۶. خواه از جن (غریبه) باشد و خواه از انس (دوست و اشنا).

الحج ۲۲ / ۴: در لوح تقدیر نوشته شده است که هر کس شیطان را دوست و پیشوای خود سازد، شیطان وی را گمراهش میسازد و به عذاب سوزانش میرساند.

النور ۲۴ / ۲۱:ای کسانیکه ایمان آورده اید به دنبال شیطان نروید زیرا هر کس که گام های وی را پی گیرد شیطان او را به کارهای زشت و ناروا وادار خواهد کرد.

النحل ۱۶ / ۹۸-۹۹:
۹۸. هنگامی که میخواهی قرآن بخوانی نخست از وسوسه اهریمن رانده شده (شیطان رجیم = ابلیس) به خدا پناه ببر (أعوذ بالله مِنَ الشّیطَانِ الرّجِیم)، ۹۹. زیرا شیطان به کسی که به خدا ایمان آورد و به او توکل کند تسلط ندارد.

فصلت ۴۱ / ۳۶: پس هر گاه از فریب و وسوسه شیطان به تو رنج و فسادی آمد به خدا پناه ببر که او به دعای خلق شنوا و داناست.

الاحزاب ۳۳ / ۳: بر خدا توکل کن که او برای مدد و نگهبانی تو بس است.

التغابن ۶۴ / ۱۳: او پروردگار یکتاست که جز وی خدایی نباشد و اهل ایمان در کارهای خود تنها بر خدا تکیه میکنند.

النحل ۱۶ / ۹۹: شیطان هرگز بر کسی که به خدا ایمان آورده و بر او توکل و اعتماد کرده است تسلط نخواهد یافت.

آل عمران ۳ / ۱۶۰: اگر خدا یاری تان کند کسی بر شما غلبه نخواهد یافت و چنانچه به خودتان واگذارد کیست که پس از آن بتواند شما را یاری و مدد کند؟ اهل ایمان باید تنها بر خدا تکیه کنند.

الشوری ۴۲ / ۳۶: چیزهایی که نصیب شما شده و در اختیارتان قرار گرفته، لوازم و اسباب زندگی در این جهان (و بنابراین نابود شونده) است ولی آنچه در نزد خداست بسیار بهتر و ماندنی تر و خاص کسانی است که به پروردگار خود تکیه و توکل میکنند.
بنظر می رسد بزرگترین شیطان دروجودما بصورت نفس اماره وخناس زندگی می کند که بایستی با نقوا مهارشود.

صفاتی که به خصوص شیطان را دور نگه میدارند عبارتند از: عفت و عصمت، راستی و راستگویی و قابل اعتماد بودن، درستی و امانت دار بودن، واقع بینی و بهادادن به درستکاری، خودداری از آزار دیگران، رفتار مودبادنه و صلح آمیز، بخشیدن افرادی که به شما صدمه و ضرر و زیان قابل توجه نزده اند، اجتناب از حرف های بیهوده زدن و فحاشی و فحشا، خوش اخلاقی، مراعات دیگران را کردن و خوش زبانی، به طور خلاصه مدارا، شکیبایی و گذشت، خویشتن داری، احترام ادب و نزاکت.(حکمت، تقوی)

گناه، دو شاخه دارد: گناه اخلاقی و گناه شرعی
گناهان اخلاقی شامل دروغ، دزدی، آدم کشی، خیانت درامانت، این ها در همه شرایع یکسانند و همه جا گناهند.
گناهان شرعی امتی هستند، مثلا نماز نخواندن، روزه نگرفتن، شراب خوردن و بی حجابی برای مسیحیان گناه نیست ولی طلاق گناه است. طلاق در یهودیت و اسلام گناه نیست. شرابخواری در مسیحیت و یهودیت گناه نیست، در اسلام انگشتر طلا حرام است. ربا در یهودیت برای غیر یهودی حرام نیست. هرچه در فقه نگاه کنید بیشتر پی میبرید که حرام و حلال پیروان یک دین با دیگران فرق میکند. در شریعت حضرت عیسی اصلا حلال و حرامی فقهی وجود ندارد.
اگر روزه نگیریم گناه شرعی است، شراب خواری گناه اخلاقی نیست، شرعی است، هیچ

عالم اخلاقی ننوشته شراب خوردن کار بدی است. هیچ عالم اخلاقی نگفته بی حجابی بد است حکم شرعی دارد. بی حجابی بی عفتی نیست. بی عفتی ناروای اخلاقی است. بی حجابی ناروای شرعی است. گاه گناه شرعی و اخلاقی با هم است مثل دروغ، دزدی و آدم کشی. طلاق در اسلام مکروه است، پیامبر فرمود ابغض الاشیاء عندی الطلاق، ولی مجبور بودم حلالش کنم (حلالی است که خدا دوست ندارد.). برده داری مورد تائید خدا و پیامبر نبود ولی زمان، آن را به پیامبر تحمیل کرد، میشد که نباشد ولی در دورانی اسلام آمد که برده داری پابرجا بود و در جنگ اسیر میگرفتند که به عنوان برده معاوضه کنند. گناه اخلاقی ذاتا گناه است و هر کجای دنیا انجام دهی کار بد و قبیح است و عقلا شما را ملامت میکنند.

گناه شرعی ذاتا ناروا نیست مثل روزه خواری، شراب خواری و "بد" حجابی ....، چون در ادیان دیگر گناه محسوب نمیشوند. اگر بعنوان یک مسلمان آشکارا فرمان را نشکنیم، اگر بدلیل نافرمانی آن را انجام ندهیم، اگر مخفیانه مرتکب گناه شدیم ولی آنرا تبلیغ نکنیم شاید خداوند از این گناهان در گذرد. گناهان شرعی گناهند زمانی که علناً انجام شوند و اگر مخفی باشد عواقب آن بستگی به خوفی دارد که بنده از خدا دارد.

النجم ۵۳ / ۲۲: نیکو کاران همان کسانی هستند که از گناهان بزرگ و زشت کاری کناره میگیرند، مگر لغزش های کوچک که پروردگار تو آمرزشی فراگیر دارد. موضوع اجتناب از کبائر در سه آیه قرآن آمده و نشان میدهد ((كَبَائِرَ مَا تُنْ هوْنَ عَنْهُ)) همان اثم و فواحش است. (رفتارهای خودپسندانه و فواحش) انسان نمیتواند معصوم باشد. بخاطر اختیار و آزادی میل به گناه که در فطرت انسان بصورت نفس امّاره تعبیه شده است و شیاطین بیرونی ودرونی همواره در کمین هستند. ذنب، جرم، اثم، فسق، فجور، عصیان، ظلم، جور، حُوب، سیئات، معصیت، اسراف، رجس، فحشا، خطیئه، کفر، حنث گناهان مختلف هستند و هر یک از آنها عوارض (عواقب) ناشی از خود را دارد. طبق قانون نیوتون در طبیعت برای هر عملی، عکس العمل مساوی آن است و به قول آمریکاییان هرچه از دوربیاید به دور میرود (دایره) یا به خود بر میگردد *What goes around, comes around)*و یا "با دستی که دادی با همان دست پس میگیری" عقوبت های بشری قراردادی، قانونی و بعضا موضعی است، بر حسب نوع جرم و به تناسب آن در واقع ضمانتی است برای امنیت و عبرت گناهکار و دیگران و اجرای عدالت اجتماعی زیرا قانون شکن استحقاق عقوبت دارد. خداوند نیز هم در دنیا و هم در آخرت به مناسبت نوع خطا شخص مجرم رامتنبه می کند. در غیر این صورت از عدل خداوند به دور است که

خوب وبد یکسان باشند.

ذنب: یعنی دم و دنباله دار، و به گناهانی گفته میشود که در پی گناه عوارض و عواقبی می‌آید و پاک کننده آن فقط غفران الهی است. در قرآن خداوند «غافِرِ الذَّنب وَقابِل التَّوْب» است. غفار از صفات نیکوی الهی است. ذنب در این دنیا نیز تعقیبَ کیفریَ مطابَق قوانین مدنی دارد. کلمه ذنب اشاره به دنباله و نتیجه گناه دارد، نه به خود گناه و غفران پاک کردن و خنثی کردن آن عوارض است. ذنب پاک شدنی و سیئات پوشاندنی است، غفران برای ذنوب تنها خنثی کردن آثار سوء آن است، تبدیل سیئات به حسنات است.

الفتح ۴۸ / ۲: (خطاب به پیامبر) تا خدا گناهان گذشته تو و آینده آن را ببخشد (آثار بلند مدت آن را) و نعمتش را بر تو تمام کند و به راه مستقیم رهبری کند.

پس به نظر میرسد آثار زنجیره ای و بلند مدت اعمال نیک و بد آدمی در نسلها و اعصار قبل و بعدهم ممکن است که به حساب او واریز گردد(روی DNA تأثیر بگذارد). (این آیه ۱۹ سال پس از آغاز رسالت حضرت رسول نازل شد).

بعضی از گمان های منفی راجع بافراد هم گناه است، تجسس نکنید و به غیبت یکدیگر نپردازید.

آل عمران ۳ / ۱۹۳:...خدایا آثار گناهانمان را بزدای و بدی‌ایمان را بپوشان

اثم: برخلاف برّ است. و معنی آن تنگ نظری و خودخواهی است و شامل گناهانی مانند: زنا، ربا، کم فروشی و کتمان شهادت میباشد.

الانعام ۶ / ۱۲۰: ظاهر و باطن اثم (تنگ نظری و خودمحوری) را ترک کنید، بیگمان کسانیکه (در ذات و ضمیرشان) اثم (خودخواهی) کسب (انباشته) میکنند به زودی به جزای آنچه (از خودخواهی ها) ظاهر و آشکار کرده اند خواهند رسید.

در ارتباط با ظاهر اثم و باطن آن، بسیاری از خودخواهی های ما در ارتباط با دیگران ظهور و بروز خارجی دارد و همگان متوجه میشوند، اما بسیاری از آنها باطنی است و به نیت و انگیزه اعمال ما مربوط میشود. منظور این است که محرک گفتار و رفتار آدمی باید بیرون از خودخواهی ها و ناشی از خداخواهی باشد. کلمات ظاهر و باطن علاوه بر این آیه در ۵ آیه دیگر قرآن آمده که تکیه بر ظاهر و باطن بودن خدا (آل عمران ۳ / ۵۷) نعمت های فراوان ظاهری و باطنی خداوند دارد (طه ۲۰ / ۳۱)

فحشا، فاحشه و فحش: به قول و فعلی گفته میشود که قباحت و زشتی ظاهری یا باطنی آن بسیار باشد. مانند فساد در غرایز جنسی، دروغ، بدزبانی و فحاشی. فاحش دلالت بر گناهان بسیار زشت و رسوایی میکند که منجر به تجاوز به حقوق دیگران شود. مثلا قیمت ها را به طور فاحش بالا برده اند.

النسا ۴ / ۳۱: اگر از گناهان بزرگی که از آن نهی شده اید دوری کنید آثار بدی هایتان را از شما میزداییم و شما را به جایگاهی احترام آمیز درمی‌آوریم.

النجم ۵۳ / ۳۲: نیکو کاران همان کسانی هستند که از گناهان بزرگ و زشت کاری کناره میگیرند، مگر لغزش های کوچک که پروردگار تو آمرزشی فراگیر دارد.

الاعراف ۷ / ۳۳: خدا زشتیهای ظاهری و باطنی را حرام کرده است.

الأنعام ۶ / ۱۵۱: ...خدا فرمان داده که به زشتی های ظاهری و باطنی نزدیک نشویم. موضوع اجتناب از کبائر در سه آیه قرآن آمده و نشان میدهد « کَبَائِرَ مَا تُنْه هوْنَ عَنْهُ » شامل اثم و فواحش است. (رفتارهای خودپسندانه و زشت کاری ها)

عدوان: مقابل تقوا و به معنی تجاوز به حقوق دیگران است.

کفر: نادیده گرفتن حق، و تکفیر پوشاندن و پاک کردن بدی ها و آثار سوء آنهاست.

خطیئه: انجام کار بد از روی اشتباه یا ندانم کاری است.

النسا ۴ / ۱۱: و هر کس خطایی یا گناهی مرتکب شود سپس آنرا به بیگناهی نسبت دهد پس بار بهتان و گناهی آشکار را بدوش کشیده است.

این آیه فعل کسب را علاوه بر اثم به خطیئه نسبت داده است. کار خطا در کسب خودپرستی ها (کار بد بکنی و به دیگری نسبت دهی) اگر از روی عمد باشد اثم محسوب میشود.

حُوب: گناه یا تمایل به گناه، گناهی که انسان را به درد و اندوه دچار میسازد. این کلمه فقط یک بار در قرآن آمده و راجع به خوردن اموال یتیمان یا تبدیل مال خوب آنها به بد است و این گناهی بزرگ است (حُوباً کبیراً)

حنث: کلمه حنث دو بار در قرآن آمده (ص ۳۸ / ۴۴، الواقعه ۵۶ / ۴۶) به نقض و شکستن پیمان گفته میشود. احتمالاً نقض پیمان توحیدی و تمایل به شرک (وَکَانُوُا یُصِرُّ ونَ عَلَی الْحِنْثِ الْعَظِیمِ و به گناه بزرگ پافشاری میکنند).

رجس: به پلیدی ناشی از گناه و زنگاری که بر دل میبندد گفته میشود، مانند اعتیاد به مواد مخدر، الکل و قمار و انواع بت پرستی و غیبت (المائده ۵ / ۹۰)

قرآن رجس را مانع ایمان و در برابر آن قرار داده است، رجس همان آلودگی های اخلاقی است که با طهارت پاک میشود و بالاخره رجس با تعقل نکردن، نفاق و ایمان نداشتن پدید می‌آید.

اسراف: زیاده روی در خرج کردن، خوردن، سلطه گری، اسراف در غرایز جنسی، ناشکری نعمت (هر گونه افراط یا تفریط) و خروج از مرز اعتدال و میانه، اسراف محسوب میشود.

گناه: به اموری تعلق میگیرد که ناشی از غلبه هوای نفس و بی ایمانی و زشت کاری بوده باشد. جاهل بودن به آثار و عواقب اعمال و پیروی ناخودآگاه از عادات و رسوم جامعه اگر شخص ذاتاً خود نگهدار و دارای سلامت نفس ایمانی بوده باشد قابل گذشت است. (المائده ۵ / ۹۳)

حسرت: احساسی است از شکست و سر به سنگ خوردنی که دیگر فرصت جبران نیست. قیامت روز حسرت نامیده شده است.

انتقام: از ریشه نَقَمَ، انکار چیزی یا کسی یا دفع و طرد زمانی یا عملی است و دلالت بر نوعی پس زدن و راه ندادن به درون میکند.

عذاب: محرومیت از محصول تلاش و دست خالی ماندن است.

النسا ۴ / ۲۳: این آیه سیزده محرمات (نحس) را در ازدواج برشمرده است و دلالت بر حریمی میکند که از گذشتۀ تاریخ در همه ملل و ادیان بنا به فطرت انسان جاری بوده و اسلام نیز آن را به عنوان احکام امضایی مورد تائید قرار داده است. محرمات در ازدواج (رحمی، نسبی از پدر و مادر، فرعی، ...)

الحدید ۵۷ / ۱۳:...در قیامت فقط کسانیکه باطن خود را اصلاح کرده باشند در حصار امنیت هستند و ظاهر نمایان در بیرون حصار خواهند بود.

خلاصه این که گناهان اخلاقی و اجتماعی را باید از آن اجتناب کرد مانند دروغ، دزدی و اختلاس گناهان ذنب (عذاب دنباله دار)، اثم (گناهان خودخواهی) و فحشا (کارهای زشت) در قرآن ۲۳ "لایُحبُّ" (خداوند دوست ندارد) آمده که درباره ظالمین، مسرفین، خائنین، مستکبرین، مفسدین، کافرین و متجاوزین، ناسپاسان، متکبرین و فخر فروشان، تنگ نظر و کوته بین، بدگویی اشکار دیگران، سرمستی کردن برای ثروت و قدرت، آورده شده است.

النجم ۵۳ / ۳۸: هیچکس بار گناه دیگری را بر عهده نخواهد گرفت.

گناهان شرعی مانند نماز، روزه، حجاب، خوردن الکل، قمار، غذاهای حرام شده را باید از آن اجتناب کرد، ولی اگر انجام دادی تبلیغ به آن نکن و دیگران را تشویق به آن نکن، شاید بخشیده شوی. ولی از عوارض آن مانند بیماری، فقر وعادت به نافرمانی کردن مصون نخواهی بود.(طبق قانون عمل و عکس العمل ومشیت الهی) وبیشترازهمه درتن شما بروز بیماری مهلک کبدی ومغزی راباعث می شود.

در مورد حجاب در اغلب کشورهای اروپایی و غربی علیه حجاب داران کامل (چادر و نقاب) تبعیض قائل میشوند و حتی در کشورهایی مثل فرانسه دختران مسلمان با روسری را برای تحصیل علم درمدارس نمی پذیرند ودرصورت پذیرش انگشت نما می شوند. درصورتیکه مادری باسواد می تواند فرزندان وخانواده بهتر تربیت کند وازنظر مادی خودرا تأمین کند. قوانین ما باید طوری اصلاح شوند یا به آن عمل شوند که به حجاب خانم ها، نماز خواندن افراد، روزه گرفتن و امور شخصی افراد دخالت اجرایی نداشته و در حد امر به معروف محلی باشد، تا ریا در احتماع تشویق نشده و جوانان اسلام ستیز و اسلام گریز نگردند، و اجبارا به ادیان دیگر مانند مسیحیت، بودایی و غیره روی نیاورند، گناهان اخلاقی که باعث فساد درجامعه می شود مانند رشوه، دزدی و اختلاس، دروغ، تقلب، احتکار، رانت خواری قاچاق از هر نوع، اعتیاد و... جداً با آنها برخورد شود. قانون شکن و مجرم بایستی به خاطر اصلاح جامعه و عبرت دیگران مجازات شده و کلیه افراد جامعه در مقابل قانون یکسان باشند.

شرک

راجع به شرک در قرآن بیش از ۱۳۰ آیه وجود دارد و به معنای انحراف از توحید است. شرک انواع مختلف دارد. از شرک به وضوح گرفته مانند بت پرستی و یا خداوند را صاحب پسر دانستن، تا شریک گرفتن هرچیزی با خداوند در حاجات، عبادات، به امید شفاعت بندگان خاص خدا بودن در آخرت، پول پرستی، عیال و فامیل پرستی، قدرت طلبی، جاه طلبی و غیره.

پیامبر فرمود: شرک مانند مورچه کوچک و سیاهی است که در تاریکی شب روی سنگی سیاه در حرکت است و گاه شناخت آن بسیار دشوار است.

النسا ۴ / ۴۸: مسلما خداوند این را که برای او شریک قائل میشوند نمیبخشد و آنچه فروتر از آن باشد برای هر که بخواهد میبخشد و هر که برای خدا شریک بگیرد بدون شک گناهی

بزرگ مرتکب شده است.

النسا ۴ / ۱۱۶: قطعاً خداوند این گناه را که برای او همتا گرفته شود نمیبخشد، ولی پایین تر از آن را برای هر که بخواهد میآمرزد و هر که برای خدا شریک بگیرد قطعاً دچار گمراهی بس دوری شده است.
بنابر آیات فوق تنها گناه نابخشودنی برای خداوند شریک قائل شدن است.

النحل ۱۶ / ۱۹: و خدا آنچه نهان میکنید و آنچه عیان میسازند میداند.

النحل ۱۶ / ۲۱: مردگانی بیجانند و نمیفهمند چه زمانی برانگیخته خواهند شد.

یونس ۱۰ / ۶۶: هرچه در آسمان ها و زمین است بنده خداست و کسانی که به جای خدا شریکانی را برای حاجاتشان میخوانند فقط از خرافات پیروی میکنند و نسنجیده و ندانسته سخن میگویند.

فاطر ۳۵ / ۴۰: بگو آیا به معبودهای خود که به جای خدا برای برآوردن حاجات میخوانید هیچ اندیشیده اید؟ نشانم دهید که چه چیزی از زمین را آفریده اند؟ یا چه همکاری در اداره آسمان ها داشته اند؟ آیا ما به آنها کتابی داده ایم که بر دلیل روشنی از آن استناد میکنند؟ نه - بلکه این ستمگران جز فریب به یکدیگر وعده نمیدهند.

النحل ۱۶ / ۸۶: و کسانی که (با واسطه قرار دادن غیر خدا) شرک ورزیدند چون شریکان (فرشتگان، انبیا و امامان) خود را (در قیامت) ببینند گویند پروردگارا اینان شریکان (عبادی) مایند که سوای تو همواره آنها را (به شفاعت حاجات) خود میخواندیم، آنگاه (شریکان با رد چنین توانایی که به آنها نسبت میدادند) پاسخ میدهند شما کاذب هستید.(دعا و اعمالتان باطل بوده است.)

بارها از مشرکان در قیامت راجع به معبودان وشفیعان سوال میشود که اکنون کجایند. آنها یا نیستند و اگر هستند میگویند شما منحرف بودید و به خاطر منافع خود به ما روی آوردید و اکنون عقوبتتان جهنم ابدی است. این آیات راجع به مقدسانی است که عامه برای حوائج خود به آنها متوسل میشوند، آنها حتی قادر به کمک به خود نیستند. تقلید چشم و گوش

بسته و اطاعت مطلق از پیروی از دستورات دینی خلاف دستور خداوند در عبادات بوده و شرک محسوب میشود. (التوبه ۹ / ۳۱) حتی ساختن و مرمت مساجد از فرد مشرک برای ریا و معروفیت یا سوء استفاده پذیرفته نیست و تلاش مشرکین به باد رفته و هدایت نمیشوند.

النمل ۲۷ / ۶۲: یا کیست که درمانده چون وی را بخواند اجابت میکند و گرفتاری را برطرف میسازد و شما را در زمین جانشین میکند؟ آیا با این خداوند خدایی دیگر است؟ چه کم متذکر میشوید.

طلب آمرزش برای مشرکان حتی اگر از خویشاوندان نزدیک باشد جایز نیست. پدر و مادر مشرک احترامشان واجب ولی اطاعتشان در راه شرک حرام است. (العنکبوت ۲۹ / ۲۸ و لقمان ۳۱ / ۱۵)

یونس ۱۰ / ۲۸:در روز قیامت رئیس و مرئوس، عابد و معبود، مستکبر و مستضعف در مقابل هم قرار میگیرند و معبودان به مشرکین میگویند شما ما را بندگی نمیکردید بلکه دنبال منافع خود بودید.

یوسف ۱۲ / ۱۰۸:با بصیرت (نه تقلید و تعبد و چشم و گوش بسته) به توحید ایمان بیاورید.

الاعراف ۷ / ۳۳: بگو پروردگار من زشت کاری ها را چه عیان و چه نهان، خودخواهی تنگ نظرانه، و تجاوز ناحق به حقوق مردم را حرام کرده است و اینکه چیزی را که خدا هیچ دلیل مسلطی برای آن نازل نکرده و چیزی را که نمیدانید به او نسبت دهید.(در شریک کردن شفاعت)

القصص ۲۸ / ۶۷: و اما کسی که توبه کند، ایمان آورد و به کار شایسته بپردازد، امید است که از رستگاران شود.

شرایط بخشیده شدن مشرک از طرف خداوند: توبه از شرک به معنی واقعی و عدم انجام آن آن. صلات و رویکرد به خداوند در انتخاب زندگی متعادل و بر صراط مستقیم و دادن زکات است.

فسق

فسق به معنی خروج از قانون، مقررات و حریم خداوند است. میوه ای که از پوستۀ محافظ خود خارج شود مرتکب فسق شده و فاسد میگردد. انسان هم اگر از پوسته شریعت و اخلاق که محافظ دانۀ قدسی وجود اوست خارج شود فاسق شده و استعدادهای درونی اش به مرور تباه میگردد.

البقره ۲ / ۶۲: ..هدایت و ضلالت در نظام الهی در عمل تحقق مییابد نه در ذهن و زبان و به زبان صریح قرآن تنها فاسقین (خارج شدگان از حریم هدایت) گمراه میشوند.

النسا ۴ / ۸۸: ..آن را که خدا (درنتیجۀ اعمالش) در گمراهی رها کرده هرگز راهی برای هدایت او نخواهی یافت.

فاسقین نقطه مقابل اولوالألباب هستند. در اینکه فاسقان چه چیزی را که فرمان پیوستن به آن را داشتند میبریدند, از سه آیه قرآن میتوان شواهدی را ذکر کرد:

۱.   قطع رابطه با قوم و خویش و قبیله و عشیره

محمد ۴۷ / ۲۲: ..

۲.   ایجاد شکاف و اختلاف در امت واحد

المومنون ۲۳ / ۵۳: ولی (مردم) کار مشترکشان (دین، حکومت، امور اجتماعی مشترک و ...) را همچون اوراق یک کتاب بشدت پراکنده و متفرق کردند، (به گونه ای که) هر گروهی به آنچه نزد خود دارد دلخوش است.

در قرآن فقط برای چهار مورد کیفر دنیوی تعیین شده است و آنها شامل تجاوز به: جان (قصاص)، مال (دزدی)، ناموس (زنا)، و امنیت افراد است و خداوند حتی در این موارد هم بخشیدن را به انتقام ترجیح داده است.

برای آشنایی بهتر با رحمت و شفقت خداوند نسبت به مسلمانان در اینجا به شرح مجازات هر یک از گناهان فاحش و کبیره: دزدی، زنا و قصاص قتل عمد بر گرفته از قرآن میپردازیم.

مجازات های قطع دست سارقین و سنگسار زناکاران که به نام اسلام نوشته و انجام میشود، باور گروهی از فقها، یا از رسوم قبیله ای اعراب حجاز و مسمانان قاره آفریقا، و یا بر گرفته

شرایع یهودیت هستند، قوانین مدنی در کشورهای غیر مسلمان کیفر متناسب با هر یک از جرم های فوق را معین کرده و در بعضی از ممالک اسلامی هم به تناسب مقتضیات زمانی و مکانی تغییر کرده اند، تا از اسلام گریزی و اسلام ستیزی روز افزون جوانان مسلمان جلوگیری شود.

دزدی

المائده ۵ / ۳۸: دست مرد یا زن دزد را به عنوان عقوبت الهی قطع کنید و خداوند عزتمند فرزانه است.

لغت قطع کردن دست در مورد دوستان زلیخا در مشاهده یوسف نیز در قرآن آمده است و شاید منظور از بریدن دست با چاقو علامت زدن پوست روی دست با شئی برنده است که با اسکار دائمی به این ترتیب دزد شناخته شود. اصطلاح قطع ید به معنای کوتاه کردن دست (عدم دسترسی) از چیزی نیز استفاده میشود.

یوسف ۱۲ / ۳۱: و به دست هریک از آنان چاقویی داد و به یوسف گفت به آنان درآی، پس همین که او را دیدند بزرگش شمردند و (از شدت حواس پرتی و حیرت) دستان خویش بجای میوه بریدند و گفتند حاشا لله.

در کتاب برهان قرآن صدرالدین بلاغی صفحه ۱۷۳–۱۷۱ آمده است که مقررات فقه اسلامی و قوانین شرع درباره دزد و بریدن دست در ۴۰۰ سال که قوانین کیفری اسلام مجری بوده فقط ۶ بار اجرا شده است. به دلایل زیر:

۱. سارق باید عاقل باشد.

۲. در حین سرقت به سن بلوغ شرعی رسیده باشد.

۳. به اختیار و اراده خود مرتکب آن عمل شده باشد.

۴. کالای مسروق باید از نظر شرع عنوان مال داشته باشد

۵. شیء مسروقه باید اقلاً به اندازه ربع دینار (آن زمان) شرعی ارزش داشته باشد.

۶. سارق باید در حین سرقت حکم اسلام را درباره خود بداند.

۷. شخص اجیر (کارگر) و مهمان هر گاه از صاحبکار و میزبان چیزی بدزدد از حد مستثنی هستند.

۸. هرگاه کسی مال فرزند خود را بدزدد حد بر او اجرا نمیشود.

۹. دزدیدن طعام در سال قحط و برای گرسنه حد ندارد.

۱۰. هرگاه سربازی از غنائم جنگ که خود در تحصیل آن شرکت داشته چیزی بدزدد از حد سرقت معاف است.

۱۱. هرگاه شریکی از مال شریک دیگر بدزدد و ادعا کند که آن مال را حق و قسمت خود میدانسته از اجرای حد مستثنی است.

۱۲. هرگاه شخص متهم قبل از آنکه سرقتش بر حاکم شرع ثابت شود کالا را بخرد و یا از راه ارث و مانند آن مالک شود از حد معاف میشود.

۱۳. هرگاه بتوان احتمال داد که بردن کالا به مقصد سرقت نبوده حد اجرا نمیشود.

۱۴. هرگاه شیء مسروق از محرمات باشد سارق از حد معاف است، بنابراین دزدیدن مشروبات الکلی و گوشت خوک و امثال آنها حد ندارد.

۱۵. شرط آنکه بردن مالی به عنوان دزدی تلقی شود این است که از منزلی برده شود که ورود آن منوط به اجازه صاحب منزل باشد.

۱۶. یکی از شروط اجرای حد این است که سارق مال را از حرز مالک بیرون برده باشد و مراد از حرز جایی است که مال را برای محافظت در آن بگذارند چنانکه حرز طلا و جواهر و پول صندوق است و حرز میوه باغ و حرز چهارپایان اسطبل است.

۱۷. مال به طور خفی و در نهانی برده شود و نه به طوری که کسی آن را ببیند.

۱۸. سارق شخصاً مال مسروق را از حرز بیرون برده بنابراین هرگاه آن را بر چهارپایی حمل کند یا کودکی را همراه ببرد که او آن را بردارد حد بر او اجرا نمیشود.

۱۹. اگر سارق قبل از آنکه سرقتش بر حاکم ثابت شود توبه کند حد از او ساقط است.

۲۰. برای اثبات سرقت باید دو نفر عادل شهادت بدهند. و یا یک نفر عادل شهادت بدهد و صاحب مال نیز قسم یاد کند و یا آنکه خود سارق دو مرتبه اقرار کند و هرگاه یک بار اقرار کرد و دیگر حاضر به اقرار نشد حق صاحب مال بر ذمه او ثابت است ولی حد بر او اجرا نمیشود.

۲۱. در اجرای حد سرقت شرط است که صاحب مال قضیه را تعقیب کند.

۲۲. شرط مجری حد آن است که حکومت او موافق با موازین و مقررات شرع

باشد و الا حق اجرای حد را ندارد.

۲۳. وقتی سرقت با رعایت کلیه شروط و قیود ثابت شد تازه اسلام سابقه و فضیلت شخص گناه کار را منظور میدارد. چنانکه علی علیه السلام به سارقی که به گناه خود اعتراف و توبه کرده بود فرمود آیا چیزی از قرآن را بر حفظ داری؟ آن شخص گفت: آری. سوره بقره را به حفظ دارم. فرمود: من دست تو را به سوره بقره بخشیدم.

۲۴. همچنین در کلیه مواردی که سرقت به وسیله اقرار سارق ثابت شده باشد. حاکم شرع مختار است که هر گاه صلاح بداند گناهکار را عفو کند و از اجرای حد بنا به مصالحی در گذرد.

همانطور که ملاحظه میشود با وجود شرایط فوق شرع مقدس اسلام کمال محبت و لطف را در حق سارق روا داشته و تنبیه قطع دست آنطور که بعضی از فقها در نظر دارند امروزه

کان لم یکن میباشد، بعلاوه قوانین کیفری در مورد دزد و دزدی در ممالک مختلف با کمی تفاوت، به دقت و به تناسب جرم، نوشته شده و در اغلب ممالک بدون چون و چرا اجرا میشود (نهی از منکر).

سعی ما باید بر این باشد که مترصد باشیم که قوانین در مورد همه و در همه جا و برای هر نوع دزدی و به تناسب آن اجرا شود. امروزه متاسفانه در مملکت ما دست خرده دزد امکان قطع شدن دارد ولی اختلاسگران کلان میلیاردی براحتی از قانون میگریزند.

زناء محصنه (هم بستری با زن شوهردار)

اسراء ۱۷ / ۳۲: و به زنا نزدیک نشوید که مسلماً کاری است بسیار زشت و کاری است بسیار بد.

المائده ۵ / ۸۹: خداوند شما را نسبت به سوگندهای بی توجه (زبانی) شما مواخذه نمیکند اما نسبت به سوگندهای جدی (تعهدات با خدا و دیگران) شما را مواخذه مینماید. پس کفاره آن طعام دادن به ده مسکین از متوسط طعامی است که به خانواده خود میدهید یا آزاد کردن گردنی (از اسارت یا زندان) و اگر مال ندارد سه روز روزه بدارد. سوگندهای خویش حفظ کنید.

النساء ۴ / ۱۵-۱۸:۱۵ - و از زنان (همسران) شما کسانی که کار بسیار زشتی میکنند پس ۴

نفر از خودتان (که مورد اعتماد باشند نه دشمن و اتهام زن) بر آنها شاهد بگیرید حال اگر شهادت دادند آنها را در خانه های خود نگه دارید تا زمانی که مرگ آنان را دریابد.(مادام العمر بدون تنبیه و توهین) یا خدا راهی (در جهت حل مشکل) برای آنان قرار دهد.(توبه، طلاق، اصلاح شدن و برطرف شدن عاملی که باعث زنا شده.)

۱۶- و آن مردانی از (نزدیکان) به شما که آن (لواط) را میکنند آن دو را تنبیه کنید، پس اگر توبه و اصلاح کردند از آنان دست بردارید که بیگمان خدا بسیار توبه پذیر مهربان است.

۱۷- توبه ای که پذیرش آن بر خداست تنها برای کسانی است که به نادانی (غلیان غرایز) مرتکب کار زشت میشوند سپس به زودی توبه میکنند.

۱۸- توفیق توبه برای کسانی که (تا دم مرگ) کارهای زشت میکنند نیست تا (احتمالاً) یکی از آنها بگوید حالا توبه کردم، و نه برای کسانی است که در حال انکار از دنیا میروند.

النور ۲۴ / ۲: زن زناکار و مرد زناکار را هر کدام ۱۰۰ تازیانه بزنید و در اجرای قانون خدا اگر به راستی به خدا و روز بازپسین باور دارید اسیر احساسات و عواطف نشوید و در مجازات آنها باید گروهی از مؤمنین حضور داشته باشند که افراط و تفریط نشود.

دو واژه فحشا و زنا باهم تفاوت دارد. فحشا معنی عام دارد و بر هر سخن و عمل زشت تعلق میگیرد اعم از اخلاقی یا شهوانی، اما زناء نوعی از فحشا در روابط جنسی است که دوام و ثبات داشته باشد، نه یک بار فریب خوردگی.

النور ۲۴ / ۴: ۹-۴- وبه کسانی که زنان پاک دامن را متهم (به زنا) میکنند و سپس چهار شاهد نمی‌آورند (به خاطر این تهمت بی شاهد) هشتاد ضربه شلاق بزنید و از این به بعد هر گز از آنان شهادتی را نپذیرید که اینان خود فاسق و خارج شده از حریم شریعت اند.

۵- مگر کسانی که پس از این (اتهام بی شاهد) توبه کنند و (هتک حرمت حاصله را با عذرخواهی) اصلاح نمایند که در این صورت خدا بخشنده مهربان است.

۶- و کسانی که همسران خود را متهم میسازند و شاهدانی جز خود ندارند پس (شرط پذیرش) شهادت هر یک از آنها چهار بار به شهادت گرفتن خداست که از راست گویان است.

۷- و پنجمین بار (تأکید نماید که) لعنت خدا بر او باد اگر از دروغ گویان باشد.

۸- و مجازات را از آن زن برمیگرداند اگر چهار بار خدا را به شهادت بگیرد که همسرش دروغ میگوید.

۹- و پنجمین بار بگوید لعنت خدا بر من باد اگر او از راست گویان باشد (نه من از دروغ گویان)

حد زنا در قانون کیفری اسلام نظر به ظروف ارتکاب گناه و اوضاع واحوال مرتکبین به ۸ درجه طبقه بندی شده است: (برهان قرآن قوانین کیفری اسلام ۱۸۰–۱۷۷ صدرالدین بلاغی)

۱. سنگسار (در قرآن نیست)

۲. جمع میان تازیانه و سنگ

۳. صد ضربه تازیانه

۴. صد ضربه تازیانه و تراشیدن موی سر و اخراج از شهر

۵. ۵۰ ضربه تازیانه

۶. ۷۵ ضربه تازیانه

۷. ضعث یعنی به دست گرفتن چند تازیانه و زدن یک بار

۸. جمع بین حدود تعزیر

اصول شرایطی را که در کتب و حدیث درباره اجرای حد زنا ذکر شده:

۱- برای اثبات وقوع زنا و لزوم اجرای مجازات زن، باید ۴ نفر شاهد عادل مرد و یا سه مرد و دو زن و یا دو مرد و چهار زن عادل مؤمنه و آشنا (نه دشمن) بر مشاهده آن گواهی دهند. هرگاه شهود دو مرد و چهار زن باشند اگر زانی و زانیه متأهل باشند سنگسار نمیشوند و به زدن تازیانه اکتفا میشود.

۲- باید مکان وقوع زنا در شهادت شهود یکی باشد.

۳- باید زمان وقوع زنا در شهادت شهود یکی باشد. چهار مرد عادل همه باهم در یک زمان و یکجا ارتکاب عمل جنسی را به چشم خود دیده باشند.

۴- باید شهادت شهود در یک مجلس باشد.

۵- هرگاه چهار نفر عادل از چهار نفر دیگر حکایت کنند کافی نیست.

۶- هرگاه ۴ نفر عادل شاهد به وقوع زنا با زنی شهادت دهند و آن زن را نشناسند گواهی ایشان پذیرفته نیست زیرا ممکن است آن زن همسر مرد باشد و ایشان آن را نشناخته باشند.

۷- هرگاه سه نفر از چهار نفر متحدا گواهی دهند و چهارمین از ادای شهادت خودداری کند یا بیان او با آن سه نفر تفاوت داشته باشد باید حد قذف درباره آن سه نفر اجرا شود.

۸- هرگاه شخص زناکار ۳ بار به عمل خود اعتراف کند، حد اجرا نمیشود و حتماً باید در ۴ نوبت اعتراف کند.

۹- هرگاه چهار نوبت در یک مجلس اعتراف کند حد اجرا نمیشود و باید در ۴ نوبت و در ۴ مجلس باشد.

۱۰- قاضی حق ندارد متهم را تشجیع به اعتراف کند و در ادای جملات به او کمک دهد و باید سعی کند که برای حفظ حیا و حجاب و عفت و طهارت عمومی گناه به ثبوت نرسد و مکلف است که شبهات را به نفع متهم تعبیر و تفسیر کند و انکار گناه را به متهم تلقین نماید.

۱۱- مرد متأهل هرگاه پس از ۴ مرتبه اعتراف، انکار کند حد رجم بر او اجرا نمیشود و کیفرش تخفیف مییابد.

۱۲- تازه مسلمان بی اطلاع از حدود و کیفرهای اسلامی مورد حد واقع نمیشود.

۱۳- درباره زناکار غیر متأهلی که مریض باشد حاکم شرع حق دارد که دسته ای از چوب های جارو یا خوشه ای از خرما را به جای تازیانه به کار برد و هر شاخه از چوب های جارو یا خوشه خرما را بجای تازیانه بکار برد.

۱۴- در اجرای حد باید تازیانه به گوشت بدن صدمه وارد نیاورد و شرط اجرای حد عاقل بودن و عدم اکراه متهم بر ارتکاب گناه است.

۱۵- هرگاه کسی از روی اشتباه زن دیگری را به جای زن خود گرفته باشد حدی بر او نیست.

۱۶- اجرای هریک از حدود اسلامی مشروط به مطالبه صاحب حق است.

۱۷- زن اگر از روی اجبار مجبور به زنا شد حد درباره او اجرا نمیشود.

اولیاء اسلام از پرده دری به شدت اجتناب داشته و در اجرای حد جانب احتیاط را رعایت میکردند، پس عملاً در اسلام برای زنا راه را برای رهایی از مجازات دنیوی برای طرفین کاملاً باز گذاشته مگر اینکه در ملأ عام مرتکب زنا شوند که در این صورت عفت جامعه زیر سئوال رفته و ممکن است دیگران را به آن ترغیب نماید و تنها در این شرایط است که تعداد شهود کافی برای اجرای مجازات خواهند بود.

البته غرض از این نوشتار این است که نشان داده شود که حتی برای زناء و دزدی که از گناهان کبیره میباشند خداوند رحمان و رحیم برای جلوگیری از شیوع آنها در جامعه، مجازات خطیری در قرآن ذکر شده ولی عملاً اجرای آن را غیرممکن کرده است. برخی از فقها معتقدند حدود زمانی قابل اجراست که حکومت اسلامی به وظیفه خود برای فراهم کردن امکانات برای ازدواج، شغل و... فراهم کرده باشد تا احتیاج زنا و دزدی در جامعه کمتر باشد.

البته در این دوره از تمدن بشری بخاطر وضع قوانین مدنی متناسب با هر جامعه، این حدود کمتر معنی و کاربرد دارد و فقط محض اطلاع بعضی از خوانندگانی است که به شرع مقدس اسلام از روی بی اطلاعی وبد اطلاعی، خرده میگیرند.

آیا بهتر نیست در جمهوری اسلامی بجای اجرای مراقبت های ظاهری آن چنانی، که در عمل

دزدی و فحشا را در جامعه نه تنها ریشه کن نکرده بلکه اختلاس و فحشا اپیدمیک شده، و بیماری های خطرناک جنسی مانند ایدز و غیره شایعتر شده اند، مانند کشورهای پیشرفته به دانش آموزان در سن بلوغ جنسی، در مدارس آموزش جنسی داده شود و وسایل جلو گیری از حاملگی و شیوع بیماری های جنسی را به رایگان در اختیار دانش آموزان قرار دهند؟ مراکز تحت کنترل اداره بهداشت را در حاشیه شهرهای بزرگ برای رفع نیازهای طبیعی جوانان تعبیه نمایند. البته باید در نظر گرفت که صرف نظر از آنچه ما بخواهیم یا زعمای دین و جامعه صلاح دانسته یا با آن مخالف باشند، جلو گیری از سیل اطلاعاتی ایجاد شده عملا اجرای قوانین مدون برای اسلامی زیستن جوانان آشنا به اینترنت و سایت های مربوطه در جامعه را غیر ممکن ساخته است. در این زمان بجای اصرار در جامعه دینی و فقهی، تشکیل جامعه تحصیل کرده،اخلاقی و لیبرال باید مورد نظر اولیای امور باشد.

قتل نفس

شان نزول قصاص مهم است. گویا در جریان اُحد و برای جلوگیری از خشونت بیش از حد جنگجویان نازل شد، نه برای توصیه به مقابله به مثل. (تفسیر پرتویی از قرآن)

البقره ۲ / ۱۷۸:ای کسانی که ایمان آورده اید (حق) قصاص در مورد کشته شدگان بر شما مقرر گردید. آزاد در برابر آزاد، اسیر در برابر اسیر، زن در برابر زن، پس کسی (قاتلی) که از طرف برادر(دینی) خود (ولی مقتول) به چیزی (از حق قصاص) بخشیده شد، پس (وظیفه اوست)پیروی کردن از کاری پسندیده و به شایستگی پرداختن (خون بها) به او. این (حکم تبدیل قصاص به دیه) تخفیفی و رحمتی است از سوی پروردگارتان پس هر کس بعد از آن (تخفیف) تعدی کند عذابی دردناک خواهد داشت.

قصاص پی جویی و تعقیب جرم و جنایت برای پیشگیری از تکرار و توسعه آن و تعیین کیفر مساوی (نه بیشتر) است.این نکته را باید توجه داشت که مجازات قتل غیر عمد قصاص نیست بلکه پرداخت دیه است. قصاص فقط در شرایط مساوی انجام شود و قصاص مرد در کشتن زن یا آزاد در کشتن برده به دیه تبدیل میگردد. قرآن با جمله ﴿﴿فَمَنْ عُفِیَ لَهُ مِنْ أَخِیه﴾﴾ فضای کینه و انتقام را با نسیم عفو و رحمت به فضای صفا و برادری ایمانی تبدیل کرده است تا روابط اجتماعی به آشتی و اصلاح سوق پیدا کند.

مقتضای عدالت همان قصاص است، تخفیف و تبدیل آن به دیه از سوی خداوند برای رشد و تربیت انسانها در سایه رحمت و گرایش به برادری و محبت میباشد.

البقره ۲ / ۱۷۹: ای با وجدان ها (خردمندان خداترس) برای شما در قصاص (اکتفا به همانند) حیات است. (نه در کینه ورزی و انتقام کور و بی حد و حصر) باشد تا پروا پیشه کنید.(بر احساسات تند خود غلبه کنید.)

المائده ۵ / ۴۵: و بر آنان (در تورات) مقرر داشتیم که جان در برابر جان، چشم در برابر چشم، گوش در برابر گوش، دندان در برابر دندان و غیره، هر زخمی قصاص مساوی دارد پس هر کس (با وجود حق قصاص) با گذشت خود صداقت به خرج دهد (به توصیه عفو الهی عمل کند) پس چنین گذشتی (پاک کننده) پوشاننده ای برای (گناهان پیشین) او خواهد بود و (در جهت مقابل نیز) هر کس مطابق حکمی که خدا نازل کرده داوری نکند (بخواهد بیشتر از مقابله به مثل تلافی کند) پس چنین کسانی بی شک از ستمگرانند.

الاسراء ۱۷ / ۳۳: هرگز کسی را که خدا قتلش را حرام کرده است نکشید مگر آنکه به حکم حق مستوجب آن باشد. ما به ولی و بازمانده کسی که به ناحق و مظلوم کشته شود اجازه دادیم که درباره کشنده او داوری کند اما اجرای انتقام (باید عادلانه باشد) و ولی را نشاید که در قتل و خون ریزی زیاده روی کند تا عملش مورد حمایت و تائید ما قرار گیرد.

مال مردم خواری

البقره ۲ / ۱۸۸: مال یکدیگر را به ناروا نخورید و برای بلعیدن بخشی از اموال مردم در مراجع قضا دعوایی را طرح نکنید که خود از بطلان آن آگاهید.

زیاده روی و اسراف

الاسراء ۱۷ / ۲۷: (هرگز زیاده روی مکن) اسراف کنندگان برادران اهریمنانند.

الفرقان ۲۵ / ۶۷: بندگان خاص خدا آنانند که در انفاق و بخشش به مسکینان زیاده روی نکنند و بخل نیز نورزند (خسیس نباشند) بلکه در این امور میان رو و معتدل باشند.

الاعراف ۷/۳۱:...بخورید و بیاشامید ولی زیاده روی نکنید که خداوند مسرفان را دوست ندارد.

الانعام ۶ / ۱۴۱: ..خدا زیاده روی کنندگان را دوست ندارد.

الاسراء ۱۷ / ۲۹: (در احسان به مردم) دست خود نه زیاد بسته دار و نه بسیار باز و گشاده، که هر کدام کنی نکوهش شده و حسرت زده خواهی نشست.

شراب و قمار

النحل ۱۶ / ۶۷: از میوه درختان خرما و انگور شرابی مستی بخش و رزقی نیکو بدست میآورید، مسلما در این (بهره برداری های متفاوت از یک محصول) نشانه ایست برای خردمندان. سال ۲ هجری

البقره ۲ / ۲۱۹: از تو درباره شراب و قمار میپرسند. بگو در آن دو زیان هایی بزرگ است و منافعی برای مردم دارد ولی زیانش از نفعش بیشتر است.

النسا ۴ / ۴۳:ای کسانی که ایمان آورده اید در حال مستی به نماز نزدیک نشوید تا هنگامی که بدانید چه میگویید. (سال ۸ هجری)

المائده ۵ / ۹۰:(یکی از آخرین آیه های نازل شده به پیامبر قبل از وفات ایشان) ای کسانی که ایمان آورده اید، جز این نیست که شراب (و دیگر مست و خمار کننده ها) و قمار و انصاب (نمادهای شرک آمیز) و قرعه کشی (بخت آزمایی) پلیدی هایی از کار شیطان است، پس از آنها دوری کنید، باشد تا رستگار گردید. (سال ۹ هجری)

المائده ۵ / ۹۱: شیطان قصد دارد که به وسیله شراب و قمار در میان شما دشمنی و کینه انگیزد و از یاد خدا و نماز بازتان دارد. آیا از آن دو (شراب و قمار) دست خواهید کشید. معنای اصلی خمر پوشاندن است و چون مشروبات الکلی عقل را ضایع میکند خمر نامیده میشوند. پس در آیات بالا اول مسکرات و رِزْقًا حَسَنًا از فراورده های جانبی خرما و انگور و یا فواید الکل نام برده و در آیه دوم بر طرحِ سوال درباره حرام یا حلال بودن شراب در میان برخی مومنین حکایت میکند و به همین پاسخ اکتفا میشود که منافعی در قمار و شراب هست اما مضرات آن بیشتر است. در آیه سوم گفته موقع نماز مست نباشید تا بفهمید چه میکنید و چه میگویید. بالاخره پس از زمینه های تربیتی در آخرین آیه آن را عملی شیطانی شمرده و

دوری کردنش را بی هیچ تهدیدی توصیه میکند.

در قرآن مشروبات الکلی حرام اعلام نشده است. اول میگوید میوه هایی که از آن شراب درست میکنید مثل هر چیز دیگر در زندگی هم میشود در راه درست از آن استفاده کرد و هم در راه نادرست. تدریجا منافع و مضرات شراب را به مسلمانان میفهماند و در طی چند سال اول به آنها میگوید در حال مستی نماز نخوانید و چون پنج بار در روز نماز برقرار میشود در واقع در اغلب اوقات شبانه روز اجازه شراب خوردن ندارند، بعدا میگوید ضررش بیش از نفع آنست و بالاخره میگوید عملی است شیطانی و از آن دست بردارید و در سال نهم هجری است که شراب خوردن بدون هیچ تهدیدی منع میشود. قرآن در عرض ۲۳ سال اعراب شرابخوار را بتدریج به راه درست میبرد به طوریکه وقتی دستور میدهد که از این کار شیطانی دست بردارید همه به یکباره ترک شرابخواری میکنند.

در ادیان یهودی و مسیحی خوردن شراب از نظر شرعی مانعی ندارد. میگویند یکی از معجزات حضرت عیسی مسیح تبدیل آب به شراب در شام آخر بود و عیسی مسیح علیه السلام به کلیه حواریون به غیر از یهودای خائن سفارش کرد که از آن بنوشند، اکنون در هر یکشنبه که روز مقدس برای مسیحیان است در مراسم مذهبی در کلیسا هر شرکت کننده مقداری از شراب قرمز را به منزله خون مسیح مینوشد با تکه ای از نان به عنوان جسم او و تا نمادی از حضرت مسیح در جسم و جان او و رفتارش حلول نماید.

در آمریکا ۳ نفر از هر ۱۰ نفر مشکل اعتیاد به مشروبات الکلی دارند، و سالانه ۸۸۰۰۰ نفر از امراض ناشی از این اعتیاد فوت میکنند. در واقع در آمریکا بیماری های مربوط به الکل سومین علت مرگ زودرس و قابل پیشگیری است.

طبق آماری از سازمان بهداشت جهانی در سال ۲۰۱۲ میلادی ۳ میلیون و سیصد هزار نفر در کره زمین از الکلسیم و عوارض ناشی از آن جان سپردند. قانون *Prohibition* عدم مصرف الکل در آمریکا و جریمه و زندان کردن (۱۹۲۰-۱۹۳۳)، بر تعداد مشروب خواران و در اثر تقلب و ناخالصی مرگ و میر ناشی از آن افزود، به همین دلیل دولت مجبور به قانونی کردن مشروبات الکلی گردید. همانطوریکه در بیشتر ایالات آمریکا فقط اجرای قانون نتوانست از مصرف حشیش و ازدواج فیمابین همجنس بازان جلوگیری کند و اکنون در بعضی از ایالات آمریکا هر دو قانونی و آزاد است.

جامعه متخصصان قلب آمریکا روزانه مصرف ۲۰۰-۱۵۰ میلی لیتر شراب قرمز را بخاطر اثرات آرامبخش آن و مقدار زیاد آنتی اکسیدان که به سلامت قلبی کمک میکند تجویز میکنند. ولی مصرف روزانه همین مقدار کم هم در بعضی افراد میتواند به تدریج به ازدیاد

مقدار مصرفی و اعتیاد و عوارض متعدد ناشی از آن منتهی گردد. به علاوه اخیرا تحقیقی از انگلستان که در مجله جامعه پزشکان آمریکا منتشر شد، نشان داده است که حتی مصرف روزانه مقدار کم الکل نیز برای سلامت مضر است.

از مطالب فوق میتوان به این نتیجه رسید که:

۱. مصرف کلیه مواد مخدر و اعتیادآور که برای سلامت مضر هستند مانند تریاک، هرویین، حشیش و حتی شاید سیگار و قلیان به خاطر ضرر به سلامت روحی، جسمی و اجتماعی حکم الکل را دارند و اعمال شیطانی است و از آنها بایستی اجتناب نمود.

۲. ترک اعتیاد کار آسانی نیست و خداوند به تدریج و طی سالیان دراز مسلمانان را آماده کرده و در موقع مقتضی احتراز از شراب وعدم مصرف آن را دستور داد. اگر خداوند از همان اول به اعراب شرابخوار دستور منع مصرف شراب را میداد نتیجه مطلوب حاصل نمیشد و به همین دلیل شاید عده زیادی مسلمان نمیشدند، اول مسلمان شدن و به مرور زمان تقویت دین و ایمان در آنها ایجاد شد و بعد به نیروی ایمان توانستند یکباره ترک اعتیاد نمایند.

۳. شخص معتاد باید بیماران مشابه و برنامه دوازده پلهای ((*AA = Alcoholic Anonymus*)) آن مرتبا شرکت کند و صاحب ایمان قوی نسبت به برنامه ترک اعتیاد و افراد دست اندر کار آن باشد، توکل و امید کمک خداوند و انگیزه ای قوی مانند حفظ سلامت، دغدغه معیشت خانواده، خطر شغلی ترس از نارسایی کبد و سرطان کبد، مرگ زود رس و غیره داشته باشد. شاید تنها اسلام واقعی در دنیا میتواند بشریت را از مصرف الکل و سایر مسکرات اعتیاد آور و مضر باز دارد.

اینجانب بیش از ۵۰ سال در آمریکا طبابت کرده و بیماران زیادی که اصالتا از اهالی ایتالیا و پرتقال بودند رابطه و تماس داشتم. این افراد که غالبا کارگر بودند شراب را در خانه هایشان انداخته و روزانه یک لیوان از آن را بعد از کار و موقع شام میل میکردند. این مقدار هم آرامبخش بود و هم به خوابیدن آنها کمک میکرد بدون اینکه مست کننده باشد. این افراد فرهنگ خوردن مقدار معقول شراب را طی قرنها آموخته بودند و به ندرت مصرف آن از یک لیوان، آن هم در مواقع مخصوص بیشتر میشد. اغلب این افراد مردان در سنین بالای ۸۰ سال و بدون هیچگونه بیماری مربوط به مصرف الکل بودند. و شاید در آیه ۲۱۹ سوره بقره منظور از اینکه در آنها منافعی است همین اثر مثبت مقدار کم آن باشد. کلیه مضار مربوط به مشروبات الکلی به علت مصرف زیاد (بیش از ۶۰ گرم الکل در روز) ، به حد مستی و لا یعقلی (مسکر) آن است. بعکس، در جوامع سرخ پوست آمریکا که فرهنگ مشروبخواری در آنها ضعیف است مرگ ومیر ناشی از مصرف زیاد مشروبات الکلی در جوانان فراوان است.

واژه خمر که برای مسکرات به کار برده میشود از ریشه خمر به معنای پوشاندن گرفته شده است. بنابراین هرچه امکان ایجاد اختلال در مغز و فکر را دارد احتراز از آنها لازم است، مانند ماریجوانا، هرویین، تریاک، سیگار و هر چیز دیگر که بر مغز اثر گذارد و اغلب آنها با مضرات جسمانی مهلکی میتوانند همراه باشند.

قمار نیز مانند مشروبات الکلی اعتیادآور است و میتواند به قیمت از دست رفتن کلیه مایملک قمار کننده باشد. افرادی را میشناسم که بیشتر اندوخته عمر خود را در قمارخانه ها و بازار بورس از دست داده و بقیه عمر خود را با فلاکت گذرانده اند. همینطور اغلب قمارخانه ها را در مناطق فقیر نشین بنا میکنند تا فقرا مستمری ماهیانه دولتی خود را به قمارخانه ببرند به امید آن که این بار بختشان یاری کرده و با بردن جک پات زندگیشان بهتر میشود، غافل از این که آنها همیشه بازنده هستند (قمار بازی) و ممکن است یک در صدهزار تصادفا بخت بارشان باشد.

امروزه در آمریکا همانطوریکه گروهای ترک اعتیاد الکل (AA) وجود دارد، گروههای متشکل برای ترک اعتیاد به قمار هم هستند GA). افرادی که دارایی خود را باخته و ۱۲ پله ترک اعتیاد را به سختی با حضور مرتب در جلسات میگذرانند.

شرکت در بازار بورس و سهام هم برای افراد بی اطلاع یا بدون کمک کتخصصان مربوطه میتواند به عنوان قمار کردن تلقی شود، در مواقع بحرانهای اقتصادی و ورشکستگی شرکت ها افراد کلیه پس انداز خود را که برای ایام بازنشستگی درنظر گرفته بودند از دست داده و دچار افسردگی شدیدشده و چه بسا خودکشی کرده اند.

خوردنی های ناروا

المائده ۵ / ۵: امروز خوردنی های پاکیزه بر شما حلال شد و همچنین خوردن غذای اهل کتاب، و صرف طعام شما بر آنان روا شد.

الانعام ۶ / ۱۴۵: ای پیامبر بگو در احکامی که به من وحی شده است چیزی نمی یابم که خوردنش ناروا باشد مگر گوشت حیوان مرده، خون ریخته شده، گوشت خوک که پلیدند (بیماری زا و محیط کشت برای ویروس و باکتری) و یا حیوانی که به نام کسی جز خدا و به نادانی ذبح گردد، اما چنانچه کسی نه به قصد سرکشی و نافرمانی از دستورهای خدا از خوردن آن خوردنی های حرام ناگزیر گردد و به قدر ضرورت صرف کند خدا او را خواهد بخشید. همانا که پروردگار تو بخشنده و مهربان است.

خداوند مهربان بندگان خود را در آن زمان از خوردن غذاهای به احتمال قوی آلوده با انگل و میکروب منع میکند.

۷۵٪ اهالی روی زمین به جز مسلمانان از گوشت خوک ارتزاق میکنند. بنابر آیه ۵ در سوره مائده، اگر غذای اهل کتاب پاکیزه باشد خوردن آن بلا مانع است (المائده ۵ / ۵). انگل تریشین در عضلات خوک زندگی میکند و انسان در اثر خوردن گوشت خوک آلوده به خصوص اگر به حد کافی پخته نشده باشد به بیماری تریشینوز که تا مدتی قبل درمان نداشت مبتلا میشود. لارو این انگل پس از ورود به بدن از طریق دستگاه گوارش وارد خون شده و به اعضای مختلف بدن مانند قلب، مغز، ریه، عضلات و کلیه مهاجرت و ساکن میشود و در صورت عدم درمان رشد کرده بدن با لایه هایی از کلسیم آن را محدود میکند. این توده ها مانند توده سرطانی و فضا گیر عمل کرده و بسته به موقعیت مکانی آن باعث سردرد، صرع، درد عضلانی، ناراحتیهای قلبی، ریوی و کلیوی میگردد. در حال حاضر بخصوص در ممالک پیشرفته خوک ها در مزارع مخصوص پرورش میابند و گوشت خوک اهلی تحت مراقبت بهداشتی است این گرفتاری وجود ندارد، ولی گوشت خوک وحشی (گراز)هنوز میتواند این بیماری را در نقاط مختلف دنیا به انسان منتقل کند.

علت نجس اعلام شدن سگ توسط فقها در اسلام هم در آن است که میتواند بیماری بیدرمان کیست هیداتید را به انسان منتقل کند که در ریه، کبد و مغز میتواند ایجاد توده های بزرگ نماید. البته این در مورد سگهای خانگی و تحت نظر دامپزشکان صحت ندارد. و الا سگ که مظهر وفاداری است و در سوره کهف مانند انسانها نفر اعلام شده و فواید متعددی برای انسانها دارد، چگونه میتواند این موجود و مونس وفا دار آدمی نجس ، سنگ زدنی و کشتنی باشد.

ستم کاری

الشوری ۴۲ / ۳۰:
هر رنج و مصیبتی که به شما میرسد ناشی از کارهای زشت خودتان است.

الانفال ۸ / ۲۵: از فتنه و بلایی بترسید که چون درآید خاص ستم کاران نخواهد بود بلکه تر و خشک را با هم میسوزاند، و بدانید عذاب خدا بسیار سخت است.

الأنبیاء ۲۱ / ۱۱: چه بسا مردم مقتدری در شهرها و دیارها بودند که ما آنها را به سبب ظلم و ستم کاری درهم شکسته و هلاک ساختیم و گروهی دیگر به جای آنها آفریدیم.

النور ۲۴ / ۱۹: آنان که دوست دارند در میان اهل ایمان کار زشت و ناپسند را رواج دهد در دنیا و آخرت عذابی دردناک خواهند داشت. خدا می داند و شما نمیدانید.

النجم ۵۳ / ۳۹: بدانید که آدمی جز در حد کوشش خود چیزی به دست نخواهد آورد.

بطور خلاصه محرمات و نواهی قرآن، به ویژه: ربا، رشوه، احتکار، حکم بر خلاف ما انزل لله، قتل ناحق، منافیات عفت، کذب، سرقت، افتراء و تهمت، کبر و نخوت، حرص و آز، تجاوز به حقوق دیگران، فساد و افساد، ظلم به معنای اعم، اسراف و تبذیر، منع حقوق مالی، حب جاه و مال و هوی پرستی از جمله رذائلی است که فرد باید از آنها بطور جدی اجتناب کند. خداوند رحمان، رحیم، غفار و ستار است.

خداوند در قرآن میفرماید که تحت شرایط بخصوص مانند استغفار و توبه کلیه گناهان بجز شرک، قابل بخشش میباشد و از رحمت او همین بس که بسیاری از گناهان بندگان خود را نه تنها میبخشد بلکه از دیگران نیز مخفی میکند و از هیچ بنده ای جز توانش توقعی ندارد.

البقره ۲ / ۲۸۶: خدا هیچکس را جز به اندازه توانش تکلیف نمیکند. هر چه از نیکی ها کسب کند به سود اوست و هر آنچه از بدی ها کسب کند به زیان اوست...

استغفار

استغفار از ریشه غفر (پوشاندن و پاک کردن) به معنی پذیرش خطای خود و آمادگی به پاک شدن و اصلاح و تغییر است، بعد از آن حتی تیرگی های قلب زدوده شده و آنگاه نور حق بر آن میتابد. امام علی (ع) فرمود استغفار درجه علیین است و شش مرحله دارد:

۱. ندامت از آنچه گذشته
۲. عزم و اراده برای ترک همیشگی آن
۳. ادای حقوقی از مردم که پایمال شده و رهایی از تبعات آن
۴. ادای فرایضی که تاکنون ضایع شده
۵. ذوب کردن گوشتی که از رشوه و مفت خواری حاصل شده است
۶. چشیدن سختی طاعت بجای شیرینی معصیت

توبه

البقره ۲ / ۳۷: حضرت آدم پس از ارتکاب خطا و احساس ندامت دستور توبه کردن را از خداوند دریافت کرد، و سپس خدا توبه او را پذیرفت.

النساء ۴ / ۱۸: آن کس که در همه عمر به کار زشت سرگرم باشد، اما به محض مشاهده مرگ پشیمان شود و بگوید توبه کردم، توبه اش پذیرفته نخواهد شد.

الاسراء ۱۷ / ۳۵: خدا به آنچه که در دل دارید از خود شما آگاه تر است، اگر در دل اندیشه صلاح دارید بدانید که خدا هر کس را که با نیت پاک به درگاه او تضرع و توبه کند خواهد بخشید.

العنکبوت ۲۹ / ۷: و گناهان کسانی را که به خدا ایمان آورده نیکوکار شدند محو و نابود کنیم و بهتر از آنچه به جا میآورده اند به ایشان پاداش دهیم.

النحل ۱۶ / ۱۱۹: خدا در مورد آنان که از روی جهل و نادانی هر زشتی انجام داده، سپس به درگاه وی باز گشته نیکوکار میشوند بخشنده و مهربان است.

التحریم ۶۶ / ۸: ای مؤمنان مخلصانه به درگاه خدا توبه کنید، باشد که گناهانتان را پوشیده و نابود گرداند.

بنابراین توبه شامل شناختن واعتراف به گناه، عدم تکرار آن و در عوض کار نیکو کردن است، باشد که خداوند کار بد و آثار سوء و رسوایی آن را ببخشد.

بخشش گناهان

النساء ۴ / ۳۱: اگر از گناهان بزرگی که از آن نهی شده اید دوری کنید، بدهای (کوچک) شما را میپوشانیم و شما را به جایگاهی ارجمند وارد میکنیم.

الزمر ۳۹ / ۳۵: تا خدا بپوشاند بدترین عملی را که انجام داده اند و آنها را طبق بهترین اعمالی که انجام میدادند اجر و پاسخ دهد.

الشمس ۷ / ۹۱ - ۱۰:و سوگند به نفس آدمی و آن که او را سامان داد و سپس تشخیص بد و خوب را به وی الهام کرد، هر آن کس که نفس خود را تزکیه کرد رستگار شد و آنکه نفس خود را بیالود محروم گشت.

مریم ۱۹ / ۷۶: و خداوند بر هدایت کسانیکه هدایت را پذیرفته اند میافزاید و نیکی های ماندگار در پیشگاه پروردگارت از نظر پاداش و عاقبت بهتر است.

البقره ۲ / ۱۸۳ - ۱۸۵: ۱۸۳ - ای کسانی که ایمان آورده اید، صیام (دست نگهداشتن ها، خودداری ها) بر شما مقرر شد (نه واجب شد) ، همانطوری که بر پیشینیان شما مقرر شد، تا خود را (از هوای نفس) حفظ کنید.

الطلاق ۶۵ / ۷: ...خدا هیچکس را جز در حد آنچه به او داده تکلیف نمیکند.

المائده ۵ / ۱۰۱: ای کسانی که ایمان آورده اید از (پیامبر در مورد) چیزهایی (اضافه بر تکلیف) سوال مکنید که اگر بر شما پاسخش آشکار شود ناراحتتان میکند و (لی) اگر هنگامی که قرآن نازل میشود (از ابهامتان در مورد حکمی) سوال کنید (آنچه وظیفه دارید) برایتان آشکار خواهد شد. خدا از آن (احکام جزئی و اضافی مورد نظر شما) صرف نظر کرده و خدا آمرزنده بردبار است.

در مورد شراب و الکل مستی را منع کرده و سفارش شده که در عالم مستی به نماز نایستید و اینکه شراب و قمار هردو باعث ناراحتی و اختلاف بین شماها میشود از آنها پرهیز کنید. نوشیدن یک پیمانه (۱۵۰میلی لیتر) شراب قرمز که خواب آور، آرامبخش و طبق گزارشهایی برای امراض قلبی مفید است در صورت تجویز طبیب به اشخاص مسن بلامانع است و در هیچ کجای قرآن از ۸۰ ضربه شلاق برای شخصی که مشروب الکلی مصرف کرده حرفی نیست. در اوایل انقلاب اسلامی همین مجازات ها باعث شد که افراد و حتی اطبای حاذق ترک وطن کرده و مردم را از خیر وجودشان محروم نمایند.

دائم الخمر بودن و اعتیاد به قمار داشتن که البته این یک مسئله اجتماعی خطیر و عظیمی است و وجود گروهک های *Alcoholic anonymous* و *Gamblers anonymous* و *Drug addicts anonymous* در همه جای دنیا دلالت بر آن دارد.

در مورد اجازه مصرف معتدل آن برای توریست خارجی (که هم نوشیدن شراب در دینشان حلال است و هم ما مسئول امر به معروف و نهی از منکر آنها نیستیم) در کشور باعث جذب

بیشتر توریست میشود، بخصوص در زمانی که در اثر تحریم های کمرشکن، روز به روز احتیاج مملکت برای تکیه به ارز ورودی آنان از نظر اقتصادی بیشتر و بیشتر میشود.

در مورد زنا که بدترین گناهان محسوب میشود شهادت چهار مرد عادل شرط است که در حین ارتکاب عمل ناظر بوده اند و در غیر اینصورت اگر زن با سوگند خوردن انکار کند بخشیده میشود. طبق نظر مجتهدین عکس و ویدیو مورد قبول نیست چون جاسوسی و تجسس در امور شخصی افراد محسوب شده و نکوهیده است.

با این ترتیب مگر اینکه کسی در پارک شهر و در انظار عمومی مرتکب انجام عمل زنا و هتک حرمت عموم شود میتواند از مجازات برهد، هیچ جا حرف از سنگسار نیست، حرف از شلاق خوردن هست آن هم به نحوی که به پوست بدن آزار جدی نرساند.

در مورد دزدی بعد از در نظر گرفتن شرایط متعدد و ثبوت عدم احتیاج دزد و شکایت مزدود باید دست دزد را با بریدن و خراش پوست روی دست علامتگذاری کرد، تا دزد های بیمار (*Cleptomaniac*) در جامعه شناخته شده و افراد از تعرضات نابجای آنان در امان باشند.

لغت مصرف شده در اینباره همان است که در داستان یوسف و زلیخا آمده که زنان در مجلس بعد از دیدن یوسف قطع ید کردند (دست های خود را بریدند)، یا شاید منظور قطع ید اصطلاحا کوتاه کردن دست است در کاری، که امروزه قانون آن را در مورد دزدان با زندان کردن آنان عملا دستتشان را از دزدی کوتاه و قطع میکند و یا بهتر از آن زندگی آنان را با ایجاد حرفه و در آمد تأمین کنند که احتیاج بدزدی نداشته باشد.

فقها حتی برای اجرای حکم قطع دست با اتکاء به روایات و احادیث برای اجرای آن حکم ۱۹ شرط قائل شده اند و عملاً قطع دست در طول چهارده قرن گذشته به ندرت اجرا شده است.

متاسفانه ام الفساد در جامعه امروزی ما دروغ است که از آن اکثر گناهان دیگر و کجروی ها سرچشمه میگیرد، در آمریکا قسم دروغ گفتن و دروغ جریمه سنگینی دارد. این روزها در مملکت ما مردم به وضوح انواع دروغ ها را میگویند، بعضی تقیه میکنند، دروغ مصلحتی میگویند و یا اگر مطلبی که باید بدانی را نپرسی، راستش را به تو نمیگویند. دزدی های کلان توسط دست اندر کاران فاسد و متظاهر به دینداری مد روز شده و هر روز یکی بیش از دیگری از بیت المال اختلاس کرده و بعد یا از مملکت فرار میکند و یا بخشیده میشود و... فعلاً سعی بر این است که هر مقامی از مقام قبلی از بیت المال و بانکها بیشتر بدزدد و وام کلانتر بدون بهره و بدون پشتوانه بگیرد یا بدوستان و خویشاوندان خود بدهد بدون اینکه قصد باز پرداخت اصل و یا بهره را داشته باشند.

حجاب امروزه برای دختران و زنان در ایران مسئله ساز شده است. زنان دوشادوش مردان به

کار مشغولند، تلفن های هوشمند دائماً مردان و زنان را در تماس با یکدیگر قرار میدهد و از سایت های متعدد دیدن میکنند و کانال های مختلف از ماهواره را میبینند و از دنیا باخبرند. امروز زندگی قبیله ای روبنده پوش حجاز فقط در قسمت هایی از عربستان و ممالک اسلامی امکان دارد و زندگی اشرافی پادشاهان ساسانی گذشته که زنان را سرتاپا بپوشانی تا رعایا و نامحرمان آنها را نبینند شاید برای زمان کوتاهی توسط طالبان در افغانستان قابل اجرا باشد. امروزه نمیتوانی از بیرون رفتن خانم های ایرانی با فرهنگ از خانه، تحصیل، شغل و کسب و کار، رانندگی، داشتن تلفن هوشمند، انتخاب همسر مورد علاقه و غیره محروم کنی. در چنین شرایطی آیا واقعاً سختگیری راجع به پوشاندن مو این همه مهم است؟ یا منظور ایجاد مزاحمت برای خانم ها توسط افراد دونمایه و عقده ایست. من در حومه *Newton* و *Brookline* در بوستون زندگی میکنم که تعداد زیادی از ساکنین آن یهودیان ارتدکس هستند. اینان روزهای شنبه حتی کلید برق را نمیزنند و در یخچال را باز نمیکنند که مبادا چراغ آن روشن شود. آنها در موقع بیرون رفتن از خانه کلاه گیس میگذارند که موهای آنها را میپوشاند و موی غیر که حتی ممکن است موی انسان نیز نباشد روی سرشان است و دامن ها تا مچ پا را پوشانده است، آیا نمیشود چنین تدبیری را در مورد زنان محجبه در ایران اسلامی اتخاذ کرد که احتیاج به مقنعه و چادر نباشد!؟

مسئله مهم اجتماعی دیگر ایران امروز رغبت کمتر به ازدواج در جوانان، طلاق بیشتر و زندان رفتن شوهران به خاطر عدم توانایی پرداخت مهریه بیش از پیش و کمرشکن است. توقع فامیل دختر از داماد برای داشتن تحصیلات عالی، شغل، خانه و اتومبیل، توقع فامیل داماد از جهیزیه داشتن دختر، درخواست مهریه زیاد از داماد و به اجرا گذاشتن آن در صورت بروز برخوردهای خانوادگی توسط همسر همه و همه انحراف از راه راست را نشان میدهد. خداوند با ازدواج جوانان اگرچه فقیر امر فرمود و قول داده است که از خانواده حمایت میکند اما مردم ماقول خداوند را باور ندارند. در اثر عدم ازدواج و احتیاجات جنسی، روابط نامشروع بین جوانان بیشتر شده و بیماری های جنسی مانند سوزاک و سفلیس که قبلا ریشه کن شده بود و سایر بیماری ویروسی جنسی رو به ازدیاد است، بیماری ایدز جامعه را تهدید میکند و اینها همه در اثر محدودیت هایی است که برای جوانان قائل شده اند. در خفا افراد قابل کنترل نیستند، زنان فاحشه در قبل از انقلاب جواز کار داشتند و جواز سلامت، هر هفته معاینه پزشکی میشدند و در منطقه ای معین در جنوب تهران به نام "شهر نو" زندگی میکردند. حالا در تمام خیابانها زنان بخاطر احتیاج مادی و حتی دختران و پسران کم سن و سال به دلایل مختلف به فحشا مشغولند، معلوم نیست هر کدام با چند نفر آدم مریض جنسی سرو کار داشته و چند نفر دیگر را در طول روز مبتلا خواهند کرد. آیا بهتر نیست که سیستم قبل از انقلاب را

دوباره پیاده کرده و جداً با زنان و مردان خیابانی فاحشه برخورد شده و هر چه زودتر کسب و کار آنان را به صورت فعلی تعطیل کرد.

"ازدواج سفید" امری معمول و حتی ضروری در کشورهای غربی است و کمتر زوجی با یکدیگر بدون اینکه مدتی با هم زندگی کنند قانونا ازدواج میکنند، ازدواج سفید در شهرهای بزرگ ایران نیز نادر نیست و این زندگی یک زن و مرد با یکدیگر بدون ثبت عقد ازدواج رسمی است. عقد ازدواج شاید برای این منظور لازم بود که مرد را پای بند کند که هم نان آور خانواده باشد و هم عهده دار مخارج بزرگ کردن فرزندان، مشارکت در تربیت و پدری برای فرزندان حاصل از همبستری زن و مرد، و مهریه برای اینکه در صورت جدایی زن که اغلب بیسواد و کار درآمدزا نداشت بتواند زندگی خود را در صورت طلاق بگذراند. ولی در حال حاضر که هم زن توانایی اشتغال و کسب در آمد را دارد و هم تست DNA پدر بودن فرد را بدون شک ثابت میکند و قوانین خانواده حقوق اطفال را معین کرده است، ازدواج سفید نه تنها به غرایض جنسی جوانان جواب مثبت میدهد و باعث کاهش بیماری ها و جنایات جنسی میگردد، در صورت ازدواج در اثر شناسایی بیشتر زن و مرد از یکدیگر (اخلاق، عشق، عدم اعتیاد، شناخت خانواده) آمار طلاق و عوارض ناشی از آن برای طرفین و فرزندان کمتر میشود.

تعداد قابل توجهی از زوج های جوان بعد از مدت کوتاهی به علت اعتیاد شوهر که از نامزد و خانواده او قبل از ازدواج مخفی نگهداشته بودند، یا همسر آزاری و غیره از هم جدا میشوند و یا زن بخاطر گرفتن مهریه که گاهی ممکن است علت اصلی ازدواج بوده باشد با به اجرا گذاشتن آن باعث زندانی شدن شوهر جوان کم بضاعت گردد، ولی ازدواج سفید حتماً از به اجرا گذاشتن مهریه جلو گیری میکند چون مهریه ای در کار نیست و طلاق هم نیست و اگر طرفین تفاهم ندارند از هم جدا میشوند و اگر تفاهم دارند بعد از چندی باهم ازدواج قانونی میکنند. این طریق همزیستی در میان افراد جوان مجرد در آمریکا و اروپا شایع است و اگر منجر به ازدواج شود بعداً احتمال پایداری آن به مراتب بیشتر است.

انسان امروز اعم از زن یا مرد تحصیل کرده و با سواد، با هوش، عاقل و خود کفا است و میتواند زندگی خود را مستقلا اداره کند و احتیاجی به همسر برای تامین مخارج زندگی خود ندارد، ولی چیزی که نیاز دارد خانواده، همنشین، هم فکر، کمک خرج، سلامت جسمی روحی، باورهای معنوی، الگوی زندگی و خدا پرستی است، که میتوانند به زندگی اش معنی، عمق و جهت بدهند، و این را متولیان دین میتوانند با به روز کردن تعالیم اسلامی به طوری که به اصل آن لطمه نخورد به جوانان و امت اسلام هدیه کنند. اینکار را مسیحیان و یهودیان کرده و نتیجه مثبت آن را در زندگی روزانه شخصی و اجتماعی آنها شاهد هستیم.

خداوند در قرآن انسان را صاحب نفسی میداند که همه چیز به او الهام شده و راه درست زندگی کردن را بر پایه آن به اضافه علم و عقل حاصل از تجربه و علم، و کمک گرفتن از قرآن و قوانین مدون اجتماعی میتواند بیاموزد. عنان نفس را باید گرفت که بیراهه نرود نه آنکه با قوانین کهنه و غیر قابل انطباق با زندگی مدرن امروزی او را از راه راست منحرف کرد. نفس احتیاج به تعادل در بهره مندی از مواهب دنیوی و اوج گرفتن به عالم ملکوت را دارد.

الشمس ۹۱ / ۷–۱۰: وَنَفْسٍ وَمَا سَوَّاهَا ﴿۷﴾ فَأَلْهَمَهَا فُجُورَهَا وَتَقْوَاهَا ﴿۸﴾ قَدْ أَفْلَحَ مَنْ زَكَّاهَا ﴿۹﴾ وَقَدْ خَابَ مَنْ دَسَّاهَا ﴿۱۰﴾

در قرآن «یُحِبُّ» جمعاً ۴۰بار به خدا نسبت داده شده، ۱۷بار درباره محسنین، توابین، مطهرین، متقین، مقسطین، صابرین، متوکلین، یقاتلون فی سبیل لله و.... ۲۳بار «لایُحِبُّ» درباره ظالمین، مسرفین، خائنین، مستکبرین، مفسدین، کافرین و... آورده شده است.

الفتح ۴۸ / ۲: (خطاب به پیامبر) تا خدا گناهان گذشته تو و آینده آن را ببخشد (آثار بلندمدت آن را) و نعمتش را بر تو تمام کند و به راه مستقیم رهبری کند.

این آیه ۱۹سال پس از آغاز رسالت حضرت رسول نازل شد. پس به نظر میرسد آثار زنجیره ای و بلند مدت اعمال نیک و بد آدمی در نسل ها و اعصار بعدی است که به حساب او واریز میگردد. بعضی از گمان های منفی، گناه است تجسس نکنید و به غیبت یکدیگر نپردازید.

النجم ۵۳ / ۳۸: هیچکس بار گناه دیگری را بر عهده نخواهد گرفت.

الانعام ۶ / ۱۲۰:ظاهر و باطن اثم (تنگ نظری و خودمحوری) را ترک کنید، بیگمان کسانی که (در ذات و ضمیرشان) اثم (خودخواهی) کسب (انباشته) میکنند به زودی به جزای آنچه (از خودخواهی ها) ظاهر و آشکار کرده اند، خواهند رسید.

در ارتباط با ظاهر اثم و باطن، بسیاری از خودخواهی های ما در ارتباط با دیگران ظهور و بروز خارجی دارد و همگان متوجه میشوند، اما بسیاری از آن ها باطنی است و به نیت و انگیزه اعمال ما مربوط میشود. منظور این است که محرک گفتار و رفتار آدمی باید بیرون از خودخواهی ها و ناشی از خداخواهی باشد. کلمات ظاهر و باطن علاوه براین آیه در۵ آیه دیگر قرآن آمده:

–که تکیه بر ظاهر و باطن بودن خدا و آگاه بودن به همه چیز آشکار و پنهان مادارد.

- لقمان ۳۱ / ۲۰ :نعمتهای فراوان ظاهری و باطنی خداوند که به فراوانی به بشر ارزانی داشته است.

- الاعراف ۷ / ۳۳: خدا زشتی های ظاهری و باطنی را حرام کرده است.

- الانعام ۶ / ۱۵۱: ...خدا فرمان داده که به زشتی های ظاهری و باطنی نزدیک نشویم.

- الحدید ۵۷ / ۱۳: ..در قیامت فقط کسانی که باطن خود را اصلاح کرده باشند در حصار امنیت هستند و ظاهر نمایان در بیرون حصار خواهند بود.

- الانعام ۶ / ۱۲۰:..کسانی که کسب گناه خودپرستی میکنند به زودی جزای آنچه ظاهر کرده اند را خواهند دید.(اموالی که فراهم میکنند برای نشان د'ادن به دیگران و کسب آبرو و خودنمایی است)

خلاصه این که باید از گناهان اخلاقی و اجتماعی مانند دروغ، دزدی و اختلاس، فحشا، ذنب(عذاب دنباله دار) و اثم (گناهان خودخواهی) و فحشا (کارهای زشت) اجتناب کرد.

از ارتکاب گناهان شرعی مانند نخواندن نماز، نگرفتن روزه، خوردن مشروبات الکلی، قمار، غذاهای تهیه شده از گوشت خوک باید اجتناب کرد و اگر انجام دهی ضررش به خودت بر میگردد و شما آزاد و مختار آفریده شدی و عوارض آن در این دنیا و آخرت گریبانگیرت میشود، ولی اگر انجام دادی تبلیغ به آن نکن و دیگران را تشویق به انجام آن نکن.

حجاب زن در جامعه امروز بسته به محیط زندگی و کار و شرایط اجتماعی او دارد و رعایت حجاب در دل (عفت) منظور است.

شراب در سال آخر رسالت حضرت رسول حرام شد. شراب انسان بد را بدتر، و انسان خوب را آرامتر کرده و شخصیت واقعی افراد را ظاهر میسازد. برای مستی مصرف مقدار زیاد الکل لازم است که هم باعث از دست دادن کنترل جسمی و معنوی شده و هم در صورت تکرار بیماری های بدون علاج و کشنده کبدی مانند سیروز کبد، سرطان کبد و اختلالات مغزی را شامل میشود و به همین دلیل منع شده است.

خوردن غذاهای حرام (در حالت عادی فقط گوشت خوک که در قرآن آمده مورد نظر است نه سایر محرمات غذایی معمول!) که در ممالک غیر اسلامی رایج و حلال است در صورت اجبار انشا الله خداوند خواهد بخشید. گوشت خوک را احتمالا بخاطر ابتلا انسان به بیماری انگلی تریشینوز در عربستان آن روز بخاطر آلوده بودن حرام کردند. در ممالک غربی که اکثرا چربی خوک را به غذاهای آماده میزنند، بعضی از علمای اسلامی بر این عقیده اند که لحم (گوشت حرام) است ولی چربی خوک حرام نمیباشد و لارو انگل هم فقط در گوشت

زندگی میکند.

در مورد حجاب در اغلب کشورهای اروپایی و غربی علیه حجاب داران کامل (چادر و نقاب) تبعیض قائل میشوند و حتی در کشورهایی مثل فرانسه دختران با روسری را به مدرسه راه نمیدهند، بعد از انقلاب خانمی محجبه ، آشنا با اینجانب را از کتابخانه دانشگاه هاروارد بخاطر داشتن روسری اخراج کردند، از انصاف به دور است که نیم بهتری از انسانها که مادران آینده، اولین معلم کودکان، مدیر و مدبر و کمک خرج خانواده هستند را بخاطر حجاب

ظاهری و تحمیلی، از تحصیل محروم کرده و در بین همکلاسان انگشت نما شوند (خود بهتر کردن، خانواده بهتر تربیت کردن و تحصیل و زندگی و امرار معاش و امکان رهایی از یوغ شوهران ناباب).

قوانین ما باید به نحوی اصلاح یا به آن عمل شوند که دولتمردان، به حجاب، نماز، روزه و امور شخصی افراد، اجازه دخالت نداشته باشند، تا جوانان اسلام ستیز و اسلام و دین گریز نشده و در بهترین شرایط به ادیان دیگر بپیوندند، چون بیدینی خطرات مخصوص به خود را دارد. در عوض بایستی با گناهان اخلاقی که به همه کس و همه چیز ضرر میرساند و موجب فساد دامنگیر در جامعه میشود مانند دروغ، رشوه، دزدی و اختلاس... به طور جدی برخورد شود. قانون شکن بایستی مجازات شود بخاطر عبرت دیگران، عبرت مجرم. و اینکه از نظر دینی، اجتماعی و قانونی استحقاق مجازات را دارد.

در آداب سخن گفتن

الاسرا ۱۷ / ۵۳: وَقُلْ لِعِبَادِي يَقُولُوا الَّتِي هِيَ أَحْسَنُ إِنَّ الشَّيْطَانَ يَنْزَغُ بَيْنَهُمْ إِنَّ الشَّيْطَانَ كَانَ لِلْإِنْسَانِ عَدُوًّا مُبِينًا ﴿۵۳﴾

و ای محمد بندگانم را بگو که همیشه سخن بهتر را در تکلم بر زبان آورید و هرگز حرف زشت نگویید که شیطان چه بسیار به یک کلمه زشت میان شما دشمنی و فساد بر میانگیزد.

آل عمران ۳ / ۱۵۹: فَبِمَا رَحْمَةٍ مِنَ اللَّهِ لِنْتَ لَهُمْ وَلَوْ كُنْتَ فَظًّا غَلِيظَ الْقَلْبِ لَانْفَضُّوا مِنْ حَوْلِكَ ...﴿۱۵۹﴾

رحمت خدا تو را با خلق مهربان و خوش خوی گردانید و اگر تندخو و سخت دل بودی مردم از گرد تو متفرق میشدند.

فصل هفتم

عصر روشنگری

اکنون که باصراط مستقیم زندگی فردی وپاره ای از اطلاعات مربوط به زندگی روزمره خود بنابر آیات قرآنی آشناشدیم فصول آینده دربارۀ صراط مستقیم زندگی اجتماعی امت مسلمان آنگونه که زمان اقتضا می کند می پردازم. برای این منظور لازم دیدم که به خوانندگان عواملی را که باعث پیشرفت جوامع غربی شده وعصر روشنگری آغاز کرده یادآوری کنم وبه نمونه ای از ملل، امت وسیستم آموزشی موفق بعنوان الگو پرداخته وسپس بدنبال راه گشائی صراط مستقیم برای اسلامی مدرن وبراساس قرآن برآئیم.

دست اندکاران ودستاوردهای آنها

در این فصل جستجویی در علل پیشرفت ممالک غربی، عقب ماندگی مسلمانان و درسهایی که باید آموخت و بکار بست، مورد بحث قرار میگیرد.

در قرن هجدهم میلادی روشنفکران و فلاسفه غربی به این نتیجه رسیدند که خداوند طبیعت را کاملا علمی و با قوانین فیزیکی و ریاضی لایتغیر وضع و به اجرا گذاشته ومانند چهارنیروی گردانندۀ جهان اغلب آنها از طریق علم استدلالی و آزمایشگاهی قابل فهم و درک هستند. دانشمندان به دنبال گشودن علمی اسرار طبیعت بر آمدند تا بتوانند أبناء بشر را از فقر، گرسنگی، جهل، بیکاری و بیماری نجات دهند. به عبارت دیگر نظر خود را از دین و خدا محوری به علم، دمکراسی و انسان محوری معطوف نمودند، سوالاتی مانند علل بیماری و مرگ ومیر ناشی از آن؟ چرا طوفان و برف و باران افراد را غافلگیر میکنند و قابل پیش بینی نیستند، از چه راهی میتوان ثروت ملت ها، فهم و دانش آنها را ارتقاء داد و برای تمام انسان ها موجبات پیشرفت را فراهم آورد. به موازات آن حکومت های دموکراسی در جهان به وجود آمد که بر اساس تساوی حقوق افرادبوده و اینکه همه حق دارند از امنیت، رفاه، آسایش، آرامش و خوشحالی در زمان حیات خود برخوردار باشند، و دولتها موظف به فراهم کردن وسائل آن هستند، در واقع در دمکراسی اینها حقوق گرفتنی از دولت شد، و نه دادنی از حکومت. دمکراسی حکومت مردم بر مردم و برای مردم است، آنها حق خود را از طریق انتخابات آزاد مطالبه میکنند، زیرا افراد سیاستمدار و قانونگذار که اغلب حقوقدانان موفق، مطلع و منتخب مردم هستند توسط آراء همان مردم درزمان انتخابات نیز قابل تعویض اند.

در کشورهای دمکراتیک غربی دانشگاهها برای توسعه علوم و تحقیقات درباره فیزیک، شیمی، طبیعی، داروسازی، ژنتیک، پزشکی، کشاورزی، مهندسی و... تاسیس شدند و بهترین مغزها از سراسر دنیا در آنها گرد آمدند که با همکاری و همفکری یکدیگر گره از اسرار و

نادانسته های علمی بگشایند. برعکس قرون وسطی دین، نژاد، رابطه فامیلی و مکنت در این انتخابها کوچکترین نقشی نداشته و معیار انتخاب، هوش، پشتکار، صداقت و علاقه افراد دانش پژوه به خلق و اکتشاف دانش جدید بر مبنای استدلال، عقل نقاد، عقل ابزاری و بارور، اراده، استقلال، خلاقیت و نوآوری فعال بود   که جای تقدیر و سرنوشت انفعالی را گرفت. جامعه کشاورزی چندین هزار ساله، در اثر این طرز تفکر دانش بنیان نخبگان جامعه، انقلاب های: صنعتی، کشاورزی، علمی، بهداشتی، الکترونیکی، اطلاعاتی و... به وجود آوردند که حاصل آن ازدیاد طول عمر، ثروتمندتر شدن انسان ها و فقر زدایی، با سواد شدن افراد و جهل زدایی شد. رنسانسی که از اروپا شروع شده بود باعث جمهوریت و قانون اساسی مردم بنیاد و دمکراتیک در آمریکای شمالی، اروپا و سپس استرالیا و نیوزیلند گشت. در چند دهه گذشته اختراع کامپیوتر، اینترنت، شبکه اینترنتی و وب سایت ها، موتورهای جستجوی اطلاعاتی مختلف مانند گوگل یوتیوب، فیسبوک و اینستاگرام، مرزهای علم، داد و ستد و بهداشت را در اختیار عموم قرار دادند و روز بروز تنوع و استفاده از آنها بیشتر شده و در حال تکامل هستند. عنقریب است که هوش مصنوعی در تصمیم گیریهای معضل به کمک انسانها خواهد شتافت و چه بسا که از ما پیشی گیرد. امروزه بیش از ۷۵درصد جمعیت جهان ما صاحب اینترنت هستند. ممالک مسلمان به خصوص ایرانیان گرچه هیچگونه سهمی در ایجاد و پیشرفت علوم جدید و بارور شدن آن نداشتند از فرآورده های متعدد آن، استفاده روز افزون و بسزایی مینمایند.

در دو سال اخیر که بیماری کوید ۱۹ دامنگیر جهانیان بود، اینترنت و تبلت در ارتقاء دانش پژوهان با آموزش از راه دور و بنابراین جلوگیری از شیوع این بیماری مهلک واگیر دار کمک بسزایی نمودند.

در این قسمت برای نشان دادن تأثیر علم، سیاست و دین در زندگی انسانها در چند دهه گذشته و نقشی که ما ایرانیان و مسلمانان در تولید و یا مصرف آن ایفا کرده یا نکرده ایم ابتدا به مقایسه زندگی گذشته و حال خود و فامیل درشهر محل تولدم نایین میپردارم.

از تولد تا هفده سالگی

در بیست و یکم آبانماه ۱۳۲۴ شمسی، که مصادف با عید قربان بود در اطاقی بدون برق، که با یک چراغ معروف به لامپا روشن شده بود توسط یک مامای بیسواد در شهر نایین که از شهرستانهای استان اصفهان است و شایددر آن روز بیش از ۳هزار نفر جمعیت نداشت از پدری

۲۰ساله و مادری ۱۶ساله به دنیا آمدم، پسر اول خانواده در اثر سیاه سرفه قبل از دو سالگی فوت کرده بود، من دو سال تمام چشم درد داشتم و مادرم برای مداوا مرا هر روز نزد مرحوم تاج حکیم باشی برای مداوا که چندقطره سولفات دوزنگ در چشمانم می ریخته است، میبرده چون طبیب تحصیل کرده در ناپین نبود. بالأخره بخواست خدا چشم هایم بعد از حدود یکسال درمان بهبود یافت.

از خانه جوی آب رد میشد که افراد ظروف و لباس و دست و صورت خود را در آن میشستند و بعد به دشت و صحرا برای کشاورزی میرفتند، ماهم کمی زمین کشاورزی داشتیم که در آن هر دو سال یکبار و به طور متناوب گندم و پنبه میکاشتند، و یکسال استراحت که زمین جان بگیرد، کود آن از فضولات منزل تامین میشد که منبع شیوع و ابتلا به کرم اسکاریس و سایر انگل ها و بیماری ها بود که تقریبا همه افراد اگر نه به طور مزمن ولی اقلا یکبار به آن مبتلا میگشتند که باعث دل درد و کم خونی و ضعف میگردید، کود شیمیایی هنوز اختراع نشده بود. در منزل چند عدد مرغ و خروس داشتیم و بیشتر اوقات تعداد کمی گوسفند که تامین ماست خوراکی را برای مدتی در سال میکرد و بره های نر برای تامین گوشت در زمستان، غذای ما در صبح نان و چای شیرین، در ظهر نان و حاضری و در شب آبگوشت بود . آبگوشت شامل گوشت بره، نخود و یک پیاز بود، از لوبیا، گوجه فرنگی یا سیب زمینی در ناپین خبری نبود، غذاها طبیعی و به اصطلاح امروزی ارگانیک بود. گوشت هایی مثل سوسیس و کالباس را برای اولین مرتبه به تهران که برای دانشگاه رفتم دیدم. کسی نمیدانست ساندویچ چیست؟ آب خوردن را روزانه از آب انبار محله در کوزه میآوردیم و در تابستان در دهلیز خانه گذاشته که خنک شود، کسی یخچال نداشت. نوشابه زرد و سیاه تازه (کانادا درای و کوکاکولا) آمده بود، آب آشامیدنی برای ذخیره در آب انبارها از ده همآباد که سه فرسخی ناپین بود در زمستان از جوی های سرباز به آنجا هدایت می‌شد و بعد از پر شدن و ته نشین شدن گل و لای بعد از ۶ هفته زُلال شده و قابل استفاده بود، باز هم برای مدتی باید آب را از شیر آب انبار با پارچه های کتانی فیلتر کنی که انگلهای کوچک قرمز رنگ که به آن خاکشیر میگفتند وارد کوزه آب نشود، زیرا میتوانست اسهال های میکروبی، آمیبی و غیره را منتقل کند، در خانه ها آشغال و فضولات تولید نمیشد، همه چیز به نحوی قابل مصرف بود.

نانوایی بازاری نبود و همه در خانه ها نان می پختند با هیزم و تنور، در زمستان کرسی ذغالی و بعد بخاری علاءالدین آمد که فقط در طول روز روشن بود، شب را همه در یک اطاق میخوابیدیم، پدر و مادر و نوزاد که همیشه بود زیر یک لحاف، و من و دو برادر کوچکترم زیر لحاف دیگر، درب مساجد همیشه باز و کسی برای نماز خواندن به مسجد نمیرفت و یا

اگر میرفتند انگشت شمار بودند، شهرهای کوچک مانند نائین امام جمعه نداشت، افراد مذهبی بودند، همه نماز میخواندند و اغلب روزه میگرفتند، حسینیه ها در محرم باز میشد و گاهی شبها بانی داشت که چای بدهند و دو سه نفر واعظ روضه میخواندند، روز عاشورا محله های مختلف به نوبت معین شده به امامزاده سلطانعلی که میگویند فرزند موسی ابن جعفر است میرفتند، صبح عید نوروز لباس های نو میپوشیدیم که فقط سالی یکبار بود و آجیل سال نو نخودچی، کشمش، نقل، خرما و بعداً نان برنجی، شکری و باقلوا بود که مادر درفر خشت وگلی درست میکرد، از میوه در عید خبری نبود چون فصل آن نبود، اگر کسی پول عیدی میداد از سکه دو ریالی یا پنج ریالی تجاوز نمیکرد، بچه ها اغلب در کوچه پا برهنه بازی میکردند، برق بعدها وقتی من از کلاس پنجم یا ششم ابتدایی بودم به نائین آمد، روزهای جمعه برنامه صبح رادیو جالب و قصه های مرحوم صبحی آموزنده بود، شهر یک بازار سربسته، و یک راه شوسه بیرون از محدوده داشت که امروز خیابان اصلی نایین است، رستوران نبود، یک نفر جیپ داشت و بعدها تعداد اتومبیل ها به سه رسید، بیشتر پیاده بودند یا دوچرخه داشتند. من هنوز گواهینامه دوچرخه سواریم را به عنوان یادگار نگه داشته ام. تعداد موتورسیکلت کم بود و درشکه یا سه چرخه بار کش نبود. در هر محلی یک نفر گاوی داشت که اگر مریض میشدی روز قبل یا صبح زود میرفتی و ظرف میدادی که شاید فردا دو لیوان شیر رقیق شده با آب درازای پنج ریال دستمزد نصیبت شود، شیر گاو مخصوص مریض ها بود، و در خانه ها شیر میش و بزها در بهار و تابستان برای ماست کردن بود. کره و مربا، لبنیاتی و بستنی فروشی نبود.

در فصل بهار، تابستان و پاییز میوه های محلی که شامل توت، طالبی ،خیار و هندوانه، در پاییز انگور و انار و کمی انجیر به بازار میآمد و اگر وسع آن را داشتی میخریدی، اغلب خانواده ها گوشت و میوه بازاری را در طول سال نمیخوردند، یخ و یخچالی نبود، بادبزن حصیری وسیله خنک کردن و راندن مگس مزاحم در تابستان بود. اعتیاد در حد چپق، قلیان و سیگار اشنو کشیدن بود. در بعضی مراسم عروسی از یک خانواده معروف به بیچه یک نفر تار میزد و آواز میخواند دیگران سرنا و دف و دایره، شغل های دیگر که جزو مشغله دنیه حساب میشد نیز در انحصار این فامیل بود که در حاشیه شهر و بیرون از دروازه ها زندگی میکردند، فحشای شناخته شده نبود و مشروبخواران محدود به کمتر از انگشتان یک دست و در ایام عید نوروز آفتابی میشدند . هر چند بجز کارمندان دولت افراد اغلب بیکار بودند ولی به نظر نمیرسید بیکاری وجود داشته باشد، ساخت و سازاز اندود کردن پشت بامها با کاه گل تجاوز نمیکرد همه فقیر و قانع بودند و به همدیگر در امور کشاورزی کمک میکردند بنابراین احتیاج به پول کمتر بود، معاملات پایاپای در قبال کار کشاورزی بود، اغلب خانمها در منزل

قالی میبافتند تا کمک خرج خانواده باشند. ازدواج های فامیلی زیاد بود و اغلب خانواده ها فرزندان زیادی داشتند، طلاق یا نبود یا به ندرت بود چون من فرد مطلقه ای را نمیشناختم. در کوچه و خیابان کوچکترها به بزرگترها سلام میکردند. در مدرسه شاگردان به معلمین احترام میگذاشتند و هم از آنان میترسیدند. معدل ۱۵ به بالا کم بود. نمره بیخود نمیدادند. آرزو برای آنان زیاد معنی نداشت. بیش از این نمیدانستند و نمیخواستند. امورشان به همین منوال گذشته و میگذشت.

افراد پیر میشدند و عمرها طولانی بود، سکته قلبی و سکته مغزی یا نبود و اگر بود خیلی کم بود. اغلب افراد فرتوت از سینه پهلو یافکر می کنم گرفتاری های کلیوی یا به خاطر بزرگی پروستات فوت میکردند و فامیل علت مرگ را "قسمت بود و وقتش رسیده بود" میدانستند، تعداد قابل توجهی ازخانمها درجوانی بعلت عوارض زایمان وخونریزی یا عفونت حاصله ازآن ازمیان می رفتند. در بازار قدیمی و سرپوشیده نایین مغازه ها تقریبا تخصصی بودند و اجناسشان از چندین قلم تجاوز نمیکرد، در تمام بازار ۵ مغازه میوه و سبزی فروشی وجود داشت، خانه ها اغلب از پدر و پدربزرگها به ارث رسیده بود و کسی نقل مکان نمیکرد، در هر محله یک حمام بود که اهالی هر دو هفته یا گاهی ماهی یکبار یا کمتر به آن جا رفته و در خزینه آب داغ آن پوست خود را نیمساعتی خیسانده و بعد با صابون، کیسه و سفید آب چرک زدایی مینمودند، حمام صبح زود مخصوص آقایان و در طول روز به خانم ها تعلق داشت. ختنه توسط یک دلاک که سلمانی وآرایشگربود انجام میشد، سه سلمانی مردانه بود ، آرایشگاه برای خانم ها نبود. همینطور کشیدن دندان خراب و دردناک را سلمانی انجام میداد، اگر فامیلی بعد از چندین سال از تهران میآمد و یک وعده مهمان میشد و خیلی عزیز بود ممکن بود مرغی را سر بریده و چلو مرغ درست کنند ولی این از نوادر بود، چون کسی که مرغ داشت از تخم مرغش در زمان تخم گذاری استفاده مینمود. شب عید قرمه سبزی و در خانواده های واقعا غنی ممکن بود سبزی پلو با ماهی سرو شود، البته این یک حدس است، ماهی فروشی در نایین نبود . در زمستان اگر باران یا برف میبارید کوچه ها تا چندین روز پر از گل ولای بود و دانش آموزان با گیوه های تر، به مدرسه میرفتند. کسی کفش چرمی نداشت. نه خیابان و کوچه آسفالتی بود و نه وسیله نقلیه خصوصی یا عمومی وجودداشت. سالی کمتر از ده نفر به مکه برای حج واجب مشرف میشدند، حج عمره معنی نداشت، و اگر به مشهد یا کربلا برای زیارت میرفتند اینقدر مهم تلقی می‌شد که بعد از برگشت اسم یدکی مشهدی یا کربلایی را قبل از اسم خود با افتخار اضافه میکردند، زنان و دختران همه چادری بودند و زنان شاغل که معلم بودند از انگشتان یکدست تجاوز نمیکرد، هفت محله، هفت حمام، یک مسجد جامع خیلی قدیمی با محراب و منبری منحصر بفرد، هفت مسجد شاخص

و تعداد بیشتری مساجد کوچکتر در همسایگی وجود داشت، هفت حسینیه و هفت دروازه که دو دروازه آن هنوز دیوار پیرامون شهر و درب داشتند، درنائین بود. کسی در نایین به تفریح برای تابستان نمیرفت و اگر پولدار و جزو فامیل خان های نسل اندر نسل بودی بدهات و کوهستان موروثی میرفتی و تمام تابستان را در آن جا میگذراندی، در آن جا رعیت در خدمت شما بود و از دسترنجش با شما شریک میشد، رابطه ارباب و رعیت حسنه بود چون هر دو بهم نیاز داشتند. دو دبیرستان یکی پسرانه و یکی دخترانه بود، اغلب دیپلمه ها معلم میشدند، تعداد قبولی در دانشگاه تا زمانیکه من آنجا بودم به تعداد انگشتان یک دست بود. من اولین نفری بودم از دبیرستان نایین که در دانشکده پزشکی تهران قبول شدم، سه سال قبل از من چند نفر از یک کلاس در دانشکده کشاورزی کرج قبول شده بودند. روزی یک اتوبوس به اصفهان میرفت و برای رفتن به تهران باید منتظر اتو یزد یا اتو کرمان بودی که بیاید و اگر جا داشت سوار شوی، گاهی روی چهار پایه وسط اتوبوس. فاصله نایین و تهران را اتوبوس ۱۴ ساعته می پیمود و وقتی میرسید سرا پاخاک آلود بودی چون جاده ها خاکی بودند، گاراژ اتوبوس از نایین به نام اکسپورت در انتهای خیابان مولوی نزدیک میدان شوش واقع شده بود، یک اداره پست بود با دو نفر پستچی یکی برای نایین و یکی برای ده محمدیه و کافی بودند، تلگراف را میشد از آن جا انجام داد و شاید تلفن هم داشت.، انرژی از ذغال و هیزم تامین میشد، گندم در آسیاب آبی آرد میشد و کوچه ها توسط چراغ های بادی نفت سوز در شب توسط چراغبان شهر داری نفت ریخته و روشن میگشت، مسافرخانه ای نبود چون فقط ماشین های باری، تانکرهای نفتکش و اتوبوس های مسافری از جنوب به تهران میرفتند. یک پمپ بنزین برای استفاده کامیون های عبوری در ورودی شهر وجود داشت.

آری، به راستی زندگی در نایین برای صدها سال تغییری نکرده بود. اولین بار تلفن در نایین چندین سال بعد از اینکه بدانشگاه رفته بودم آمد، تلفن دستی و هندلی و چهار شماره بیشتر نداشت و تماس تلفنی افراد از طریق تلفنچی بود، درب چوبی خانه ها همه مزین به کوبه های زیبای آهنین برای مرد و زن بودند و درب مساجد باز، زیرا دله دزد محتاج و معتاد وجود نداشت و مردم دزدی را بد میدانستند. من موردی از دزدی را در مدت زندگی در نایین بیاد ندارم. از زمانیکه بیاد دارم یک بهداری با ۶ تختخواب برای بستری کردن بیماران و یک درمانگاه سازمان شاهنشاهی خدمات اجتماعی هر یک با یک طبیب عمومی وجود داشت.

زندگی در نائین امروز و برخورداری از ثمرات عصر روشنگری غرب

برای مقایسه سفر اخیر خود را به نائین برای دیدن اقوام نزدیک در ایام نوروز ترسیم می نماییم. در ورودی شهر نایین از طرف کاشان اول به یک هتل، مرکز خرید و مال مدرن، دانشگاه پیام نور میرسی و در بین آنها رستوران های متعددی وجود دارد، خیابان ها و مغازه های دو طرف خیابان چراغانی هستند و سوپر و قصابی های متعدد، ماهی فروشی و فروشگاه پروتیین، مغازه مرغ، اردک و بوقلمون آماده برای فروش، اغذیه فروشی و کبابی های متعدد، در دو طرف خیابان تابلو اطبای عمومی، داخلی، اطفال، جراح، زنان و مامایی، ارتوپدی، متخصصین قلب، شیمی درمانی، دندانپزشک های متعدد دیده میشود ، در منزل لوله کشی گاز ، آب لوله کشی، برق، تلویزیون دیجیتال اسمارت وصل به اینترنت، یخچال، شوفاژ، کامپیوتر، انواع و اقسام میوه ها که در تمام سال در دسترس است، توالت فرنگی، شیر، کره، پنیر، عسل، مربا، کولر گازی، و در موقع ناهار انواع غذا و سالاد از بیرون کیتر میشود . دیگر هیچکس در منزل نان نمیپزد، انواع نانوایی ها روزانه دو یا سه بار پخت میکنند، در سر میز چند نوع غذا موجود است و مردم نوشابه زرد یا مشکی که منظور کانادادرای یا کوکاکولای خنک است میآشامند، آب خوردن و دوغ آشامیدنی دیگر مجلسی نیست، بچه ها اغلب پیتزا یا ساندویچ از اغذیه فروشی میگیرند و دردانه ها غیر از برنج و کباب غذای دیگری نمیخورند، آبگوشت که از بهترین غذاهای بومی ایرانی است دیگر در منازل پخت نمیشود و اگر من هوس آبگوشت میکردم کسان دیگر آن را نمیخورند چون اُملّی است! هر کس اطاق خواب مخصوص به خود دارد و در هر منزلی اقلا یک اتومبیل و یا حداقل موتورسیکلت هست، سرویس حمل و نقل با اتوبوس از نایین به اصفهان، یزد و تهران چندین بار در روز در حر کتند و فرودگاه بین المللی اصفهان حدود یک ساعت رانندگی و ایستگاه قطار سراسری کمتر از نیم ساعت است، ۷۵ تاکسی و آژانس مسافری وجود دارد، در خانواده ها دکتر، مهندس و لیسانس کم نیست و اعتیاد و فحشا که قبلا وجود نداشت به وفور دیده میشود، در گردهمایی های خانوادگی همه یک تلفن هوشمند اپل یا سامسونگ در دست دارند و روی فیسبوک، واتساپ، تلگرام، اینستاگرام یا توییتر مشغول تماس هستند و گاهی افراد با همدیگر از آن طرف میز با طرف دیگر از طریق تلفن دیجیتال گپ میزنند. بخاطر بیماری کرونا دروس کلاسهای مدارس غیر حضوری بوده و معلمین از طریق اینترنت با دانش آموزان که از تلفن هوشمند، تبلت یا کامپیوتر برخوردارند برای تدریس در روزهای هفته در تماس هستند. سیری در بین آشنایان، همسایگان و فامیل حکایت از آن میکند که آمار طلاق، اعتیاد، بیکاری،

دکتر و مهندس بیکار و جوانان ناراضی در بین آنها کم نیست. البته معدودی هم به فرزندان خارج از کشور خود که اقصی نقاط دنیا برای ادامه تحصیل رفته‌اند میبالند. جوانان برنامه های تلویزیون خارج از کشور را از طریق ماهواره میبینند و فکر میکند همه مردم دنیا و همه کس از این زرق و برق‌ها و یا مواهب برخوردارند، و زندگی جوانان در غرب با رقص و مشروب خوردن و سکس و بی بندوباری و خوشگذرانی توأم است. با داشتن تبلت یا تلفن هوشمند و اینترنت جست وجو میکند و سایت های گمراه کننده ومستهجن را سرچ کرده و مجانا تماشا میکند، توقع پول توجیبی،لباس و کفش و کتانی مد روز،اتومبیل، تفریح تابستانی، غذا در رستوران و... از پدر و مادر دارند. پدر و مادرها به خاطر برآوردن آرزوهای فرزندانشان احیاناً شغل دوم گرفته یا با دزدی و کلاهبرداری و حتی فحشا کسب درآمد میکنند و کمتر وقت برای تربیت فرزندان دارند تا بتوانند بیشتر وسایل راحتی و تفریح که آن ها را از راه راست به در میبرد برایشان تهیه کنند. اغلب جوانان بفکر گرفتن ویزا و رفتن به کشوری خارجی هستند.

والدین این فرزندان کم اطلاع و چشم و گوش باز که دورویی پدر و مادر را در داخل و خارج خانه می بیند و مرتب از رادیو، تلویزیون، روزنامه، اینترنت و بالاخره به یک طریقی میفهمد که در مملکت دزدی کولاک میکند و نفت، گاز، دکل نفتی، کشتی نفت کش و... به تاراج میرود و میلیاردها پول به نورچشمی ها در بانک ها وام داده میشود و برنمیگردانند، و در همان زمان او حتی نمیتواند وام ازدواج یا خانه بگیرد، و اجبار دارد که حجابش را رعایت کند، با کم بسازد و فلان کفش و لباس را نپوشد، در خانه مانده و برای کمک خرج خانواده قالی ببافد و اگر ازدواج کرد با وجود سطح علمی بالا خانه داری، قالی بافی و بچه داری تنها انتخابش باشد، و مرد جوان یا در روستا و شهر مانده و کشاورزی کند... و یا به حاشیه شهرهای بزرگ رفته در حلبی آبادها شب را بروز برساند ونان بخور و نمیری در بیاورد، واقعا **چگونه دولت می تواند توقع انقیاد ومسلمان ماندن از آن ها داشته باشد!؟**

گروهی نور چشمی با لباس و کیف و کفش مدل های معروف اروپایی و امریکایی در چنین شرایط اسفباری مکانهای عمومی مانند رستوران و پارک وآخرین مدل گوشی تلفن هوشمند و اینترنت مودوم در دست روی تلگرام، اینستا یا واتساپ با دوست و فامیل حتی برون مرزی در تماس بوده و عکس و پیام میفرستند. ویدیوی مهمانیهای آنچنانیشان دور دنیا دست به دست میگردد، دوستان و اطرافیان سخنان و اعمال آنان را ضبط کرده و منتشر می کنند،این تلفن‌ها توانایی انجام حدود ۱۴۲ اکشن را دارد منجمله البته کلاس های آنلاینِ دانشگاها و سنخرانی های افراد معروف در یوتیوب و خواندن کتب نویسندگان و شعراً تمام به زبانهای مختلف دنیا، خرید و فروش اجناس و کالاهای مختلف و خرید ما یحتاج و تحویل آن در منزل

از طریق اینترنت، که شامل خرید و فروش غیر قانونی مواد اعتیادزا، یا پیدا کردن دوست دختر یا پسر و قرار ملاقات ها ی بعدی و فحشا هم میشود، خلاصه این که راه های مختلف برای رسیدن به هدف مورد نظر بسته به فرهنگ مصرف کننده، آن وجود دارد. به جرات میتوانم بگویم که طبق مشاهداتم سطح استفاده وقت تلف کن، ضاله و مضر اینترنت در ایران حتی در شهرهای کوچک از تمام کشورها به خصوص در خاورمیانه بالاتر است و این شاید بخاطر بالایی ضریب هوشی، سست شدن اعتقادات دینی، پایین بودن سطح دانش اجتماعی و فرهنگی و احساس کمبود افراد است. بجرأت می‌توان ادعا کرد که در ایران اغلب جوانان تکنولوژی پیشرفته رابه عنوان اسباب سرگرمی ، تماس و گمراهی بکار میبرند. جوان امروزی چه دختر و چه پسر دراقصی نقاط ایران همه چیز میداند، همه چیز میخواهد و به دین هم اعتقاد چندانی نداشته و پای بند آن نیست ، زیرا آنچه در الگوهای جامعه می بیند و می شنود ریاکاری است و به این ترتیب دین و ایمان به عمق وجود او نمیتواند رخنه کند تا جزو اضافی فطرت حیوانی او گردد. بهمین دلیل آمار ازدواجها کمتر، طلاق بیشتر واکثرا علت آن توقعات و خواست های بر آورده نشده وغیر ممکن زوجین است.

تنها امید معدودی از جوانان این است که اگر بعد از زحمت زیاد پدر و مادر و تحمل مخارج سنگین به جایی رسید و در کنکور ورودی یکی از دانشگاه های برجسته کشور قبول و از آنجا فارغ التحصیل شد، فوراً تقاضای خروج از کشور را کرده و در صورت پذیرش ترک دیار میکند و در خدمت بیگانگان درمی‌آید، مانند فارغ التحصیلان دانشگاه شریف که دانشگاه استانفورد در آمریکا مرکز ثقلی برای آنان است،، و اگر به دلایلی در کشور ماند مگر اینکه رابطه و پارتی داشته باشد اغلب ناراضی و شاکی از همه کس و همه چیز زندگی میکند و ناچار بالاخره به رنگ جماعت در می‌آید. آمار مهاجرت جوانان تحصیل کرده ایرانی به آمریکا و کشورهای غربی باورنکردنی است.

احتیاج به یاد آوری نیست که پیشرفت اعجاب انگیز زندگی افراد از ثروت، طول عمر، سلامتی، بهداشت، کشاورزی و دامداری پیشرفته، راحتی زندگی شامل آب لوله کشی، گاز، وسیله گرما و خنکی، یخچال و فریزر، معلومات عمومی و دانشگاه، وسائل نقلیه مدرن، برنج باسماتی هندی، چای سیلان، گوشت وارداتی از استرالیا و نیوزیلند، مرغ و تخم مرغ فراوان، همه را مدیون پدیده روشنگری و انقلاب های ناشی از آن هستیم، بدون اینکه در چند قرن گذشته در تولید آنها کوچکترین نقشی را ایفا کرده باشیم. ما مسلمانان به خصوص ایرانیان جامعه مصرف کننده ودانش پژوه هستیم و دغدغه چندانی درصدد تغییر آن هم نداریم، و این روند در سایر ابعاد زندگیمان هم ادامه دارد، از دروغ، دزدی، تقلب، کلاهبرداری، بیرحمی، حسادت، خرابکاری و هر بدی که ممکن است انجام شود ابایی نداریم و از این

جهت مقام بالایی را در بین کشورهای دنیا کسب کرده ایم.

تغییر و پیشرفت واقعی فقط در صورتی امکان دارد که با قافله جهانی علم و دانش، استدلال، عقل، عمل و تولید به جای مصرف، زحمت جستجو و تحقیق بجای اطاعت کور کورانه، جامعه انسان محور به جای خودبینی و خودپرستی، اسلام واقعی آخرت باور و عمل به آن به جای اسلام ظاهری و دنیوی همگام و همراه شده و عبادت را درخدمت به خلق جستجو کنیم. درآموزه های قرآنی نیز هدف از خلقت انسان بهتر کردن جامعه و زندگی انسان و بقیه موجودات اعم از حیوان، نبات، و جماد است، گرچه این ها به مرور زمان طبق قوانین ثابت الهی بدون دخالت بشر و اصول تکامل انجام میگیرد ولی اصلاح بذر، مرغداری ها با ازدیاد مرغ گوشتی و مرغ تخمگذار بانتخاب تولید کننده، پرورش ماهی و انواع خورا کیهای دریایی، گاوهای اصلاح شده ژنتیکی برای شیردهی یا گوشت، کو توله کردن گیاهان مثمر ثمر غلات و حبوبات و درختان میوه برای مقاوم شدن آنها در برابر باد، گرما و سرمای شدیدو کم آبی وشیرین کردن آب شور، بارورتر شدن خوشه های گندم، ذرت و برنج، آبیاری قطره ای برای مصرف کمتر آب و کشت در آب به جای زمین و کشت روی دیوار در محلی که زمین زراعی ندارند و کاهش بریدن جنگل ها، تولید برق خورشیدی و صدها مثال دیگر همه از دست آوردهای پدیده روشنگری و بالنتیجه علومی هستند که به تغذیه افراد و رفع گرسنگی، بلندی قد، ازدیاد هوش و عمر طولانی کمک غیر قابل انکار نموده اند و در واقع افراد مسبب آن به بندگی و خلافت خداوندی خود به اهتمام عمل نموده و خداوند را خشنود نموده اند، آنها نماز و روزه و اطاعت خود را به شکل بهتر نمودن زندگانی بشریت و فهم و درک انسان از طبیعت قرار داده اند، آنها دروغ، غیبت، تقلب، آزار به زیردستان و تجاوز به حقوق دیگران را واقعا بد میدانند و به ندرت مرتکب آن میشوند و در صورت ارتکاب بهای آن را به طرق مختلف اجتماعی مانند احساس شرم و طرد اجتماعی، اعتراف به گناه و توبه در کلیسا، تا قانونی مانند پرداخت جریمه نقدی و زندان میپردازند. کلیه افراد در برابر قانون و   اجرای بدون چون و چرای آن مساویند، نمایندگان ملت آمریکا دو نفر از روسای جمهورشان را بخاطر دروغ گفتن، تا مرحله استیضاح و اخراج از مقامشان محاکمه و تنبیه کردند.

البته یکی از گرفتاریهای اخیر اینست که به تدریج که دانشمندان به اسرار طبیعت مانند تکامل، نیروی جاذبه، گردش زمین به دور خود و خورشید، اوضاع جوی و پیش بینی آن، کشف DNA، تغییرات ژنتیکی و چگونگی تصرف در آن و غیره پی‌برده اند اغلب وجود خدا را غیر لازم دانسته و در انسان و علم محوری غرق گشتند و این باعث شد که بعضی از آنان تصور کنند که خدایی نیست چون اینان توانسته اند جزیی از اسرار طبیعت را بفهمند و بیدینی روزبه روز در حال ازدیاد است، البته بیدینی در همه افراد دلیل بد اخلاقی و بد سگالی

نیست، بعکس در اکثر موارد انسان دانشمند اعتلای زندگی و اخلاقی پیدا کرده، ولی سنگر و تکیه گاه خود که خداوند است را از دست داده و در مواقع اضطراری عجیب تنها میشود، هر چند خداوند او را رها نکرده وهمیشه ازنعمت عام او برخورداراست و تا زمانی که به بیراهی که موجب غضب خداوند باشد نرفته است، از نعمت خاص او محروم نمی شود. لازم است بدانید که دانشمندان معتبر مانند نیوتن، گالیله، انیشتن، استیو هاکین و بیشتر دانشمندان و برندگان جایزه نوبل در علوم را که من دیده و شنیده و در دانشگاه هاروارد و MIT میشناسم خداشناسان جدی بوده و هر هفته رفتن به کلیسا و یا کنیسا آنها قطع نمیشود و حتی با افتخار یهودیان عرقچین کوچک خود را (یاماکا) که نشانه پایبندی به دین و یهودیت است در تمام احوال در سر کار و بیرون از منزل بر سر دارند و در پیشگاه خداوند سر پوشیده و با احترام بوده و در واقع این سمبل یادآور بر صراط مستقیم ماندن در طول شبانه روز است.

به کرات در میتینگ های پزشکی مشاهده کرده ام که این دانشمندان زمانی که در شهر خود نیستند به دلیل کنفرانس علمی، روز قبل به دنبال پیدا کردن آدرس کلیسای مربوطه و یا کنیسا میرفتند که در روز معین، شنبه برای کلیمی و یکشنبه برای مسیحی، با تمام اعضا خانواده، تمیز و با بهترین لباس به عبادتگاه بروند و پس از دعا و راز و نیاز با خداوند، به سخنان پیشوای دینی خود ساعتی گوش فرا دهند. آری! باقی ماندن و زندگی بر صراط مستقیم احتیاج به مراقبت دائمی دارد.

بنابراین روشنگری بر پایه اخلاق، انسان محوری، اجتماع محوری و پیشرفت است و نه بیدینی. متاسفانه رهبران دینی و پیروان نادان ادیان مختلف در متنفر کردن مردم از دین نقش مهمی ایفا کرده اند، مانند جنگهای صلیبی و شکنجه ها و کشتار، انکیزاسیون اروپا در قرون وسطا، جنگ بین سنی و شیعه، گروه تکفیری داعش با قتل و سربریدن و در معرض دید عموم قراردادن در یو تیوب، و به زنان و دختران یزیدی تجاوز کردن ترس از مسلمانان و تروریست بودن آنها را در دنیا تثبیت کرده اند. واقعا این گروه نامسلمانان بیسواد و از قرآن بی اطلاع و غریبه، به اسم مسلمانی بزرگترین لطمه را به اسلام وارد کرده اند.

مسلمانان برای بهتر شدن، بهتر فکر کردن و به جمع خدمتگزاران جهان پیوستن علاوه بر مدرنیزه و یکپارچه کردن فقه اسلامی نیاز به الگوهای دولتی، آموزشی و مردمی موفق و تجربه شده داریم، تا مجدا در پی ایده آل های واهی و بنیاد بر انداز نرویم. برای اینکار بنده دولت امریکا، دبیرستان را کسبری لاتین و یهودیان را بعنوان نمونه دولت، سیستم آموزشی و امت موفق انتخاب کرده و سعی کرده‌ام در حد توان خود علل موفقیت آنها را بررسی کرده و به اطلاع خوانندگان محترم برسانم.شاید برای مسلمانان نیز بتواند الگو وسرمشقی در تغییر اساسی وفرهنگشان ایفا نماید.

قانون اساسی و آموزش و پرورش در آمریکا

بخاطر نقش مهم و غیرقابل انکار کشور آمریکا در پیشبرد اهداف عصر روشنگری و اعتلای سطح زندگی جهانیان اختصارا به قانون اساسی و سیستم آموزشی آمریکا بِه عنوان یک طرز فکر موفق در تاریخ بشریت میپردازم.

در قرن ۱۶میلادی یک مصلح دینی به اسم مارتین لوتر مذهب پروتستانیسم را بنا نهاد، که هدف از آن احیای دین مسیحی و تا کید بر وجه بنیاد گرای مسیحیت، از کاتولیک عقب مانده پاپ محور بود. سه اصل جهان دینی پروتستانی اروپا را د گرگون کرده و زمینه ساز تغییرات در اروپا شد. آن سه اصل عبارتند از:

۱.   خداوند همه بند گان خود را برابر آفریده و تقرب همه به او یکسان است . بنابراین روحانیون نمیتوانند ادعای نزدیکتر بودن به خداو یا نمایند گی او را در زمین داشته باشند.

۲.   ایمان دینی نتیجه ترکیب معنوی و مستقیم خداوند و قلب انسان است پس امری وجدانی و اختیاری است.، و دین از روی جهل و اجبار ارزش ندارد.

۳.   پیوند انسان با خداوند به طور مستقیم و از راه درک کلام الهی که در کتاب مقدس آمده و در دسترس همگان قرار داردو انجام میگیرد و این رابطه به میانجی نیاز ندارد.

پروتستان های انگلستان بودند که برای آزادی مذهبی به اسم گروه پوریتن *Puritan* یا مخلصین به منطقه بوستون *Boston* واقع در ایالت ماساچوست(محل کار و زندگی نویسنده) مهاجرت نموده و نسل های تربیت شده توسط آنان بود که با امتناع از پرداخت مالیات بدولت انگلستان و جنگ، از یوغ انگلستان آزاد شده و پایه های دمو کراسی را با نوشتن قانون اساسی اخلاق محور برگرفته از کتب مقدس تورات و انجیل به اجرا درآوردند. در قانون اساسی دین از سیاست جداست، دین رسمی وجود ندارد گرچه اغلب مردم مسیحی هستند، هر کس آزاد است هر دینی را انتخاب کند حتی بی دین یا شیطان پرستی و هیچ مقامی به هردلیلی نباید وحق ندارداز دین شما سئوال کند.

در آمریکا دو حزب سیاسی دمکرات و جمهوریخواه هستند که نمایند گان آن توسط مردم برای مجلس نمایندگان و مجلس سنا برای مدت چهار سال انتخاب میشوند. آنها وظیفه قانونگذاری دارند.

رییس جمهور که منتخب مردم است با هیات وزرا که انتخاب اوست مسئول اجرای قوانین هستند، و ۹نفر از قضات دیوان عالی کشور که توسط رییس جمهور به مجلس سنا معرفی و

در صورت صلاحیت مادام العمر انتخاب میشوند، وظیفه دارند که مطمئن شوند قوانین جدیدالوضع توسط مجلسین مخالف روح قانون اساسی نیست .

آمریکا توانسته است که با موفقیت در ۲۵۰سال گذشته زیر نظر دیوان عالی کشور و آراء مردم در انتخابات مجلسین قوانین قوانین خود را ثابت نگهداشته و با جدیت به آن پایدار بماند. در صورتی که در بقیه کشورهای جهان قوانین تغییر و تحولات فراوانی پیدا کرده اند. هر دیکتاتور قوانین را به نفع خود تغییر داده و حتی رییس جمهور مادام العمر گشته است، زیرا انتخابات فرمایشی و صوری در کشورهای عقب افتاده جهان سوم امری حتمی بوده و اجرای قوانین مدون هم روند قابل پیش بینی ندارد.

به دلیل ثبات قانونی است که از زمان رئیس جمهوری ریچارد نیکسون در ۱۹۷۲ با وجود عدم پشتوانه طلا، دلار آمریکا معتبرترین پول دنیاست. فقط ۱۴سنت خرج چاپ یک اسکناس صد دلاری است (یک دلار صد سنت است). اروپائیان نتوانستند حتی با پول مشترک کشان یورو، با دلار آمریکا رقابت نمایند، دلایل آن شاید خروج خود سرانه انگلیس از اتحادیه اروپا، ورشکستگی یونان، گرفتاری های قانونی مقامات ایتالیا، تبعیضات نژادی فرانسه و... باشد.

بنابراین قانون اساسی مردم و اخلاق محور و اجرای بی چون و چرای آن، چنان آبروی بین المللی برای آمریکا به وجود آورده است که با خرج ۱۴صدم یک دلار توانسته است اسکناس صد دلاری چاپ کرده و با آن قرض بدون بهره از هر کس که آن را در دست دارد گرفته و در آینده جنس خود را به او بفروشد.

امروزه بهترین جوانان ممالک مختلف سعی دارند که به آمریکا جهت تحصیل، کار و زندگی مهاجرت نمایند. بیشتر فرار مغزها به آمریکا از هندوستان، چین و کشورهای آمریکای مرکزی و جنوبی و آفریقاست، ایران هم سهم بسزایی در فرار مغزها به آمریکا و غرب را دارد. در واقع در سال های اخیر سالانه حدود ۱۸۰هزار نفر از بهترین تحصیل کرده های ایران به آمریکا، کانادا و استرالیا رفته و در آنجا پله های ترقی را به سرعت طی مینمایند، زیرا متاسفانه در ایران این فرصت برای جوانان تحصیل کرده فراهم نیست.

در آمریکا به قول خودشان (چربی شیر) یا سرشیر به بالای ظرف میرود *(Cream rise to   the top)*.

همکاران مافوق سعی میکنند شما را در بالا رفتن از پله های نردبان ترقی و پیشرفت یاری کنند، حتی اگر به قیمت حمل شما بر روی شانه هایشان وپر زحمت باشد.

جهت اطلاع توضیح مختصری از تاریخچه استقلال آمریکا دراینجا ضروری بنظر می رسد.

آمریکا تحت فرمانروایی پادشاهی انگلستان و مستعمره بود و به انگلستان مالیات میپرداخت.

در سال ۱۷۷۳میلادی اهالی شهر بوستون که در کرانه اقیانوس اطلس و شمال شرق آمریکا واقع شده و اغلب تحصیلکرده ومتدین روشنفکر بودند، اعتصاب کردد و عدلهای چای را که از انگلستان رسیده بود به دریا ریختند ، با شعار: با نداشتن نماینده در مجلس نمایندگان انگلستان که از حقوق ما دفاع کند از پرداخت مالیات به دولت انگلیس امتناع میکنیم *"No taxation without representation*. این عمل باعث شروع جنگ های انقلابی بین کلونی های (ایالات) مستعمره در آمریکا و سربازان انگلیسی مقیم در بوستن شد و تعدادی جان باختند. در سال ۱۷۷۴میلادی اولین کنگره مستعمرات که خواهان استقلال از انگلستان بودند در شهر فیلادلفیا گردهم آمدند و اولین کنگره *Continental* برای اعتراض به دولت انگلستان که روی چای، رنگ و سرب برای اهالی ماساچوست به عنوان تنبیه مالیات وضع کرده بود، تشکیل دادند. در این کنگره مقدمات جدایی از انگلستان بررسی شده و در کنگره دوم که دو سال بعد در ۲جولای ۱۷۷۶ تشکیل شد، اولین جمله در مانیفست استقلال جملۀ معروف *We the people* (ما مردم) که تأکید بر ما مردم *People* بود نوشته شد. دو روز بعد در چهارم جولای ۱۷۷۶ با *Declaration of Independence* = اعلامیه استقلال از انگلستان نوشته واعلام شد و از آن به بعد تمام قوانین آمریکا بر اساس حقوق،*We The People* ما مردم، وضع و به آن عمل شده و دیوان عالی کشور مسئول آن است که مترصد باشد تا قانونی برخلاف آن اعلامیه وضع نشود، و هیچ مقامی دولتی یا غیر آن حق ندارد برخلاف این *Declaration* عمل نماید.

معروف است که بهترین جمله شناخته شده در زبان انگلیسی *Declaration of Independence* آمریکاست که توسط توماس جفرسون به شرح زیر نوشته شد و ۳۲نفر از نمایندگان منتخب ۱۳ ایالت مستعمره نشین، آن را امضا کردند.

"We hold these truths to be self-evident, that all man are created equal, that they are endowed by their Creator with certain unalienable Rights, that among these are Life, Liberty and the pursuit of Happiness"

« ما این حقایق را بدیهی میدانیم که همه انسان ها برابر آفریده شده اند و آفریدگارشان حقوق سلب ناشدنی معینی به آنها اعطا کرده است، که حق زندگی، آزادی، و جستجوی خوشبختی از جمله آنهاست.»

امضاکنندگان این *Declaration* افراد معروف و سر شناسی مانند جرج واشنگتن اولین رئیس جمهور در آمریکا، توماس جفرسون، جان آدامز، سامویل آدامز، جان هانکک، بنجامین فرانکلین و... .بودند

بعد از امضای این سند و زمان خروج از جلسه از آقای بن فرانکلین که نماینده فیلادلفیا و

متولد بوستون بود خبرنگاری سوال کرد، که چه کردید؟ آیا حالا سیستم پادشاهی داریم یا دمکراسی و آزادی؟ و او جواب داد که "اگر بتوانید آن را حفظ کنید دمکراسی داریم" جان آدامز یکی دیگر از امضاء کنندگان منشور آزادی، و دومین پرزیدنت که از اهالی بوستون بود در مقاله ای نوشت که "این قانون اساسی برای دمکراسی مردمان متدین و اخلاق مدار نوشته شده و کارآمد دارد، و برای حکومت بر هر نوع اجتماع دیگر بی کفایت است". برای برقراری و پایداری آزادی درک رابطه انسان و خداوند از واجبات است، بدون حصار دینداری افراد شرور، بی دین و بی سواد به نام آزادی و تفسیر رو به خود قوانین، آزادی دیگران را سلب خواهند کرد.

هر نسلی وظیفه دارد که برای آزادی خود و نسل آینده فداکاری کرده و با تشخص، بردباری و دیسیپلین آزادی را از خطر محفوظ نگه دارد و اینکار میسر نیست مگر با ایمان و باور راستین به رابطه خداوند و بندگانش که به طور خلاصه در *Declaration of Independence* "«ما تائید میکنیم که این حقایق پرواضح است و احتیاج به توضیح ندارد: که تمام انسانها در نظر خداوند مساوی خلق شده اند، و خداوند برای همه انسانها حقوقی مساوی و غیر قابل انکار و تغییر قرار داده است که از آن جمله اند:

« حق زندگی، حق برخورداری از آزادی و حق آرامش و خوشی در طول زندگی *«Life, Liberty, and Pursuit of Happiness"*

قانون اساسی آمریکا که بر اساس اعلامیه فوق نوشته شد، در ۱۷ سپتامبر ۱۷۸۷ در فیلادلفیا به امضای نمایندگان انتخابی مردم رسید و در سال ۱۷۸۹ به مرحله اجرا در آمد. از آن به بعد ۲۷ متمم *Amendments* به قانون اساسی اضافه شده است که ۱۰ متمم اولیه مربوط به محافظت از آزادی شخصی، محدود کردن دولت در امور مربوط به آزادی افراد و اجرای عدالت در جامعه میباشد.

اولین سه لغت قانون اساسی"*We the People*" = ما مردم») نوید آن است که قانون و دولت در خدمت مردم هستند و در سه قرن گذشته ثابت کرده است که قانونی است قابل اجراء و محترم که سرمشق اغلب دول مردم نهاد بوده است.

از رئیس جمهور گرفته تا منتخبین مجلس نمایندگان و سنا، دادستان استان ها، استانداران، شهرداران همه انتخاب شده مردم و درواقع حقوق بگیر از مردم هستند زیرا بودجه دولت از مالیاتها تأمین میشود، تنها مقامات انتصابی–انتخابی قضات دیوان عالی کشور هستند که توسط رئیس جمهور شناسایی شده و به مجلس سنا برای تایید نمایندگان منتخب مردم معرفی و در صورت صلاحیت انتخاب میشوند. قاضی دیوان عالی بودن مادام العمر است و قابل عزل نیستند، وظیفه آنها حمایت از قانون اساسی در جسم و روح آن است. مکانیسم های متعددی

برای چک و بالانس گذاشته شده که کسی یا موسسه ای نتواند خودسرانه و دیکتاتور مابانه بر خلاف قانون اساسی رفتار نماید.

در قانون اساسی با اصول *Majority Rules* (رأی اکثریت حاکم) و *Minority Rights* (احترام به حقوق اقلیت) آزادی و تساوی نسبی حقوق کلیه افراد جامعه به نحو احسن تأمین میشود.

متمم ۱ و ۲ و ۳: که در سال ۱۷۹۱ تصویب شد، کنگره آمریکا را از تصویب قوانینی که باعث سلب آزادی افراد میشود منع نموده و آزادی در دین و مذهب، آزادی سخن گفتن، آزادی مطبوعات، آزادی در گردهمایی های سیاسی و آزادی در تدوین قوانین را تضمین مینماید.

دولت حق ندارد اعلام دین رسمی برای مملکت بکند و *Official National Church* داشته باشد و یا در هر امری یک دین را بر دیگری ترجیح دهد.

متمم چهارم: که در سال ۱۷۹۱ تصویب شد تفتیش برعلیه افراد را به هر نوع و شکلی، فردی یا جمعی، بیرون یا درون منزل، توسط پلیس یا سایر مأموران حکومتی (این شامل تفتیش بدنی، اتومبیل، آزمایش خون یا ادرار است) ممنوع میکند، مگر اینکه اجازه رسمی از دادستان یا نماینده او داشته و قویاً و با دلیل محکمه پسند شخص تفتیش شده را قانون شکن و مخرب امنیت اجتماع تشخیص داده باشند.

متمم پنجم: تصویب ۱۷۹۱ تضمین میکند که افراد بدون دلیل محاکمه نمیشوند و از نظر اجتماعی هیئت منصفه (ژوری ۱۲ نفره) هم ردیف خودشان درباره آنها قضاوت کرده و رأی به جرم یا بیگناه بودن فرد میدهند، بعلاوه هیچکس را نمیشود مجبور کرد که علیه خود شهادت بدهد و اگر فردی به این ترتیب اذعان به جرم کرده باشد، مورد قبول دادگاه نخواهد بود. فرض بر این است که فرد بیگناه است مگر اینکه خلاف آن ثابت شود.

متمم ششم: باید به جرم شخص مجرم هرچه زودتر رسیدگی شود، و برای ترخیص قبل از زمان دادرسی او ضمانت بیش ازحد توانایی نباید باشد، محاکمه باید علنی باشد، شهود برخلاف او در دادگاه و در حضور او شهادت دهند، مجرم باید وکیل داشته باشد (خصوصی یا در صورت عدم امکان مالی وکیل دولتی) و هم اجازهٔ داشتن شهود به نفع خود در زمان محاکمه در دادگاه.

در زمان دستگیری، پلیس موظف است به شخص اعلام نماید که برای چه و به چه دلیل دستگیر شده، و اینکه اگر چیزی بگوید ممکن است به ضررش باشد و مجبور نیست بدون حضور وکیلش صحبت کند (*Miranda Right*). اگر شخص دستگیر شده ثابت کند که *Miranda Right* را پلیس بعد از دستگیری و قبل از اعترافش به جرم برای او توضیح نداده و

به طور کامل نخوانده است پرونده به نفع مجرم مختومه اعلام میشود. ضمنا دادگاه حق ندارد که مجازات ظالمانه و غیرعادی برای فرد مجرم تعیین نماید.

در شهر بوستن قریب به دو قرن قبل از استقلال آمریکا، مدرسه و دانشگاه هاروارد، اولین کتابخانه عمومی و پارک ملی برای استفاده عموم وجود داشت. کتابهای مقدس را از لاتین به انگلیسی در اختیار عموم قرار داده بودند و در باسواد شدن افراد اصرار داشتند.

با انقلاب صنعتی احتیاج به کارگران با سواد در کارخانه ها که قدرت خواندن و نوشتن داشته و قادر باشند با ماشین آلات و ابزار پیچیده کار کرده و اقلا با خواندن راهبردهای تخصصی در رفع اشکالان آن ها اقدام نمایند، بیش از پیش نمایان شد. همینطور برای اینکه راندمان کار و تولید بالا رود برای کارگران حقوق انسانی، اقتصادی و سیاسی بیشتری قائل شده و آنها را در سود کارخانه ها شریک کردند.

بخاطر دمکراسی و جدایی سیاست از دین، ممکن است چنین تصور شود که در آمریکا مردم به دین توجهی ندارند. در یک نظر سنجی علمی راجع به معنویت توسط موسسه آمارگیری گالوپ از مردم آمریکا، که نتیجه آن در پنجم سپتامبر ۲۰۰۵میلادی در مجله معروف و هفتگی نیوز ویک *News Week Magazine* منتشر گشت پاسخ افراد و طبقات مختلف جامعه درباره دین و معنویت به شرح زیر است:

۱–کدام یک از این گزینه ها شما را به بهترین نحو توجیه میکند؛ مذهبی، معنویتگرا، یا هیچکدام؟

جواب – ۶۴درصد افراد خود را مذهبی که شامل خداوند، ایمان، آداب و مناسک و رفتار خاص که از علایم دینداری است، ۲۴٪ معنویتگرا و ۸٪ هیچکدام و ۷۹٪ خود را هم مذهبی وهم معنویت گرا میدانستند.

۲– آیا شما اعتقاد دارید که خداوند خالق جهان هستی است؟

جواب : ۸۰٪ بله، ۱۰٪ خیر و ۱۰٪ گفتند به خدا اعتقاد ندارند.

۳–به نظر شما بعد از مرگ چه اتفاقی روی میدهد؟

جواب : ۶۷٪ به بقای روح و ادامه حیات بعد از مرگ و بهشت و جهنم معتقد بودند و ۶٪ معتقد بودند که روح وجود ندارد و بعد از مرگ همه چیز خاتمه مییابد.

۴–چقدر معنویت در زندگی روزمره شما مهم است؟

جواب : ۵۷٪ خیلی مهم، ۲۷٪ تا حدی مهم، و ۷٪ جواب داده بودند که اصلا مهم نیست.

۵–چرا به دین پایبند هستید؟

جواب : ۳۹٪ برای ایجاد رابطه شخصی با خداوند، ۳۰٪ برای انسانی بهتر بودن و زندگی اخلاقی داشتن، ۱۷٪ برای آرامش و صلح و صفای درونی و خوشبختی، ۸٪ برای اینکه دین

به زندگی ما معنا میدهد و ۳٪ چون مهم است که فرزندانشان به جامعه و گروه دینی تعلق داشته باشند.

۶- به چه میزان در کارهای مذهبی شرکت میکنید؟

جواب : ۶۴٪ عبادت میکنیم، ۲۹٪ مراقبه و مدیتیشن، ۲٪ خواندن کتاب مقدس، و ۲٪ حضور در اماکن مقدس.

بنابراین در آمریکا و جوامع مدرن به دلایل مختلف که از حوصله این مختصر خارج است با وجود اینکه تعلق و دلبستگی به نهادهای رسمی دینی و سازمان یافته کمتر شده ولی مردم کمتر دینی نیستند. در جامعه مدرن مردم انتظارات و توقعات متفاوتی نسبت به دین دارند. انسان های جامعه ماقبل مدرن انسان های صاحب حق به معنای امروزی آن نیستند و تکلیف مدارهستند. شهروندان مکلف به تبعیت از فرامینی هستند که از بالا صادر شده و در چنین فضایی انسان ها دین ورزی میکنند و تصور از خداوند تصور خالقی است که بر انسان ها تملک داشته و حکمرانی میکند، دستور و فرمان میدهد و اطاعت مطلق طلب میکند در مقابل پاداش یا تنبیه پس از مرگ نصیبش میشود، بنابراین نماز، روزه ،حج و غیره تکالیفی هستند در قبال خداوند برای اجر اخروی و بهشت. اگر از آنها سوال شود چرا نماز میخوانی، اغلب جواب میدهند بخاطر انجام وظیفه دینی، چون نماز عمود دین است، و یا تشکر از نعمت هایی که خداوند به ما اعطا فرموده است.

جوامع مدرن فرا دینی و انسانگرا که آمریکا نمونه بارز آن است، دین را در، اخلاقی زیستن و در رابطه با خود،جامعه و محیط زیست، ولی مطابق با اصول دینی، معنویات، عقل علمی و تحقیقی، و رابطه علت و معلولی خلاصه می نمایند.

در آمریکا حدود ۶/۵ میلیون مسلمان زندگی میکنند که اغلب از ممالک عربی و خاورمیانه، ترکیه، پاکستان، بنگلادش، هند، کشورهای آفریقایی مانند نیجریه و سومالی مهاجرت کرده‌اند . در یک مطالعه آماری از مسلمانان در آمریکا، ۶۵٪ سنی، ۱۱٪ شیعه و ۱۵٪ فقط مسلمان و خود را نه شیعه و نه سنی میشمارند. ۴۷٪ مسلمانان در روزهای تعطیل یکشنبه (به جای جمعه که روز کاری است) به مسجد میروند. از زنان مسلمان ۴۰٪ هیچوقت حجاب (روسری) نمیپوشند، ۳۶٪ همیشه حجاب دارند و بقیه در رفتن به مسجد یا مراسم مذهبی حجاب را رعایت میکنند.

۵۷٪ معتقدند که رعایت شرایع اسلامی امری شخصی بوده و اگر انجام آن با دلیل موجه نباشد الزاما ضروری نیست،این گروه بر این باورند که بیش از یک راه برای رسیدن به بهشت و همینطور تفسیر و تاویل قرآن وجود دارد. دین اینان عقلانی، اخلاقی و بالنتیجه استدلالی است. آنان دانش مستقیم بر گرفته از قرآن، نوشته ها و رفتار عقلا، متفکران و دانشمندان زمان

و محیط زندگی خود را سرمشق قرار میدهند. برای آنان تعبد فقط نقش لازم و ایمانی را ایفا میکند مثل وجود خداوند، پیامبر، کلام خدا بودن قرآن، اعتقاد به معاد و غیره. برعکس، دین اغلب افراد کم سواد تعبدی و علتی است، مثلا چون اسلام دین آباء و اجدادی من است، چونَ فلان فقیه و مرجع تقلید چنین گفته است، چون بهشت و جهنم وجود دارد من چنین و چنان میکنم.

ایرانیان بعد از انقلاب که به آمریکا مهاجرت کردند اغلب به نام مسلمانند ولی بیش از ۹۰٪ آنها از نظر اعتقادی و عملی لااقل به ظاهر اسلام پایبندی ندارند (مشاهدات شخصی). و فرزندانشان به دلیل عدم اطلاع کافی والدین برای جواب دادن به سوالات و تردیدهایی که در مورد اسلام فقهی برای آنها به خودی خود یا بر اثر تبلیغات سوء پیش میآید اسلام گریز میگردند.

خوراک عقل، دلیل است و جوانان تحصیل کرده و مسلمان برای شرایع فقهی تحمیلی دلیل میخواهند. لازمه دینداری را تعقل، استدلال، ایمان، و پیروی از عقلا، فلاسفه و عرفا، نه الزاما فقها میدانند. آنها عقلایی و نه تعبدی عمل میکنند. گذشت زمان، علوم و تکنولوژی ثابت کرده است که حتی نظر عقلای زمان به علت محدودیت زمانی برای آیندگان قابل خطا بوده ولازم است بر حسب زمان و محیط پاره ای از باورهای خود را اصلاح نمایند. عقلا و دانشمندان شریعت بر مبنای عقل و دلیل را بر شریعت فرمایشی و علتی (تعبدی) ترجیح میدهند. از وظایف نو اندیشان دینی است تا اسلامی منطبق با دانش و عقل متعارف محیط زندگی خویش پیشنهاد کنند، این دین بایستی سیال بوده و متناسب با عقلا و محیط در آینده هم قابل تفسیر و تأویل باشد، تا اجازه دهد مسلمانان به خصوص در ممالک غربی و دمکراتیک، هم دینی و اخلاقی زندگی کنند و هم با اجتماع و محیط زندگی خود در تضاد نباشند. دینی که آنها را به انسانگرایی، در خدمت اجتماع بودن، قانونمندی و دمکراسی عقلانی ترغیب نماید.

جامعه ایرانی و اسلامی بایستی به کلی راه و روش خود را تغییر دهد، تا به حال راه اشتباه رفته ایم. میشود از دیگران الگو گرفت و با حفظ اصول دینی، اخلاقی، فرهنگی و سنتی حیات معنوی خود را حراست نمود. احتیاج به یک حر کت ۱۸۰درجه داریم. برای موفقیت یک رنسانس و انقلاب فقهی لازم است تا فردگرایی و منفعت فردی و آنی، به همکاری، همبستگی، گروهگرایی، شبکه سازی و منفعت دراز مدت اجتماعی تبدیل شود، و این امکان ندارد مگر با به کار بستن نصایح، فرامین، و قوانین قرآنی و رفتن به صراط مستقیم در همه شرایط زمانی و مکانی، و آنهم امکان پذیر نیست مگر با خرافه زدایی، فراگرفتن عمیق قرآن تا حد تاویل و رفتار به رهنمودهای آن، و در تمام امور زندگی روزانه بر صراط مستقیم بودن

(تفکر، تعقل و تعادل و آموزش).

شروع کنیم با تعارف نکردن. تعارف مخصوص ما ایرانیان است و اغلب غلو هم میکنیم. تعارف دروغ، تزویر و ریا را به اطفال تعلیم میدهد و روزبه روز بر حجم آن در ضمیر کودکان افزوده میشود. جالب است که بدانید همتای لغت تعارف در دیکشنری انگلیسی وجود ندارد. دروغ مادر گناهان است.

در آمریکا در دادگاه و همینطور در گفتگو با پلیس فدرال شما ممکن است به خاطر جرمت بخشیده شوی ولی اگر دروغ گفته باشی هر چند به ظاهر کوچک و بی اهمیت باشدجرمت قابل بخشش نیست و جرم دروغگویی هم به آن اضافه میشود.

رئیس جمهور ریچارد نیکسون برای دروغ درباره اطلاع نداشتن از واقعه واتر گیت از کار کناره گیری کرد و رئیس جمهور بیل کلینتون یک مو با اخراج فاصله داشت فقط به خاطر دروغهای به ظاهر کوچک و غیر مهم در رابطه با مونیکا لوینسکی، (دختری که بعنوان انترن در کاخ سفید کار می کرد.)

ازدواج بین فامیل درجه اول ممنوع است مثل عموزاده، خاله زاده، عمه زاده به دلیل احتمال ابتلاء اطفال آنها به بیماری های ژنتیکی خطرناک و یا ازدیاد *DNA* معیوب.

استخدام فامیل درجه اول در کارهای دولتی(پارتی بازی) ممنوع و غیرقانونی است. مناقصه و مزایده ها واقعی است.

شاید الگو قراردادن بعضی از نکات ذکر شده در قوانین و طرز فکروعمل آنها که میگویند زندگی کن و کمک کن دیگران هم مثل تو زندگی کنند*"Live and Let Live"* و یا نسبت به دیگران آن طور رفتار کن که دوست داری آنان نسبت به تو رفتار نمایند، به قول آمریکایی ها "چرخ ها را دوباره اختراع نکن"، باید به جای وقت تلف کردن از تجربیات دیگران استفاده کرد.

در آمریکای ۵۰سال قبل کشیدن سیگار متداول بود ولی امروزه با گذراندن قانون علیه تبلیغ برای فروش سیگار، جلو گیری برای فروش به جوانان کم تر از ۱۸سال، آموزش به بزرگسالان که سیگار کشیدن باعث سرطان ریه و بیماری آمفیزم ریوی میشود، و ازدیاد مالیات بر فروش سیگار و بالنتیجه قیمت بالای یک بسته سیگار، افراد معتاد به سیگار به مراتب کمتر از قبل شده و کمتر در مهمانی یا جلسات دورهمی میبینی که افراد سیگار میکشند. مجموعه قانون، آموزش صحیح و ازدیاد قیمت که نوعی مالیات بر افراد سیگاری است در اینباره واقعاً مؤثر بوده است. در مورد مشروبات الکلی میتوان گفت تا ۳۰سال قبل بیماری های ناشی از خوردن زیاد مشروبات الکلی کم نبود . هفته ای سپری نمی شد که در بیمارستان اقلا یک بیمار که در

اثر خونریزی واریس مری که بعلت سیروز کبدی ناشی از مصرف زیاد الکل بستری ومنجر به مرگ شده بود مطلع نباشم.ولی چندین سال است که به ندرت با چنین بیمارانی در منطقه بوستون مواجه میشوم. افراد تحصیلکرده متوجه شده اند که اعتیاد به مشروبات الکلی و مصرف بیشتر از ۲۵۰میلی لیتر شراب(۲۵ گرم الکل) در شبانه روز باعث پانکراتیت مزمن، شکم درد، سیروز کبد، سرطان کبد، جنون و دیوانگی حاصل از مصرف زیاد الکل، صرع و DT و مرگ زودرس میشود، البته بعضی از محققان معتقدند که مصرف یک فنجان شراب قرمز در شب آرام کننده و خواب آور بوده و باعث افزایش طول عمر میگردد.

در حین رانندگی برای جلو گیری از مرگ و میر، قطع نخاع و ضربه مغزی ناشی از تصادفات، آمریکا بستن کمربند و رعایت حد اکثر سرعت را اجباری کرد. اکنون بعد از سال ها برای مردم بستن کمربند در حین اتومبیل سواری و مسافرت عادت شده و کسی نه اجازه دارد موقع سواری در اتومبیل کمربند نبندد و حتی اگر هم اجازه داشت باز از کمر بند استفاده می کند. همینطور جریمه راننده برای صحبت با تلفن همراه، استفاده اجباری و در صندلی عقب قرار دادن صندلی مخصوص اطفال در موقع رانندگی و غیره. از مثال های فوق میتوان فهمید که در اثر وضع قوانین و اجرای بی چون وچرای آن و آموزش مناسب میتوان از آسیب های جسمی، اخلاقی و اجتماعی جلو گیری کرد.

رعایت حجاب نیز همین حکم را دارد و حجاب در ممالک اسلامی متغیر بوده و معنای متفاوت دارد. در آمریکا که زنان بی حجابند بی عفتی و روابط نامشروع ناشی از بی حجابی کمتر دیده میشود. تجربه ۵۰ساله اینجانب در آمریکا این مطلب را قویاً به من ثابت کرده است. پس بایستی از ممالک و ملل دیگر که راه اعتدال رفته و توانسته اند هم مسلمانی خود را حفظ کنند، و نه آن قدر سختگیری کنند که مردم از اسلام بیزار شوند سرمشق گرفت. برای جلب بیشتر مسافران خارجی که برای سیر و سیاحت به ایران میآیند و منبع درآمد قابل توجهی برای مملکت هستند، امر به معروف و نهی از منکر حجاب و شراب را وظیفهٔ شرعی خودقراردهیم.

قرآن را باید خواند، فهمید و به آن عمل کرد، مسلمان واقعی عبادت رادر خدمت به مخلوقات، نماز را زندگی کردن بر صراط مستقیم و متعادل، امر به معروف و نهی از منکررا پرهیز از گناهان اخلاقی ، اجتماعی و قانون شکنی. می داند. ۲٫۵درصد از درآمد خود را برای زکات می پردازد تا جامعه بهتری ایجاد شود، دروغ نمی گوید حتی دروغ مصلحتی، تقیه، چاپلوسی و ریا نمی کند، در کارهای خود جدی بوده و به هیچ وجه دزدی و اختلاس نمی کند، رشوه نمی گیرد، و سعی می کند گرهی از کار مردم بگشاید.

دبیرستان *Roxbury Latin*

این قسمت درباره سیستم آموزشی در آمریکا، و اولین آشنایی نویسنده با یک دبیرستان پسرانه است که سعید فرزند ارشد ما از آنجا فارغ التحصیل شد.

دبیرستان RL از قدیمیترین دبیرستان های آمریکای شمالی و در محله راکسبری شهر بوستون قرار دارد. این مدرسه در سال ۱۶۴۵میلادی توسط جان الیوت و با اجازه رسمی از *King Charles*، چارلز اول پادشاه انگلستان تاسیس شد زیرا در آن زمان آمریکا از مستعمرات انگلستان بود. این دبیرستان ۳۷۵سالگی خود را در سال (۲۰۲۰) جشن گرفت. جان الیوت یک *Puritan* مهاجر و مسئول آموختن زبان سرخ پوستان منطقه بوستون و تعلیم زبان انگلیسی و تعلیم کتاب مقدس به آنها بود. او برای اولین بار کتاب های مقدس تورات و انجیل را از زبان لاتین برای آنها ترجمه و تألیف کرد و به آنها که خط نداشتند و خواندن و نوشتن نمیدانستند سواد انگلیسی آموخت و آنها را به دین و مذهب مسیحیت پروتستان در آورد. در حال حاضر انجیل نوشته و ترجمه جان الیوت در دبیرستان راکسبری لاتین نگهداری شده و در معرض دید عموم قرار دارد. گروه پوریتن اعتقاد داشتند که مسئولیت معنوی و دینی دارند که شخصا و اجماعا به طور نمونه *Exemplary* و بر مبنای دستورات کتب مقدس تورات و انجیل اخلاقی زندگی کرده و جامعه گمراه اروپایی کاتولیک را هدایت کنند، باشد که خداوند گناهانشان را بخشیده و توبه آنان را قبول نماید.(اصل گناهکاربودن انسان در دین مسیحی) آنها به قول رهبرشان *John Winthrop* میگفتند ما طالب برپا کردن شهر نمونه روی بلندی هستیم که به همه جا روشنایی بخشیده و قابل دید و الگوی جهانیان باشد (*City on the Hill*) و کشتی بشریت را به راه راست هدایت نماید "*Guiding light on the hills*"، ما با خداوند قرار داد می بندیم که از صراط مستقیم منحرف نشده و مردم را در طی نمودن این راه کمک و هدایت نماییم. آنها اعتقاد داشتند که با ایمان واقعی و رفتار خدا پسندانه، خداوند به آنها نعمت های بیکران اعطاء کرده و خواهد کرد که درنتیجه باعث ستایش و جذب افراد و ملل دیگر خواهد شد.

مهاجرین پوریتن مدرسه راکسبری لاتین را بمنظور تربیت دانش آموز برای کالج کمبریج که بعداً هاروارد نام گرفت و در کرانه شمالی رودخانه چارلز که از وسط بستن عبور میکند در محله کمبریج و در سال ۱۶۳۶ تاسیس شده بود بنا نمودند. تا به امروز هم هرساله تعداد قابل توجهی از فارغ التحصیلان دبیرستان RL، به دانشگاه هاروارد برای ادامه تحصیل راه پیدا میکنند.

قرارداد نانوشته این دبیرستان با دانش آموز این است که ما بهترین آن چه میتوانیم برای تو

انجام میدهیم و شما هم حداکثر توان خود را به کار ببر تا بتوانی در جامعه عضو موثری باشی و این کار را از مدرسه و در اینجا شروع میکنی. علاوه بر کسب دانش در سایر فعالیتهای مدرسه مانند ورزش، تئاتر، موسیقی، سخنرانی، سیاست، امور عام المنفعه شرکت میکنی و در هیچ کاری اجازه معذوریت و نمیتوانم گفتن را نداری و به این ترتیب هم دامنه معلومات و تواناییت را گسترش میدهی و هم اعتماد بنفس پیدا میکنی. خود را اعتلا می دهی.

فلسفه و شعار این دبیرستان، – *Known and Loved* شناختن عمیق دانش آموز، علائق، شرایط و موقعیت خانوادگی او، و عشق به دانش آموز توسط معلمین و سایر دانش آموزان، – *Serving & Leading* راهنما و درخدمت دیگران بودن، *Generalist* شرکت کردن در همه فعالیت های دبیرستان، *Inclusive* قبول دانش آموز اعم از رنگ، نژاد، ملیت، دین و توانایی مالی. این مدرسه به خصوص در سوادآموزی سیاهپوستان و سرخپوستان جدی بوده و هست. هدف این است که صفات زیر ملکه وجود دانش آموزان گردد:

تواضع *Humility* سادگی *Simplicity* جسارت *Audaciousness*درستی *Integrity*, فردیت *Individually* جمعی*Collectively* برتری و تعالی *Excellence*

لازم به ذکر است که مهاجرین پوریتن (*Puritan*) برای اولین بار در دنیا در شهر بوستون پارک ملی برای استفاده عموم، کتابخانه ملی، دبیرستان و دانشگاه تاسیس کردند، سواد آموزی را برای همه واجب کرده و ترغیب نمودند، انجیل را برای اولین بار از لاتین به انگلیسی و حتی زبان سرخپوستان ماساچوست ترجمه کردند تا همه بتوانند از محتوای آن مطلع و برخوردار گردند. پروتستانها، مسیحیت سراپا خرافات در مذهب کاتولیک به سرپرستی پاپ در واتیکان را منحرف دانسته و از بخشیدن گناهان در مقابل گرفتن مبلغی پول، موعظه به زبان لاتین که قابل فهم مردم عادی نبود و نشان دادن صحنه های مختلف از زندگی و مصلوب شدن حضرت عیسی از طریق نقاشی بر دیوار کلیسا را مخالف شرع، وبت پرستی دانسته و از پادشاه انگلستان خواسته بودند که کلیسای انگلستان را از کلیسای روم جدا کند.

پوریتن ها ده سال بعد از مهاجرت از انگلستان و زندگی در هلند، بخاطر شرایط سخت کار و زندگی به آمریکا شمالی مهاجرت نموده بودند که «مدینه فاضله» را در آن جا ایجاد کنند و به راستی آنان که آشنا با منطقه بوستون هستنداذعان می کنند که خیلی از شهری که آنان تصورش را داشتند فاصله ندارد. جنگ های استقلال آمریکا از انگلستان، بنیانگذاران قانون اساسی آمریکا و بسیاری از متفکرین از اهالی بوستون بودند، بهترین و معروفترین موسسه آموزش عالی، دانشگاه هاروارد و دانشگاه *MIT* از قدیمیترین و بهترین دانشگاه مهندسی در آمریکا ودرحومهٔ کمبریج بوستن واقع اند.

جان الیوت هدف از تشکیل دبیرستان RL را خدمت به مردم و کلیسا، (مادی ومعنوی) قرار

داد. دبیرستان آموزش میدهد که موضعی فکر کن ولی جهانی رفتار کن.
"Think Locally But Act Globally."

به عنوان مثال اگر دغدغه محیط زیست داری بطری های پلاستیکی نوشابه را بازیافت کن، اگر بنزین کم و گران است از اتومبیل کم مصرف استفاده کن، اگر نگران محیط زیست هستی اتومبیل برقی بخر، اگر نگران فقر در دنیا هستی به فقرای نزدیک و دورت کمک کن و سپس به بقیه برس.

خلاصه سعی کن به سهم خود ودرحدّ توانائی ات مملکت خود و دنیا را محیطی بهتر برای زندگی امن و راحت دیگران فراهم کنی، در کلاس مسائل محیط زیست، سرنوشت پناهندگان سیاسی، بهداشت جهانی، امنیت ملی و جهانی مورد بحث جدی قرار می گیرد، میآموزی که بهره امنیت، راحتی و سلامت شما در امنیت، راحتی و سلامت دیگران در جهان هست و برای نیل به این منظور مدارس بایستی فرزندان و دانش آموزان استثنائی با ارزشهای والا تربیت کنند. در اینجا دکتر و مهندس تربیت نمیشود، افراد فارغ التحصیل RL به طوری آموزش داده میشوند که انتخاب میکنند در خدمت دیگران بوده و افرادی استثنائی باشند.

به دانش آموزان دوبار در هفته مدیر مدرسه در صف صبحگاهی قبل از کلاس برای مدت نیمساعت یادآوری میکند که هر روز شما با انتخاب های متفاوت روبه رو هستید، به یاد داشته باشید که راه درست را انتخاب کنید اگر چه به ضرر شما و مشکل باشد، هر دانش آموز یک معلم راهنما دارد که دوبار در هفته با او ملاقات کرده و او را در تکالیف مدرسه و افکار و گرفتاری هایش در منزل و اجتماع راهنمایی میکند، معلمین از میان بهترین ها انتخاب میشوند، معلمان امید به آینده، رؤیا و تصور کردن، فکر کردن، سئوال کردن، عشق به یادگیری را در دانش آموزان تشویق میکنند. تعداد دانش آموزان در هر کلاس درس ۱۸نفرند که برای یادگیری موضوع درس به سه گروه ۶نفری تقسیم میشوند، معلم ۷۵درصد مطلب مورد مطالعه وبحث را توضیح میدهد، حل وفصل بقیه درس با همکاری بین سه گروه و توسط آنها انجام میشود، درواقع تمام دانش آموزان با کمک همدیگر قسمتی از معما را حل کرده و به یکدیگر تعلیم میدهند. اولیاء مدرسه با شناخت هر دانش آموز از نظر خانوادگی، آینده نگری و آمال هایش متوجه میشوند چگونه آن محصل را راهنمایی کنند. متد تدریس الزاما سخنرانی سر کلاس، جواب دادن به سوالات و امتحان گرفتن و نمره دادن نیست، معلمان به تناسب شناخت هر کس وظیفه هدایت او را دارند، آنها بر این عقیده اند که چوب انار، چوب گردو، آهن و کاغذ، هر کدام برای کاری آفریده شده اند و برای خم کردن آنها وسایل و کوشش متفاوت احتیاج است، ترکه انار تیغ هایش را میتراشی و ۲۴ساعت در آب میخوابانی، چوب گردو را روزها در آب میخوابانی و با گیره و فشار خم کرده و تعلیم میدهی، آهن را در آتش گداخته

و با پتک شکل میدهی و کاغذ را با تا کردن و علم و علاقه ات به شکل قایق یا هواپیما برای بازی با کودکان در میآوری و همین فلسفه و طرز فکر و عمل این دبیرستان است که توانسته است محصلین و انسان های موفق از ورزش تا سخنرانی در اجتماع و قبولی در دانشگاه های معتبر را شامل شود، یعنی جمع شدن اضداد را در یک فرد مشاهده میکنی که چگونه افراد درجه بالای آزمون سراسری برای ورود به دانشگاه (SAT)، تیم برنده ورزشی در سطح استان و از بهترین سخنرانان در سطح کشور باشند، وقت صرف میشود که دانش آموز را بشناسند و او را تشویق و ترغیب کرده که راه آرزوهایش را دنبال کند و راه را به او مینمایانند تا احیاناً از افتادن در دست انداز و سقوط در چاه جلو گیری کنند. در این دبیرستان دانش آموزان برای موفقیت یکدیگر به هم کمک میکنند و برای موفقیت یکدیگر خوشحالند.

دبیرستان غیر انتفاعی است و دانش آموزان مانند ورودی به دانشگاه از طریق مصاحبه، نامه های سفارش معلمین قبلی و نمرات کنکور بالا (SSAT) پذیرفته میشوند. در کلاس هفتم ۵۰ دانش آموز میگیرد و در کلاس نهم پنجاه نفر دیگر، بنابراین در سال صد فارغ التحصیل دیپلمه دارد، در ۳۷۵ سال گذشته فارغ التحصیلان بسیار موفق داشته که موقوفات زیادی برای آن به جا گذاشته و بنابراین شهریه آن نسبت به سایر دبیرستانهای غیر انتفاعی کمتر از نصف است، تعدادی از صندلی ها به افراد فقیر، سیاهپوست و اقلیت ها تعلق دارد که در صورت دارا بودن شرایط قبولی بدون پرداخت شهریه پذیرفته میشوند.

سعید فرزند ارشد ما که در مدرسه ابتدایی و امتحان به اصطلاح کنکور ورودی به دبیرستان های غیر انتفاعی بالاترین نمره را آورده بود و در کلاس چهارم ابتدایی از مجلس نمایندگان و استاندار ماساچوست بخاطر شرکت و برنده شدن در مسابقه بین المللی حل مسائل آینده *Future Problem Solving Bowl* که در ایالت نبراسکا برقرار شد تقدیرنامه گرفته بود، در مصاحبه برای ورود به کلاس هفتم RL رد شد، او مجددا برای ورودی کلاس نهم شرکت کرد و با داشتن شرایط مناسب برای مصاحبه دعوت شد، این بار با یکی از دوستانم که دو نفر از فرزندان خود و پدرش از فارغ التحصیلان آن دبیرستان بودند و از اطباء سرشناس بوستون بود و خود معرّف آن مدرسه برای سعید بود و برای او توصیه نوشته بود علت را جویا شدم، پس از جستجو از کمیتهٔ ورودی دبیرستان به اینجانب گفت سه سال قبل همه چیز عالی بوده، فقط وقتی از او پرسیده اند چرا این مدرسه را انتخاب کرده ای؟ جواب داده که چون بهترین دبیرستان در آمریکاست و میخواهم به هاروارد بروم و دکتر خوبی بشوم، در جواب دوستم گفتم، این یک واقعیت است و چه عیبی داشت؟ گفت چون باید جواب میداد، زیرا میخواهم آماد گی آن را پیدا کنم که در هر شغلی که در آینده انتخاب کردم انسانی خدمتگزار و لایق بوده تا بتوانم دینم را به خداوند و بشریت ادا نمایم، در این مدرسه هدف تربیت انسان خادم به اجتماع است. این بار با

این طرز فکر و جواب مناسب وارد دبیرستان شده و دوره دوم دبیرستان را در آن جا گذراند. سعید اغلب اوقات در سر میز شام راجع به سخنان مدیر دبیرستان آقای تونی جارویس که کشیش پروتستان و دکترای معقول و منقول و علوم تربیتی از دانشگاه هاروارد بود، در صف صبحگاهی بحث و گفتگو میکرد و اغلب مطالب آن برای ما هم آموزنده بود. بعنوان مثال، او به دانش آموزان نصیحت میکرد که هرگز دست کسی را که برای کمک به طرفتان دراز میشود رد نکنید، هرگز کسی را که به هر دلیلی از پا افتاده ملامت نکن، بلکه دست او را گرفته و بلند کن، شاید دست خداست که به طرفت دراز شده و به این وسیله تو را امتحان میکند، دروغ و تقلب، گناهان غیر قابل بخشش هستند و لازم الاخراج از دبیرستان RL. شرکت در کارهای عام المنفعه، کمک به درماندگان و مساکین، اصلاح محیط زیست و داوطلب شدن برای کمک های اجتماعی متفاوت وظیفه هر انسان و برای محصلین اجباری است.

شرکت در ورزش تیمی در سطح قابل توان دانش آموز، کمک به دانش آموزان کلاس پایین تر و برادر بزرگ بودن برای یک دانش آموز کلاس پایین در هفته دو ساعت یک وظیفه است، جالب است در این دبیرستان که محصلین از نظر تحصیلی بالاترین مقام را در آمریکا دارند و در مناظرات و سخنرانی های مدل سازمان ملل صاحب رتبه اند، از لحاظ ورزش هم اغلب در مسابقات ورزشی بین دبیرستان های منطقه بوستون مقام اول تا سوم را در رشته های مختلف کسب میکنند، دانش آموزانی که بالاترین قبولی را در بهترین دانشگاه های آمریکا دارند و در ورزش هم مقام بالا میآورند و این نشان دهنده این حقیقت است که مدرسه، معلم و راهنمای خوب میتواند علاوه بر ارتقا دانش، اعتمادبه نفس محصلین را به حدی بالا ببرد که بیشرین راندمان و بازدهی را از فعالیت آنان حاصل نماید.

به خاطر دارم زمانی که دیر وقت از مطب آمده و مشغول صرف شام بودیم، تلفن منزل زنگ زد و سعید تلفن را جواب داد، یکی از دوستان قدیم بود که برای گپ زدن تلفن کرده بود، او در صحبت کردن ید طولایی داشت و حرف هایش شنیدنی وشیرین ولی اغلب مهم نبود، خانم به سعید گفت بگو پدرت از بیمارستان نیامده ، سعید گفت این یک دروغ است و من دروغ نمیگویم. ما از او تا به حال دروغ نشنیده ایم و امروز سعید یکی از بهترین و موفق ترین جراحان قلب در آمریکاست.

به دانش آموزان تاکید میشد که از افرادی که خداوند نعمت بیش از حد لازم عطا فرموده ، انتظار کمک نمودن به همنوعان و نیازمندان دارد *To whom that much is given, much is expected*. به همین دلیل از حسابداری که در آخر سال به امور مالیاتی ام رسیدگی میکرد واقعا شرمنده میشدم اگر کمتر از ۵درصد درآمد سالانه خود را به امور خیریه اختصاص میدادم. (نوعی زکات)

دوستان، اطرافیان و همکاران در اجتماع آمریکا عملا به من آموختند که ارزش انسان و سرمایه اش برای ارتقاء سطح فرهنگ، آموزش و زندگی افراد جامعه ایست که خود جزیی از آن هستیم.

یهودیان و علل موفقیت آنان (امت موفق)

گرچه یهودیان صهیونیست مرتکب گناهان خطیری در سرزمین اسرائیل شده، زمین، خانه و املاک فلسطینیان را بدلیل این که اینجا سرزمین حضرت داوود و موسی است و به ما که قوم برگزیده خداوند هستیم از قدیم وعده داده شده (این مطلب مورد تایید قرآن هم میباشد)، فلسطینیان را از وطن و آب و خاک آباء و اجدادی خود بیرون رانده و یا در اردوگاه ها و مناطق محدود مثل نوارغزه و کناره غربی محاصره کرده اند و هزاران جوان و اطفال بیگناه فلسطینی را به خاک و خون کشیده، و به هیچ قدرتی دردنیا جوابگوی نیستند. علت این است که یهودیان قومی با نفوذ و بسیار پر قدرت در اروپا و آمریکا بوده و حیطه نفوذشان درحال حاضر به روسیه ، چین و کشورهای عربی هم کشیده شده است. آنها نبض اقتصادی، سیاسی، علمی، هنری و مهمتر از همه وسائل ارتباط جمعی را در دست دارند. صاحبان قدرت و دولتمندان به خصوص در آمریکا از آنها خط میگیرند و به خواسته هایشان جامه عمل میپوشانند، کوچکترین مخالفت با آنها به قیمت بر کنار شدن از مقامشان میباشد حتی اگر رئیس جمهوری مثل اوبامای مسلمان یا ترامپ راستگرا باشد والا در انتخابات آینده به علت تبلیغات منفی علیه آنها و یا رقیب تراشی برای خلع و جانشین کردنشان اقدام میکنند، به همین دلیل سیاستمداران و نمایندگان در کنکره آمریکا از هر یاوه ای که در آمریکا و اسراییل میگویند، میخواهند و میکنند، با وقاحت تمام طرفداری میکنند. در حال حاضر خانم رییس جمهور و شوهر معاون او هر دو کلیمی هستند.

نسل و نژادی که چند دهه قبل در معرض نابودی بود چگونه توانست در مدتی کوتاه چنین مقامی کسب کند. چرا این قدر در کار خود، در علوم، بانکداری، سیاست، در انحصار داشتن لوازم ارتباط عمومی اعم از رادیو، روزنامه، تلوزیون، سینما، تاتر، هنرهای زیبا مانند موسیقی، نقاشی، موزه ها و... موفق هستند ولی ما مسلمانان بعکس به قهقرا میرویم. شاید بتوانیم مقداری از تجربیات و طرز عملکرد آنان را که مخالفتی با عقاید و سنن مان ندارد در زندگی خانوادگی و اجتماعی خود بکار بگیریم.

جمعیت دنیا در سال ۲۰۱۵ – ۷/۳ میلیارد نفربود:

مسیحی۲/۳میلیاردنفر

مسلمان ۱/۸ میلیارد نفر

هندو ۱/۱ میلیارد نفر

بی دین ۱/۲ میلیارد نفر

بودائی یک میلیارد نفر

یهودی ۲۱ میلیون نفر (۰,۰۲۸٪ جمعیت دنیا)

طبق آمار منتشر شده در مقاله ای در اینترنت از سال ۱۹۰۱ که جایزه نوبل تشکیل شده تا موقع نشر آن مقاله در سال ۲۰۱۳ میلادی ۸۸۷نفر جایزه نوبل گرفته اند که از آن تعداد ۱ ۹۷ یهودی بودند، ۴۱٪ دررشته اقتصاد، ۲۸٪ در طب، ۲۶٪ در فیزیک، ۱۹٪ شیمی، ۱۳٪ ادبیات و ۹٪ نوبل صلح گرفتند. همچنین دربین چهارصدنفراز پولدارترین آمریکاییان ۲۵٪ یهودی هستند، درصورتی که فقط ۶ میلیون یهودی در آمریکا زندگی می کنند ، ۷۰٪ بازار بورس دنیا در اختیار یهودیان است. بیشتر روزنامه های مهم و رسانه های عمومی مثل تلویزیون را یهودیان در اختیار دارند. در دانشگاه های مهم آمریکا بیشتر افراد مهم و بیشتر رؤسای دپارتمان ها یهودی هستند. همینطور یادمان باشد که حضرات موسی و عیسی، (علیهماالسلام) کارل مارکس، فروید، انیشتین، و اپن هایمر(مخترع بمب اتم) همه یهودی بودند.

بخاطر موفقیت چشمگیر یهودیان و اخلاق و فرهنگ یهودی-مسیحی (*Judeo Christian*) ، در کره جنوبی اغلب خانواده ها در روز به اطفالشان دروسی از تلمود (تورات شفاهی) را خوانده و آنرا سرمشق زندگی قرار میدهند و بحث داغ در چین به خصوص در اینترنت پی بردن به رمز موفقیت یهودیان در دنیاست.

یهودیان در آمریکا از نظر اجتماعی، مالی و علمی در رده بالا یا متوسط بالا هستند. از ۳۲۰ میلیون نفر جمعیت آمریکا ۷۰٪ مسیحی، از اینان ۲۰٪ کاتولیک و ۴۷٪ پروتستان هستند. طبق آمار سرشماری ۲۰۱۷ جمعیت یهودیان در آمریکا ۵/۳ میلیون نفر و در اسرائیل ۶/۵ میلیون نفر است.

از نه نفر نمایندگان دیوان عالی کشور سه زن که یک نفر یهودی است و از شش مرد نیزیک نفر یهودی، ۵ نفر مسیحی است، پس دو نفر از نه نفر یهودی هستند. از این مقدمه مختصر به این نتیجه میرسیم که یهودیان گروه بسیار کوچکی از جامعه بشری هستند که از نظر هوش، علم، دانش، پشتکار، اقتصاد و سیاست همیشه پیشرو بوده اند.

در مقایسه مسلمانان جهان که حدود یک میلیارد و هفتصد میلیون نفر (۸۵ برابر جمعیت

یهودیان) هستند فقط ۲نفر جایزه نوبل در علوم گرفته اند، محمد عبدالسلام پاکستانی الاصل در فیزیک از انگلستان و احمد زوالی مصری الاصل و ساکن آمریکا و ۷ نفر جایزه صلح (انورسادات، یاسرعرفات، شیرین عبادی، محمد البرادعی، محمد یونس، ملاله یوسف زاده و توکل کرمان (خانم یمنی).

٪۴۰ یهودیان آمریکا را یهودیان پیشرو یا لیبرال (Reformed Jews) تشکیل میدهند. **یهودیان رفورم بر این باورند که دین پیشرو است، نه ساکن و بدون تغییر. و وحی الهی ادامه دارد و منحصر به حضرت موسی، کوه طور و صحرای سینا نیست. مهمترین وظیفه یهودیان (Reformed) رفورم Advocacy (وکالت، دفاع، مدافعه) از حقوق نیازمندان، ضعفا و مظلومین جامعه است بدون توجه به رنگ، دین و مبداء. برای این که یهودی رفورم باشی بایستی که در ذهن خود گوش به صدای ندای موسای درونت باشی و آن را بشنوی و در کارهای روزانه سعی بر آن داشته باشی که هر امری را که به تو و جامعه ات مربوط است ارتقاء بخشی و کمبودها را جبران کنی، دست خداوند در زمین باشی تا دنیای بهتری را برای زندگی همه موجودات به وجود آوری. امور مربوط به بینوایان، ضعفا، مظلومان و هرچه که در جامعه شکسته و رو به گمراهی و زوال و فساد است را به هر طریق که میتوانی و در قدرتت هست بهبود بخشی. درواقع فرد در برابر جامعه مسئول است. عدالت اجتماعی از دیگر اصول یهودی رفورم است، و هیچوقت فراموش نمیکنند که خداوند عالمیان نگران بهتر کردن زندگی و امور روزانه افراد و اجتماع است، و از نظر خداوند رسیدن به گرفتاری و مسائل اجتماعی ارجحیت دارد تا رسیدگی به امور اخروی و ندانسته های بهشت.**

چندین بار شاهد این حقیقت بوده ام که آنها برای بهتر کردن مدارس عمومی (ساختمان، معلمین، سالن های ورزشی و...) در محل زندگی خود رای داده اند که برای تامین بودجه لازم مالیات سالانه بر خانه و اموال غیر منقول خود را که مقدار کمی هم نیست (نوعی زکات) افزایش دهند. شاید یکی از دلائلی که این همه موفق بوده و مورد عنایت خداوند هستند این باشد که به عهدی که با خداوند بسته پایدار مانده و به آن عمل میکنند، (خداوند این رویه زندگی کردن را از مسلمانان توقع داشت ولی متاسفانه اکثر ما گمراه شده و مورد غضب او قرار گرفته ایم، زمستانمان گرم و بی برف و باران ولی در بهار یخبندان و سیل و باران که جز زیان برای کشاورزان فایده ای دیگر ندارد، نعمت برای زمین و گل و حیوانات و... و ذلت برای انسان های نابخرد)

غربی ها (مسلمانان در عمل) مشغول اختراع اتومبیل، هواپیما، تلویزیون، برق، تلفن هوشمند، ایمیل، فیسبوک، اینستاگرام، پیامک، تلگرام، گوگل سرچ و... هستند که زندگی بشریت به خصوص ما ایرانیان را بیش از همه تحت تأثیر قرار داده و از استفاده کننده های بی چون و

چرای آن هستیم، ولی ما مسلمانان در چندین قرن گذشته چه کرده ایم به جز اختراع هواپیماربایی، انقلاب های متعدد و اغلب مخرب در کشورهای اسلامی، شیوع اعتیاد به تریاک و فراورده های آن در دنیا، استفاده های نابجا از *Social Media*, اختراع گروه های طالبان، القاعده و از همه شرورتر گروه داعش که ادعای خلافت اسلامی را دارد و میخواهد در عراق و سوریه حکومت عدل اسلامی ایجاد کند و با جنایات وحشیانه و حیوانی خود باعث رعب و وحشت و تنفر از اسلام در دنیا شده است، به حدی که جوانان ما در کشورهای غربی از گفتن اینکه ما به امت وخانواده مسلمانان تعلق داریم شرم و حتی ابا میکنند.

یهودیان ارتدکس (*Ultra-orthodox* یا *Orthodox*) یا بنیادگرا به قوانین و دستورات تورات که در کتاب تلمود تفسیر و توضیح داده شده است بسیار پای بندند. آنها ۵۰٪ یهودیان انگلستان، ۲۷٪ یهودیان اسرائیل و ۱۳٪ یهودیان آمریکا را تشکیل میدهند. صهیونیست ها (*Zionist*) و اکثر یهودیان خاورمیانه ارتدکس هستند. زنان آنها بیشتر در منزل مانده و خانه دار هستند. سطح معلوماتشان کم و هنگام بیرون رفتن از منزل کلاه گیس به سر مینهند بجای روسری و دامن هایشان تا مچ پا را میپوشاند. آنها سعی در داشتن فرزندان بیشتری دارند تا جمعیت یهودیان افزایش پیدا کند.

یهودیان محافظه کار (*Conservative*) معتقدند که **وحی به جمیع یهودیان است و وحی شخصی وجود ندارد، بنابراین به اتفاق آرا امور دینی و اجتماعی خود را تعیین کرده و تغییر میدهند.** آنها به ارجحیت جامعه و سنن نسبت به رای انفرادی در امور وحی عقیده دارند (*Mass Revelations*). این گروه محافظ مراسم قومی و مذهبی یهودیت هستند. قوانین یهودی را اصیل و در عین حال قابل تغییر میدانند. آنها متد تحقیقات علمی را برای وضع و یا تغییر قوانین دینی خود ارجح میدانند، به جای تکیه بر روش های سنتی و کتب قدیمی، آنها اتفاق نظر پیروان خود را شرط اساسی قبول قوانین دینی میدانند، بیشتر یهودیان محافظه کار در آمریکا به خصوص در منطقه نیویورک هستند، آنها در اصول دین یهودیت اتفاق نظر داشته و در آن تغییر جایز نمیدانند.

علل موفقیت یهودیان:

یکی از مهمترین اصول اعتقادی یهودیان پای بند بودن به هفت فرمان نوح و سپس ده فرمان حضرت موسی است، که خداوند در کوه طور در صحرای سینا و همصحبت شدن با موسی (موسی کلیم لله)، به عنوان قوانین لایتغیر به او ابلاغ کرد. عامل مهم دیگر اعتقاد به آموزش و یادگیری موسیقی است که در کتاب های مذهبی به آن تکیه شده است. دَاوُدَ نبی یا پادشاه بین سالهای ۹۷۲ – ۱۰۱۲ قبل از میلاد مسیح میزیسته و به روایت قرآن صاحب کتاب آسمانی زبور است، کتابی که امروزه به نام مزامیر ضمیمه تورات است و شامل ۱۵۰ قطعه سرود نیایشی است، که هر قطعه آن مزمور به معنای «نای» است. در زبور استفاده از سازهای کوبه ای، بادی و زهی برای شادمانی ذکر شده است. حضرت سلیمان نبی، پسر حضرت دَاوُدَ در کتاب غزل هایش مخلصانه و عاشقانه با خدای خود راز و نیاز میکند و از دوری او مینالد (بشنو از نی چون حکایت میکند، از جدایی ها شکایت میکند). در زمان دانیال نبی که همزمان با داریوش و کورش کبیر بود موسیقی رایج بود یهودیان نقش موثری در پیشبرد و اعتلای موسیقی تا به امروز داشته اند، آنها سعی میکنند فرزندان خود را از کودکی با شعر، عرفان، غزل و موسیقی آشنا کرده و خوشی، شادی، لطافت، عرفان، شناخت زبانی دیگر (زبان موسیقی) که شادی آفرین وجامعه ساز است در ارتباط با خداوند و انسان ها به وجود آورند، بعلاوه آموختن موسیقی نه تنها باعث تقویت و دانایی سلولهای مغزی شده و مانند علوم ریاضی قدرت تخیل و تفکر و تجسس مغز را فزونی میبخشد، برای یهودیان موسیقی قسمت مهمی از عبادت محسوب میشود و فکر انسان را آماده خلق دانش و هنرهای مربوط به آن یعنی نقاشی، تئاتر، نویسندگی و غیره میکند و فرهنگ عمومی را اعتلا میبخشد و خیرخواهی و انساندوستی را در جامعه تقویت میکند.

سرمشق زندگی یهودیان: تحصیل علم، سختکوشی در کارها، منصف بودن در معاملات ومناسبات، آرزوی خوبی کردن برای همه، همبستگی، در تماس بودن و شبکه سازی اجتماعی فیمابین، مدارس خوب (ازدیاد پرداخت مالیات به این منظور، در آمریکا مدارس خوب در شهرهای یهودی نشین است)، ارزشهای فامیلی، احترام به دین و رفتار به اصول دین، حفظ آداب و رسوم یهودیان، شرکت در امور خیریه بخصوص هنرهای تجسمی، موسیقی، نقاشی، موزه...؛ پشتکار، کنجکاوی و پرس وجو کردن، فعالیت های فوق برنامه از نواختن ویولن و پیانو گرفته تا کارهای داوطلبانه در امور عام المنفعه، روزنامه نگاری، نویسندگی و سعی در تحقیقات علمی بنیانی و تألیف آنهاست.

هر فامیل یهودی سعی میکند که فرزندانی موفق، خلاق، آشنا با هنر و موسیقی، نه تنها همدردی کردن با دیگران بلکه حس درد دیگران *Empathic* و *Sympathic*، مستقل، عدم اعتماد بی چون و چرا به مافوق (سؤال کن، چون معلم است هرچه میگوید قبول نکن با احترام سوال کن و بفهم چه میگوید، فقط حفظ نکن) کتاب خواندن، شادبودن و دنیا را بر خود سخت نگرفتن و در عین حال جدی بودن، تربیت کند.

در روابط خود با افرادهمیشه عدالت، صداقت و انسانیت را رعایت میکنند.

به دنیای اطرافت بیدار و مترصد باش تا بتوانی حقی را که دنیا به گردنت دارد با تعمیر ناملایمات زندگی فامیل و جامعه جبران نمایی.

در حسابرسی سالیانه (شب های قدر یهودیان) از وجدان خود و از خود بپرسی: آیا من در سال گذشته دوستی که باید باشم بودم؟ آیا والدینی که میخواستم باشم، بودم؟ آیا من معلم و یا هر کار دیگر که باید باشم، بودم؟ و آیا شهروندی که می باید باشم بودم؟ و آیا وظیفه دینی، فامیلی و وجدانی خود را نسبت به همه آن طور که باید و شاید ادا کردم؟ با طرح این سوالات خود را صادقانه بازجویی کرده و در رفع نقایص خود میکوشد.

علاوه بر پایبندی به آداب و سنن و صداقت در کار و سعی در بنده خوب خدا بودن، اکثر محققین یهودی بر این عقیده اند که دانش آنهاست که آنان را پیشرو جامعه در ۲۰۰۰سال گذشته قرار داده است.

در سال ۷۰میلادی برای دومین بار کنیسهٔ اعظم یهودیان در اورشلیم توسط رومیان تخریب گشت و آنها مجبور به مهاجرت از اورشلیم شدند. در آن وقت به دستور خاخامان و عالمان یهودی هر مرد یهودی موظف شد که به پسران خود از سن ۶ – ۷ سالگی سواد خواندن و نوشتن تورات را، در مدرسه، مکتب خانه و یا کنیسه بیاموزد، و همچنین زبان قومی خود عبری را حفظ و حراست کنند.

از آن زمان که در بیشتر جوامع مردم کلاً بیسواد بودند و توان خواندن و نوشتن از نوادر بود، یهودیان با سواد، مصدر اغلب امور اداری در محل اقامت خود شدند، در نتیجه درآمد بیشتری داشتند، به اولیای حکومتی نزدیکتر از بقیه جمعیت بودند، با تماس با یکدیگر از اتفاقات اجتماعی و اقتصادی زودتر و بیشتر مطلع میشدند و با داشتن سرمایه میتوانستند در خرید املاک و مستقلات از دیگران سبقت بگیرند. به همین منوال با گذشت قرنها نزدیکی به عمال حکومت و سیاست، تجمع مال و ثروت، و تبعیت، پیروی و عمل به دستورات کتب آسمانی تورات، زبور و قوانین تلمود، زندگی شخصی، خانوادگی و اجتماعی خود را بر آن پایه بنا کرده و روزبه روز موفقتر شده اند تا به امروز که می بینیم. به طور مثال در سالهای ۷۵۰ تا ۹۰۰ میلادی به علت باسواد بودن بیشتر یهودیان در ایران و بین النهرین کار کشاورزی را رها

کرده و در دستگاه خلفای عباسی در شهرها به خدمات دولتی گمارده شدند.
ضمناً یهودیان بخاطر موقعیت استثنایی توان مالی، سواد خواندن و نوشتن، و حرام نبودن ربا
(به عکس مسیحیت و اسلام)، دادن وام و دریافت بهره بیش از حد متعارف در بازار در
انحصار آنان بوده و به همین دلیل در امور اقتصادی و بانکداری نیز از دیگران سبقت گرفتند.
در یک مدرسه یهودی بنام دبستان ابن میمون در شهربروکلاین که نزدیک محل زندگی
ماست، روزانه به دانش آموزان هشت اصل مهم مندرج در تورات و تلمود یادآوری میشود:

۱.   تکالیفت را روزانه انجام بده. (از مدرسه گرفته تا پایان عمر به هر کاری که
مشغول هستی)

۲.   با کارمندان و زیر دستان به احترام و عدالت رفتار کن.

۳.   بیشترین و بهترین خدمات را به مشتریانت ارائه بده.

۴.   با مشتریانت صادق باش.

۵.   همیشه طوری رفتار کن که فکر کنی خدا مواظب اعمالت هست.

۶.   سعی کن که در اجتماع به صداقت، انسانیت و عدالت معروف شوی.

۷.   انتقاد از خود را تشویق کرده و قبول کن.

۸.   صدقه و انفاق را جزو وظایف خود قرار ده.

بالاخره به آنان احترام به زندگی، جان، و مال مردم، صلح و صفا و همزیستی مسالمت آمیز،
تساوی حقوق، تحصیل علم، حمایت از فامیل و مسئولیت اجتماعی به طور سیستماتیک
آموزش داده شده و روزانه تذکر داده میشود تا ملکه ضمیرشان گردد. به همین دلیل در
آمریکا اطبا، و کلای دادگستری، دانشمندان، محققین، خبرنگاران و بانکداران یهودی بیشتر
از سایرین مورد اعتماد بوده و مشتریان بیشتری دارند.

تلمود سفارش میکند که موفقیت ظاهری چندان اهمیت ندارد، مهمتر آن است که وجدانا
احساس موفقیت کنی و این امر اتفاق نمیافتد مگر اینکه در مناسبات خود با دیگران صادق و
درستکار باشی. در این صورت حتی باخت به ظاهر باز هم بُرد است. کوشش مسئولیت است
که از طرف خداوند به عهده ما محول گشته ولی نتیجه کوشش پیدا کردنی و هدیه ای از
خداوند است، به عبارت دیگر موفقیت هدیه ای است از خداوند که فقط با کوشش کردن
بدست میآید، آنها در این که اگر کوشش کنند خداوند در کارها به آنان کمک خواهد کرد
(توکل) واقعاً معتقد بوده و به آن عمل میکنند.

سرمشق زندگی یهودیان: تحصیلات، سختکوشی در کارها، منصف بودن، سعی در ارتقاء
سطح زندگی کلیه افراد، همبستگی، همنشینی و شبکه سازی *Networking* و تشکیل گروه‌های
مختلف که به پیشرفت آنها کمک میکند، مدارس خوب، ارزش های فامیلی، احترام به دین

و رفتار به اصول دین، احترام و پایبندی به آداب و رسوم فرهنگی و دینی، عرفان کبالا یا قبول جمع اضداد، که همان اعتدال است کمک های مالی به هنرمندان و هنر کده ها، ترویج و اشاعه هنر اعم از تجسمی، سینما، تئاتر، مجسمه سازی، نقاشی، موسیقی، امور موزه ها برای حفظ و نگهداری اشیاء قدیمی و با ارزش، داوطلب شدن در امور عام المنفعه، روزنامه نگاری، نویسندگی، سعی و صداقت در تحقیقات علمی و تألیف آنها در مجلات معتبر، سعی در آشنایی و تبحر در نواختن یک وسیله موسیقی مانند ویلون یا پیانو و... از آنجمله اند. شاید دلایل فوق باعث برجا ماندن این قوم در طول تاریخ پرطلاطم خود در طی قرون و اعصار گذشته علیرغم دشمنی ها، حسادت و غبطه بومیان تا حد نسل کشی بوده و یا بعکس لازمه زندگی به عنوان گروه اقلیت در طول تاریخشان، احراز خصوصیات اخلاقی فوق بوده است. شاید به دلیل همین خصوصیات اخلاقی است که تا آنجا که من شاهد هستم عامل پیشرفت اکثر پزشکان خارجی در آمریکا پزشکان یهودی بوده اند. برای شخص من آقایان دکتر مجار در شیکاگو ، دکتر اسلاوین در سنت لوییز، دکتر کیت هنلی در آن آربور میشیگان، دکتر کرت ایسلباخر در بوستون، دکتر پیتر کارپ، دکتر رابرت واینر، دکتر لاری رزومنا در نوروود، همه بدون هیچ چشمداشت و توقعی شانه های خود را برای ارتقاء علمی و شغلی بنده تکیه گاه قرار دادند.

بخاطر موقعیت جغرافیایی حدود نیمی از بیمارانم کلیمی بودند، بدون در نظر گرفتن اینکه من یک ایرانی مسلمان شیعه و با ایمان هستم. خصوصیات اخلاقی و توانایی علمی برایشان ملاک بود. نه اینکه دین تو چیست و از کدام فامیل و کدام مملکت آمده ای. درست بعکس رفتار ما ایرانیان نسبت به مهاجرین افاغنه فقیر و سنی مذهب در کشورمان.

فصل هشتم

فقه اسلامی و دلائل قابلیت و لزوم تغییرپذیری آن

۳:۱۹- ان الدین عندالله الأسلام.

دین خدا قیم و پایدار و ثابت و رشد دهنده است.

طبق آیات قرآنی حضرات نوح و ابراهیم و اسماعیل، یعقوب، موسی و عیسی و تمام موجودات ناشناخته مسلمان هستند و تابع قوانین طبیعی و درمسیر تکامل.

دین کلیه مخلوقات اسلام است. فقط شرایع برحسب زمان متفاوت بودند:

یونس ۷۲: **وامرات ان اکون من المسلمین** (حضرت نوح)

بقره ۲/۱۲۷: **واذ یرفع ابراهیم القواعدفی البیت اسمعیل ربنا تقبل منا انک انت السمیع العلیم. ربنا واجعلنا مسلمین لک ومن ذریتنا امته مسلمه لک** (ابراهیم واسماعیل)

بقره ۲/۱۳۲: **ووصی بما ابراهیم بتبه ویعقوب یابنی ان الله اصطفی لکم الدین فلا تموتن الا وانتم مسلمون** (یعقوب)

یونس ۸۴: **وقال موسی یاقوم ان کنتم آمنتم باالله فعلیه توکلوا ان کنتم مسلمین** (موسی)

آل عمران ۵۲: **فلما احسن عیسی منهم الکفر قال من انصاری الی االله، قال الحواریون نحن انصارالله آمنا باالله واشهدبانا مسلمون** (عیسی)

نمل۳۱: **انه من سلیمان وانه بسم الله الرحمن الرحیم الا تعلوا علی و اتونی مسلمین** (سلیمان)

جن ۱۴: **الجن المؤمن وانا منا المسلمون و منا القاسطون** (تمام موجودات آسمانها و زمین)

آل عمران۱۹: **ان الذین عندالله الاسلام** (محمد)

آل عمران ۸۵: **ومن تتبع غیرالأسلام دیناً فلن تقبل منه وهو فی الأخره من الخاصرین**

همانطوری که قبلاً به آن پرداخته شد طبق آیات قرآنی دین یعنی قانون (الهی و بشری)، خداوند اطاعت و تسلیم بندگان از قوانین الهی را واجب می داند (اسلام) همانطوری که درهر کشوری اطاعت از قوانین آن لازم است. قوانین الهی برای کلیه مخلوقات ثابت و تغییر ناپذیرند.

بنابراین تمام پیامبران مسلمان بودند . تمام موجودات شناخته وناشناخته اعم از پرندگان، هوا ، کوه، آب حیوانات و گیاهان، اجرام سماوی وغیره مسلمانند وپیرو قوانین ومشیت خداوندی هستند.

ادیان بودائی، کلیمی، مسیحی اسلام وغیره، همه شرایع اند باسنن متفاوت ومناسب با زمان خود وشرایعباگذشت زمان قابل ولازم التغییر اند .

در این فصل به لزوم تدوین فقه یکپارچه و مدرن اسلامی برگرفته از قرآن، سنت رسول (طرز فکر آن حضرت و نه الزامأ طرز زندگی ایشان که اجبارأ در بند زمان و مکان مخصوص خود بود)، عقل و آراء اکثریت می پردازیم، باشد که اسلام واقعی مجددا در بین مسلمانان احیاء گردد.

سؤالی که مطرح میشود اینست که آیا مدرنیزه کردن دین اسلام (*Reform*) از نظر دینی، عرفی، عقلایی و جامعه شناسی امکان پذیر است و آیا واقعا چنین رنسانسی از نظر سیاسی، اقتصادی و اجتماعی نفعی برای مسلمانان دارد؟

در مباحث بعد از این قسمت اینجانب سعی کرده ام به استناد به مدارکی از قرآن مانند احکام ناسخ و منسوخ، مذاهب مختلف در اسلام، عقل، آراء عمومی، عدل و احسان، امربه معروف و نهی از منکر وجوب آن را در این زمان استنتاج نمایم.

سالها بعد از رحلت پیامبرصلوات الله علیه، تحت شرایط اجتماعی خاص و به مرور زمان برداشتهای متفاوت از شریعت اسلام باعث پیدایش مذاهب سنی و شیعه شد و سپس شعب مختلف در این دو مذهب بنیانگذاری شد. متاسفانه این اسلام پیشرو بعد از مدتی آینده نگری و جلو رفتن با زمان را متوقف کرد و فقه اسلامی باز پسگرا برای قرن ها جانشین فقه پیشرو گردید.

در حال حاضر با تغییر شرایط زمانی و مکانی جوامع مسلمان (اجتماعی، علمی، اقتصادی، سیاسی) بازنگری جامع در شرایع و فقه اسلامی ضروری به نظر میرسد. باشد که مسلمانان با استفاده از قرآن، عقل، آموزه هایی برداشته از سنت پیامبر و مورد قبول اکثریت، یکپارچگی و احترام از دست رفته خود را بازیافته و بتوانند بماموریت قرآنی الگو بودن برای سایر انسان‌ها جامه عمل بپوشانند.

آیاتی مربوط به پیامبر عزیز محمد مصطفی صل الله علیه و آله در قرآن

پیامبر فرمود: إنما بعثت لأتمم مکارم الأخلاق (حدیث صحیح)
برگزیده شدم که مکارم اخلاقی را تمام کنم

درباره پیامبر عظیم الشأن اسلام، محمد مصطفی صلی الله علیه و آله در قرآن مطالب زیادی است که اهم آن این است که او عبد و رسول خدا و بشری بر صراط مستقیم است و پیامهای خداوند را به بندگان درست ابلاغ کرده است. خداوند بر او صلوات دارد. او یتیم، امی، بیسواد و در نزد خدا و مردم خود امین شناخته شده بود، بسیار خوش اخلاق و مهربان به خصوص نسبت به اطرافیان خود بوده و بشری است که غذا میخورد، در کوچه و بازار قدم میزند، معلومات او محدود است به وحی الهی و آنچه از آن آموخته بود. (بعید است که حضرتش در آن زمان از معجزه عدد ۱۹ درباره حروف مقطعه در قرآن، مطالب متعدد علمی درباره پیدایش و اتمام دنیا و منظومه ها، گردش سیارات، مطالب راجع به پیدایش و رشد جنین و چگونگی به وجود آمدن شیر در پستان مادر و غیره اطلاعی دقیق علمی داشته باشد، جون این مطالب درقرن گذشته کشف شده اند. او فقط وحی الهی را ابلاغ میفرمود.) خداوند مکرراً از مردم میخواهد که از خدا و پیام آورش حضرت محمد(ص) پیروی کنند. از او میخواهد که برای ترویج دین اینقدر حسرت نخورد، خود را به مشقت و جان عزیزش را به هلاکت نیاندازد. در ضمن گوشزدهایی مانند «از گناهانت استغفار کن، از جاهلان مباش، خدا تو را ببخشد، تقوی پیشه کن، صبر داشته باش، گمراه بودی و هدایت شدی، از ایتام و افراد پایین جامعه روی مگردان» هم وجود دارد که جنبه انسان بودن و اسیر احساسات بودن آن بزرگوار را نشان می‌دهد.

الانعام ۶ / ۱۶۱: قُلْ إِنَّنِي هَدَانِي رَبِّي إِلَى صِرَاطٍ مُسْتَقِيمٍ دِينًا قِيَمًا مِلَّةَ إِبْرَاهِيمَ حَنِيفًا وَمَا كَانَ مِنَ الْمُشْرِكِينَ ﴿۱۶۱﴾

هود ۱۱ / ۵۶: إِنِّي تَوَكَّلْتُ عَلَى اللَّهِ رَبِّي وَرَبِّكُمْ مَا مِنْ دَابَّةٍ إِلَّا هُوَ آخِذٌ بِنَاصِيَتِهَا إِنَّ رَبِّي عَلَى صِرَاطٍ مُسْتَقِيمٍ ﴿۵۶﴾

الحج ۲۲ / ۶۷: لِكُلِّ أُمَّةٍ جَعَلْنَا مَنْسَكًا هُمْ نَاسِكُوهُ فَلَا يُنَازِعُنَّكَ فِي الْأَمْرِ وَادْعُ إِلَى رَبِّكَ إِنَّكَ لَعَلَى هُدًى مُسْتَقِيمٍ ﴿۶۷﴾

المومنون ۲۳ / ۷۳: وَإِنَّكَ لَتَدْعُوهُمْ إِلَى صِرَاطٍ مُسْتَقِيمٍ ﴿۷۳﴾

يس ۳۶ / ۲۲: يس ﴿۱﴾ وَالْقُرْآنِ الْحَكِيمِ ﴿۲﴾ إِنَّكَ لَمِنَ الْمُرْسَلِينَ ﴿۳﴾ عَلَى صِرَاطٍ مُسْتَقِيمٍ ﴿۴﴾

الفتح ۴۸ / ۲: لِيَغْفِرَ لَكَ اللَّهُ مَا تَقَدَّمَ مِنْ ذَنْبِكَ وَمَا تَأَخَّرَ وَيُتِمَّ نِعْمَتَهُ عَلَيْكَ وَيَهْدِيَكَ صِرَاطًا مُسْتَقِيمًا ﴿۲﴾

اطیعوالله و الرسول اقلا ۲۰ دفعه درقر آن آمده است. چون پیامبر حامل وحی و دستورات خداوند وامین او بود.

التوبه ۹ / ۱۲۸: لَقَدْ جَاءَكُمْ رَسُولٌ مِنْ أَنْفُسِكُمْ عَزِيزٌ عَلَيْهِ مَا عَنِتُّمْ حَرِيصٌ عَلَيْكُمْ بِالْمُؤْمِنِينَ رَءُوفٌ رَحِيمٌ ﴿۱۲۸﴾

المومنون ۲۳ / ۳۲: فَأَرْسَلْنَا فِيهِمْ رَسُولًا مِنْهُمْ أَنِ اعْبُدُوا اللَّهَ مَا لَكُمْ مِنْ إِلَهٍ غَيْرُهُ أَفَلَا تَتَّقُونَ ﴿۳۲﴾

الاسرا ۱۷ / ۹۳: أَوْ يَكُونَ لَكَ بَيْتٌ مِنْ زُخْرُفٍ أَوْ تَرْقَى فِي السَّمَاءِ وَلَنْ نُؤْمِنَ لِرُقِيِّكَ حَتَّى تُنَزِّلَ عَلَيْنَا كِتَابًا نَقْرَؤُهُ قُلْ سُبْحَانَ رَبِّي هَلْ كُنْتُ إِلَّا بَشَرًا رَسُولًا ﴿۹۳﴾

الفرقان ۲۵ / ۷: وَقَالُوا مَالِ هَذَا الرَّسُولِ يَأْكُلُ الطَّعَامَ وَيَمْشِي فِي الْأَسْوَاقِ لَوْلَا أُنْزِلَ إِلَيْهِ مَلَكٌ فَيَكُونَ مَعَهُ نَذِيرًا ﴿۷﴾

الاحقاف ۴۶ / ۹: قُلْ مَا كُنْتُ بِدْعًا مِنَ الرُّسُلِ وَمَا أَدْرِي مَا يُفْعَلُ بِي وَلَا بِكُمْ إِنْ أَتَّبِعُ إِلَّا مَا يُوحَى إِلَيَّ وَمَا أَنَا إِلَّا نَذِيرٌ مُبِينٌ ﴿۹﴾

بگو من نو نو ظهوری از رسولان نیستم، من نه میدانم بر خودم چه خواهد رفت (درقیامت)، و نه بر شما، من تنها از آنچه به سویم وحی میشود پیروی میکنم و جز هشدار دهنده آشکاری نیستم

آل عمران ۳ / ۱۴۴: وَمَا مُحَمَّدٌ إِلَّا رَسُولٌ قَدْ خَلَتْ مِنْ قَبْلِهِ الرُّسُلُ أَفَإِنْ مَاتَ أَوْ قُتِلَ انْقَلَبْتُمْ عَلَى أَعْقَابِكُمْ وَمَنْ يَنْقَلِبْ عَلَى عَقِبَيْهِ فَلَنْ يَضُرَّ اللَّهَ شَيْئًا وَسَيَجْزِي اللَّهُ الشَّاكِرِينَ ﴿۱۴۴﴾

الشعرا ۲۶ / ۱۲۵: إِنِّي لَكُمْ رَسُولٌ أَمِينٌ ﴿۱۲۵﴾

الشعرا ٢٦ / ١٧٨: إِنِّي لَكُمْ رَسُولٌ أَمِينٌ ﴿١٧٨﴾

الاحزاب ٣٣ / ٢١: لَقَدْ كَانَ لَكُمْ فِي رَسُولِ اللَّهِ أُسْوَةٌ حَسَنَةٌ لِمَنْ كَانَ يَرْجُو اللَّهَ وَالْيَوْمَ الْآخِرَ وَذَكَرَ اللَّهَ كَثِيرًا ﴿٢١﴾

القلم ٦٨ / ٤: وَإِنَّكَ لَعَلَى خُلُقٍ عَظِيمٍ ﴿٤﴾

النور ٢٤ / ٥٤: قُلْ أَطِيعُوا اللَّهَ وَأَطِيعُوا الرَّسُولَ فَإِنْ تَوَلَّوْا فَإِنَّمَا عَلَيْهِ مَا حُمِّلَ وَعَلَيْكُمْ مَا حُمِّلْتُمْ وَإِنْ تُطِيعُوهُ تَهْتَدُوا وَمَا عَلَى الرَّسُولِ إِلَّا الْبَلَاغُ الْمُبِينُ ﴿٥٤﴾

المائده ٥ / ٦٧: يَا أَيُّهَا الرَّسُولُ بَلِّغْ مَا أُنْزِلَ إِلَيْكَ مِنْ رَبِّكَ وَإِنْ لَمْ تَفْعَلْ فَمَا بَلَّغْتَ رِسَالَتَهُ وَاللَّهُ يَعْصِمُكَ مِنَ النَّاسِ إِنَّ اللَّهَ لَا يَهْدِي الْقَوْمَ الْكَافِرِينَ ﴿٦٧﴾

طه ٢٠ / ٢: مَا أَنْزَلْنَا عَلَيْكَ الْقُرْآنَ لِتَشْقَى ﴿٢﴾

الكهف ١٨ / ٦: فَلَعَلَّكَ بَاخِعٌ نَفْسَكَ عَلَى آثَارِهِمْ إِنْ لَمْ يُؤْمِنُوا بِهَذَا الْحَدِيثِ أَسَفًا ﴿٦﴾

فاطر ٣٥ / ٨: أَفَمَنْ زُيِّنَ لَهُ سُوءُ عَمَلِهِ فَرَآهُ حَسَنًا فَإِنَّ اللَّهَ يُضِلُّ مَنْ يَشَاءُ وَيَهْدِي مَنْ يَشَاءُ فَلَا تَذْهَبْ نَفْسُكَ عَلَيْهِمْ حَسَرَاتٍ إِنَّ اللَّهَ عَلِيمٌ بِمَا يَصْنَعُونَ ﴿٨﴾

محمد ٤٧ / ١٩: فَاعْلَمْ أَنَّهُ لَا إِلَهَ إِلَّا اللَّهُ وَاسْتَغْفِرْ لِذَنْبِكَ وَلِلْمُؤْمِنِينَ وَالْمُؤْمِنَاتِ وَاللَّهُ يَعْلَمُ مُتَقَلَّبَكُمْ وَمَثْوَاكُمْ ﴿١٩﴾

المومنون ٢٣ / ١١٨: وَقُلْ رَبِّ اغْفِرْ وَارْحَمْ وَأَنْتَ خَيْرُ الرَّاحِمِينَ ﴿١١٨﴾

النسا ٤ / ١٠٦: وَاسْتَغْفِرِ اللَّهَ إِنَّ اللَّهَ كَانَ غَفُورًا رَحِيمًا ﴿١٠٦﴾

غافر ٤٠ / ٥٥: فَاصْبِرْ إِنَّ وَعْدَ اللَّهِ حَقٌّ وَاسْتَغْفِرْ لِذَنْبِكَ وَسَبِّحْ بِحَمْدِ رَبِّكَ بِالْعَشِيِّ وَالْإِبْكَارِ ﴿٥٥﴾

النصر ۱۱۰ / ۳: فَسَبِّحْ بِحَمْدِ رَبِّكَ وَاسْتَغْفِرْهُ إِنَّهُ كَانَ تَوَّابًا ﴿۳﴾

التوبه ۹ / ۴۳: عَفَا اللَّهُ عَنْكَ لِمَ أَذِنْتَ لَهُمْ حَتَّى يَتَبَيَّنَ لَكَ الَّذِينَ صَدَقُوا وَتَعْلَمَ الْكَاذِبِينَ ﴿۴۳﴾

التحریم ۶۶ / ۱: يَا أَيُّهَا النَّبِيُّ لِمَ تُحَرِّمُ مَا أَحَلَّ اللَّهُ لَكَ تَبْتَغِي مَرْضَاتَ أَزْوَاجِكَ وَاللَّهُ غَفُورٌ رَحِيمٌ ﴿۱﴾

الانعام ۶ / ۳۵: وَإِنْ كَانَ كَبُرَ عَلَيْكَ إِعْرَاضُهُمْ فَإِنِ اسْتَطَعْتَ أَنْ تَبْتَغِيَ نَفَقًا فِي الْأَرْضِ أَوْ سُلَّمًا فِي السَّمَاءِ فَتَأْتِيَهُمْ بِآيَةٍ وَلَوْ شَاءَ اللَّهُ لَجَمَعَهُمْ عَلَى الْهُدَى فَلَا تَكُونَنَّ مِنَ الْجَاهِلِينَ ﴿۳۵﴾

الاحزاب ۳۳ / ۱: يَا أَيُّهَا النَّبِيُّ اتَّقِ اللَّهَ وَلَا تُطِعِ الْكَافِرِينَ وَالْمُنَافِقِينَ إِنَّ اللَّهَ كَانَ عَلِيمًا حَكِيمًا ﴿۱﴾

عبس ۸۰ / ۱: عَبَسَ وَتَوَلَّى ﴿۱﴾

الضحی ۹۳ / ۹: فَأَمَّا الْيَتِيمَ فَلَا تَقْهَرْ ﴿۹﴾

الضحی ۹۳ / ۷: وَ وَجَدَكَ ضَالًّا فَهَدَى ﴿۷﴾

الشوری ۴۲ / ۵۲: وَكَذَلِكَ أَوْحَيْنَا إِلَيْكَ رُوحًا مِنْ أَمْرِنَا مَا كُنْتَ تَدْرِي مَا الْكِتَابُ وَلَا الْإِيمَانُ وَلَكِنْ جَعَلْنَاهُ نُورًا نَهْدِي بِهِ مَنْ نَشَاءُ مِنْ عِبَادِنَا وَإِنَّكَ لَتَهْدِي إِلَى صِرَاطٍ مُسْتَقِيمٍ ﴿۵۲﴾

آیا زمان حال بازنگری به شریعت و فقه اسلامی را ایجاب میکند؟

فقه به معنای درک و فهم است و اصول فقه آشنایی با احکام شرعی و آگاهی با کیفیت استدلال از قرآن و حدیث برای انجام امور دینی در زمان و مکان های متفاوت است (اجتهاد)، و به دو بخش عبادی و سیاسی تقسیم میشود. بلافاصله بعد از رحلت پیامبر(ص) باب اجتهاد برای اهل سنت باز شد ولی شیعیان بخاطر ائمه که فقهای زمان خود بودند به خصوص امام صادق نیازی به اجتهاد احساس نکردند. اجتهاد شیعی بعد از غیبت امام دوازدهم شروع شد و با زندگی شخصی افراد سرو کار دارد (عبادی). فقه شیعه فقط در زمانهای محدود آل بویه،

اوایل صفویه و ایران کنونی سیاسی و فعال بوده است. فقه عبادی اهل تسنن در دوره عباسیان ساکن شد و از ۱۳۰ مذهب سنی چهار عدد باقی ماند. ولی فقه سیاسی آنان تا آخر خلفای عثمانی در ترکیه ادامه داشت، علمای درباری پس از وضع قوانین جدید دستورات لازم فقهی را بر حسب مقتضیات زمان صادر میکردند. بنابراین اهل تسنن تجربه طولانی در فقه سیاسی دارند. فقه کنونی در ایران عبادی-سیاسی است که قسمت عبادی آن فربه و قدیمی و بخش سیاسی آن جدید و در حال تجربه اندوزی است. در قانون اساسی جمهوری اسلامی ولی فقیه رهبر سیاسی و مذهبی و تعیین کننده فقه شیعی است.

متاسفانه فقه اسلامی صرف نظر از شیعه و سنی در هیچ دوره ای به تصحیح مسائلی مانند حقوق زنان و خانواده، حق مادر در ولایت فرزند اقلا به اندازه پدر، روش های مجازات سنگسار، قطع دست، شلاق و غیره نپرداخته اند، حتی در کشورهایی مانند اندونزی، تونس، مراکش و ترکیه با فرهنگ های متفاوت ولی پیرو همان مذهب به این امور توجه نکرده اند. بسیاری از احکام شرعی و فقهی ورودیهای دین و وصل به آن هستند، و توسط فقها به تناسب زمان و مکان و اوضاع اجتماعی و سیاسی مسلمانان وضع شده، و بیشتر به خصوص برای شیعیان بر مبنای درک آنها از مجموعه قرآن، سنت، عقل و اجماع بوده است. به نظر میرسد که فقه ساکن و دست و پاگیر یکی از عوامل عقب ماندگی مسلمانان باشد و در صورت عدم تغییر از این هم عقب افتاده تر میشویم زیرا شرایط زندگی فردی و اجتماعی ما با سرعت وصف ناشدنی رو به جلو (کمال مقصود) در حرکت است و دین مورد نیاز معنوی ماست و لازمه ادامهٔ دینداری، تدوین فقه جدید قرآنی-عقلانی است.

علاوه بر مذاهب مختلف، متغیرهای دیگر مانند احکام ناسخ و منسوخ، عقل عملی متغییر که تابع دانش و زمان است، امربه معروف و نهی از منکر که آن هم به زمان و مکان ربط دارد، تماماً مؤید لزوم تغییر و یکپارچگی فقه اسلامی متناسب با شرایط زمان و موقعیت جوامع بشری است. در شرایع مختلف از دین اسلام از بدو امر (حضرت آدم) تا کنون احکام تغییر کرده اند ولی اصل دین تغییری نداشته و اسلام به همهٔ انسان ها زندگی متعادل و پیشرفت رو به تکامل برحسب زمان و مکان را توصیه کرده است. همانطوری که احکام زمان حضرت موسی درزمان حضرت عیسی تغییر کرده و همانطور که احکام زمان حضرت عیسی درزمان حضرت محمد به تناسب زمان و مکان و تمدن قومی که محمد(ص) برای هدایت آنها بر گزیده شده بود تغییرات معتنابهی داشت. دراین زمان هم وجوب تغییرات دراحکام توسط مسلمانان الزامی است وحیاتی است و ممکن است درمکانهای مختلف به سطح فرهنگ و رشد اجتماعی آنها مربوط باشد.

خلاصه ای از شعب دین اسلام (شریعت محمدی) و تفاوتهای فقهی آنها

مذاهب متفاوت شریعت محمدی (دین اسلام) ازنظر فقهی تفاوتهای فاحشی دارند که بطور خلاصه ومجمل درذیل به آنها اشاره می شود. این نظرات قضاوت فقهی درتغییر و تفسیر احکام را جایز می شمارند:

مذاهب فقهی اهل سنت شامل : حنفی، مالکی، شافعی، حنبلی است.

مذاهب کلامی –اشاعره، معتزلی

جنبشهای فکری اهل سنت ـ سلفی، وهابی، دیو بندی و اخوان المسلمین

درصد مذاهب: ۳۱٪ حنفی، ۲۵٪ مالکی، ۱۶٪ شافعی، ۴٪ حنبلی، ۵٪ سلفی و وهابی، ۲۳٪ شیعه

۱. حنفی:

مسلمانان حنفی اهل رای هستند چنان که بعد از صدور هر حکم و فتوایی ابوحنیفه میگفت : این فقط نظر ماست. او با اهل حدیث مخالف بود و حدیث و خبر مفرد را قبول نداشت.

شریعت حنفی بر هفت اصل است:

قرآن، سنت، قول صحابه، قیاس، رای، استحسان، اجماع، عرف. و در بحث جبر و اختیار به آزادی عمل انسان معتقدند.

- اجماع: اتفاق نظر و یکسان بودن نظر کلیه فقیهان
- رأی: بر آمده از ذهن
- قیاس: جاری کردن حکم شرعی یک موضوع بر موضوعی مشابه که حکمی درباره آن در متون دینی نیست. (منطقی استدلالی از جزء به کل)
- استصلاح: آنچه به نفع اسلام و مسلمین است.
- استحسان: نظر شخصی عالم دینی
- عرف: رسوم کشورهای اسلامی که با شریعت مخالف نیست.

۲. مالکی:

قرآن و حدیث صحیح دو منبع آنها است. نزدیکترین به حنفی است، سنت و فتاوی چهار خلفای راشدین به خصوص عمر را بیشتر قبول دارند. اگر قرآن و حدیث های صحیح به

جواب نرسید عمل افراد مدینه در سه نسل اول بعد از پیامبر یا نسل اول مسلمانان بعد، نظر صحابه، قیاس و استصلاح (صلاح و مصلحت و مفید بودن به حال اسلام و مسلمین)، و به اندازه عرف (رسوم مردم در سراسر کشورهای اسلامی اگر با مدارج عالی شریعت مخالف نباشد). بیشترین تکیه روی استصلاح *Public Interest* است.

۳.   شافعی:

استحسان یعنی نظر شخصی عالم و فتوا را قبول ندارد چون انسانی کردن قوانین الهی است. از جمله مذاهب فقهی با سابقه در ایران است و درصد قابل ملاحظه ای از اهل سنت در ایران شافعی‌هستند.

۴.   حنبلی

تقلید را قبول ندارد و بر این باور است که معنی قرآن تحت اللفظی است (*Literal*). میگوید خودت قرآن و حدیث را بخوان و در مورد موضوعات به نتیجه برس. (محافظه کارترین در امور مذهبی و آزادانه ترین در روابط تجاری است.)

۵.   جریانهای سلفی و تکفیری (وهابی، دیوبندی ها و اخوان المسلمین)

سلفی ها با هدف احیای دوران سلف و ایجاد خلافت اسلامی بنیانگذاری شده اند. وهابیت در قرن هجدهم در عربستان به وجود آمد و هدف خود را پالایش اساسی در اسلام و برگشت به آموزه های اصیل در قرآن و حدیث (سنت پیامبر) قرار داد و با هر نوع بدعتی بعد از آن مخالفت میکند. از نظر فقهی پیرو مذهب حنبلی (تقلید را قبول ندارند) و از نظر عقیدتی پیرو اعتقادات ابن تیمیه است و مخالف تاویل گرایی قرآن و احادیث اند. سلفیت دیوبندی در قرن هجدهم در منطقه دیوبند هند توسط شاه ولی لله دهلوی شروع شد. آنها مخالف بدعت، جهل و خرافات هستند و نجات مسلمین را در آموزش و تدبر در قرآن و عمل به آن میدانند، و امروزه در هند، پاکستان و افغانستان فعالیت دارند. اخوان المسلمین یک جنبش سیاسی فرا ملی اهل سنت است. آنها به سنت پیامبر در همه امور اعتقادی و عبادی، تهذیب نفس، بهبود شرایط سیاسی، علمی، اجتماعی و اقتصادی مسلمین، و توجه ویژه به تبلیغ و ارشاد دارند.

آنها معتقدند که رییس کشور باید توسط مردم انتخاب شود. جهاد را تلاش و کوشش در راه خدا تفسیر میکنند.

بطور کلی قرآن، سنت، حدیث صحیح، اجماع، رأی، عرف، قیاس، عقل، استحسان و استصلاح در فقه مذاهب سنی مورد استفاده قرار می‌گیرد. آنها مجتهد، فتوا، تقلید، متعه و تقیه را قبول ندارند.

مذاهب شیعه:

فقه شیعه بر قرآن، سنت، عقل و اجماع استوار است. از شیعیان علی علیه السلام نیز امروزه سه گروه اثنی عشری (دوازده امامی)، اسماعیلی (هفت امامی که امامت را به اسماعیل فرزند امام جعفر صادق ختم میکنند) و زیدی (پیروان زیدبن علی) قابل ذکرند. مذهب شیعه مبتنی بر تفسیری از قرآن و سنت حضرت محمد(ص) میباشد که از طریق امامان شیعه بیان و تعلیم شده است. وجه مشترک اعتقادات تمام شیعیان باور به انتصاب علی بن ابیطالب برای جانشینی حضرت محمد به عنوان اولین خلیفه و امامت فرزندان علی و فاطمه پس از وی از سوی خداوند است (ابوبکر، عمر و عثمان را به عنوان خلفای راشدین قبول ندارند).

شیعه ۷ امامی = فرقه اسماعیلیه: بعد از امام جعفر صادق به امامت فرزند بزرگش اسماعیل باور دارند. به بهشت و دوزخ جسمانی معتقد نیستند و به حلول و تناسخ ارواح باور دارند. یکی از اعتقادات مهم آنها امربه‌معروف و نهی ازمنکر است. یکی از عقاید شاخص اسماعیلیه باطن‌گرایی و تأویل قرآن است. بعکس وهابیون. فرقه اسماعیلیه قرآن و احادیث و احکام شرع را تأویل میکنند چون ظاهر آن را الزاماً قبول نداشته و به باطن آن میگرایند.

تفاوت شیعه ۱۲ امامی با مذاهب سنی:

در مذهب شیعه حدیث وقتی قابل قبول است که با قرآن و عقل مطابقت داشته باشد. در اصول دین دو رکن عدل و امامت به سه رکن توحید، معاد و نبوت که اصول دین سنی مذهبان است اضافه شده است.

در تعبیر شرع، قرآن، فقه، روایات و زندگی ۱۲ امام و چهارده معصوم، اجتهاد و فتوای مجتهد، تقلید از مجتهد مرجع، عقل، متعه (صیغه ازدواج با محدودیت زمانی)، تقیه (دروغ مصلحتی)، و اعتقاد به وجود و غیبت دوازدهمین امام به نام حضرت مهدی امام زمان(عج)

که منجی بشریت است و برای نجات از ظلم و برقراری عدالت و رفاه شیعیان منتظر خواهد آمد، باوردارند.

شیعیان اثنی عشری دو گروه اند: اخباری و اصولی

روش مکتب اصولی برای دستیابی به احکام دینی اجتهاد است، بر این اساس مردم در زمان غیبت امام زمان به دو دسته اقلیت مجتهد، و اکثریت مقلد تقسیم میشوند.

شیعیان اخباری احادیث و روایات رسیده از امامان را که در کتب اربعه شیوخ طوسی، کلینی، و صدوق درج است بیشتر از قرآن قبول دارند، چون معتقدند که قرآنی که اکنون در دسترس ماست تحریف شده و قرآن واقعی را امام زمان خواهند آورد. به همین دلیل درحوزه های علمیه قم و نجف احادیث و روایات حجت است و قرآن نقش جانبی و فرعی دارد.

و اینک برای اطلاع بیشتر به خلاصه ای از افکار گروه معتزله که به تاریخ پیوستند ولی به تدریج برخی از افکارشان در شعب دیگر رسوخ کرد میپردازیم:

معتزله گروهی از متکلمان اهل سنت بودند که به اصالت عقل در برابر نقل، شهرت داشتند و به عقلانیت و آزاد اندیشی اهمیت میدادند، و بدین رو به تاویل آن دسته از متون دینی که به ظاهر با عقل ناسازگار بودند پرداختند، برای مثال رویت الهی در قیامت را که در برخی متون به آن تصریح شده انکار کردند و آن را به تاویل بردند، زیرا به لحاظ عقلی، رویت بدون مکان و جهت ممکن نیست و چون خداوند از مکان و جهت منزه است رویت او در این جهان و آخرت و یاتأویل معانی دست خدا و چشم خدا و غیره، ممکن نیست و معتقد بودند که کنایات و متشابهات در قرآن اجازه تاویل میدهد ولی محکمات قابل تغییر و تاویل نیستند.

برخی از علمای عقلگرای شیعه مانند شیخ مفید و سید مرتضی به معتزله نزدیک بودند ولی علمای شیعی که گرایش حدیثی و فقهی بیشتری داشتند با معتزله اختلاف بیشتری داشته و با عقلگرایی و علم کلام مخالف بودند. معتزلیان پاره ای از عقایدشان را منتسب به آموزه ها و سخنان حضرت علی علیه السلام کرده اند. شیعیان برخلاف معتزلیان امربه معروف و نهی از منکر را از اصول اعتقادات نمیدانند و آن را از فروعات به شمار میآورند. مهمترین تفاوت معتزله با شیعه مسئله امامت است، به اعتقاد معتزله تعیین و انتصاب امام از طرف خداوند ضرورت ندارد، گروهی از معتزلی ها علی ابن ابیطالب (ع) را بعد از پیامبر از دیگران برتر می‌دانستند، ولی خلافت خلفای پیش از امام علی را به دلیل مصالح جامعه صحیح می‌دانند.

معتزله معتقد بودند که مغفرت بدون توبه ناممکن است، تکلیف به آنچه در حد طاقت انسان نیست محال است، افعال بندگان مخلوق خدا نیست و مشیت الهی به افعال بندگان تعلق نمیگیرد، انسان آزاد و مختار است نه مجبور، انسان قبل از انجام فعلی قدرت انجام یا ترک آن را دارد، در تعارض حدیث با عقل، عقل مقدم است، قرآن را میتوان با عقل تفسیر کرد،

کلام خدا مخلوق است و نه ازلی، و قرآن فعل خدا و حادث است نه صفت او، و قرآن نیز خود را حدیث میخواند.

۳۹:۲۳- پیام های همواره نو و تازه شونده برحسب درک ودانش تلاوت و تدبر کننده ندا به موسی زمانی که خداوند با او صحبت کرد حادث بود، قبلا وجود نداشت و قدیمه نبود. این مکتب به خاطر زیاده روی در روشنفکری و تاویل حتی بعضی از محکمات به تدریج به فراموشی سپرده شدند. اهل حدیث بعکس معتزله خرد گریز بودند، اشاعره مخالف معتزله و جبری بودند، آنها معتقد به عمومیت اراده و قضا و قدر الهی در همه امور از جمله در افعال انسان، مختار نبودن انسان و مخلوق خدا بودن اعمال او، بنابراین انسان آفریننده عمل خود نیست بلکه اکتساب کننده آنست. در کارهای خدا غایت و غرضی نیست. شرور مانند خیرات از جانب خداست. رعایت لطف و اصلح بر خدا واجب نیست، حسن و قبح افعال ذاتی نیست بلکه شرعی است، و عدل نیز امری شرعی است نه عقلی و ذاتی.

صرف نظر از تفاوت های فوق، تفاوتی بین پیامبران و ادیان آنها نیست، تفاوت ها در شرایع است. ولی نزد خداوند کرامت افراد به درجه تقوای آنان بستگی دارد.

البقره ۲ / ۱۳۶: بگویید ما به خدا، به آنچه بر ما و به آنچه بر ابراهیم و اسماعیل و اسحاق و یعقوب و اسباط نازل شده و آنچه به موسی و عیسی داده شده و آنچه به سایر پیامبران از سوی پروردگارشان فرستاده شده ایمان آورده ایم. ما میان هیچ یک از آنان فرق نمیگذاریم و تسلیم او (خداوند) هستیم.

آل عمران ۳ / ۸۴: (همه پیامبران و انبیا الهی مسلمان بودند)
بنابراین دین یکی و آن مسلمانی (یکتا پرستی و بر صراط مستقیم بودن) است ولی شرایع و مذاهب بسته به جوامع مختلف و عصر نزول تغییر کرده است، همانطوری که معروف و منکرها و حلال و حرام ها تغییر کردند. و در نظر خداوند کرامت انسان ها به درجه متقی بودن (خود نگهداری، میانه روی در زندگی و مفید بودن) آنها مربوط است نه به مذهبشان (شیعه، سنی، مسیحی، یهودی، بودایی، لامذهب چون لامذهب هم خدا شناس هست ولی به مذهب مشخصی تعلق ندارد). انسانیت به معنی متعارف آن شرط است (در خدمت خلق بودن و زندگی متعادل). آیات فوق و زندگی سایرپیروان شرایع و ادیان معیار بندگی را با نوع غذا و مشروبات، طرز لباس پوشیدن و حجاب افراد نمی سنجد زیرا آثار این افعال بیشتر دنیوی هستند تا اخروی. شاید هدف از توصیه مهاجرت و سفر در قرآن هم دیدن طرز فکر و زندگی پیروان ادیان و مذاهب دیگر و پی بردن به راز موفقیت آنان با چشم دل و نه با عینک رنگی تفاوت ها و تبعیض ها است.

احکام ناسخ و منسوخ

درمدت ۱۳ سال بعداز هجرت به تناسب تقاضای تازه مسلمانان واجتماع مدینه عنایت خداوند به بندگان و تکریم آنان بحدی است که خداوند درمدینه احکام را تغییردادو تبدیل کرد

تغییر حکم شرع در امرونهی و حلال و حرام در قرآن و یا توسط پیامبر نسخ نامیده میشود، وجود این احکام در قرآن یکی از دلائل عدم دائمی بودن احکام فقهی است.

البقره ۲ / ۱۰۶: هر آیه ای را (در طبیعت یا شریعت) نسخ (جایگزین) کنیم و یا از (زمین، زمان و ذهن ها) برداریم، بهتر از آن یا همانندش را میآوریم. (لازمهٔ ایجاب تکامل درشریعت وطبیعت)

النحل ۱۶ / ۱۰۱: و هرگاه آیه ای را جایگزین آیه ای دیگر کنیم و خدا به آنچه نازل میکند داناتر است جز این نیست که میگویند تو از خود می سازی، (نه چنین نیست) بلکه بیشتر آنها نمی دانند.

مسئلهٔ ناسخ ومنسوخ وتأکید این آیه براینکه «خدابه آنچه نازل می کند داناتر است»نشان می دهد که احکام خدا متناسب با مقتضیات زمانی ومکانی ورشد وکمال تدریجی ایشان تحول می یابد وتغییراتی که درفاصلهٔ زمانی حدود ۱۵۰۰ سال بین نزول تورات وقرآن درجوامع انسانی پدید آمده همانند همهٔ امور تعلیماتی وتربیتی می تواند وباید برخی از احکام را متحول سازد.

در زمان کمتر از ۱۰ سال بعد از هجرت، که پیامبر علاوه بر نبوت، سمت رهبری و نوعی حکومت بر اهالی یثرب (مدینه) رابرعهده داشتند، بعضی از احکام شرعی به دلایل مراعات مصالح بندگان، تخفیف به مسلمانان و یا تشدید بر مقصرین تغییر کردند: مانند تغییر قبله از اورشلیم به مکه زیرا اعراب تازه مسلمان قبل از اسلام هم مکه را خانه خدا، بنیانگذار آن را حضرت ابراهیم وفرزندش اسماعیل جد اعراب آن منطقه و محل مبارک میدانستند و از قرن ها قبل از اسلام مراسم حج در آن جا بر گزار میشد و با اورشلیم که قبله یهودیان است آشنایی چندان نداشتند، و در ضمن عرق وطن پرستی آنها هم چنین اجازه ای را نمیداد که از مکه رویگردانده و به اورشلیم روی آورند. خداوند بخاطر دلجویی از آنان و شناخت منافقین یهودی قبله را ۱۸۰ درجه به طرف مکه تغییر جهت داد.

البقره ۲ / ۱۴۴: (ای پیامبر) روی گرداندن (مشتاقانه و بی تاب) تو به آسمان را (در انتظار بازگشت به قبله نخستین) می بینیم. (با چنین اشتیاقی) مسلما تو را به قبله ای که بدان خشنود

شوی برمیگردانیم. پس اکنون رویت را به سوی مسجدالحرام بگردان و شما (مسلمانان نیز) هر کجا که هستید روی خویش را به سوی آن بگردانید.

همچنین غذاهای متنوعی که صدها سال قبل برای یهودیان شاید به دلایل بهداشتی حرام اعلام شده بود، بر مسلمانان حلال گشت به جز گوشت خوک که هنوز هم خوردن گوشت آلوده آن (خوک وحشی) بخاطر انتقال بیماری لاعلاج تریشینوز از نظر بهداشتی حرام است، امروزه گوشت خوک اهلی پرمصرفترین گوشت در دنیاست و سه چهارم مردم جهان از آن استفاده میکنند زیرا از نظر بهداشتی محیط پرورش و گوشت آنها کنترل شده و فاقد انگل تریشین است. اگر امروز پیامبر مبعوث می شدشاید خوردن آن برای مسلمانان هم بلامانع بود. قبلا ترکیب شیر و گوشت در آماده کردن غذا با یکدیگر حرام بود چون هر دو محیط کشت خوبی برای میکروب های مسمومیت زا بودند و یکی ممکن بود دیگری را هم آلوده کرده و باعث مسمومیت غذایی شدیدتری گردد. همینطور بسیاری از غذاهای دریایی حرام بود.

یهودیان حیوان را باید به نام خدا و در راه او ذبح کوشر میکردند که همان ذبح حلال اسلامی است و تمام خون از رگ های گردن حیوان بایستی خارج شود زیرا خون باقیمانده در رگهای درون گوشت میتواند در محیط مناسب منشاء بیماری های عفونی، اسهال و استفراغ و حتی مرگ شود. خون جهنده و تازه میتواند انواع و اقسام بیماری های مسری را منتقل کند. بعلاوه خون جهنده بمعنی فصد حیوان(مثلا شتر) و آشامیدن خون آن توسط اعراب بدوی بود وازاین طریق با تغذیهٔ خود، حیوان را دچار کم خونی و ضعف می کردند که «حیوان آزاری» و غیر انسانی بود.

احکام اجتناب از شراب و قمار برای مسلمانان در سال نهم هجری و ۲۲ سال بعد از بعثت رسالت ابلاغ شد، شاید بخاطر مشاهده تازه مسلمانان که احتمالاً مستی در حال نماز، بیماری ناشی از مصرف زیاد الکل، اثر مستی روی روابط زناشویی و غیره دستور خودداری از مصرف مشروبات الکلی صادر شد (اجتناب کنید. نه اینکه حرام است).

قمار در بعضی از افراد خانمان برانداز است. شرکت در بازار بورس برای خرید سهام برای اغلب افراد کم اطلاع و کم درآمد نوعی قمار است ولی در ممالک اسلامی رایج بوده و جمهوری اسلامی بخاطر کمبود بودجه آن را جایز شمرده و افراد را تشویق به شرکت در خرید اوراق سهام میکند. البته خرید سهام شرکت‌های شناخته شده و معتبر با حفاظت سرمایهٔ اولیه و سود مشروع، بدلیل تولید و کار آفرینی بدون اشکال بوده و حکم قمار را ندارد.

المائده ۵ / ۹۰: خدا شراب، قمار، قرعه، خوردن حرام، و گفتن سخن ناروا:غیبت، دروغ، تهمت را رجس شمرده است. پس نگفته که گناه است یا حرام است، گفته رجس است یعنی

اثر سوء برای شما دارد پس از آن اجتناب کنید.

رجس همان آلودگی اخلاقی است که با طهارت نفس و تقوا زایل میگردد.

نسخ نکاح متعه و زیارت اهل قبور توسط پیامبر بنا بر احادیث اهل سنت است.

این تغییرات دلایل متعددی داشتند که مهمترین آن مهربانی خداوند نسبت به بندگان و هماهنگی با معروف عقلانی آن زمان بدلایل ذیل بود:

موقعیت اجتماعی:

طلاق ظهار، ارث بردن زنان، تحریم نکاح متعه، اجازه ازدواج با چهار همسر، تحریم زیارت اهل قبور برای جلو گیری از بت شدن مردگان. پیامبر حتی اجازه نداد کسی تمثال مبارک او را ترسیم کند، مبادا که دست آویزی برای انسان پرستان بعد از او گردد.

تسهیل:

المائده ۵ / ۳: خداوند بسیاری از غذاهایی که به یهودیان حرام بود یا اعراب حرام میدانستند را بر مسلمانان بخاطر تغییر شرایط اجتماعی و بهداشتی حلال فرمود.

حرام یعنی محدودیت که ممکن است به علل قوانین شرعی، عرفی، یا طبیعی باشد مانند عدم استفاده از غذاهای آلوده به عوامل بیماری زا، ممانعت از راندگی در حال مستی، و نروییدن گل و گیاه در کویر خشک.

حلال در عربی یعنی آزاد، رها کردن، رفع موانع و گشودن گره هاست.

تخفیف احکام سخت:

المائده ۵ / ۱۰۱: ای کسانی که ایمان آورده اید از (پیامبر در مورد) چیزهایی (اضافه بر تکلیف) سوال مکنید که اگر بر شما پاسخش آشکار شود ناراحتتان میکند، ولی اگر هنگامی که قرآن نازل میشود (از ابهامتان در مورد حکمی) سوال کنید (آنچه وظیفه دارید) برایتان آشکار خواهد شد. خدا از آن (احکام جزیی و یا سخت مورد نظر شما) صرف نظر کرده (تخفیف داده) و خدا آمرزنده بردبار است.

النسا ۴ / ۲۸: يُرِيدُ اللَّهُ أَنْ يُخَفِّفَ عَنْكُمْ وَخُلِقَ الْإِنْسَانُ ضَعِيفًا ﴿۲۸﴾

پذیرش توبه برای کسانی که در مهار تمایلات جنسی ضعیف اند.(ضعف ذاتی انسان درمقابل غریزهٔ جنسی) خدا می خواهد برشما آسان گیرد و (می داند که) انسان ضعیف آفریده شده است.

البقره ۲ / ۱۸۷: أُحِلَّ لَكُمْ لَيْلَةَ الصِّيَامِ الرَّفَثُ إِلَى نِسَائِكُمْ هُنَّ لِبَاسٌ لَكُمْ وَأَنْتُمْ لِبَاسٌ لَهُنَّ عَلِمَ اللَّهُ أَنَّكُمْ كُنْتُمْ تَخْتَانُونَ أَنْفُسَكُمْ فَتَابَ عَلَيْكُمْ وَعَفَا عَنْكُمْ فَالْآنَ بَاشِرُوهُنَّ وَابْتَغُوا مَا كَتَبَ اللَّهُ لَكُمْ وَكُلُوا وَاشْرَبُوا حَتَّى يَتَبَيَّنَ لَكُمُ الْخَيْطُ الْأَبْيَضُ مِنَ الْخَيْطِ الْأَسْوَدِ مِنَ الْفَجْرِ ثُمَّ أَتِمُّوا الصِّيَامَ إِلَى اللَّيْلِ وَلَا تُبَاشِرُوهُنَّ وَأَنْتُمْ عَاكِفُونَ فِي الْمَسَاجِدِ تِلْكَ حُدُودُ اللَّهِ فَلَا تَقْرَبُوهَا كَذَلِكَ يُبَيِّنُ اللَّهُ آيَاتِه لِلنَّاسِ لَعَلَّهُمْ يَتَّقُونَ ﴿۱۸۷﴾ رفع ممنوعیت در خوردن و آشامیدن و معاشرت با همسر در شبهای ماه مبارک رمضان به دلیل احتمال خیانت به نفس.

تشدید:

ممنوع کردن تدریجی شراب و کلیه مسکرات، قمار و قرعه کشی در چهار نوبت:

١. سال ۲ هجری:

النحل ۱۶ / ۶۷: از میوهٔ درختان خرما وانگور مستی بخش ورزقی نیکو بدست می آورید مسلماً دراین نشانه ای است برای مردمی که خرد پیشه کنند.

٢. سال ۸ هجری:

النسا ۴ / ۴۳:درحال مستی به نماز نزدیک نشوید تا اینکه بدانید چه می گوئید

٣. سال ۹ هجری:

البقره ۲ / ۲۱۹:ازتو دربارهٔ شراب وقمار می پرسند بگو در آن دوزیانهایی بزرگ است واگرچه منافعی برای مردم دارد ولی زیانش از نفعش بیشتراست.

۴. سال ۹هجری:

المائده ۵ / ۹۳-۹۰: همانا شراب وقمار وانصاب(نمادهای شرک آمیز)وقرعه کشی (بخت آزمائی) پلیدیهایی ازکار شیطان است، پس از آنها دوری کنید باشد که رستگار شوید جز این نیست که شیطان می خواهد باشراب وقماربین شما دشمنی و کینه بیندازد وازیاد خدا بازتان دارد پس آیا دست برداره ستید؟

حجاب سال ۶ هجری:

۵۳:۳۳- به خانه های پیامبر داخل نشوید مگر آنکه برای صرف غذا اجازه یافته باشید .

بی آنکه درانتظار آماده شدن غذا بنشینید، بلکه هر گاه فرا خوانده شدید وارد شوید و چون غذا خوردید پراکنده گردید وسرگرم گفتگو شوید که این رفتارشما پیامبررا می آزارد وهرگاه از همسران پیامبر چیزی خواستید از پشت پرده درخواست کنید. که این برای شما و آنان پاک تراست وشمارا نسزد که پیامبر خدارا بیازارید.

روزه داری سال ۲ هجری:

البقره ۲ / ۱۸۳: ای کسانی که ایمان آورده اید، روزه بر شما واجب شده است، همان گونه که بر پیشینیان شما مقرر شده بود، باشد که پرهیز گار شوید.

معاندین ایرادات مختلفی در مورد آیات ناسخ و منسوخ و تغییر احکام گرفته و به اینکه آیا قرآن وحی است یا کلام و نظر پیامبر؟

١. خداوند ارحمالراحمین است و بهترین ها را برای بند گانش میخواهد. به همین دلیل برای اکثر بند گان زندگی متعادل عاری از افراط و تفریط راتوصیه فرموده است.

٢. در قرآن مطلب غیرعقلانی وجود ندارد.

٣. معروف های زمان های مختلف برای آن برهه زمانی عقلانی و تابع رأی اکثریت عقلا هستند.

۴. خداوند انسان را عبد و خلیفه خود و آزاد و مختار آفرید و به نظرات معقول اکثریت ترتیب اثر داده واحترام می گذارد.تغییر شرایع دین درزمانهای مختلف وفرهنگهای متفاوت دال براین مطلب است.

۵. قوانین خداوند در طبیعت تغییر ناپذیرند (جَفّ القَلَمُ بما هُوَ كائِنٌ إلی یَوم القِیامَةَ ، قلم خشک شد به آنچه پدید میآید تا روز قیامت، حدیث قدسی)، بنابراین آزادی وَ اختیار انسان ها نیز مانند نیروی جاذبه، توانایی های آب، آتش و هوا، خورشید و ماه و غیره تغییر ناپذیرند و خداوند به هیچ دلیلی اختیار را از هیچ انسانی سلب نخواهد کرد. نه اینکه نتواند، بلکه نمیخواهد، او مانند بند گان سلیقه ای عمل نمیکند.

بنابراین از اینکه ما برای فردا چه تصمیمی داریم مطلع نیست. او از ما توقع دارد که بر طبق فطرت تربیت شده خود در راه صحیح و تکاملی عمل کنیم که به هوش ، درک ، عقل، علم ، امکانات، محیط زندگی و تربیتی ما مربوط است. (این درست برخلاف بر داشت جبریان از این حدیث است که معتقدند هر کاری که از ما سر میزند، خوب یا بد از قبل در لوح تقدیر نوشته شده است و ما را در آن اختیاری نیست). حال اگر عمل به پیروی از دستورات الهی و بر صراط مستقیم باشد، قوانین طبیعی وِ کائنات (دین ومشیت الهی) در انجام آن به انسان

کمک کرده و ثمری چندین برابر عایدش میشود(قرآن)، ولی اگر به راه کج باشد به حکم عدل الهی نتیجه عمل خود را به مناسبت زحمتی که برای آن کشیده در این دنیا میگیرد نه کمتر و نه بیشتر و دیگر از کمک کائنات برخوردار نخواهد شد. بنابراین هیچ کسی مورد ظلم قرار نمیگیرد و اقلا آنچه را کاشته میدرود. به قول مولانا قلم تقدیر الهی نوشته است که هر کاری در این دنیا اثر و نتیجه ای متناسب با آن کار دارد (هر عملی را عکس العملی است) و به گروه مسلمانان جبری هشدار میدهد که منظور از جَفَّ القَلَمُ بیان قوانین کلی الهی است، زیرا آدمی در دایره قضا و قدر صاحب اختیار است، کژی کژ میآورد، راستی سعادت ابدی، عدل و ظلم نتایج متناسب دارند، باده خوری مستی میآورد. و پرخوری مرض.

یکی دیگر از موارد جف القلم که در قرآن آمده است مدت زندگی جنین در رحم مادر و طول عمر انسان هاست. در حال حاضر حداکثر سن انسان ها یک قرن است. خداوند در قرآن میفرماید که ما مرگ را خلق کردیم. امروزه مشخص شده است که در انتهای DNA و کروموزم قسمتی به نام تلومر وجود دارد که طول آن، طول عمر شخص را تعیین میکند و وقتی تلومر در اثر عوامل مختلف بتدریج از بین رفت سلول ها دیگر قابل تقسیم نیستند و انسان میمیرد. طول تلومر در زنان بیشتر از مردان و در مردان سیاه پوست بیشتر از مردان سفیدپوست است. سرعت کوتاه شدن طول تلومر که به طول عمر ثابت در هر فردی مربوط است در اثر عوامل ژنتیک، تغذیه، فعالیت جسمی، استرس روحی به خصوص PTSD در زمان طفولیت و قبل از بلوغ، و امراض مختلف سریعتر شده و بالنتیجه باعث کوتاهی عمر میگردد، به خصوص اگر از نظر پزشکی نیز در مضیقه باشد. در اینجا یک جف القلم طول تلومر و بالنتیجه طول عمر هر فرد است که خلق شده و دیگری عواملی هستند که میتوانند باعث سرعت زوال تلومر شده و طب امروزه با اجازه و سلطان خداوند و کشف عوامل بیماری زا، دارو و جراحی میتواند از مرگ زودرس جلوگیری کند و یا آنکه شخص میتواند آن را با ورزش، استراحت، خواب کافی، غذای کم چرب و گیاهی، محیط آرام، تلومر عمر از قبل تعیین شده طبیعی خود را بگذراند.

۶.   بندگان آزاد و مختار بسته به خامی و بلوغ نفس خود و درجه اسارت به نفس اماره و لوامه تصمیمات متفاوتی در مورد زندگی خود و دیگران میگیرند و به آن عمل میکنند. البته خداوند در طول تاریخ برای رشد و نمو معنوی او و به سوی کمال خود، بر حسب درجه بلوغ معرفتی و اجتماعی او پیامبرانی که راه درست زندگی کردن را به آنان بیآموزد بر گزیده و هر بار دستورات کاملتر از قبل را در کتب آسمانی تذکر داده است. البته در طول تاریخ زمانی که جوامع فاسد و بخودی خود غیر قابل اصلاح بودند برای هدایت آن اقوام پیامبرانی فرستاده و اگر به کلی غیر قابل اصلاح بودند آنها را نابود کرده است.

در کتاب مقدس قسمت سفر پیدایش، فصل ششم آمده است: هنگامی که خداوند دید مردم غرق در گناهند و دائما به سوی زشتی ها و پلیدی ها میروند از آفرینش انسان متاسف و محزون شد (نوح در عرض چند صد سال پیامبری توانسته بود کمتر از صد نفر را به راه راست هدایت کند (هفت فرمان). پس خداوند فرمود من انسانی را که آفریده ام از روی زمین محو میکنم. اما نوح با خانواده اش مورد لطف خداوند قرار گرفت و با او عهد کرد که او، زن و دخترانش را در کشتی محافظت خواهد کرد. داستان از بین بردن قوم لوط بخاطر همجنس بازی بین زنان و مردان منطقه سدوم و گومورا، مدفون کردن رومیان شهر پومپئی Pompeii در جنوب ایتالیا زیر خاکستر آتشفشان کوه وسووی یوس (وزو) که در قرن گذشته از زیر خاکستر بیرون آمده و شواهد موجود نشان دهنده فحشا ی همه گیر بین اهالی خوشگذران آن شهر میباشد. و یا معجزات محفوظ نگهداشتن اصحاب کهف از کفار، و قوم موسی از فرعونیان و حفظ کردن جسد فرعون برای عبرت جهانیان... از آنجمله اند.

۷.‏ در حدیث قدسی دیگر که زبانزد عارفان است، خداوند گنج مخفی بود که دوست داشت شناخته شود پس خلایق را خلق کرد (کنت کنزاً مخفیاً فأحببت أن أعرف فخلقت الخلق لکی أعرف) پس خدای تعالی خود و خلقتش را به تبع خودش دوست دارد چرا که آثار او شمه ای از خیر و کمالات اویند، خداوند از عبد و خلیفه خود میخواهد که به صفات او مزین شده و در پیشبرد مقاصد وی در روی زمین با الهام از کتب دینی، علم لدنی، علوم کشفی واکتسابی، عقل، هوش، مشاورت، کار و کوشش زیبایی خلقت را روزبه روز بیشتر و کاملتر کنند، تا بدینوسیله سایر بندگان و مخلوقات نیز در جهانی بهتر از دیروزشان از زندگی بهتر، مرفه تر، همراه با آرامش و خوشحالی برخوردار گردند. ابن عربی در تفسیر این حدیث معتقد بود که خداوند عالم را در نهایت جمال و کمال خلق کرد و عالم جمال‌الله است و حق تعالی جمیل است و دوست دارد خود را در غیر ببیند و از اینرو عالم را بر صورت جمال خود زیبا خلق کرد. البته در مورد صحت و ثقم این حدیث اتفاق نظر نیست ولی عرفا درباره آن و تعبیرش قلم فرسایی بسزایی کرده اند.

۸.‏ از پیامبران اولوالعزم نوح با ابلاغ هفت فرمان، ابراهیم با اعتقاد راسخ و خلل ناپذیر یکتاپرستی و نشان دادن صداقت ایمان و توکل نه تنها از آتش به سلامت عبور کرد بلکه آماده قربانی کردن فرزند خود اسماعیل به دستور خداوند بود تا سرمشقی برای تمام یکتاپرستان جهان باشد، موسی(ع) و ده فرمان که خداوند در کوه طور واقع در صحرای سینا به او ابلاغ فرمود و الفبای بندگی باید از آنجا شروع شود، و عیسی(ع) که کلمه و روح خدا بود پیام دوستی به خداوند و همنوع را تبلیغ فرمود و معروفترین پیامش این بود که همسایه ات را مانند خودت دوست بدار و آنچه را که به خود نمیپسندی به دیگران مپسند.

محمد (ص) تنها پیامبری بود که ۲۳ سال در میان مردم به عنوان رسول زیست. پس از هجرت به مدینه ۱۰ سال آخر رسالت حکومت بر مردم مدینه نیز از طرف خود مردم به عهده ایشان محول گشت، به این دلیل از نظر شریعت و فقه بیشتر مورد بحث هستند، ایشان خوبیها و بدیهای اجتماع را تجربه کرد و مردم را از طریق وحی، عقل، مشاهده و عرف هدایت میفرمود. بخاطر تغییرات زمان، محیط و اجتماع حتی در این مدت کوتاه آیات ناسخ و منسوخ مطرح شدند، تا خلائق متوجه شوند که به دلایل متفاوت حتی در زمانی خیلی کوتاه مسائل اجتماعی و سنت های قدیمی اگر مطابق با عرف اجتماع و عقل ورضایت عمومی نباشد با رای اکثریت تغییر آن توسط خداوند و از طرف او قابل قبول وممکن است.

عقل

خداوند بشر را توسط عقل از سایر موجودات متمایز کرد. معنای ریشه ای عقل حفظ و نگهداری است. تفکر اندیشه کردن در امور و محصول تفکر علم است. حفظ و نگهداری علم و کاربرد آن در زندگی تعقل نامیده میشود. پس عاقل کسی است که از دانش خود در مسیر درست استفاده کند.

ادراکات عقلی دو گونه اند: عقل فطری که مستقیما و بدون نیاز به تفکر درک و تصدیق میشود. این نوع ادراکات را مستقلات عقلیه میخوانند که خوب و بد را میداند. نوع دوم ادراکات علمیه است که از طریق همان عقل فطری اما توسط علم اکتسابی مورد تصدیق و درک قرار میگیرد، یعنی آنچه از علم بدست میآید از راه تفکر و اندیشه با عقل فطری منطبق میشود. معروف است که عقل فطری (وجدان) شرع است در وجود انسان و عقل اکتسابی شرع در خارج وجود.

چون دانش یکی از ارکان مهم عقل است بنابراین عقل انسانی با پیشرفت زمان و ازدیاد دانش اجتماع تغییر میکند. برای مثال اگر پدر بزرگ هر یک از ما سر از قبر درآورد بسیاری از موارد استفاده از دانش امروزی را باور نکرده و وجود بسیاری از ملزومات زندگی امروزی را غیرممکن و غیر عقلانی میداند و شاید قبول نکند که در کره زمین به دنیا آمده. در قرآن در ۴۹ آیه مشتفات عقل (تعقلون، یعقلون و افلا تعقلون...) برای تعقل کردن و یا توبیخ آنان که درباره مسائل مختلف تعقل نمیکنند وجود دارد. دانش طبیعی و مادی از طریق علم و تجربه کسب میشود و به سرعت رو به ازدیاد است و همینطور شرایط زندگی انسان ها که تحت تاثیر علم آنست. خداوند برای اعتلای دانش معنوی انسانها پیامبران متعدد فرستاد که هر یک مطابق

زمان و بلوغ انسان ها مکمل دین قبلی بوده اند بدون اینکه در اصل پیام که اسلام است تغییری باشد و آن بر صراط مستقیم زیستن، حفظ تعادل و عدالت، حذر از افراط و تفریط و ایمان وعمل صالح است، بدیهی است که فقه هر کدام از ادیان و مذاهب مطابق زمان و مکان و آمادگی انسان های زمان خود آن پیامبر و پیروانشان متفاوت بوده است.

با خاتم الانبیا بودن محمد (الاحزاب ۳۳ / ۴۰) ، خداوند هشدار میدهد که اصول آنچه را لازم بوده ازنظر اخلاقی بیان کرده و باقی را به عهده عقل دستجمعی انسان ها گذاشته که با تکیه بر آراء عمومی و پیروی از آن به امور جوامع خود بپردازند.

الشوری ۴۲ / ۳۸:...ودرامورتان با یکدیگر مشورت کنید.

الانبیا ۲۱ / ۱۰: ما برای شما (بنی اسراییل) کتابی نازل کرده ایم که حاوی ذکر است(احکامش با عقلتان منطبق است و خیر و صلاح تن، عقل و روانتان را به یادتان می‌آورد) ، پس آیا در آن تعقل نمیکنید؟

یوسف ۱۲ / ۲: ما قرآن را یک متن خواندنی در سطح درک و فهم شما نازل کردیم تا خرد خویش بکار بندید.

محمد ۴۷ / ۲۴: چرا در قرآن تدبر نمیکنند؟ مگر بر دلهایشان (برای هر فکر تازه) قفلهایی زده شده؟

طه ۲۰ / ۱۱۳: و ما بدینسان قرآن را به عربی (خواندنی روان) نازل کردیم و در آن انواع هشدارها را به اشکال مختلف بیان کردیم (بیان حالات مختلف و متنوع یک امر که در زمانهای متفاوت هر کسی در حد درک و فهم و ذوق و استعداد خود آن را دریابد.) شاید پروا کنند (از بیم گناه) یا (اقلا) تذکری برای آنان تازه گردد.

الزمر ۳۹ / ۲۸: این قرآن خواندنی روانی است بدون هیچ پیچیدگی و نارسایی، تا (مردم با پیروی از آن از انحرافات) پرهیز کنند.

غافر ۴۰ / ۵۴:کتابی را که بر بنی اسرائیل فرستادیم (تورات) برای راهنمایی صاحبان خرد بود.

الزمر ۱۸ / ۳۹: آنها که به سخنان گوش فرا میدهند و از بهترین آن پیروی میکنند، آنهایند که خدا رهبریشان کرده و آنها همان اولوالباب (صاحبان خرد و وجدان) هستند.

الانفعال ۲۲ / ۸: بیشک بدترین جنبندگان در نزد خدا اشخاص کر و گنگی هستند (از گوش و زبانشان در راه استفاده عقلانی بهره نمیبرند) که اندیشه نمیکنند.

الحج ۲۲ / ۴۶: آیا در زمین سیاحت نمیکنند تا قلب هایی برای آنان پدید آید که بدان تعقل کنند یا گوشهایی که بدان بشنوند (ببینند دیگران چگونه زندگی میکنند، روابط وحرف شنواییشان از یکدیگر و قوانین چگونه است.)

البقره ۲ / ۱۷۱: کران، گنگان و کورانند، به همین دلیل تعقل نمیکنند (چشم، گوش و زبان که آلات شناخت و ارتباط اند) پس کسانی که بدون تعقل و با تقلید کاری را انجام میدهند نه حاضرند حرف عاقلانه ای را گوش کنند، نه از حق با زبان خود دفاع کنند و حق بگویند و نه بصیرت دارند که اعمال غیراخلاقی را تشخیص دهند.

یونس ۱۰ / ۱۰۰: خداوند پلیدی (رجس) را بر کسانی مینهد که عقل خود را بکار نمیگیرند.

الفرقان ۲۵ / ۷۳: بندگان خدای رحمان آنان که چون به آیات پروردگارشان یادآوریشان کنند، در برابر آن چون کران و کوران بر زمین نمیافتند (به عقل خود رجوع میکنند.)

الفرقان ۲۵ / ۶۳: و خدای مهربان الگوی مومنان را حضرت ابراهیم معرفی میکند که هرگز از پرسش های معرفتی خود حتی از خداوند تا رسیدن به اطمینان قلبی باز نمیایستاد.

البقره ۲ / ۲۶۰: ابراهیم گفت ای پروردگار من، به من بنمای که مردگان را چگونه زنده می سازی، گفت آیا هنوز ایمان نیاورده ای؟ گفت بلی و لکن میخواهم که دلم آرام یابد.

الزمر ۱۸ / ۳۳: پس به بندگان من بشارت بده، آن کسانی که به همه سخن ها گوش میدهند و از بهترین آن پیروی میکنند، اینانند که خدا رهبریشان کرده و آنها همان اولوالباب (دارای وجدان های خدایی) هستند.

الغاشیه ۸۸ / ۲۱-۲۲: ای پیامبر تو جز یادآوری کننده نیستی (یادآوری آن حقیقتی را که مردمان در درون خود دارند و با عقل خود می یابند)، (و از جانب من حقی) برای سیطره بر آنها (برای اعمال قدرت و اجبار) اجازه نداری.

النحل ۱۶ / ۹۰: آیات فوق لزوم بررسی، سوال کردن و به عقل و آراء عمومی مراجعه کردن در کلیه امور حتی (به خصوص) مسائل دینی بر پایه عدل و برابری و احسان را به خلایق نشان میدهد و اینکه حتی پیامبر اجازه تحمیل اجباری پیامش را نداشت.

فصلت ۴۱ / ۳: كِتَابٌ فُصِّلَتْ آيَاتُهُ قُرْآنًا عَرَبِيًّا لِقَوْمٍ يَعْلَمُونَ ﴿۳﴾

کتابی که آیاتش به وضوح و روشنی بیان شده (تمامِ جزییات مورد نیاز هدایت را)، خواندنی روانی است، برای مردمانی که (بخواهند) بدانند (در جستجوی شناخت باشند) یعلمون فعل مضارع است و دلالت بر استمرار علم آموزی و تلاش برای شناخت میکند، یعنی در تمام دوران قرآن برای مردمی مفید است که خودشان به دنبال فهم و شناخت آن باشند. «در هر زمانی اگر بین عقل سلیم و حکمی از احکام تعارضی پدید آمد و عقل نتوانست صحت آن حکم را بپذیرد چنین حکمی یا از شرع نیست، و اگر هست شرایط زمانی و مکانی ایجاب میکند مورد تجدید نظر قرار گرفته و راه عقلی آن یافت شود »(آیت لله سید جواد غروی اصفهانی رحمت الله علیه).

قرآن بر ضرورت تعقل و تفکر و اندیشه تاکید و اصرار دارد، و بر عمل غیر عاقلانه صحه نمیگذارد، زیرا وجود تناقض در گفتار الهی مردود است.

برای اسلام امروز چکار باید کرد؟

مکارم اخلاق چیست؟ صراط مستقیم امروز چیست؟

افراط و تفریط و هر گونه انحراف از تعادل عرفی و اجتماعی خارج از صراط مستقیم است. مذاهب مختلف اسلام محمدی در نقش هدایتگری و سرمشق بودن قرآن و سنت پیامبر در وضع قوانین شرع متفق النظر هستند. ولی استفاده از حدیث، اجماع، استصلاح، عرف، استحسان، رأی، قیاس، اجتهاد، فتوا و عقل به دلایلی در همه مشترک نیست. شیعیان اخباری حتی قرآن را قبول نداشته و بر حدیث و روایات نقل از امامان، بیشتر تکیه می کنند. آنها معتقدند که قرآن کنونی تحریف شده است و منتظر آمدن قرآن واقعی توسط امام زمان(عج) هستند. سنت پیامبر نیز اگر فقط جنبه عملی آن را در نظر بگیریم دربعضی از موارد در این

زمان کارایی آن کم رنگتر یا توسط اجتماعات متمدن نسخ شده است بجز موارد اخلاقی و آنچه با قرآن و عقل تطابق دارد، ولی در اموری مانند ازدواج، معاملات، ارث و غیره در چهارده قرن بعد همخوانی نداشته و چه بسا غیرقانونی تلقی شود. پیامبر انسانی بس مهربان، انسانی کامل و معصوم در ابلاغ و نشر وحی الهی بود ولی طبق شواهد قرآنی فقط یک بشر پیام رسان با اطلاعات محدود و در مواردی به غیر از ابلاغ وحی که گوشزد خداوند را در مواقع نادری لازم داشت می توانست درمواردی جایزالخطا باشد. مسلما اگر امروز میزیست برای بهتر رساندن پیام خود از ازدواجهای متعدد با زنان سنین مختلف حتی برای مصلحت جوئی خودداری می کرد و برای زنان سخت گیریهای کنونی دربارهٔ حجاب را منع میفرمود. خداوند و پیامبر در امور مربوط به زنان مانند حق ارث بردن زنان، منع طلاق ظهار، شرایط طلاق رجعی و دائم، اجرت شیر دادن به نوزاد و شرایط داشتن همسران متعدد و غیره تغییرات بنیادین و به روز را امر فرمودند، که می تواند سر مشقی برای فرداهای آنروز باشد.

منبع اغلب قوانین دینی علاوه بر قرآن اغلب فقهای زمان خود بوده و استفاده از حدیث، اجماع، رأی، استحسان، قیاس و فتوا منحصر به آنان است..این نظریات شرعی سالها و شاید قرنهاست که تغییری نکرده اند. اکنون شاهد آن هستیم که اغلب فقهای شیعه از شهر و دیار خود به خارج سفر یا مهاجرت نکرده بودند تا با بقیه دنیا آشنا شوند و یا سفرشان محدود به عتبات عالیات نجف، قم، مشهد و مدینه و مصر بوده و فقط با هم ریشان خود نشست و برخاست می کردند. آنها یا ازدموکراسی و آزادی عقاید وسایر آزادی ها فکری یا اصلاً اطلاعی نداشتند ومعدودی هم آن را مخالف اسلام می دانستند درصورتیکه خداوند انسان را مختاروآزاد آفرید حتی درانتخاب دین یا شریعت شعبه ای ازدین وفقه جزو ناچیزی از شریعت است که هردو بازمان، لازم التغیرند. حتی ازدواجها که می تواند باعث تحصیلات فرهنگی شود را نیز مابین خودیها انجام میدادند. شیعیان کتب اربعه حدیث و روایات را به قرآن ترجیح می‌دهند، آنها جوامع بشری، روابط و اخلاقیات را از دیدمحدود خود قضاوت می‌کنند. شاید نمی بینند و یا نمی شَوند که بی حجاب عفیف در دنیا فراوان است و عفت زن با چادر و مقنعه او ربطی ندارد و اینکه زنان و دختران مسلمان با حجاب کامل را در جوامع غربی اجازه رفتن به مدرسه نمیدهند و یا از گرفتن شغلی مناسب در مکانهای عمومی محروم میمانند. آیا بیسوادی مادر آینده یا فقر حاصل از بیکاری امریست پسندیده یا قبیح از نظر اخلاقی، اجتماعی، پیامبر و قرآن!؟ انتخاب و پیروی از سنت در کلیه امور توسط اخوان المسلمین نه تنها به نفع اسلام امروزی نیست بلکه به شکست اخلاقی و اجتماعی و زوال تدریجی واسلام آنان میانجامد.

آیا بازگشت به قرآن، عقل، ترجیحا عرف جوامع موفق یا حداقل جوامعی را که برای زیستن،

آینده فرزندانشان و مفید و موثر بودن در دنیا انتخاب کرده‌اند، رأی مردم در انتخاب ترجیحی اولوالالباب (متخصصین) مربوطه برای شورا و قانونگذاری صحیح با اجرای بیچون و چرای قوانین مدنی، استدلال، انسانگرایی، روشنگری، همکاری و همراهی با قافله تمدن بشریت، به نفع اسلام و مسلمین و منطبق با روح اسلام است؟ یا عقبگرد به ۱۴۰۰ سال قبل و احیای اسلام «ناب محمدی» اعم از سلفی یا شیعی.

عقلگرایی غیرقرآنی را هم گروه معتزله تجربه کردند، آنان که در زمان مامون خلیفه عباسی به اوج قدرت رسیده بودند، به دلیل غلو در روشنفکری و عدم رعایت اعتدال، در دوره متوکل عباسی سران آنها به زندان افتاده و از قدرت افول نمودند و به تدریج از میان رفتند و مکتب عقلگرایی به قهقرا رفت. آیا معتزله جلوتر از زمان خود بودند؟! یا اینکه عقل غیرقرآنی هم سال است.

در حوالی قرن دوازدهم میلادی اولیای اسلام همه دستاوردهای متفکرین و دانشمندان مسلمان را از ابن سینا گرفته تا ابن رشد و فارابی و دیگران تکفیر کردند، کتاب سوزان شد، علم متوقف شد، علما و دانشمندان دگر اندیش تکفیر، کشته، زندانی، و بعضی از دیار خود فراری شدند تا حدی شبیه آنچه بعد از انقلاب اسلامی رخ داد. ولی در جهان غرب با استفاده از دستاوردهای اسلامی، در حالی که تمدن اسلامی در عقب ماندگی تدریجی فرو میرفت، در اروپای غربی و ایالات متحده آمریکا تمدن جدید روشنگری بر مبنای استدلال، دانش علت و معلولی قابل اثبات، عقل حاصل از علم و تجربه، و فرهنگ انسان محوری متولد شد و چنان به پیش رفت که با وجود ازدیاد جمعیت جهان ماحصل آن در حال حاضر این است که اکثریت مردم امن تر، سالمتر، متوسط طول عمرشان چندین برابر، ثروتشان به تناسب خیلی بیشتر، برخوردار از غذا، پوشاک، گرمایش و سرمایش مناسب با تغییرات جوی، طبیب و داروهای کافی و موثر، برق، آب لوله کشی، ایمن از وبا، طاعون، آبله، فلج اطفال، بیماری های عفونی کشنده، دارای اتومبیل، قطار، هواپیما و بالاخره تلفن هوشمند لمسی با تمام مزایایش که دنیا را در سر انگشتان مصرف کننده آن قرار داده و ارتباطات و تحولات عظیم جهانی را به کف دست مصرف کننده بدون در نظر گرفتن محدودیت زمان، مکان و فاصله قرار داده و سه چهارم جمعیت دنیا از آن استفاده مثبت و لازم را میبرند.

تفکر دمکراتیک و انسان محور، تساوی حقوق زن و مرد، آموزش و پرورش عمومی و رایگان، همه از نتایج عقلگرایی و درک این مهم است که فرصت ترقی و تعالی دادن به کلیه افراد اعم از جنس، نژاد، ملیت، سطح تمکن و غیره باعث اعتلای سطح زندگی همگان و خشنودی بندگان خداست، وخشنودی خداوند را با تمام مزایای آن در پی دارد. (من لم یشکر المخلوق لم یشکر الخالق)

با کمال تاسف در این مدت که بخاطر دستاوردهای علمی، اجتماعی و انسانی بشر غنی‌تر، با سوادتر و عمرش طولانی تر شده، مسلمانان هیچ نقشی در این همه پیشرفت نداشته اند، ولی میوه این باغ پر از نعمت و رحمت را خورده، بُرده و میبرندزیرا خداوند رحمان، رحمتش عالمگیر است. کفران نعمت است که گروهک هایی ازمسلمانان در عین استفاده از ثمرات آن، اصرار در ریشه کن کردن سبزه، درختان و حتی باغبانان آن را درسردارند.

ما بایستی به این فکر کنیم که به عنوان یک مسلمان چگونه میتوانیم مجددا به عنوان شریک واقعی و بنده مسئول و دست خداوند در تکامل خودو مخلوقات وارد جامعه انسانی شده و به جای تکفیرو جهادبرخاسته از جهل، نفرت، کشت و کشتار، آرزوی مرگ کردن برای دیگران و قطع کردن دستانی که ما را تغذیه کرده و از غرقاب فقر و بدبختی رهانیده اند، اسلام واقعی و پیشرو را مجددا برای نسل های آینده احیاء نموده و با الگو قرار دادن دانشمندان اسلامی در گذشته و روشنگران و دانشمندان غربی گذشته و حال، برای رستگار شدن بر صراط مستقیم و اعتلای تکاملی خویش و دیگر مخلوقات طی طریق نماییم. طریق، راهی است پر از مشکلات و سنگلاخ ولی شروعی است لازم، هر چند مشکل باشد.

اسلام واقعی و قرآن واقعا معجزه بوده و در فهم درست، پیروی و عمل به آن است که خواهیم توانست نه تنها جوانان مسلمان زاده اسلام گریزو حتی افرادی از ادیان دیگر را نیز به پیوستن اسلام قرآنی همراه با روح اسلام ناب محمدی (تدبر درطرز فکرپیامبر) و آنچه مورد نظر خداوند در قرآن است ترغیب نموده و عقب ماندگی چند صد ساله از تمدن بشری را بسرعت طی نموده و به پیشروان صراط مستقیم علم و عمل بپیوندیم.

آزادی بیان، حقوق بشر، و دموکراسی اسلامی را تشویق کرده و از قبول آنچه باعث فساد میشود مانند دروغگویی، دزدی و اختلاس، تنبلی، قانون شکنی، تقلید، مصرف بیجا، چه اسراف وچه تبذیر،آلودگی محیط زیست و غیره اجتناب نماییم.

دموکراسی به صورت تعریف شده آن در اوایل عصر روشنگری و مطابق آنچه در آمریکا بنیانگذاری شد با اسلام منافات قابل توجهی ندارد، ولی لیبرال دمکراسی (آزادی بی بند و بار) به معنای فعلی آن چنانچه در بعضی از کشورهای اروپای غربی و آمریکا در حال رشد است، هر چند از نظر فردی باعث بوجود آمدن مدینه فاضله نسبی شده، ولی بخشهایی از آن به نفع جامعه بشری در دراز مدت نخواهد بود، و مسلمانان بایستی حتی الأمکان از آنها احتراز کنند، مانند آزاد کردن مواد مخدر و حشیش، الکل و قمار، بخاطر عوارض مخرب آن روی شخص و خانواده او، و یا ازدواج قانونی همجنس بازان و ارث بردن آنان از همدیگر بخاطر بی حرمت کردن اساس خانواده و لطمه به تسلسل نسل و غیره.

حقوق جامعه و قانون حاصله از آراء اکثریت را محترم شمرده و اگر مخالف ماده ای از

قانون هستیم از طریق آموزش و آراءعمومی با انتخابات آزاد و بدون تقلب درصدد تعویض یا تصحیح آن بر آئیم.

نوشتن این سطور مترادف شد با عید نوروز سال ۱۳۹۸ شمسی و خواندن دعای تحویل سال نو، که حقیقتا دعایی است کامل و متناسب برای حلول بهار، سال نو و عید نوروز:

یَا مُقَلِّبَ الْقُلُوبِ وَ الْأَبْصَارِ، یَا مُدَبِّرَ اللَّیْلِ وَ النَّهَارِ، یَا مُحَوِّلَ الْحَوْلِ وَ الْأَحْوَالِ، حَوِّلْ حَالَنَا إِلَى أَحْسَنِ الْحَالِ

متاسفانه افراد آن را طوطی وار قرائت میکنند بدون توجه به معانی رفیع آن، درست مثل خواندن نماز و یا قرآن که برای اغلب مسلمانان به جز ورد زبان چیز دیگری نیست. در این دعا از خداوند طلب میکنیم که بما بصیرت و چشم دل عنایت فرماید، برای بهتر درک کردن آنچه به ما و در اطرافمان میگذرد. با قلبی رئوف، و حالمان را در آغاز این سال جدید بهتر نماید، بدون اینکه بدانیم کدام حال را و چه بهتری؟!، در بهترین فرم آن یک در خواست عمومی است. این طرز فکر امروزه تیپیکال حال و احوال مسلمانان است. در کشورهای غربی که در حال تکامل و تعامل عصر روشنگری هستند، به خصوص ایالات متحده آمریکا که من آشنایی بیشتری با آن دارم، در شب و روزِ سال نو اغلب افراد *NEW YEAR RESOLUTION* دارند، یعنی هر کسی برای خود و با خود عهد می بندد که در سال جاری اقلا یک گرفتاری و معضل مهم زندگی خود را برطرف کرده و خود را انسانی بهتر و والاتر نماید، و سعی میکند یک یا دو موضوع مربوط به خود را که فکر میکند احتیاج به اصلاح دارد رفع کند و اغلب از دیگران میخواهد که در انجام این امر خطیر او را یاری نمایند، یعنی اعلام میکند که به شخصه نمیتوانم با این مساله به خصوص کنار آیم و از کائنات، نفس خود، و دیگران میخواهد برای رسیدن به مقصود اصلاحی اش به او یاری دهند. اغلب مسائلی مانند کم کردن وزن، ترک سیگار یا الکل و اعتیادات دیگر مانند قمار و مواد مخدر، تغییر در رژیم غذایی، رفتن به باشگاه برای سلامتی جسمی، بهتر کردن ارتباط زناشویی و خانوادگی، تغییر و یا عوض کردن شغل و یا کاری که از آن راضی نیست، مهربانی با فامیل دور و نزدیک و غیره. خیلی شبیه حجاج که در حج تمتع به شیاطین سنگ میزنند (رمی جمرات) شخص شیطان های بزرگ، متوسط و کوچک خود را انتخاب کرده و سعی میکند با سنگهای مکرر زدن به آنها و شروع کردن از شیطانهای کوچکتر و پله به پله از خود انسان بهتری بسازد.

یهودیان نیز معتقدند که روز اول سال نو یهودی (روش هشانا *Rosh Hashanah*)، خداوند کتاب زندگی سال جاری هر کس را باز نموده و در دهمین روز (یوم کیپور *Yom Kippur*) آن را می بندد، و به این ترتیب تقدیر و سرنوشتش که برای یک سال در پیش رو رقم میخورد بسته به عمل و نیت فرد و مشیت و مرحمت خداوند مقدر و تحریر میگردد. آنها در این مدت

ده روز سعی میکنند عیوب خود را شناسایی و مرتفع نمایند، اگر در سال گذشته از کسانی حقی سلب کرده اند آن را اصلاح کرده و از او و خداوند طلب بخشش نمایند. و ۲۵ ساعت قبل از بسته شدن کتاب سرنوشتشان در عالم لاهوت، روزه میگیرند، در کنیسا به طور دست جمعی به دعا و توبه پرداخته و از خداوند در خواست استجابت دعا دارند، یعنی اینکه آنها به مسولیت خود نسبت به خداوند، خود، فامیل و جامعه واقفند و آگاهانه به احسن الحال خود کمک میکنند.

موضوع مطرح در اینجا اینست که ما در شب عید از خدا میخواهیم که حال ما را بهتر کند، چنانکه از خدا می خواهیم ولیکن غربیها و یهودیان شخصا خود را مسئول اعمال خود دانسته و با شناخت آنچه که میگویند در بر طرف کردن گرفتاری خود کمر همت میبندند. باشد که چنین باشیم تا مجدا خداوند به ما مسلمانان نظر لطف کرده و بخاطر مرحمتش و فعالیت های معقول خودمان، ما را از شر جهالت، ظلم، تنبلی، خرافات و .... برهاند، و اجازه دهد که در بهتر کردن زندگی جمیع افراد جامعه، خدمت به همنوع، ایجاد محیط زیست سالم و زیبا به جای تخریب آن، برای نسلهای آینده نقشی مفید و تعیین کننده داشته باشیم.

"ما گذشته نابسامان فرزندان خود هستیم"، بیاییم و برای آیندگان و نوادگان آغازی نو بپا سازیم و «طرحی نو در اندازیم». به دنبال سلامت جسمی، روحی، سایبری(استفاده صحیح از اینترنت) و اجتناب از اعتیاد باشیم.

اول از خود و خانواده شروع کنیم، دروغ نگوییم، سعی نکنیم "کلاه سر دیگران بگذاریم و یا کلاه از سر آنان برداریم"!، روزی حلال کسب کنیم و از گناهان، کارهای ناشایست و ناروا پرهیز نماییم، نماز را فقط نخوانیم تا انجام وظیفه کرده باشیم، بلکه آن را بر گزار کرده و بجا بیاوریم، معنی نماز را بفهمیم و سعی کنیم به آن کم کم و رفته رفته عمل کنیم تا درستکاری و زندگی بر صراط مستقیم بخشی از ذهن و عادتمان شود. بدانیم که خواندن نماز بدون زندگی بر صراط مستقیم مانند جسم بدون روح و مرده است. جسم با روح زنده است و هیچ کدام بدون دیگری کامل نیست. باور کنیم که خدا همیشه با ماست و از ورید گردن به ما نزدیکتر است و او را کنار خود در تمام روز و شب احساس کنیم. بدانیم که تنها نیستیم و تحت نظر و حمایت خداوند بوده و در صورت احتیاج و درخواست و دعای معقول و بجای بدون واسطه و فقط از او، همت و عملکرد خود با مراجعه به ذهن فعال. دانش و فطرتمان، از طرف خداوند کمک وهدایت خواهیم شد.

قانونمند باشیم، به قوانین احترام بگذاریم، حتی سعی کنیم قانون اخلاقی، یعنی از قانون بالاتر و والاتر و حکیمانه عمل کنیم. برای اینکار احتیاج به فرهنگ بالای فردی و اجتماعی، آموزش و ساختار جوامع مدنی که زمینه ساز آنند را داریم.

منافع اجتماع را به منافع خود ترجیح دهیم، در کارهای عام المنفعه به هر نوع که برایمان امکان پذیر است شرکت کنیم، و در اموری که احتیاج به داوطلب دارد از کمک کردن دریغ ننماییم. علاوه بر مالیات دولتی و قانونی که میپردازیم، در سال حداقل۲/۵درصد از درآمد خالص خود را به صورت زکات به موسسات تعیین شده مخصوص برای کاریابی، ایجاد مراکز تعلیم و تربیت کارگران برای کارهای جدید، بهتر کردن جامعه و زندگی کسانی که بخاطر فقر زکات بر آنها واجب نیست مصرف کنیم.

در سه هزار سال گذشته به علت جنگ، قحطی و بیماری که غیرقابل پیش بینی بودند ثروت اندوزی مهم بود، ولی به غیر از خاورمیانه و آفریقا، در سایر نقاط دنیا امروز علم، حرف اول را میزند و ثروت واقعی کسب علم و دانش است، دانش مفید و به روز که از آن بتوانند علاوه بر کسب درآمد، در خدمت همنوع نیز باشند. مردم در پی زندگی شاد، آرام، سالم و طولانی برای خود، خانواده و همنوعان هستند. ما مسلمانان و به خصوص ایرانیان فرزندانمان را به کسب علم جدید و دانشگاهی تا آخرین درجه تشویق و حمایت کرده ایم.

دانشگاه های اروپا و آمریکا پر از دانشجویان ایرانی است که مشغول به تحصیل علوم انسانی، اجتماعی، فیزیک، شیمی، مهندسی، ریاضی، طبیعی و پزشکی هستند.

تحصیلات دانشگاهی در ایران هم الگویی از جوامع غربی است و بر مبنای انسانگرایی، دمکراسی ،حقوق بشر، تساوی افراد در مقابل قانون، فرد گرایی، عقلانیت، تحقیق، سوال کردن، تفکر، روابط علت و معلولی، مطالعه، مباحثه، تساوی حقوق زن و مرد، و غیره بوده ولی شواهد دالّ برآن است که فقط برای گرفتن نمره قبولی و مدرک تحصیلی است، نه عمل به آن. زیرا عملاً تغییری در جامعهٔ ما ایجاد نکرده است.

ممالک غربی پنج جنبه برای انسانگرایی و انسان محوری قائل اند و به آن عمل میکنند و باید برای ما نیز الگو باشد:

۱.   **سیاسی:** صلاح جامعه مطابق آراء اکثریت مردم است و نه انتظارات اقلیت

۲.   **اقتصادی:** "حق با مشتری و خریدار است." منظور این است که اگر میخواهی مشتری جلب کنی حرفش را بشنو و به او سرویس بده، و اگر حرف و انتقاد به جا دارد با او مخالفت نکن و گرفتاری را اصلاح کن.

۳.   **آموزشی:** درباره کارهایت فکر کن، تحقیق و مطالعه کن، مشورت کن و در نهایت مطابق عقل،دانش و تجربه محور(قرآنی نه فردی)، زمانه و منافعت تصمیم بگیر.

۴.   **اخلاقی:** اگر احساس خوبی راجع به کاری که میخواهی انجام دهی داری آن را انجام بده، به عبارت دیگر از عقل، عرف و فطرت خدادادی ات پیروی کن.

۵.   **زیبایی:** زیبایی از نظر بیننده است، پس هر چه برای من زیباست لزوما

برای دیگری زیبا نیست و من حق ندارم نظرم را بر دیگری تحمیل کنم.

جوان تحصیل کرده ای که علمی و عقلی فکر میکند را نمیتوان در بند فرهنگ و بعضی از رسومات و خرافات چندین هزار ساله سنتی خانوادگی و قبیله ای زنجیر کرد، بارها از جوانان و اولیاء آنان شنیده ام که گوشزد کرده‌اند نصایحی را مانند: با فلان کس ازدواج کن که از فامیل خوبی است و وضعشان هم خوب است بدون آنکه شناختی از پسر داشته باشند و یا وقتی به خارج برای ادامه تحصیل رفتی حتما گوشت حلال بخور، کالباس و سوسیس نخور، خیالم راحت است که گوشت خوک نمیخوری! روسری سر کن تا موهایت پیدا نباشد، جوراب کلفت بپوش، با مانتو بیرون برو، با پسرها زیادحرف نزن. آفتابه یادت نره، نمازت را سر وقت بخوان که قضا نشود، روزه هایت را مرتب بگیر و غیره، این دختری که از والدین خود به مراتب با سوادتر و چه بسا عاقلتر است، خوب و بد خود و جامعه را تشخیص میدهد، و مصدر کاریست همانند مادر بزرگش که اجبار داشت و برایش شوهر انتخاب می کردند بدون در نظر گرفتن خواسته هایش، برای گذران زندگی روزانه اش احتیاج به ازدواج با فردی معتاد، بد اخلاق، چندین سال مسن تر از خود ندارد. برای این جوانان نباید به نام دین امر و نهی های ساخته و پرداخته فرهنگ قومی و قبیله ای عقب افتاده و بعضا فقهی را جانشین فرامین متعالی قرآنی نمایند زیرا نتیجه ای جز اجباراً دین گریزی این جوانان در برنخواهد داشت. به او نصیحت کن که به به عنوان یک مسلمان در کشور خارجی الگوی حضرت محمد بعد از بعثت مکی را سر مشق قرار بده تا بتوانی دیگران را تحت تاثیر اخلاقت قرار دهی(زیرا بخواست خداوند و صلاح اسلام نو پا اغلب احکام بعد از هجرت در مدینه و به خصوص سالهای آخر زندگی پیامبر وحی شدند). باید جوانان بتوانند در مقابل سوال معاندین روز افزون اسلام، جواب قانع کننده، هوشمندانه و عقلانی، مبنی بر اطلاعات قرآنی بدهند. بگویید که اصل ضروریات اسلام قرآنی را، از فرع فقهی و شرعی ومضاف الیه آن بشناسد و سعی کند به اصل شریعت اسلام عمل نماید، و هر معضلی را که منبع و منشاء قرآنی و عقلانی مطابق عرف زمان ندارد ودر سر راه زندگی و تصمیم گیری او قرار میگیرد طبق عرف، اخلاق و قانون جامعه اش حل و فصل کند. بفهمد هدف از آفرینش او چیست و راه راست برای او کدام است. به گروه جوانان همتای خود پیوسته و با طرح مطالب مختلف دینی، تحقیق، مطالعه قرآن و مباحثه در اوقات فراغت نه تنها دوستانی هم کیش و همفکر از نظر فرهنگی کسب کند بلکه به پیشبرد اسلام قرآنی در نیل به سعادت و کمال انسانی آنها شریک باشد. (جوانان مسلمان دراغلب دانشگاههای آمریکا گروههای متشکل برای دورهمی وارتقاء اطلاعات خوددارند)

در تمام دنیا و به خصوص در ممالک غربی جوانان دین معمول مسیحی را به دلایل متفاوت از تثلیث گرفته، تا فرض گناهکار بودن انسان از بدو تولد، و بخشیدن گناهان توسط علمای دین با اعتراف به گناه و حتی خریدن قطعه زمینی در بهشت در ازاء دریافت پول، منطقی نمیدانند، و بدنبال ادیان دیگر هستند، اینان اغلب به مسلک بودایی روی میاورند، زیرا با مشاهده ظواهر مسلمانی و بدون داشتن علم قرآنی، اسلام نتوانسته است این نوع دین پژوهان را که در جستجوی دین عقلگرا هستند جذب نماید. مقصراین کمبود، افرادی هستند که در معرفی دین اسلام به جای یک ملکه زیبایی که اسلام و قرآن است، یک گوریل وحشتناک فقهی ساخته و پرداخته اند وافراد تنگ نظر وغریبه با قرآن را به جامعه بشری معرفی کرده اند. قابل توجه است که ۳٪ تا ۴٪ قرآن مربوط به قوانین اسلامی و احکام و مورد نظر فقهاست و اجرای بدون تفکر آن موجب اسلام ستیزی و اسلام گریزی گشته است.

لقمان ۳۱ / ۶: بعضی از مردم خریدار (یا فروشنده) حدیث های بی پایه و اساس اند تا (خود یا مردم را) بی هیچ شناختی از راه خدا گمراه سازند و آن را به استهزا گیرند. برای آنها عذابی خوار کننده است.

متاسفانه ۹۵٪ قرآن که راجع به مهربان بودن، نیکی کردن، تفاهم و تعامل با دیگران است را کمتر گفته اند و شنیده ایم. به عنوان مثال:

چهار بال اخلاق در مقابله با همسر و اولاد که حالت ستیزدارند وفردرا ازانجام عمل خیر منع می کنند خداوند میفرماید(التغابن ۶۴ / ۱۴:) به آنها خوبی کنید.در قرآن عفو، صفح، غفر و رحم است.

سفارش رفتار خدا پسندانه در مقابل نزدیکانی که به شما بدی کرده اند به ترتیب اهمیت و ثواب عبارتند از:

۱. **عفو،** یعنی در پی انتقام گیری مباش.

۲. **صفح،** که گوشزد هم نکن و حتی از صفحه دلت هم پاک کن.

۳. **غفر،** نه تنها فراموش کن بلکه ببخش.

۴. **رحم،** رحیم باش، خوبی کن در عوض و سعی کن او و علت عملش را درک کنی.

جوانان را به خاطر حجاب و طرز لباس پوشیدن معمول و مرسوم در اجتماع سرزنش نکنیم، دختران و پسران را در مراودات و دوستی خود تا حد معقول و عرفی راهنمایی کرده و آزاد بگذاریم، و از احکام قرآن در مورد تنبیه زنان زناکار درس عبرت بگیریم و بدانیم که خداوند متعال در امور جنسی بین زن و مرد، ضریب بخشش کلانی را اجازه داده، و این ادعا از تأمل در راههای فرار از مجازات زنان زناکار که در قران توصیه شده، به آسانی قابل درک است.

امروزه که در کشورهای غربی سن متوسط ازدواج زنان ۲۸ سال است، ازدواج قانونی دختران کمتر از ۱۸ سال در کشورهای اسلامی را ممنوع کنیم. دختران و زنان مسن تر، تحصیلکرده، با فرهنگ، مستقل و شاغل میتوانند مادران بهتر و همسرانی شایسته تر باشند و کمتر مورد آزار جسمی و سوء استفاده جنسی توسط همسرانشان قرار میگیرند.

ازدواج های سفید را که در شهرهای بزرگ ایران همانند کشورهای غربی رایج شده، در صورتی که از روی تفکر صحیح، علم و جدیت، و نه هوسرانی، فحشا و بی خردی باشد، احترام بگذاریم و بدانیم که بهتر است جوانان با رضایت طرفین و رعایت شئون و فرهنگ اسلامی و خانوادگی، مدتی باهم زندگی کرده و با اخلاق همدیگر آشنا شوند، این ارجح است بر آنکه بعد از یک یا دو فرزند و با گرفتاری های زیاد مطلقه شوند (در حال حاضر در ایران از هر سه ازدواج، یکی به طلاق میانجامد). فرزندان زوجهای مسأله دار اغلب عقده ای و آنتی سوشال به بار آمده و پیامد آن مادام العمریااثرات منفی روی خانواده داردوزندگی آنان را تحت تأثیر قرار می دهدوبه جامعه آسیب میرساند، بعلاوه در ایران در صورت طلاق قهری اگر شوهر قادر به پرداخت مهریه نباشد روانه زندان میشود. در زندان های ایران کم نیستند از جوانانی که بخاطر این مسأله سالها در زندان مانده اند، این رسم و قانونی است که احتیاج به اصلاح عاجل دارد چون در این دوره و زمانه با وجود شاغل بودن زنان نه تنها کاربرد خود را از دست داده، بلکه سدی در مقابل ازدواج آنان و تشکیل خانواده نیز شده است. مگر نه اینکه ثبت رسمی و قانونی ازدواج به خاطر حمایت از نفقه زن و فرزندان و دانستن اینکه پدر فرزند کیست؟ وضع شده است، در جامعه امروزی هم زنان از نظر مالی اغلب مستقل هستند و به تدریج بیشتر آنها نان آور و یا کمک نان آور خانواده خواهند بود، و هم با وجود آزمایش DNA پدر نوزاد را بدون هیچ شکی میتوان تشخیص داد، بنابراین ازدواج امروزی میتواند زندگی مستمر و مسالمت آمیز بر پایه رضایت طرفین باشد. در ممالک غربی همزیستی قبل از ازدواج رسمی بسیار شایع بوده و حتی اگر این همزیستی به ازدواج نیانجامد با رضایت طرفین است. زوجی که باهم زندگی میکنند ولی ازدواج قانونی نکرده اند، از یکدیگر حق (حقوق و ارث) میبرند و پدر بیولوژیک مسئول پرداخت بخشی از مخارج فرزند کشان مشتر مشترک میباشد. البته اگر درآمد زن بیشتر باشد او عهده دار این مسئولیت خواهد بود. این امر باعث جلوگیری از سرخوردگی جنسی، فحشا، جرائم جنسی و بروز و شیوع بیماریهای خطرناک جنسی از قبیل ایدز، HPV، سفلیس، سرطان گردن رحم، نازایی،... میگردد. بیماری های جنسی پس از ریشه کن شدن، مجددا در بعضی از اجتماعات و کشورها من جمله ایران شیوع پیدا کرده است. چه بخواهیم و چه نخواهیم جوامع بسرعت در حال حرکت و پیشروی است و نمیشود و نباید غریزه جنسی جوانان را اجبارأ به مدت طولانی مهار کرد، هجوم اطلاعاتی،

اینترنت فرامرزی دائما خواسته یا ناخواسته جوانان را حریص، تطمیع و تهدید میکند، راه چاره معقول و اسلام پسند و جامعه پسند را باید پیشنهاد و قبول کرد، انقلابی غیر سنتی بوقوع پیوسته و تدبیر دیگری نیست، اگر جز این باشد جوانان بیش از پیش سرخورده از خانواده فاصله گرفته و نسبت به دین، آیین، فامیل و فرهنگ خود غریبه و منزوی میگردند.

باید در نظر گرفت که در حال حاضر این طرز فکر و زندگی دمکراتیک برای همه کس و همه جا نیست، و به تمدن، سواد اجتماعی و فرهنگ بالایی نیازمند است، ولی به هرحال به تدریج جبر زمان و تغییر بدون وقفه آن، با طرق ارتباط آنی و لحظه ای موجود، راه شایسته و امتحان شده را به جوانان مینمایاند.

از نظر سیستم آموزشی مدارس و دانشگاه ها در ایران و سایر ممالک اسلامی مولد علمی ابزاری که منتهی به نتیجه و پیشرفت اقتصادی مملکت شود نیستند. مقالات باصطلاح علمی اغلب تقلیدی و یا تقلبی و برای ارتقاء پایه دانشگاهی نویسندگان آنست. سرمایه داران و دولت، حامی دانشمندان و محققین واقعی نیستند. بودجه زیادی صرف تربیت طلاب علوم دینی میشود که به دلیل با سواد بودن جامعه و دسترسی عموم به اینترنت تاریخ مصرف آن سپری شده است.

سعی کنیم بودجه مملکت را مانند ملل پیشرفته و موفق جهان بر صراط مستقیم آموزش و پرورش واقعی ، ایجاد کارو فقر زدایی، اصلاح عوامل تخریبی زیست محیطی واعتلای فرهنگی جامعه مصرف کنیم و از مصرف و تضییع بیش از حد آب و برق خود داری کنیم. در شغل خود صادق و مطلع بوده و از اتلاف وقت بپرهیزیم.و بالاخره به قانون احترام گذاشته و در همه احوال مجری قوانین جامعه باشیم.

فصل نهم

سفارشات قرآنی مربوط به صراط مستقیم

چون نوشتن این کتاب با تحقیق درباره صراط مستقیم شروع شد، فصل نهایی رابه خلاصه سفارشات قرآنی مربوط به صراط مستقیم آغاز می کنم.

بطور مجمل هدایت در صراط مستقیم یعنی احراز استعانت مستمر خداوند، در میانه روی و متعادل بودن در هر امر با احتراز از افراط و تفریط، و هدایت به سوی تدریجی کمال، چنانکه در وسع مادی و معنوی هر انسان است. (مسلمان بودن بمعنی اعم آن)

برتری رهروان صراط مستقیم بر دیگران در اثر علم، کلام طیب برگرفته از علم و اعتقاد، و عمل صالح بر مبنای علم و ایمان است (پندار نیک، گفتار نیک و کردار نیک). رهروان صراط مستقیم متقین (قادر به کنترل نفس اماره) هستند، به وحدانیت خداوند، عالم غیب، کتب آسمانی منجمله تورات، زبور، انجیل، قرآن و معاد ایمان دارند، انفاق میکنند، نماز برقرار میکنند (خداوند را در کلیه اعمالشان در نظر میگیرند)، به جزا و ثواب دنیوی و اخروی اعتقاد دارند (مکافات عمل)،برای بهبود جامعه، زکات میدهند، صبور و مهربان اند، تظاهر به مسلمانی نمیکنند(ریا)، بخشنده هستند، به عهد خود وفا میکنند، شهادت دروغ نمیدهند، به موقع نیاز شهادت میدهند اگر چه به ضرر فامیل و همکیشانشان باشد، یگانه پرست اند و مشرک(دونوع شرک) نیستند، در راه و جهت مشابه قدم میزنند، اعمالشان بخاطر و برای خداست، بر او توکل دارند و فقط از او یاری میجویند.

دیگران را به برگزاری صلات و میانه روی در امور کمک میکنند، در مقابل زیردستان فروتن هستند، در رفتار با دوست و دشمن حکیم هستند، مذاکره و مصالحه و اجتناب از دعوی را برتر از مخالف آن میدانند، به پدر و مادر احترام میگذارند، یتیمان را دلجوئی و کمک میکنند، به مساکین و فقرا کمک میکنند، کمک به آزاد کردن زندانیان و افراد مقروض میکنند، از آنچه که به آن علاقه داشته و دوست دارند می بخشند، در صورت نیاز با دیگران (صاحب نظران مربوطه) مشورت میکنند، اگر در اجتماع مورد ظلم و تجاوز قرار گیرند فریاد دادخواهی سر می دهند، نگران اجتماع خود هستند (فامیل، دوست، همکار، همشهری، محیط زیست...)، از کفر، نفاق و شرک دوری میکنند، دروغ نمیگویند، غیبت نمیکنند، زنا نمیکنند، همیشه و در همه حال شکر گزار نعمت های خداوندند. در تمام عمر سعی میکنند که انسانیت و کمال خود را ارتقاء دهند. عبادتشان (فکر، ذکر، اعمال و زندگیشان) منحصراً به خاطر خداست (خداوند را در همه حال و همه جا حاضر و ناظر بر اعمال خود میدانند)، از روی انصاف داوری میکنند، نمازشان را به موقع بپا میدارند (جسم و روح نماز)، هردودر وزن تقلب نمیکنند(کم فروشی نمی کنند) و حق مردم را ادا میکنند. زمین، آب و محیط زیست را خراب، فاسد، و آلوده نمیکنند، به قوانین وضع شده در اجتماع احترام گذاشته و قانون شکن (فاسق) نیستند. سد راه و مانع دیگران برای انجام کارهای خیر نمیشوند. از بخل،

جبن و ترس (چون فرد خداپرست در راه راست به خدا توکل می کند و نمیترسد) و حسد ورزیدن دوری میکنند. امربه معروف (راهنمایی به انجام کارهای خیر) و نهی از منکر (تذکر دوستانه) مینمایند و اسیر هوی و هوس نیستند.

معترفند که راه هایی که به سوی خداست مانند راه اسلام، ایمان، عبادت، اخلاص، خشوع، از نظر کمال و نقص و نزدیکی و دوری به سرچشمه حقیقت و صراط مستقیم برای افراد باهم تفاوت دارند همانند نقطه مقابل آنها و راجع به افرادی که با آنها همفکر نیستند عاجلانه قضاوت نمیکنند.

برای انتخاب بهترین راه در کلیه امور زندگی، راه میانه، معتدل و مستقیم را انتخاب کرده و از اسراف، افراط و تفریط اجتناب میکنند.

در جامعه الگوی رفتاری هستند (مشاهده شوندگان یا شهدا) و در راه اصلاح جامعه میکوشند. از پیشوایان معنوی مانند علی علیه السلام و امام حسین (ع)که بگذریم، برخی از کسانی که به زندگی زمینی ما به خصوص در یکی دو قرن اخیر خدمت غیر قابل انکاری در راه تکامل کلیه انسانها داشته اند و به اسم و ظاهر مسلمان نیستند ولی اعمالشان انتظاری است که خداوند از مسلمانان دارد مانند مخترعین: برق، اتومبیل، تلفن، تلگراف، رادیو، تلویزیون، روزنامه، چاپ، کاغذ، کاست، هواپیما، کامپیوتر، اینترنت، تلفن هوشمند، وایفای WIFI، موتور جستجو مانند گوگل، فیس بوک، تلگرام، اینستاگرام، انرژی خورشیدی، دانشمندان، مخترعین و مکتشفین عوامل بیماری زا و درمان آنها(واکسن کرونا) و صدها مثال دیگر الگوها و شهدا هستند. نه فقط بخاطر علم بلکه بسیاری از آنان به علت طرز فکر، پشتکار و به موهبت الهی به چنین فرصت های بی نظیری برای خدمت به بشریت دست یافتند.

حال که با چگونگی صراط مستقیم برداشته از آیات قرآن آشنا شدیم، وظیفه داریم که به آموزش راه اعتدال و میانه روی در سطح وسیع مبادرت ورزیم، این آموزش باید از نوزاد شروع شود مانند به موقع و به جا خوابیدن، غذا خوردن، بغل کردن و سعی کردن تا از آن سن نیاموزد که با گریه وزاری کردن میشودبزرگترها را مجبور به انجام کاری کرد (Manipulative) مانند برداشتن از گهواره، نخوابیدن و در بغل بودن... و خلاصه آنها را طوری تربیت کنیم که خودخواه، لجوج و حرف نشنو نباشند. در بیش از ۵۰سالی که در آمریکا زندگی کرده ام بندرت شاهد بوده‌ام که طفل آمریکایی در رستوران گریه کند، یا بلند شده از روی صندلی خود و به اطراف بدود، و به اصطلاح از در و دیوار بالا رود، به حرف پدر و مادرش بی اعتنا باشد یا نسبت به آنها بی تربیتی کند.

در ایران و حتی آمریکا رفتار اطفال ایرانی و والدینشان در اماکن عمومی مانند رستوران، کنسرت و غیره درست برعکس است، چون والدین خودشان طرز رفتار در اماکن عمومی را

نمیدانند که بتوانند به کودکانشان آموزش دهند. صراط مستقیم را بایستی به تناسب سن افراد و قدرت یادگیری در مدرسه ابتدایی، دبیرستان، دانشگاه، محل کار اعم از معلم، پزشک، پلیس، کارمند، کارگر، بازنشسته، پدربزرگ و مادربزرگ، در روابط خانوادگی... مورد توجه قرار دهیم، برای این منظور کتاب ها و مقالات، کلاس، کارگروه، برنامه های رادیوئی و تلویزیونی مستمر، مصاحبه، موضوع انشاء، طرح سوالات مختلف در کلاس مخصوص صراط مستقیم، و بحث راجع به راه های متفاوت ارائه شده توسط دانش آموزان مختلف با دلایل آن، تدریس و تعلیم صراط مستقیم در دانشگاه های علوم انسانی اسلامی، و سعی کنیم که از این علوم برای بال و پر دادن به دانش آموز و پرواز او به سطوح کمال استفاده شود، و بدانیم که هر کس به راه مستقیم است خواه ناخواه طبق قوانین طبیعی و مشیت الهی موفق خواهد بود. در امور شخصی و خانوادگی از یهودیان در تربیت فرزندان، تحصیلات آنها، وجدان کاری، وجدان اجتماعی، مسئولیت پذیری، انتقادپذیری و کمک به دیگران. در مملکت داری و احترام به حقوق شهروندان از کشور آمریکا و قانون اساسی آن، و در آموزش و پرورش از دبیرستان راکسبری لاتین درس بگیریم.

به کودکان احترام گذاشتن به بزرگترها وسلام کردن، صداقت وراستگوئی ، بدی وغیرقابل قبول بودن دروغ، تشکر کردن بجا ، مهربانی نسبت بدیگران ، احساس ترحم بجا ، شریک کردن اطفال دیگر دراسباب بازی ، بازیهای کودکانه، عدم آزار دیگران، علاقه به خواندن، نوشتن، حتی الأمکان آموزش یک آلت موسیقی ودرسهائی از ادبیات جهانی معروف را بتدریج بیاموزند. آگاه باشیم که خوشبختی ما در گرو خوشبختی دیگران و کوشش و اعمال صالح خود ماست، و از دیگران مثل فامیل، جامعه و دولت توقع نداشته باشیم که وسایل راحتی را در طبق اخلاص گذاشته و در اختیار ما قرار دهند، این ما هستیم که باید به ملت و دولت کمک کنیم. در آمریکا حقوق بسیاری از مقامات مانند معلمین مدرسه و دبیرستان، مأمور آتش نشانی، پلیس، ماموران شهرداری، استانداری، و کلای مجلس، ارتش، رئیس جمهور و غیره از مالیات ها تامین میشود، و بنابراین دولت‌ها خدمتگزار واقعی ملت هستند، نه بالعکس. مردم مسولیت امربه معروف و نهی از منکر عوامل دولتی را به صورت انتخابات آزاد هر چهار سال یک بار به عهده دارند، و در صورت عدم رضایت از کار کردشان انتخاب نمیشوند و اگر مورد تایید رای دهندگان است مجددا در انتخاب بعدی برای ادامه فعالیت در مسؤلیت خدمت رأی میآورد.

در ایران خوشبختانه در چندین دهه مردم توانستند از فروش نفت و گاز بهره مند شده و نه تنها مالیات نپردازند، بلکه راحت زندگی کنند با مشاغل دولتی بیش از حد لازم، حقوق بازنشستگی بی حساب، بی رویه و منحصربفرد در دنیا که همسر وبعداً دختر مطلقه ویا مجرد

او می توانند تا آخر عمر مستمری بگیرند. خانمی مجرد را می شناسم که ۸۴ ساله است و هنوز حقوق بازنشستگی پدر خودش را که بیش از ۸۰ سال قبل فوت کرده می گیرد وقبل ازاو مادرش همان مستمری را می گرفته است. بعلاوه در حال حاضر اکثراهالی مملکت فقیر و غنی بنحوی کمک هزینه و سوبسید از نان و شکر گرفته تا خوراک دام و طیور، برق، بنزین روغن و غیره. دریافت می دارند. این درست به عکس آن است که باید باشد. به همین دلیل هر روز بر فقر، تنبلی و توقع مردم از دولت افزوده شده، و به جای تعمق در خود، انگشت شماتت و نارضایتی را تماما به طرف دولت نشانه میگیرند غافل از اینکه خود سهم بزرگی در این دون بختی دارند و خود کرده را را تدبیر نیست. ایران امروز دچار فقر غذایی، مادی، معنوی و اجتماعی (کار رابه کاردان نمیسپارند) همه گیر و شدیدی است.

قوانین کار دست و پاگیر علیه کارفرما وضع شده و روزبه روز بر تعداد کارخانجاتی که بسته میشوند اضافه میشود، کارگران از قوانین بی در و پیکر بیمه بیکاری استفاده کرده و بالنتیجه به تعداد افراد کارگریز، تنبل، شاکی، و رانت خوار اضافه میگردد.

ایرانیان برون مرزی اغلب افتخار میکنند که از سیاست چیزی نمیدانند و به آن کاری ندارند، به همین دلیل در آمریکا بیش از دومیلیون ایرانی با قدرت قابل توجه مالی پشیزی قدرت سیاسی ندارند.

مسلمانان به خصوص در کشورهای غربی بایستی از هموطنان کلیمی خود بیاموزند، در جلسات عمومی شهرها شرکت کرده و با مدیران شهر، نمایندگان استانی و فدرال آشنا شده و خواسته های خود را با آنان درمیان بگذارند، و بدانند که اگر تعداد رأی انتخاباتی آنها به اندازه کافی باشد، یا کمک مالی آنها برای تبلیغات له یا علیه نماینده به اندازه کافی باشد نمایندگان به تقاضا و شکایات آنان ترتیب اثر خواهند داد. سعی کنند روزنامه، مجله، ایستگاه تلویزیونی قابل اعتماد و بیطرف مثل تلویزیون الجزیره داشته باشند که اخبار منتشر نشده درباره وقایع قابل گزارش مربوط به آنها را به گوش جامعه، کشور مربوطه و حتی جهانیان برساند. درسطح جامعه بایستی در امور عام المنفعه شرکت نمایند بدون توجه به اینکه آیا برای شخص او از نظر مادی، معنوی و یا خانوادگی نفع زودرس دارد، یا خیر.

همانطور که در کشورهای متمدن و موفق مرسوم است شایسته سالاری بایستی ملاک کار باشد، ارتباطات فامیلی، آشنایی و پارتی بازی، تقلب و رشوه در استخدام افراد بایستی جرم محسوب شده و مجازات جدی داشته باشد (انتخاب و نه انتصاب).

در سال ۱۹۷۵ که از آن آربور که دانشگاه میشیکان در آن واقع است به بوستون برای رفتن به دانشگاه هاروارد و گرفتن فوق تخصص نقل مکان کردم، مسلمانان منطقه به خصوص لبنانیان، سوری ها و پاکستانیان مهاجر مسجدی کوچک که خانه مسکونی مرمت شده ای بود

در Quincy یکی از محله های بوستون داشتند که روزهای جمعه برای اجرای نماز جماعت و مراسم مذهبی دیگر به آنجا میرفتند. در آن زمان که چندین سال قبل از انقلاب اسلامی بود تعداد ایرانیان منطقه بوستون شاید به ۳۰ خانواده نمیرسید و از اینان دو خانواده کلیمی و بقیه مسلمان بودند اما فقط یک خانواده دراعیاد مذهبی برای نماز جماعت به مسجد میرفتند، بعد از انقلاب ایرانیان زیادی به ایالت ماساچوست مهاجرت کردند. تعداد مهاجرین مسلمان از کشورهای مختلف مسلمان آفریقا، افغانستان، هند و خاورمیانه بتدریج بیشتر شد و احتیاج به فضای بزرگتری برای نمازهای جماعت روزهای یکشنبه و ایام عید قربان و عید فطر بود. چون بیش از نود درصد مسجدی ها سُنی بودند.

پاکستانی ها و مسلمانان بنگلادش و هند برای جدایی از اعراب و بخاطر جمعیت بیشترشان تصمیم گرفتند مسجدی جداگانه و بزرگتر در بوستون و یا حومه آن بنا کنند. چندین سال طول کشید و مردم و شورای شهر اغلب شهرهای حومه از قبول مسلمانان در شهرشان برای ایجاد مسجد امتناع نمودند و مسأله تروریست بودن و فرهنگ و حجاب متفاوت را مطرح میکردند. بالاخره برخلاف انتظار، خاخام ها و مردم شهر یهودی نشین Sharon شارون با رأی موافق خود اجازه دادند مسلمانان قطعه زمین بزرگ و مناسبی برای احداث مسجد و مدرسه اسلامی خریداری کنند، من در درست کردن و سعی در تأمین بودجه خرید زمین و ساختن آن و کمک به دکتر میان محمد اشرف که یک جراح قلب پاکستانی و رییس هیئت امنای ساخت مسجد بود شرکت فعال داشتم، نقشه مسجد را به جده برای معرفی به شیخ الحرمین عبدالله زکی یمانی برده و از آنجا مبلغ قابل توجهی کسب اعتبار برای ساخت مسجد نمودم. ساختمانی وسیع و جادار با فضا و نمای مسجد درست شد و مورد استفاده مسلمانان ایالت ماساچوست قرار گرفت، دبستان و دبیرستانی اسلامی در محوطه مسجد شارون بنا شد که مدارسی فعال و موفق هستند. در اینجا علاوه بر درسهای مورد تایید اداره فرهنگ ایالت، زبان عربی، قرآن و مطالب اسلامی به فرزندان تعلیم داده میشود. هنوز هم تعداد ایرانیان مسجدی در آنجا ازچند خانواده تجاوز نکرده است. کم کم فکر کردیم چون این مساجد مربوط به سنیان است ایرانیان شیعه رغبت به رفتن به آنجا نمیکنند. با کمک آمریکایی هایی که در منطقه بوستون بودند و شیعیان جنوب لبنان خانه کوچکی را برای مسجد، باز در شهر کوینسی برای شیعیان خریداری نمودیم. من در ایجاد آن هم عضو بورد و هیئت امنا بودم، ولی متأسفانه این مسجد هم مورد استفاده ایرانیان قرار نگرفت و ایراد دوستان نزدیک این بود که کوچک است و در محلی دور افتاده قرار گرفته است. در واقع ایرانیان منطقه ماساچوست که قبل از انقلاب کمتر از ۳۰ خانوار بود، بعد از انقلاب به چندین هزار رسید که اغلب آنها به اسم مسلمان ولی در عمل بخاطر انقلاب اسلامی، اسلام ستیز شده اند.

سرنوشت روزه گرفتن هم بین ایرانیان انقلاب زده ساکن بوستون بهتر از نماز خواندن و مسجد رفتنشان نبود، اگر تعداد کمی در بدو ورود به آمریکا روسری داشتند بعد از مدتی اثری از آن نبود. البته اغلب این افراد از ایرانیان قابل احترام، تحصیل کرده، قابل اعتماد، درستکار و مصدر کارهای مهم در ایران قبل از انقلاب و در بوستون شاغل بودند. در گردهمایی های خانوادگی آنان رفتار عاملان حکومت اسلامی را دلیل اسلامگریزی خود معرفی میکردند، ریا کاری دولتمردان در ایران که شامل مسجد و نماز جماعت رفتن، نماز در محل کار و روزه گرفتن و حجاب اجباری، غصب اموال، کشتن نزدیکان بیگناه، احساس ناامنی و غیره روحیه آنها را برای همیشه تحت تاثیر منفی قرار داده بود، در واقع اجازه داده بودند که دیگران مادر وطن و دینشان را که در قلب هر انسانی جای دارد چپاول نمایند، این دو دارایی‌هایی هستند که با تربیت صحیح هیچ قدرتی نمیتواند آنها را از شما گرفته و یا تصاحب کند. باید به افراد بیاموزیم که مراد از برگزاری نمازهای روزانه توجه درونی به خداوندی است که همیشه با ما همراه هست، تشکر از رب (مربی و تربیت کننده) و پروردگاررحمان به تمام مخلوقات و رحیم بودنش نسبت به خود، و تقاضای کمک از او برای تصمیم درست گرفتن و ثبات در صراط مستقیم است، راجع بهر امری فکر کنیم که آیا این کار اصلا درست هست یا نه؟، آیا بهترین راه ممکن را انتخاب کرده ایم یا نه؟ آیا جنبه تعادل و میانه روی را رعایت کرده ایم؟، آیا ضرری متوجه کسی میشود؟ و به عواقب عملمان فکر کنیم و سعی نماییم در راه مستقیم قدم برداریم اگر چه مشکل و به ظاهر به ضررمان باشد. درواقع این نماز گزاردن مفید و مورد قبول خداوند و تأیید کائنات است، والا خم و راست شدن چه در منزل و چه در مسجد نه به نفع نمازگزار است ونه مورد قبول خداوند بخصوص اگر نتیجه مطلوب از آن حاصل نشود، و گناه کسی که به ریا نماز میخواند از کسانی که نمیخوانند ولی درستکار هستند بمراتب بیشتراست.

به خاطر دارم که در جلسه قرائت قرآن در منزل یکی از اساتید دانشگاه کاشان راجع به اخلاق پزشکی در آمریکا سخن میگفتم و در حین صحبت و برای مقایسه از موارد برخلاف اخلاق پزشکی در ایران که با آن آشنا بودم صحبت کرده و گفتم در آمریکا بسیاری از این خطاها اگر انجام و یا تکرار شود ممکن است موجب از دست دادن پروانه پزشکی متخلف گردد. یکی از اساتید در اعتراض به گفته هایم فرمود در ایران هم ما همین قوانین را داریم. عرض کردم داشتن قانون روی کاغذ فایده ای ندارد، اجرای قانون است که نتیجه مطلوب می‌دهد. در آمریکا زیر میزی گرفتن از بیمار، کارهای خلاف اخلاق پزشکی انجام دادن به دلایل مختلف منجمله ترس از اجرای بی چون و چرای قانون صورت نمیگیرد. دزدی و اختلاس در محیط کار یا وجود ندارد یا اگر کسی مرتکب شد و فهمیدند به مجازات های سخت گرفتار

میشود. اطباء حق گرفتن هدیه هر چند ناچیز از شرکت های دارویی را ندارند.

کودک آزاری، همسرآزاری که شامل آزار زبانی و ضرب و شتم است، تجاوز جنسی که تعریف و طیف بسیار وسیعی دارد، و حتی آزار حیوانات غیرقانونی بوده و زندان و گاه مجازات خطیر دارد. تعدد زوجات غیرقانونی است، حتی همخوابی با همسر در صورت عدم رضایت او تجاوز جنسی حساب شده و جرم دارد. ازدواج با فامیل درجه یک مانند پسر عمو و دختر خاله... بخاطر شیوع بیماری های ارثی و ژنتیکی غیرقانونی است. استخدام افراد فامیل در کارهای دولتی و عام المنفعه مورد پرسش و جستجوی جدی قرار میگیرد، تا از شایسته سالاری انتخاب مطمئن گردند.

جوامع غربی به دلایل متعدد این قوانین را قبول کرده ومدام در حال پیشرفتند، اما مسلمان نمایان هنوز به زنان تجاوز میکنند، آنان را اسیر جنگی میگیرند و آنها را میفروشند (داعش در عراق و سوریه) و این اعمال شنیع را با افتخار برای جهانیان به نمایش میگذارند، و همه را به نام دین انجام میدهند، در بسیاری از کشورهای مسلمان دختران زیر سن قانونی ۱۸ سال را برای همسری انتخاب کرده و قانونا به ثبت میرسانند.

اصل لزوم تغییرات تکاملی (*principle of evolutionary change*) حاکی از این است که جوامع خواه و نا خواه در حال تکامل و تغییر هستند. مسلمانان هم میتوانند انتخاب کنند که تکامل یافته و پیشرفت کنند و یا همانطوری که هستند به اصرار و گاه با افتخار! سعی کنند به عقب بر گردند و سلفی فکر کنند ولی آگاه باشند که روابط عاطفی وابتکار عمل در تکامل فرزندانشان را از دست داده و خواهند داد.

جوانان امروزی که بیشتر از اولیای خود از سواد، هوش و اطلاعات برخوردارند، به نظرات راهنمایی ها و افکار "بزرگترهایشان" در صورتیکه بر خلاف عرف جامعه متمدن جهانی بوده و سد راه موفقیتشان گردد اگر هم بظاهر گوش فرا دهند در باطن به آن ترتیب اثر نخواهند داد. کوچکتر شدن دنیا و مهاجرت به دنیای مترقی غرب برای ادامه تحصیل یا زندگی، آنان را در معرض فرهنگی کاملا متفاوت قرار میدهد، و خواه ناخواه جذب آن جوامع گشته و احتیاج مبرم به راهنمایی در محیط جدید را دارند که چگونه با ماندن درون دایره اسلام برگرفته از قرآن، نه تنها بتوانند در آن جوامع جذب شده و برای خود و خانواده زندگی بهتری را مهیا کنند، بلکه با رفتار و اخلاق خود غیر مسلمانان را به فرا گرفتن اصول اسلامی و پیوستن آنان به اسلام تشویق نمایند.

ارتباط با خود و فامیل، جامعه و خداوند احتیاج به تجدیدنظر، تغییر کلی و مطابق با زمان

دارد. ما باید از روی الگوهای موجود رشته های گسیخته شده میان آنچه ایده آل بوده و آنچه واقعیت دارد را دوباره گره زده و فضای خالی بین آنچه هست و آنچه باید باشد را بتدریج پرنماییم.

مسلمانان بایستی بدانند که اخلاقی زندگی کردن به نفع جامعه و به سود خود آنهاست، و اسلام واقعی، اخلاقی زیستن و در خدمت خالق بودن از طریق خدمت به مخلوقات است (من لم یشکر المخلوق لم یشکر الخالق).

هر قدر نماز بخوانیم، روزه بگیریم، به حج برویم و حجاب خود و اطرافیانمان را درست کنیم اگر ریا، تقلب، خیانت، دزدی، اختلاس، مال مردم خواری، شهادت دروغ، مردم آزاری... در اعمال و رفتارمان باشد، آن عبادات سوداگرانه، پشیزی ارزش ندارد و ما را یک قدم به بهشت موعود نزدیک نخواهد کرد.

دولتها بدانند که خوب زیستن و اخلاقی زیستن در اثر آزادی میسر میشود، اگر آزادی نباشد و از روی اجبار افراد جامعه به ظاهر دینی زندگی کنند، حتی اگر ریاهم نباشد، دیگر جامعه مدنی وجود ندارد. جامعه دینی استبدادی میشود که زندگی و حتی افکار افراد را کنترل کرده و موهبت الهی مخصوص به انسان، اختیار و آزادی را از آنان سلب میکند.

امروزه زنان نقش سنتی خود را به اختیار و به حکم جبر زمانه از دست داده و خوشبختانه اغلب باسواد، شاغل، و مستقل از حمایت مالی همسران خود هستند، دیرتر ازدواج میکنند، فرزندان کمتر دارند و در جوامع متمدن امروزی اغلب از حقوق مساوی با مردان برخوردارند، معمولا در سن بالاتر از معمول و به شوهران هم سن یا جوانتر از خود تمایل به ازدواج دارند، و چه بسا مردان و زنان جوان که به علل مختلف از ازدواج گریزان اند. در این مقطع زمانی مهریه دادن توسط مردان به جز اینکه رغبت و جرأت آنان به ازدواج را کمتر میکند برای زنان شاغل، مزیتی ندارد و همینطور جهیزیه دادن که به عهده خانواده دختر و بار گرانی بر گردن آنهاست. در بعضی از خانوادها صداق مهر در یک کلام لله مجید و یک شاخه گل خلاصه میگردد و زوج جوان با همکاری و به تدریج وسائل زندگی خود را مهیا کرده و خوشبخت می‌شوند

البته تساوی حقوق زن و مرد علاوه بر مساوات اجتماعی و مادی شامل تساوی عاطفی، جنسی و اخلاقی نیز میگردد.

البقره ۲ / ۱۸۷:.. آنها پوششی برای شما هستند وشما پوششی برای آنها هستید.

در ایران دانشجویان پزشکی پس از دیپلم و گذراندن امتحان ورودی کنکور به دانشگاه علوم پزشکی ورود پیدا میکنند و بعد از هفت سال فارغ التحصیل میشوند. این جوانان بدون

آنکه تجربه ای در زندگی کسب کرده باشند و بدون سواد اجتماعی، چنانچه مشاهده میشود اغلب هدفشان از طبیب شدن پول در آوردن، حتی به قیمت جان بیمار است. این طرز فکر و عمل در انتخاب دانشجوی پزشکی، آموزش و پرورش آنان و الگوهای پزشکی باید هر چه زودتر تغییر کند تا مانند کشورهای متمدن و پیشرفته جامعه پزشکی متعهد و کارآمد داشته و پزشکان بدانند که آنها در خدمت بیمارانند نه در خدمت خود برای کسب مال ، سرمایه و ساخت و ساز، به خصوص وقتی که جان مریض در گرو آن است، طبیب خائن به جان ومال وناموس مریض از شیطان پست تراست.

طبیب، پلیس و معلم در هر جامعه ای بایستی باسواد، متعهد و مؤمن به شغل خویش، و ارتقاء سلامت، امنیت و سواد اجتماعی جامعه بوده و از نظر مادی تامین باشند، زیرا کمبود هریک از این صفات برای جامعه فاجعه بار خواهد بود.

با توجه به موارد ذکر شده لازم است که در شریعت و احکام فقهی بازنگری عاجل، جدی، علمی و اجتهادی صورت گیرد. اسلام دین ثابت وحکمفرما بر کلیه مخلوقات است وشرایع مذاهب مختلف هستند بنام ادیان متفاوت. شریعت هردین هم قاعدتا ثابت بوده است و مشتمل بر اصول کلی و مبادی عمومی و گاهی درباره جزئیات ، ولی میتواند در مورد لزوم زمانی، مکانی و اجتماعی، قابل بحث، تحقیق و تغییر باشد، و به نظر میرسد این زمان تا حدی دیر شده و اگر شریعت به صورتی که هست هرچه زودتر بر اساس قرآن به روز نگردد، نسل های جوان و باسواد کنونی و آینده، مانند آباء و اجداد خود کورکورانه دیگراسلام موروثی را نپذیرفته و گناه گمراهی آنان به گردن علما و روشنفکران دینی خواهد بود.

البقره ۲ / ۱۰۶: هر آیه ای را نسخ (جایگزین) کنیم یا از (زمین و زمان) برداریم بهتر از آن یا همانندش را میآوریم و خدا به آنچه نازل میکند داناتر است.

وجود آیات ناسخ و منسوخ در کتب آسمانی و قرآن میتواند برای مسلمانان دلیلی دیگر برای رضایت خداوند ازلزوم تغییرات مورد نظر بر حسب زمان و مکان باشد. احکام خدا متناسب با مقتضیات زمانی و مکانی و رشد و کمال تدریجی انسان ها تحول می یابد و تغییراتی که در فاصله زمانی حدود ۲۰۰۰سال بین نزول تورات و قرآن در جوامع انسانی پدید آمده، همچون همه امور تعلیماتی و تربیتی برخی احکام را متحول ساخت. تکامل موجودات در طبیعت که کاملتر و متناسب با محیط و شرایط جدید زیستی هستند نیز نوعی نسخ است. بدیهی است برگشت به قریب ۱۴۰۰ سال قبل در حال حاضر نمیتواند مورد قبول خداوند بوده و توقع خداوند از نسل پیشرفته و مغزهای متفکر میلیاردی، ایجاد تغییرات عاقلانه مطابق با زمان،

مکان و روح اسلام (تسلیم خداوند بودن) امروزی و به سرعت قابل اجراست.
موقعیت امروز مسلمانان جهان ساخته و پرداخته قرن ها بطالت و عقب ماندگی و کج فکری اولیای دین است.

افراد و ممالک غیرمسلمان که باعث پیشرفت و راحت انسان ها، و سایر مخلوقات اعم از جماد، محیط زیست، نبات، حیوان شده و میشوند مسلمانان واقعی و عملی، عبد، خلیفه و دست خداوند درزمین هستند، نه ملتهایی مانند اکثر ایرانیان و کشورهای همسایه که فقط به اسم، اجبار و سمبلیک مسلمان هستند.

البقره ۲ / ۱۸۵: ماه رمضان که قرآن در آن نازل شده است، (قرآن) برای هدایت تمام مردم است، و (در آن) راه های هدایت به طور آشکار بیان شده است، و (در قرآن) معیار جدا کننده حق از باطل (وجود دارد)

قران راهنمای هدایت است و لزومی ندارد که جوانان مستقل، باسواد، کم وقت و کم حوصله، بخاطر احکام سخت و گاه غیر منطبق با عقلانیت امروزی که توسط فقها وضع شده و هیچ همخوانی با متن مندرج در قرآن و حتی با یکدیگر ندارند دین خود را رها کرده و در زندگی به ضلالت گرایند.

فقه قوانینی است که طی قرون و اعصار بخاطر خلاء قانونگزاری به شکل فعلی آن، احتیاجات زندگی روزمره مسلمانان را از شریعت استخراج میکرده است. فقه برای زنده ماندن خود باید متجدد و سیال بوده و تحت هیچ شرایطی راکد نماند، و هر گاه با موانعی از خارج برخورد میکند احوال و اوضاع متحول و متغیر زندگی را با اصول شریعت تا حد قابل قبول وفق دهد.

متاسفانه، فقه اسلامی بر اثر حوادث و مصائب سیاسی و اجتماعی از هماهنگی با تحول جهان و اجتماع بازماند، و از همگامی با کاروان ترقی و تمدن فرو ماند، درحالی که پیروان سایر ادیان که دنباله رو انسان محوری و روشنگری رفتند نه تنها پیروان دین خود را از دست ندادند بلکه با شرکت کردن در علم تحقیق بنیان، ایمان به قانون علت و معلولی، اختراعات متعدد ماشینی، عقل گرایی قرآنی (دانش و تجربه) به سرعت مراحل ترقی و تحول را طی کردند و متاسفانه در زمانی که بدون وقفه حوادثی مهم و روابطی تازه میان طوایف بشری و ممالک به وجود میآمد مسلمانان و کشورهای اسلامی در ایجاد هیچ یک از آن ها فعالانه شرکت نکردند، فقه اسلامی ساکن و انفعالی گشت و محافظان آن، که اغلب ازپیروان خود کمتر از وقایع اجتماعی اطلاع داشتند، نه تنها قوانینی متناسب با آن تحولات را پیشنهاد نکردند، بلکه از جریان خود جوشی طبیعی آن هم جلوگیری کردند. این خودجوشی درحال حاضر در جریان است.

بدیهی است که فقه ما که بر داشتی ناموزون از شریعت است، احتیاج به بازنگری جدی دارد تا راه را برای امکان پیمودن مدارج متعالی برای نسلهای آینده مسلمین هموار سازد. میلیونها مسلمان متعصب و شاغل در غرب بخاطر عدم امکان برقراری به موقع نمازها، گرفتن وضو و داشتن طهارت که وسیله آن نه تنها مهیا نیست بلکه در این زمان بشکل معمول آن خلاف بهداشت نیز میباشد، و یا توقع ضرورت حجاب برای مسلمان بودن، به تدریج مسلمانی را به بوته فراموشی می سپارند، به خصوص زمانی که مشاهده میکنند همکاران غیر مسلمان آنها دروغ نمیگویند، در کیفیت و کمیت کار دزدی نمیکنند، در هر جا که لازم شد به کمک او شتاب میکنند و سعی در ارتقاء او دارند، تعارف ندارند، و بالاخره او نگران خنجر خوردن از پشت توسط دوستان و یا غیبت از طرف همکاران خود نیست. آنها باید بدانند که در اسلام و قرآن مقصود از نماز گزاردن درستکاری، معتدل بودن در زندگی و بر صراط مستقیم بودن است و نه طوطی وار جملاتی را به عربی گفتن و خم و راست شدن، که شخصی که هر روز حمام میگیرد تمیز است و اگر امکان وضو نبود در دل نیت کردن کافی است، که با کاغذ ازاله مدفوع نمودن بهداشتی تر از آب است به خصوص در مناطق کم آب. و می توان مانند یهودیان بنیاد گرا از کلاه گیس به جای روسری و مقنعه استفاده کرد تا در جامعه و محل کار انگشت نما نشده و مورد تبعیض قرار نگیرند. اسلام محمدی برای ارتقای اخلاق جامعه و نه اعمال عبادی تشرعی بی هدف و بی ثمر می باشد.

سلفی ها، سنت گرایان و شیعیان بنیاد گرا که درک درستی از قرآن، مفهوم دین و اصلاح فقه واضع و قدیم آن ندارند، معتقدند که نو اندیشان دینی ضعف ایمانی دارند، اسلام کامل است و نسل امروز ضعیف النفس و راحت طلب. دین البته ثابت است، اما تاریخ دین اسلام گواه بر آن است که شریعت وفهم دینداران از قرآن دائما در حال تغییر و تکوین بوده و خواهد بود. ادیان نه تنها بر جوامع مختلف تاثیر گذاشته اند بلکه از آنها تاثیر پذیر نیز بوده اند. علم کلام، فقه، تفسیر، عرفان، سنی و شعب متعدد آن، شیعه و برداشت آن از اسلام، اجتهاد و مجتهد،تفاوت در اصول و فروع دین... هیچکدام در عصر پیامبر وجود نداشت، معارفی بودند که تدریجا میان مسلمانان ریشه کردند، رشد نمودند و به مکاتب متعدد تبدیل شدند. بنابراین بازخوانی و باز فهمی (تدبر) در آیات قرآن کریم و اعتقادات کلیه مسلمانان در پرتو خرد، بر مبنای علوم جدید، و رسوم زمانه از وظایف مهم و فوری صاحبان خرد واقعی و خردمندان نو اندیش و پیشرو جوامع اسلامی امروزی است،این تغییر و پیشرفت مانند تزریق خون برای حیات بخشیدن به بیماری است که در اثر خونریزی ممکن است جان خود را از دست بدهد. البته خداوند رحمان و رحیم خود اسباب چنین تغییراتی را در جامعه فراهم کرده وخواهد کرد، جوانان خواسته یا ناخواسته عاملین به روز و معقول کردن دین

برای خود و آیندگان خواهند بود. برای مثال برای قرنها فقها و متکلمین، زنان را ناقص العقل و ضعیفه نامیده و جای آنها را در منزل و آشپزخانه میدانستند، ولی زنان باسواد امروزی در تمام دنیا ثابت کرده اند که از هر نظر مانند: قضاوت، سیاست، علوم تجربی، اجتماعی، اقتصادی، دانشگاهی، مملکت داری، هوش و عقل، علم معاش و تربیت فرزندان اگر بهتر از مردان نباشند اقلا با آنها برابرند، و مردان را به هیچوجه حقی در محدود کردن آنها نیست. نسلی که در همه امور تابع علم جدید و عقل است، میپرسد چرا در دینداری باید عقل متوقف شود و نباید عاقلانه عمل کرد؟ در صورتی که کتاب آسمانی مسلمانان عقل و دین را یاور یکدیگر میداند و به مراتب راجع به تعقل نمودن (تعقلون) و صاحبان عقل (اولولالباب) و سرزنش افرادی که عقل خود را در امور به کار نمیگیرند یادآوری میکند. قرآن عقل را که حاصل علم و تجربه است موجب رشد انسان میداند. دین تغییر نمیکند، قرآن تغییر نمیکند، فهم و راهبرد آن مطابق با زمان میشود. قرآن بارها مسلمانان را با جمله «افلا تعقلون» پس چرا فکر نمیکنید، مورد شماتت قرار داده است.

قدیمیترین دانشگاه دنیا که هنوز مشغول به کار است دانشگاه *Al-Qarawiyyin* درشهر FEZ کشور موراکو(مغرب) در سال ۸۹۵ میلادی و برای تبلیغ و توسعه مذهب مالکی تاسیس شد. از شرایط قبولی دانش آموز در این دانشگاه حفظ بودن تمام قرآن است، و دانشگاه Al- Azhar در سال ۹۷۰ میلادی در قاهره مصر توسط فاطمیون شیعه تاسیس ولی صلاح الدین ایوبی آن را به مرکز مطالعات مذاهب سنی و به خصوص صوفیگری تبدیل کرد. الازهر مخالف فرقه وهابی و سلفی است. این دانشگاه های اسلامی هنوز نخواسته اند ماموریت واقعی یک دانشگاه تخصصی که به نظر اینجانب برداشت صحیح از قرآن در تعبیر و تغییر فقه اسلامی و پیشبرد کلیه مسلمانان اعم از شیعه و سنی است را انجام دهند. در مقایسه دانشگاه هایی که در عصر روشنگری و براساس آن در غرب تاسیس شدند (آغاز عصر روشنگری ۱۶۲۰میلادی) مانند دانشگاه هاروارد (۱۶۳۶)، ییل، پرینستون و MIT در آمریکا، دانشگاه های آکسفورد و کمبریج در انگلستان و سوربن در فرانسه توانستند کشتی بشریت را از دریای عمیق، تاریک و سنتی مسیحیت قرون وسطایی، به ژرف اقیانوس روشن علم وعقلگرایی و انسان محوری با نتایج مطلوب آن برای بشریت رهنمون شوند.

نظام اسلامی (قرآن، عقل و رأی مردم) به مقتضای طبیعت و ذات خود، نظامی عملی و قابل تطبیق با زمان و پیشرفت تمدنهاست. مکتب تربیتی اسلام برای افراد ارزش قائل است و به همین جهت در تهذیب و تزکیه وجدان و ضمیر افراد کوشش و سعی فراوان به کار میبرد و مسئولیتهای مهم اجتماعی را برعهده او میگذارد و او را به عنوان یک نیروی مؤثرعبد، خلیفه ودست خداوند درزمین، میشناسد،

لقمان ۳۱ / ۲۰: ...سَخَّرَ لَكُمْ مَا فِي السَّمَاوَاتِ وَمَا فِي الْأَرْضِ...﴿۲۰﴾

آنچه در آسمان ها و زمین است فرمان بردار شما ساختیم.

بنابراین انسان عالیترین قوای جهان است و خداوند برای او اراده ای قائل است که در پرتو آن اراده مسئولیت خویش را به اختیار خود انتخاب میکند و حق دارد که اجتماع و حکومت را به راه اصلاح شدن رهبری کند. فطرت و عقل نیز برای انسان یک پاسبان اخلاقی (نه شرعی) است تا از پدید آمدن منکرات و شیوع منهیات درجامعه عقل ووجدان مدار جلو گیری کند. سیستم اقتصادی مبنی بر نظام عادلانه است که با حفظ حریت میان افراد، تعاون و همکاری عادلانه به وجود میآید.(منکرات و منهیات واقعی شامل فقر و عواقب آن مانند گرسنگی، دزدی، فحشاء و آنچه باعث فقر جامعه میشود مانند بیسوادی، بی اطلاعی، عدم مسئولیت پذیری، اختلاس، ربا و غیره. بنابراین بایستی تعبیر تازه ای از منکرات ارائه شود علاوه بر آنچه تاکنون مد نظرها بوده است.). شایسته است که از نظر خورد و خوراک، پوشاک و روابط جنسی به افراد بالغ و عاقل اعتماد کرد و برای اینگونه موارد بدنبال وضع منکرات و منهیات نبود، زیرا شواهد نشان می‌دهد که فرهنگ و آموزش صحیح بسیاری از این مسائل را در غرب حل کرده است.

ربا و احتکار در اسلام حرام است. سرمایه داری که سرمایه خود را در راه ایجاد شغل مصرف کرده و سود خود را با کارگران طبق قانون شریک میکند، با کسی که در طمع اندوختن ثروت زیاد روز به روز از حقوق حقه کارگران میکاهد تا به سرمایه اش اضافه شود متفاوت است.

مسلمانان و ممالک اسلامی که زمانی علمدار تمدن، علم و انسانیت بودند، قرنها است که نه تنها از قافله تمدن بشری عقب مانده اند بلکه سعیشان بر این است که حتی به دوران تاریک جاهلیت قبل از اسلام برگردند، افسار حجاب را سخت چسبیده و چند همسری و کودک همسری(سن قبل از ۱۸ سال) با ازدیاد فرزند را ترغیب می کنند.

مسلمانان در این جامعه عظیم ۷ بیلیون نفری کره زمین وظیفه دارند با روشن بینی، آینده نگری و کوشش بجا شرکت کرده و بدانند که دنیا برای آنها متوقف نخواهد شد، اختراعات چشمگیری که خود بیش از دیگران از منافع آن برخوردارند مانند دموکراسی و لیبرالیسم، تحصیل علم، استفاده از اتومبیل، هواپیما، برق، تلفن، کامپیوتر، اینترنت، اطلاعات، استفاده از موتورهای جستجو گرمانند گوگل، غذا و میوه جات فراوان در تمام طول سال، آب لوله کشی و تمیز، مسافرت و تفریح و غیره که در ایجاد هیچکدام سهم بسزایی نداشته اند و اگر این طرز فکر و عمل ادامه یابد به مشیت الهی روزبه روز از قافله عقبتر مانده و زندگی بر آنها سختتر خواهد شد. از نمونه هایی مانند طرز رفتارداعش و طالبان، حکومت های اسلامی،

جنگ های مذهبی، فرقه ای بین شیعه و سنی و آتش افروزیهای بین المللی و خرابی کشورهای همسایه از سوریه و یمن گرفته تا عراق، افغانستان،مصر، فلسطین، لیبی و...مطلع هستیم. خداوند تنها از طریق بشر که عبد (بنده)، خلیفه (جانشین) و ید(دست) او در روی زمین است، و از روح خود در او دمیده، به او عقل و اختیار داده و به او این سلطان را موهبت فرموده که با قوه یادگیری و انتقال آن به افراد دیگر و خروج از بهشت انقیاد، به دنیای دانش و اکتشاف، روی آورد و از طریق اختراع ، الهام زبان، خط، چاپ، جاده، پول، اتومبیل، هواپیما، برق، تلفن، کامپیوتر، اینترنت، کشتی های اقیانوس پیمای غول پیکر، ورود به کهکشان ها، کشف قوانین نیوتونی و نیروی جاذبه، قانون تکامل، قانون بقای انرژی و نسبیت، کشف DNA که الگوی اصلی حیات و خشت اول آفرینش است و تغییرات مطلوب در آن، دنیای بهتری را برای خود و مخلوقات تدارک ببیند. هر کدام از مخلوقات در بندگی خود نقشی داشته و دارند به خصوص افرادی مثل، حضرات آدم، نوح، ابراهیم، موسی، عیسی، محمد، حسین، زرتشت، بودا، کنفسیو س، سقراط، ارسطو، گاندی، مارتین لوتر کینگ ، عطار، فردوسی، مولانا، سعدی، حافظ، بتهوون، موزارت، میکل آنژ، پیکاسو، آلبرت انیشتین، استیو هاکینز، استیو جابز، بیل گیت و هزاران هزارافرادی که در اعتلای زندگی معنوی و مادی انسانها نقشی پررنگ ایفا کرده اند.

در عجبم که بعضی از حکما و فلاسفه اسلامی معتقدند که خداوند انسان را که اشرف مخلوقات است و از روح خود در او دمیده بیهوده و عبث خلق کرده و منظور و مطلوبی مد نظرش نبوده ، بلکه فیض جوشانش آدم را خلق کرد، ولی در قرآن مسئولیت و هدف از آفرینش او بوضوح بیان شده است.

حال اگر ما (عبد، خلیفه و یدالله) در راه خواسته های خداوند و قوانین طبیعت (مشیت الهی) عمل نماییم ،تمام کائنات برای کمک به ما گسیل میشوند و اگر بر خلاف آن برویم نتیجه قوانین از قبل نوشته شده طبیعت انواع و أقسام بلایا از فقر، گرسنگی، فحشا، بیکاری، خشکسالی، امراض گوناگون، زلزله، آتش سوزی، سیل، طوفان، و غیره را نصیبمان میکند، بعنوان مثال سیل، طوفان، خشکسالی و قحطی نتیجه بریدن بیحساب جنگل ها و سوزاندن انرژی فسیلی و افزایش دمای کره زمین است.(قوانین علت ومعلولی وضع شده درطبیعت) از تأویل قرآن و تفسیرهای متفاوت از آن در طی قرون چنین برمیآید که درطول زمان، افراد و ملل مختلف برداشت ها و تفاسیر متفاوتی از آیات قرآنی داشته اند، نمونه بارز آن برداشت کاملا متفاوت تکفیری های داعشی و عرفای اسلامی در معنای عبد بودن و عبادات است. متاسفانه عواملی مانند فقر، تبعیض، نادانی، جهل و حسادت باعث میشود که در هر دینی و در محیطی مناسب این افراد با تکیه بر آیات کتب آسمانی خود و بهانه قراردادن آن برای

فرو نشاندن عقده های درونیشان درصدد مردم آزاری، کشت و کشتار دیگران، تجاوز به مال و ناموس افرادی که با آنان هیچ پدر کشتگی و دشمنی ندارند بر آمده و به قول مفتی اعظم سوریه شیخ کفتارو در تئاتر زندگی از دین که ملکه زیبایی است یک گوریل به دیگران بنمایانند. بدیهی است که با این طرز تفکر و رفتار دنیا و به خصوص جوانان تحصیل کرده، عاقل و فکور را بر ضد دینداری و دین آباء و اجدادی خود میشورانند.

در حال حاضر درمان آن سهل و ممتنع بنظر میرسد و جز از طریق علم و دانش، بهتر کردن وضع زندگی مردم، دادن آزادی واقعی و ایجاد جامعه مدنی که در آن ارزش افراد بر مبنای تبار و قوم و خویشی و آشنایی با مقامات و انتصابی نبوده، بلکه بر پایه شایسته سالاری علمی، حقوقی و اخلاقی باشد امکان پذیراست. در جوامع انتصابی دمکراسی اگر هم در زمان کوتاهی بروز کند بدون جامعه مدنی و مطبوعات آزاد دیری نمیپاید. اخلاق فرای دین است، خداوند بشر را با اختیار و بنابراین آزاد آفرید و او را برای یک زندگی پرثمر بخصوص برای جامعه انسانی خلق کرده و در کارهایش از انسان انتظار کمک دارد و این خود هدیه ای از خداوند است. به همین دلیل پیامبران را فرستاده که به ما راه درست زندگی کردن و زنده بودن را نشان دهند و به دلیل عدل و عدالت الهی ما را از جزای خیر افعال مطابق با مشیت و قوانین الهی، و عقوبت حاصل از افعال ناشایست و گناهان مطلع سازند. گناهان اخلاقی برای تمام بشریت و در تمام ادیان گناه است و نباید مرتکب شد مانند دروغ، دزدی، آدم کشی، تجاوز به حقوق دیگران و غیره. خداوند برای این گروه از گناهان عقوبت های دنیوی (قوانین و کارما یا اصل عمل و عکس العمل) و اخروی قرار داده است، برای بخشیده شدن در آخرت باید از انجام مکرر آنها خودداری کند (توبه) تا مورد مغفرت الهی قرار گیرد. اما گناهان شرعی موضعی هستند و بنا به شرایط زمان و مکان برای ادیان مختلف متفاوت است. امروزه رعایت حجاب کامل با روی بند برای زنان مسلمان در بعضی از کشورها مانند عربستان سعودی، کویت، افغانستان طالبان و حیطه حکمرانی داعش اجباری است، در بدو اسلام زنان مسلمان کنیز و برده از حجاب مستثنی بودند. زنان پیامبر نیز چندین سال بعد از بعثت مانند زنان در بار ساسانی برای حفاظت از بیگانگان و تمایز آنها محجبه شدند. منع از خوردن مشروبات الکلی و مسکرات فقط برای مسلمانان است و در سال آخر رسالت به پیامبر وحی شد که افراد در حال مستی به نماز نایستند و از مسکرات و مست کننده ها و قمار خودداری کنند. شراب خوردن برای یهودیان و مسیحیان گناه نیست و حتی در روزهای یکشنبه در کلیسا هر شرکت کننده مسیحی جرعه ای از شراب را به عنوان سمبلی از خون عیسی مسیح علیه السلام میآشامد که یادآور مکتب و اخلاق عیسی علیه السلام درحاضرین باشد، همانطور که تکه نانی را به عنوان جسم حضرت مسیح با شراب میخورند، و این اعمال و مناسک را

از وصایای حضرت عیسی در شام آخر توصیف میکنند که ایشان آب را به شراب تبدیل کرد. مسکرات دیگر و مواد اعتیاد زا مانند تریاک، هرویین، حشیش و سیگار هم باید همان حکم را داشته باشند ولی فقه آنرا حرام نکرده است همانطوری که قمار یا شرکت افراد بدون اطلاع کافی در بازار بورس در بعضی از کشورهای اسلامی بدون اشکال است. ربا در مسیحیت و اسلام حرام است ولی در یهودیت برای غیر یهودی حلال است. نماز و روزه بر مسلمانان واجب شده، صلات هم در زمان حضرت ابراهیم بوده و طبق قرآن حضرات ابراهیم، اسماعیل، یعقوب و فرزندانش، عیسی، زکریا، یحیی، لقمان حکیم همه از نمازگزاران بودند. الزاماً مسلمان (تسلیم قوانین خدا) نمازگزاراست(رویکرد بخدا). و تمام پیامبران از ازنوح تا ابراهیم، اسماعیل، یعقوب، سلیمان، تمام چیزهای ناشناخته وندیده (جن) مسلمان بودند. مطمئنا منظور از صلات سایر موجودات و پیامبران و برگزیدگان قبل از اسلام به شکل و فرم امروزی آن نبود و خداوند هدفی متفاوت از واجب کردن صلات برای مسلمانان داشت. در سال‌های اول بعثت دو بار در روز و برای انسجام و گردهمایی تازه مسلمانان و دادن هویت به آنها بود و تا بامروز نقش خود را بخوبی ایفا کرده هر چند بطور ناقص، چون نماز اغلب مسلمانان صلات رویکردی نبوده و نتیجه آن زندگی بر صراط مستقیم نیست. روزه در مسیحیت و یهودیت هم هست ولی نه به صورتی که در اسلام هست ولی پیامش همانست، زکات، صدقه و انفاق در همه ادیان پسندیده بوده و ندادن زکات عملی مذموم به شمار میرود و در قرآن تقریبا هرجا صحبت از بر قراری نماز است دادن زکات هم به موازات آن توصیه شده و صفت متقین بر گزاری صلات (متعادل ورویکرد بخدا وند بودن) و پرداختن زکات است و متقین هم مربوط به مسلمانان نیست همانطوری که خداوند در قرآن میفرماید: ای مردم مسلماً گرامیترین شما نزد خداوند (صرف نظر از جنس، نژاد، دین و مذهب) متقی ترین شماست.

الحجرات ۴۹ / ۱۳: يَا أَيُّهَا النَّاسُ إِنَّا خَلَقْنَاكُمْ مِنْ ذَكَرٍ وَأُنْثَى وَجَعَلْنَاكُمْ شُعُوبًا وَقَبَائِلَ لِتَعَارَفُوا إِنَّ أَكْرَمَكُمْ عِنْدَ اللَّهِ أَتْقَاكُمْ إِنَّ اللَّهَ عَلِيمٌ خَبِيرٌ ﴿۱۳﴾
در اینجا ایها الناس و نه ایها المسلمین گفته شده است.
بعضی از دول اسلامی در حال حاضر سعی شان بر این است که با نهی از منکر اجباری افراد را از ارتکاب گناهان شرعی بازداشته تا آنها را به بهشت رهنمون شوند، ولی گناهان اخلاقی در اجتماع نه تنها رایج بلکه برای خواص محکمه پسند هم شده است. رشوه، دروغ، اختلاس و دزدی، فحشا، به انواع و اقسام در ممالک اسلامی غوغا میکند. به همین دلیل خداوند آن ملت ها را مورد غضب قرار داده و دچار حکومت های فاسد نموده است - چون بنا به فرمایش

خداوند در قرآن هر ملتی حکومتی را دارد که لایق آن هست.

چرا ما مسلمانان چنین زبون شده ایم؟! ما که برگزیده ترین معلمان بشری (محمد (ص)، علی(ع)، و حسین بن علی (ع)) را به عنوان الگو داریم ولی از آنها جز در مدت معدودی درس نگرفتیم یا اینکه درس اشتباه گرفتیم. به جای سر اسب دم اسب را چسبیده ایم، با تشخیص غلط بیماری درمان غلط را ادامه میدهیم و به نتیجه معکوس میرسیم. چرا مسلمانان به قتل هم دیگر کمر همت بسته اند (شیعه و سنی) و چرا مردم مسلمان و دولتهایشان اجازه دادند که گروهی به نام داعش به وجود آید که در ملا عام سر میبرد و دنیا را متنفر از مسلمانان و اسلام میکند و می پندارند که اسلام دین خنجر، شمشیر، سر بریدن، زور، بی رحمی، ازدواج با کودکان و نزدیکان درجه دو، بی سوادی و تقلب است و به دشمنان اجازه میدهد که به بهانه زدودن داعشیان از ممالک اسلامی به آن سرزمینها لشکر کشیده، سرمایه ملی و موزه هایشان را تخریب و غارت کرده و موجب خرابی و ویرانی ابنیه تاریخی در ممالک اسلامی گردند و دست دشمنان واقعی در منطقه را در ادامه تخریب و چپاول باز کنند.

چرا در ایران که در حال حاضر با وجود تحریم ها احتیاج مبرمی به بازدید کننده و توریست خارجی برای ورود ارز دارد، محدودیت حجاب و نخوردن شراب را قائل شده ایم، آنها که مسلمان نیستند و مشروبات الکلی در دینشان ممنوع نیست و ما هم وظیفه نهی از منکر برای آنها نداریم و اگر میخواهیم بگوییم که اینها مدل و الگوی غلط برای جوانان ما میشوند که جوانان با برخورداری از ماهواره، تلویزیون، تلفن های هوشمند و سایت های اجتماعی آنچه در دنیا میگذرد را چه بخواهند و چه نخواهند، و با آنچه باید و نباید آشنا هستند. وهمه میدانند آنها که علاقه دارند میتوانند انواع مشروبات الکلی را که به طور قاچاق و به مقادیر زیاد توسط افراد ذینفوذ به مملکت وارد میشود تهیه کرده و دیگران در منزل خود شراب و عرق میاندازند، حتی اخیرا پهبادهای کوچک مشروبات الکلیک وارداتی را به مشتریان در تمام مدت شبانه روز میرسانند. مسلمانان فراوانی را در کشورهای مختلف میشناسم که با عفت و با تقوا و واقعاً بر خصلت مسلمانی به رسم آن جوامع زندگی میکنند و از نظر اخلاقی مورد اعتماد، احترام و تکریم آن جوامع هستند، در ثانی در کشورهای اروپایی و آمریکایی بی ناموسی و بی عفتی به صورتی که مورد تصور ما مسلمانان خاورمیانه ایست وجود ندارد. سالها پیش در زمان جنگ در بوسنیا خانمی که رییس دپارتمان قرآن دانشگاه تونس بود به آمریکا توسط مقامات دولتی دعوت شده بود، در پایان سفرش بعد از ۸ هفته در ملاقاتی که با هم داشتیم به بنده فرمود «مسلمانی واقعی را من در عرض دو ماه گذشته در مردم غیر مسلمان آمریکا دیدم». او برای آشنایی بیشتر با مردم روزهای شنبه و یکشنبه را به کنیسا و کلیسای شهرهای مختلف رفته بود، او در عجب بود که این مکان های مذهبی در روزهای

شنبه برای یهودیان و یکشنبه برای مسیحیان پر است از افرادی که برای نیایش و دعا، شنیدن موعظه به آن اماکن مقدسه میروند. ایشان گفت که من چنین چیزی را در طول عمرم در مساجد تونس ندیده ام. جمال الدین اسدآبادی هم همین نتیجه را از مشاهدات خود گرفته بود که مضمون آن چنین است:

«به هر جا سفر کردم در کشورهای غیر مسلمان، مسلمان نبود ولی مسلمانی بود، و در کشورهای مسلمان، مسلمان بود اما مسلمانی ندیدم."

اغلب مسلمانان پیرو دین در واقع مناسک دینی مانند نماز، روزه و حج را به جا میآورند که البته به زندگی آنها معنا داده و باعث آرامش خاطرشان میگردد و با این اعمال در خدمت خود بوده و با خداوند هم رابطه بازرگانی احتراز از جهنم و امید به بهشت را در ازای عبادات خود دارند. غافل از آنکه هدف از دین نه تنها در خدمت خود بودن، بلکه بیشتر خدمت به سایر مخلوقات و اجتماع است. به همین دلیل بر داشت بنده این است که خداوند از مسلمانی ما مسلمانان راضی نیست و این مسئولیت را سایر بندگان که به اسم غیر مسلمان ولی به عمل مسلمانند به عهده گرفته اند و اگر بصیرت داشته باشیم که نداریم و از روی تعصب به آن نگاه نکنیم، نتایج آن در زندگی ما و ملل مختلف به خوبی نمایان است.

اسلام احتیاج به تولدی دیگر و مسلمانان احتیاج به رنسانس اسلامی دارند که بدلیل بیسوادی اجتماعی اغلب مسلمانان به آسانی حاصل نمیشود ولی اگر بخواهند امکان پذیر است، قبل از آنکه شیرازهٔ امور ازدست برود.

صراط مستقیم را مسلمانان باید مجددا کشف نموده و به صف رهروان آن ببپیوندند تا رستکار شوند. علمای اسلام و روشنفکران اسلامی در سراسر دنیا وظیفه عاجل دارند که با مرجعیت قرآن و فهم و درک صحیح و بروزاز سنت پیامبر مهربانی باضافه: رأی‌جمعی، عرف، استصلاح و عقل جوابگوی پاره ای از گرفتاری های امروز مسلمین بوده و راه را برای جلب و جلو گیری از اسلام گریزی فرزندان خود هموار نمایند، باشد تا مسلمانان از زندگی و سرنوشت بهتر در هر دو جهان برخوردار گردند.

مطلب مهم دیگر این است که به قوانین مدون جامعه و دستورات دینی منطبق با قرآن و عقل احترام گذاشته و به آن عمل نماییم، و به گفته پیامبر عظیم الشان اسلام از خرافات بر مبنای حدیث و سنت ساخته و پرداخته دوستان نادان و دشمنان دانا، اگر برخلاف عقل و قرآن است اجتناب نماییم. آیه ۹ سوره احقاف به پیغمبر خطاب میشود که: ای پیغمبر به مردم بگو من اولین پیغمبر نیستم، و من حتی نمیدانم چه به سر خودم میآید. من پیروی نمیکنم مگر آنچه را که به من وحی میشود،(درقرآن است) و من نیستم مگر انذار کننده آشکار.

بنابراین هر حدیث و روایتی که مخالف این آیه باشد، درباره هر کس و توسط هر منبع کذب است. آیات قرانی را عقلا و دانشمندان اسلامی ترجمه، تفسیر و تاویل کرده اند تا نیازی به خرافات و اطلاعات نادرست از جمعی بیسواد یا مغرض نداشته باشیم.

سعی شود که قرآن تنها منبع رفرانس برای جوانان مسلمان کم وقت و حوصله باشد، زیرا سنت پیامبر، زندگی امامان وروایات و احادیث نمیتوانند و نباید مخالف مندرجات قرآن باشند، و اگر بود نباید قبول کرد. در طی چندین قرن گذشته شواهد زیادی بر جعلی بودن و تحریف بسیاری از این گفته ها و نوشته ها برشته تحریر در آمده است.

در بین جوانان امروزی اسلامی ریشه گرفته و رشد میکند که قرآنی، عقلانی، اجتماعی، عملی، بر پایه انسانگرایی، دموکراسی و تساوی حقوق زن و مرد باشد. بر اندیشمندان اسلامی واجب است که چنین اطلاعاتی را از طریق کتب، اینترنت و موتورهای جستجوگر مانند گوگل، اینستاگرام، سایت هایی که راجع به مسایل عمومی و اختصاصی، چت رومهای متعدد برای بحث و انتقاد شرکت کنندگان در اختیار علاقمندان قرار دهند.

مذاهب مختلف اسلامی هر کدام پیروان خاص خود را داشته و خواهند داشت و در ایفای نقش مثبت خود در جوامع اسلامی دریغ نکرده اند، ولی پاره ای از فقه و احکام آنها جوابگوی نیازهای دینی و اجتماعی نسلهای امروزی و جوانان آینده نیستند. قوانین مدنی و اخلاقی ایجاب میکند که در دنیای مجازی امروزی (کوچکتر از یک دهکده) به جوانان تحصیل کرده در اجتماعات قانونمدار اعتماد شود که در موضوعات ابتدایی زندگی مانند لباس، غذا، انتخاب دوست و غیره مختار بوده (امریست غیر قابل اجتناب) و برای آنها شرایط زندگی آرام که به رشد مادی و معنوی آنان می انجامد مانند تحصیل علم، شغل مناسب با درآمد کافی، عدالت اجتماعی و محیط زیست سالم را ایجاد کرد تا بتوانند در راه تکامل خود و دیگران قدمی مثبت بردارند.

وظیفه متفکرین، دانشمندان، علما، فلاسفه و رهبران ممالک اسلامی است که با سرمشق گرفتن از غرب با برگزاری سمینار، گردهمایی، کارگاه های تخصصی متعدد، اطاق های فکر، چت روم و غیره سعی کنند مسائل فقهی و شرعی را به روز کرده، و سدهای ایجاد شده در سر راه جوانان مسلمانان را که مانع ترقی و تعالی آن هاست از میان بردارند. بر مسلمانان واجب است که در این مغز متفکر چندین میلیارد نفری که هم به طور انفرادی و هم جمعی بندگان و خلفای خداوند در تصمیم گیری و پیشرفت تمام مخلوقات روی زمین هستند نقشی فعال داشته باشند. البته این تغییر در جهت صراط مستقیم، اخلاق محور و خدا پسند سریعتر امکان پذیر خواهد بود (مشیت الهی). مسلمانان بایستی جوامعی را که از روی جبر یا اختیار در آن زندگی میکنند بپذیرند و سعی کنند با آن هماهنگ بوده و به تدریج مقدمات تغییرات

مورد لزوم را اگر همخو و همسو با منویات جامعه است فراهم نمایند.

روح قرآن و اسلام واقعی نه تنها با هیچ یک از مسائل زندگی امروزی مغایرت و مخالفتی ندارد، بلکه هر یک از ما به عنوان بنده، جانشین و دست خداوند (عبد، خلیفه، یدلله)، وظیفه داریم که با تفکر، تعقل، کوشش، دانش، عمل صالح، صداقت و رأفت در جهت بهتر کردن زندگی خود و مخلوقات دیگر الگو و سر مشقی برای دیگران باشیم.

فصل دهم

ضمائم

مروری بر منابع برگزیده

برگزیده هایی از اخلاق جلالی

دوستی شفیق در روز عید فطر سال ۱۳۹۶ شمسی کتاب لوامع الاشراق فی مکارم الاخلاق،نوشته جلال الدین دوانی و تصحیح عبداله مسعودی آرانی به نام اخلاق جلالی را که از روی نسخه خطی نوشته شمس الدین لنکهوری درسال ۹۶۷ قمری بود به اینجانب هدیه کرد. پس از مطالعه آن دریغم آمد که منتخباتی از آن را که میتواند در مواردی راهنمایی برای کمک به تشخیص صحیح صراط مستقیم باشد در این نوشتار درج ننمایم.

- جلال الدین دوانی از قریه دوان کازرون(۸۳۰- ۹۰۸ قمری)، حکیم کامل، صدارت شاهزاده یوسف بن جهانشاه، مدرس مدرسه بیگم دارالایتام شیراز، بلندپایه ترین حکیم در پایان دوره تیموری است.

- سلطان خلیل پسر اوزون حسن آق یونلو (۸۸۳قمری) از جلال الدین خواست که رساله اخلاق ناصری، تألیف خواجه نصیرالدین طوسی را بازنویسی تصحیح وتکمیل کند. انگیزه نگارش اخلاق ناصری(دو قرن قبل از آن) نشان دادن شالوده مدینه فاضله و سیرت فلسفی و طب روحانی به مردان روزگار خود بود.

- این کتاب اخذ و اقتباس فراوانی از اخلاق ناصری دربر دارد. اخلاق ناصری برخوردارازتفکر ارسطوئی واسلام است. اخلاق جلالی در دانشگاه کمبریج انگلستان در دوره عالی درس زبان فارسی تدریس میشده و تامسن انگلیسی آن را در سال ۱۸۳۹میلادی در لندن ترجمه و طبع کرده است.

-او حکمت عملی را در پیمودن راه اعتدال و بنابراین عدالت (صراط مستقیم) در کلیه امور میداند. برای روشن شدن بیشتر صراط مستقیم بنده سعی کرده ام مطالبی را از اخلاق جلالی انتخاب کرده، باشد که موثر و مفید افتد.

ادبیات کتاب مطابق زمان خود و در حال حاضر تا حدی برای خوانندگان نامانوس ونامفهوم است، مع الوصف بدون هیچگونه دخل و تصرف در اینجا آورده شده است. دراین کتاب حکمت علمی که علم به احوال نفس ناطقه انسانی است مورد بحث قرار گرفته، تا انسان از رذائل، متخلص و به فضایل متحلی شود و به دو مبحث ۱- علم اخلاق و فرهنگ

فردی ۲- مشارکت با همنوعان (منزل، شهر و مملکت) در سه لمعه «تهذیب اخلاق»، «تدبیرمنزل »، و «تدبیر مدن در رسوم پادشاهی » تقسیم شده است.

در لامع اول: در تهذیب اخلاق در حصر مکارم اخلاق به فضای چهارگانه حکمت، شجاعت،عفت و عدالت میپردازد و انواعی که در تحت هر یک از فضایل چهارگانه است را بیان میکند. صفاتی که همانند فضایل و نه از جنس آنها هستند بلکه از اجناس رذایل اند را توضیح میدهد. راجع به شرف عدالت و اقسام عدالت، ترتیب اکتساب فضایل، حفظ صحت نفس و معالجات امراض نفسانی مانند حیرت، جهل بسیط، جهل مرکب، غضب و اسباب ده گانه آن: بددلی، خوف، خوف مرگ، افراط شهوت، بخل و حسد، بحثهای آموزنده و جالبی دارد.

در لامع دوم: به تدبیر منزل، سیاست اقوات و اموال، سیاست اهل، سیاست اولاد، آداب سخن گفتن، آداب حرکت و سکون، آداب طعام خوردن(مناسب با زمان خود)، رعایت حقوق پدران و مادران و سیاست بطور کلی راهنمایی های لازم و مفید دارد.

در لامع سوم: تحت عنوان تدبیر مدن و رسوم پادشاهی روی سخن با پادشاه زمانه است ولی همه ما به عنوان پادشاه جسم و جان و زندگی خود میتوانیم از نصایح ارزنده او برخوردارگردیم. تحت این لامع در احتیاج انسان به تمدن، فضیلت محبت، اقسام مدینه، سیاست ملک و آداب ملوک، آداب خدمت و رسوم مقربان سلاطین، آداب دولت، فضیلت صداقت، وظایف مباشرت با اصدقا، و آداب معاشرت با طبقات ناس درس هایی حکیمانه و آموزنده دارد.

حکمت عملی حفظ اعتدال بر نفس و ردنفوس ناقضه به اعتدال است و حکما آن را طب روحانی خوانده اند، از چه به معرفت آن حفظ اعتدال خلقی به نفس کامله توان نمود.

غایت خلق انسان تحقق خلافت الهی است که به علم و عمل مربوط است و رسیدن به کمال علمی و عملی،.(کمال علمی حکمت بالغه، کمال عملی قدرت فاضله)

علی (ع) فرمود لله تعالی فرشتگان را عقل داد بی شهوت و غضب، حیوان را شهوت و غضب داد بی عقل، و انسان را هر دو داد، پس اگر انسان شهوت و غضب را مطیع عقل گرداند و به کمال عقلی برسد از ملک بالاتر است و اگر عقل را مغلوب شهوت و غضب سازد از بهائم فروتر.

چون نفس از اخلاق ذمیمه پاک نباشد تعلم علوم حکمی او را موجب ازدیاد فساد گردد. چه بدان واسطه موارد کبر و نخوت و اسباب قدرت او را حاصل شود.

نفس در فطرت خود قابل محض است، قوت ناطقه(نفس ملیک یا مطمئنه) مبدأ فکر

و تمیزاست، قوت غضبی یا نفس سبعی یا نفس لوامه و قوت شهوی، نفس بهیمی و اماره است.

قوت غضبی مبدأ دفع امر غیرملایم است بر وجه غلبه.

قوت شهوی مبدأ جلب ملایم است و مسلط بر جمیع قوای بدنی.

هر فضیلت را حدی است که چون از آن حد تجاوز نماید، خواه به افراط و خواه به تفریط به رذیلت گراید پس فضایل به منزله اوساط اند و رذایل به منزله اطراف، اگر هر یک از قوا به فعل خاص خود بر وجهی که مقتضای عقل است اقدام نمایند، از تهذیب عقل نظری حکمت، از تهذیب عقل عملی عدالت، از تهذیب قوت غضبی شجاعت و از تهذیب قوت شهوی عفت حاصل میشود و بر این تقریر عدالت کمال قوت عملی است. عدالت مساوات است و همه فضیلت هاست و حفظ قانون اعتدال بر همه قوا است اعم از حکمت، شجاعت وعفت. عدالت طریق فضیلت صراط مستقیم است و یکی است ولی رذایل که هر دو طرف اعتدال اند برای هر فضیلتی غیرمتناهی است. اعتدال متناسب به هر وقت و حالی وسط حقیقی و یکی است واز مو باریکتر و از شمشیر تیزتر است، دریافتن آن به غٰایت سخت و ثبات بر آن سخت تر است.

بر هر فضیلتی دو رذیلت است.

فضایل ۴ و رذایل ۸ است (افراط و تفریط):

۱ . حکمت: سفه طرف افراط و زیاد فکر کردن است در آن چه واجب نیست و یا زیاده از قدر واجب فکر کردن راجع به چیزی. طرف تفریط آن فکر نکردن یا کم فکر کردن در انجام کاری است.

۲ . شجاعت: طرف افراط آن اقدام به مهالک است که عقل آن را جمیل نداند، و تفریط آن حذر از چیزی است که مستحسن است.

۳ . عفت: طرف افراط میل نفس به شهوت است زیاده از حد مشخص، و خمودسکون نفس در طلب لذات ضروری است به حد جایز در شرع و عقل.

۴ . عدالت ،اختیار((عدالت)) ظلم و انظلام

ظلم تصرف حقوق مردم و اموال ایشان، انظلام تمکین ظالم از ظلم و انقیاد و مذلت است.

هر دو طرف عدالت جور است، چه ظلم بر نفس خود یا ظلم به غیر.

عدل صورت عقل است. عدالت جامع جمیع کمالات است و ظلم که تقابل اوست جامع جمیع نقائص.

هر گناه ظلم است بر نفس خود یا بر دیگری. عدالت همه فضیلت هاست و جور همه

رذیلت هاست. هر نفسی که اصلاح حال خود نتواند کرد و از عدالت میان اعضای جسمانی خود عاجز باشد از او عدالت میان اهل منزل و شهر متصور نشود. ولی هر گاه که رعایت در بدن وقوای خود نماید و از افراط و تفریط اجتناب کند، بعد از آن با دیگران همین طریق مسلوک دارد و خلیفه خدا میشود.

بنا به نظر ارسطو عدالت بر سه قسم است:

ادای حق عبودیت، مشارکت با بنی نوع و ادای حقوق اسلاف مثل قضای دیون و تنفیذ وصایای ایشان. عدالت مساوات است و تفضل زیادت(افراط) پس قانون اعتدال بر همه قواباید حفظ شود، غضب جور است و خروج از صراط مستقیم عدالت و به هیچوجه محمودنبوده و شجاعت محسوب نمیشود. شجاعترین شجاعان کسی است که در حال غضب مالک نفس خود باشد، اگر با افراط غضب، رذالت کیفیت نیز منضم شود و چیزی بشکند، فحاشی کند و غیره غایت رذالت است، چون صاحب عدالت به میزان عقل کلمات را سنجیده دارد در هر حالی که پیش آید و در عفو و انتقام، اغماض و اکرام طریق اعتدال سپرد.

مبدا غضب شهوت انتقام و جنون آنی است و اسباب آن ده است:

عجب، افتخار، مراء(ستیزه کردن)، لجاج، مزاح، تکبر، اشنهراء، عذر، ضمیم، منافست در طلب نفایس.

عُجب: ظنی است کاذب در حق خود به استحقاق منزلتی که فی الواقع مستحق آن نباشد.

تکبر: نزدیک عجب است، عجب ادعای کمالی است در شأن خود که در او نباشد، تکبرادعای این کمال است با دیگران. اگرچه خود به آن اعتقاد نداشته باشد.

غدر: بیوفایی کردن و خیانت ورزیدن در مال و جاه و غیرآن باشد و تمام اقسام آن خیانت است. حکما گویند که غدر از اراذل رذایل و رذایل اراذل است. وفا، ضد غدر است.عاقل باید که بر انتقام اقدام ننماید تا به یقین معلوم نکند که مودی به ضرری دیگر نمیشودو این بعد از فکر کردن و دیدن و حصول ملکه حلم تواند بود.

منافست و مناقشت در طلب نفایس که باعث نگرانی از دست دادن آن میشود.

لواحق غضب ۷ است: ندامت، ترهب ۰پارساشدن، مکافات در دنیا و آخرت، دشمنی دوستان، استهزای اراذل، شماتت اعداء، تفسیر مزاح، تالم در همان حال.

ذکر صفاتی که همانند فضایل و نه از جنس آنها هستند

افراد دانشمند و بی ایمان که در هیچ مطلب اذعان حق صریح ننمایند تلبیس باطل به لباس حق و تصویر ظن و تخمین به صورت علم و یقین نمایند. اکثر زهاد زمان که اظهار زهد رادام تزویر و صید عوام سازند در سخاوت عمل اسخیاء از آنها صادر شود ولی سخی نیستند و بذل مال به جهت تمتع از شهوات نمایند و یا به جهت ریا یا به طمع مزید جاه یا دفع ضرر ویا خرج در غیر محل استحقاق، تنذیر در انفاق و غافل از زمان احتیاج خود، آنها اغلب مال به ارث برده اند و از صعوبت اکتساب بی خبرند.

شجاع واقعی کسی است که افعال شجاعت به انقضای حکم عقل از او صادر شود و از ارتکاب امر قبیح زیاده حذر میکند.

عفت، سخاوت و شجاعت به کمال حاصل نشود الا حکیم را، ولی این افراد در عدالت افعال شبیه افعال حکما و عادلان میکنند به جهت ریاء و سمعه که طلب قلوب عوام کنند تا سبب ازدیاد جاه و مال شود. فرد عاقل تمام اعمال او بر نهج اعتدال و صراط مستقیم است و جمع افعال او به حلیه اعتدال متحلی و اودر صحت اختلال متخلی است.

اجناس رذائل

جهل به ازای حکمت، جُبن به ازای شجاعت، شره به ازای عفت، و جور به ازای عدالت. هرفضیلت چون از حدش تجاوز کند(افراط یا تفریط) رذالت است. طریق فضیلت صراط مستقیم و یکی است ولی رذایل هر فضیلتی غیرمتناهی است و دریافتن وسط حقیقی در غایت صعوبت است و بعد از یافت ثبات بر آن اصعب.

امراض قوت جذب:

افراط شهوت، بطالت، حزن، حسد.

حسد: حاسد به نعمت دیگران غمگین، و با ضرر دیگران خوشحال شود.

غبطه: میخواهد مثل دیگری باشد. تمنای زوال نعمت غیر را ندارد

خوف در دو حالت است: حکم بر ممکن به وجوب، و حکم بر ممکن به امتناع، و هر دو رامنشاء تصور عقل و فتور درک تواند بود.

در بیان انواعی که در تحت هریک از فضایل چهارگانه اند:

انواع حکمت غیرمحصور است ولی به حسب مشهور ۷ است:
۱- ذکاء ۲- سرعت فهم ۳- صفای ذهن ۴- سهولت نظم ۵- حسن تعقل ۶- تحفظ
۷- تذکر

انواع فضائل تحت شجاعت ۱۱ است:

۱- کبر نفس ۲- نجدت(دلاوری) ۳- علوهیت ۴- ثبا ت ۵- حلم ۶- سکون ۷- شهامت
۸- تحمل ۹- تواضع ۱۰- حمیت ۱۱- رقت

کبر نفس: یعنی از مدح و ذم و غنا و فقر متأثر نگردد.

نجدت: وثوق نفس است به ثبات خود، ثبات قوت مقاومت با آلام و شداید است.

حلم: طمأنینه است که زود غضب نکند.

سکون: عدم خفت در خصومات زبانی که جهت حرمت دین، ملت یا حشمتن فس
ضرورت دارد.

تحمل: به استعمال آلات بدنی است در اکتساب فضایل حمیده

تواضع: برای خود مزیتی بر آنان که در جاه فروتر از او هستند قائل نشود. زیرا حق
تعالی هردره از ذرات موجودات را مظهر اسمی خاص و مرآت صفتی معین گردانید
که غیری در آن شریک نیست.

النسا ۴ / ۱: يَا أَيُّهَا النَّاسُ اتَّقُوا رَبَّكُمُ الَّذِي خَلَقَكُم مِّن نَّفْسٍ وَاحِدَةٍ... ﴿ ۱ ﴾
القمان ۳۱ / ۲۸: مَّا خَلْقُكُمْ وَلَا بَعْثُكُمْ إِلَّا كَنَفْسٍ وَاحِدَةٍ... ﴿ ۲۸ ﴾

رقت: تأثر از مشاهده تألم ابنای جنس است بدون اضطرابی که در احوال او ظاهر شود.

حمیت: که در حفظ مال ملت و حرمت تهاون)اهمال وسهل انگاری(جایز ندارد.

فضائل تحت جنس عفت ۱۲ است:

۱. **حیا:** از ارتکاب قبیح به جهت احتراز از استحقاق مذمت

۲. **رفق:** انقیاد نفس است اموری را که حادث شود از طریق تبرع

۳. **حسن هدا:** و آن کمال رغبت نفس است به استکمال

۴. **مسالمت:** و آن محاملت است در وقت تصادم آرا مختلفه و تراکم اهوای متفرقه

۵. **دعت:** سکون نفس در وقت حرکت شهوت

۶. **صبر:** مقاومت نفس با هوی و هوس تا مزاولت لذات قبیحه از او صدورنیاید.

النازعات ۷۹ / ۴۰ :» وَأَمَّا مَنْ خَافَ مَقَامَ رَبِّهِ وَنَهَى النَّفْسَ عَنِ الْهَوَى «(۴۰)
صبر بر دو قسم است: صبر بر مطلوب، و صبر بر مکروه که غیرِ مطلوب است و تعلق به قوه غضبی دارد. الصبر مفتاح الفرج، النصر مع الصبر. فطرت، طوعا طالب صبر است مثل مغناطیس به آهن

۷ . **قناعت:** اکتفا به قدر ضرورت نه از جهت حرص جمع مال. القناعه کنزلایفتی

۸ . **وقار:** اطمینان نفس است و تحزر از شتاب. العجله من الشیطان و التانی من الرحمن

۹ . **ورع:** ملازمت نفس است بر اعمال نیکو و پسندیده

۱۰ . **انتظام:** نفس را تقدیر امور به وجه لیاقت و حسب مصلحت ملکه شود

۱۱ . **حریت:** و آن اکتساب مال است از مکاسب جمیله لایقه و صرف آن درمصارف فائقه و امتناع از مزاولت مکاسب ذمیمه و صرف در مصارف قبیحه.

۱۲. سخا: عدم مبالات به انفاق مال است تا آنچه باید به آنکه باید چنان که شاید برساند شجاعت غالبا مستلزم سخاوت است، محمد (ص) دین خود را به سخاوت و حسن خلق مزین گردانید.

فضائل تحت جنس عدالت ۱۲ است:

۱ . **صداقت:** در دوستی هر چه بر خود نه پسندی بر صدیق نه پسند

۲ . **الفت:** آرای طایفه در معاونت یکدیگر متفق شود.

۳ . **وفا:** انجاز مواعید و قضای حقوق.

۴ . **شفقت:** تأثر و انفعال از ناملایمی که بر کسی واقع شود و همت بر رفع آن

۵ . **صله رحم:** خویشاوند را در ثروت و رفاه با خود شریک کند.

۶ . **مکافات:** اگر نفعی از کسی رسید همان مقدار یا بیشتر را برگردان

۷ . **حسن شرکت در معامله** که شریک خوشحال باشد.

۸ . **حسن قضا:** حقوق مردم بگذار و از منت و مذمت دور بایست.

۹ . **تودد:** طلب دوستی افاضل است به طیب کلام، انعام، اکرام

۱۰ . **تسلیم:** در دین به دنبال عالم عادل رود.

۱۱ . **توکل:** در اموری که در اختیار او نیست به خدا توکل کند. نعم الوکیل

۱۲ . **عبادت:** تعظیم و تمجید مبداء حقیقی، تقوا و تحرز از معاصی

در ترکیب اکتساب فضائل

(طه ۲۰ / ۵۰: قَالَ رَبُّنَا الَّذی أَعْطَی کُلَّ شَیْءٍ خَلقهُ ثُمَّ هَدَی ﴿ ۵۰ ﴾)

۱. تهذیب قوت شهوی تا ملکه عفت حاصل کند.

۲. تهذیب قوت غضب تا شجاعت حاصل شود.

۳. تکمیل قوت تمیز، تا به حکمت متحلی شود.

۴. برای حفظ فضیلت و ازالت رذیلت و کشف فضیلت باید همه قوا را بر قانون اعتدال نگهداشت و اگر منحرف باشد به رد آن به اعتدال باید کوشید. ملاک اعمال و احوال خود را عدالت قرار بده.

در حفظ صحت نفس

در حفظ صحت نفس: چون نفس را فضیلتی باشد واجب بود محافظت از آن کردن و آن ملکه فاضله را به عمل آوردن و معاشرت و محافظت با اخیار، و احتراز از صحبت اشرار، چه تأثیر اخلاق مصاحب در نفس بسیار است. حتی از یکبار شنیدن حکایات اشرار نیز احتراز کنید چون به قول حکما طبیعت دزد است و گاهی در اثر یک مجلس، یا استماع یک شعر چندان رذیلت در نفس پیدا شود که جز به امتداد روزگار و تعملات دشوار و معالجات بسیارخلاصی از آن میسر نشود.

مؤانست با دوستان و مداخلت با ایشان در مزاح به قدر اعتدال مستحسن است و سبب مزیدانس و الفت و دوام رابطه محبت، و این را نیز چون دیگر اخلاق دو طرف است، طرف افراط تمسخر و خلاعت و جانب تفریط عبوست، گرفتگی و مذامت.

اجتناب از فضول دنیا و زهد در اسباب آن که متاع غرور است.

در اعراض از فضول دنیوی هم لذت است و هم صحت و در طلب آن نه لذت است و نه صحت.

آن که زیادت دارد و آن که به قدر حاجت دارد در انتفاع از آن یکسانند.

و صاحب زیادتی را تعب و مشقت زیادت، و تنها خصوصیت آن که بگوید این از آن من است و کسی را قدر کفاف باشد از مقدار حاجت تجاوز جایز ندارد و از مکاسب دنیه احتراز کند و به هیچ وجه تهیج قوت غضب و شهوت نکند. پس به میزان عقل سنجیده و آن قدر که حد اعتدال است اعمال نماید، چیزی که مخالف ارادت عقلی است از او صادر نشود.

از افراط و تفریط بپرهیزد و به فضیلت شجاعت و عفت آراسته گردد چون هر گناه صغیره پس از تکرار و عادت برای آن شخص کبیره شود.

دوستی دانا اختیار نماید و بعد از طول مؤانست و مجالست استفسار عیوب خود از او نماید وچون به عیبی او را اخبار کند اظهار مسرت کند و نه اظهار قبض. اگر دوست عیوب را نگوید از دشمن بپرسد چون او محابا نکند.

طالب فضیلت باید از صورت آشنایان خود آیینه سازد و سیرت و صفات خود را در آن مشاهده نماید تا بر قبح رذایل خود مطلع شود. چه نفس بر قبح اعمال خود واقف نمیشود ولی قبح افعال دیگران را به سهولت در مییابد.

نصایح راجع به ترتیب کودکان

- تعیین اسم ملایم در روز هفتم
- شیر مادر یا دایه لایق و معتدل المزاج
- چون رضاع تمام شود به تأدیب او مشغول باید شد تا کسب اخلاق ضمیمه نکند، چه میل طبیعت به رذایل است و قابلیت ایشان بر کمال.
- در تهذیب اخلاق اول قوت تمیز حیاء است چون آن دلیل نجابت و فضیلت است، از مخالطت با اضداد که به رذایل موسوم باشند منع کلی نمود.
- بعدا شرایع دین و آداب و سنن بیاموزانند و بر امتناع از آن، تأدیب نمایندبه قدر طاقت.
- در ۷ سالگی نماز و در ده سالگی اگر ترک کند تأدیب کنند، و او را به مدحت اخیار و مذمت اشرار، به خیرات تحریص دهند و از شرور تنفیر نمایند.
- اگر کار خوبی کرد تشویق کنند و اگر کار بدی کرد سرزنش صریح نکنند. بلکه حمل بر سهو کنند تا موجب جرأت او نشود، و اگر پوشیده دارد هتک شر او نکنند، و اگر به تکرار انجامد در خلوت او را توبیخ بلیغ کنند و در قبح آن فعل مبالغه نمایند و از معاودت بترسانند، و از تکرار توبیخ و مکاشفت احتراز نمایند که مبادا به ملامت عادت کند و وقاحت در او راسخ شود. در نظر او لذت کامل اکل و شرب و لباس فاخر را مستخفف گردانند، آداب طعام خوردن و غرض از اینکه طعام برای صحت است نه لذت و به اقتصار بریک طعام مایل سازند.
- گاهی نان تهی دهند تا به وقت ضرورت به آن بتواند ساخت، شام را بیش از ناهار دهند تا در روز خوابش نگیرد و از خواب روز و خواب بسیار در شب منع کنند. از

دروغ گفتن باز دارند، از سوگند خوردن چه راست و چه دروغ باز دارند، و به سخن نیکو گفتن عادت دهند. معلم باید دیندار و عاقل باشد و بر ریاضت اخلاق واقف، و به طهارت،وقار، هیبت و مروت مشهور. در اوقات فراغت بازیهایی کند که سخت نباشد و قبیح نباشد.در آداب سخن گفتن با بزرگان و سفیهان لجاج و خلاف نورزد، سخن دقیق با کسی که فهم او به آن نرسد نگوید.

– از غیبت ونمامی و بهتان و دروغ گفتن و دروغ شنیدن به کلی احتراز کند،شنیدن او از گفتن بیشتر باشد. در راه رفتن نه تعجیل کند و نه آهسته برود. در مجلس به جای خود نشیند نه پایین تر و نه بالاتر.

مال

مالی که به غصب و مکابره و عار و دنائت بدست آید گرچه بسیار باشد ناقص و بی برکت است و شرعاً و عقلا اجتناب باید کرد، هرچه از کسب جمیل حاصل شود گرچه قلیل میمون و مبارک است، رعایت اعتدال در بذل مال و خرج آن بی اسراف و ریا و مباهات. خرج باید از دخل کمتر باشد.

در مصارف مال:

۱ . به حکم الهی و وضع شریعت: زکات و صدقات

۲ . به طریق سخاوت و ایثار و اکرام : هدایا و مبرات

۳ . آنچه از روی ضرورت به جهت جلب نفع یا دفع ضرر باید داد: مانند تحف و بذل مال بر ظلمه و سفها از جهت صیانت مال و عرض.

در نوع اول ۴ چیز رعایت کند:

– به فرط رغبت دهد.

– لوجه لله و غرض دیگری نداشته باشد.

– بیشتر به فقرا و نهفته دهد.

– تا تواند صدقه را به آنطور به دست راست دهد که حتی دست چپ متوجه نشود.(حدیث نبوی)

در نوع دوم که سخاوت، ایثار و اکرام است ۵ شرط است:

۱- تعجیل

۲- کتمان

۳- آن را حقیر شمرد اگر چه زیاد باشد.

۴- بواصلت و پی درپی عطا کند.

۵- وضع در موضع لایق، تا از فعل تخم در شوره زار کشتن نباشد.

در صنف سوم اعتدال را رعایت کند، ولی اگر برای دفع ضرر نفس در مال و عرض است هرچقدر لازم است، چه انصاف و عدالت در اکثر طباع مفقود است و طمع، حرص، حسد وبعض در نفوس مرکوز، میل اکثر ناس بر تبذیر است.

در رعایت حقوق پدران و مادران

به مقتضای عقل و نقل شکر منعم واجب است و بعد از نعم الهی هیچ نعمت در حق فرزندان چون نعمت پدر و مادر نیست.

مبالغه در حق الناس بیشتر از حق لله است. ان لله لغنی عن العالمین.

رعایت حقوق والدین(۳):

- دوستی خالص به جان و تعظیم بالغ به زبان و ارکان

- مساعدت با ایشان در مصالح معاش پیش از طلب و بی منت

- اظهار خیرخواهی ایشان در ستر و علاینه و محافظت بر وصایای ایشان خواه در حیات یا بعد از وفات

- کسانی که به منزله والدین هستند ومعلم که پدر نفسانی است. اجداد،اخوال، برادران بزرگ و دوستان حقیقی به قدر امکان مواسات باید کرد.

چون هر انسان پادشاه جسم و جان خود بوده و اجتماعی است بخشی از مطالب لامع سوم که در تدبیر ورسوم پادشاهی است ومی تواندبرای همه مفید باشد دراین قسمت ذکر می شود

در تدبیر و رسوم پادشاهی

کمال انسان متأخر از وجود اوست و هر آینه از نقصان به کمال در حرکت است، انسان نه تنها به غذا، نبات و حیوان احتیاج دارد بلکه به کمک و معونت افراد نیز محتاج است. در بقای خود و بقای نوع، افراد متفاوت خلق شده اند تا هر یک در کاری باشد و آن را تکمیل کند،این است که همه در همت صناعت، فقر و غنا مساوی نیستند چون اگر فقیر نبودی غنی راخدمت نکردی و یا بالعکس پس انسان محتاج است به بنی نوع، که

آن را تمدن گویند و آن مشتق از مدینه و اجتماع آن.

باید تدبیری اندیشید که هر کسی را به آنچه حق اوست راضی گردانید تا دست تعدی ازیکدیگر کوتاه دارند، و در ناموس، صاحب، حاکم و ایثار افراد عدالت رود و در عبادات ومعاملات صلاح معاش و معاد باشد، مخالطت با ابناء نوع بر وجه تعاون واجب است.

فضیلت محبت

کمال افراد انسانی منوط به اجتماع و تألف است و بدون محبت الفت صورت نبندد.

محبت افضل از عدالت است، چه محبت وحدتی است شبیه به طبیعی و عدالت شبیه به صناعی

محبت دو نوع است یکی طبیعی چون محبت مادر و فرزندی، و ارادی چون معلم و متعلم غایت محبت یا لذت است، یا نفع، یا خیر، یا مرکب. محبت مرکب دیر بندد و دیر پاید ودیر گشاید.

سبب صداقت پیران و اهل تجارب نفع باشد و لذا دوستی ایشان را امتداد باشد.

سبب صداقت محبت دانایان محض خیر باشد و چون خیر امر ثابت و غیر متغیر است محبت ایشان از تغییر و زوال مصون است. هرگز در محبت اهل خیر به یکدیگر زوالی نیست.

در اسلام نماز روزانه را در مسجد(محله)، نماز هفته ای در مسجد(شهر)، نماز عیدین دوبار درسال در صحرا (شهر و دهات) و حج یکبار در عمر (مردم دنیا). وغرض از آن حفظ رابطه وحدت و رفع غائله کثرت است.

دوست تو کسی است که چون تو باشد به حقیقت و غیر تو به صورت، اکثر مردم اطلاع بر حقیقت ندارند و دوستی آنها برای لذت یا منفعت است، هرچه بر عوارض است هم به عوارض زایل شود.

از حکیمی پرسیدند برادر بهتر است یا دوست؟ گفت: برادر گاهی به کار آید که دوست باشد.

محبت چند مرتبه دارد:

۱ . محبت خدا که منبع خیرات و کمالات است ولی بیمعرفت صورت نبندد.

۲ . محبت والدین که باعث وجود اویند، محبت معلم که سبب کمال و تربیت روحانی اوست، و محبت او بالاتر از محبت پدر است. پدر سبب حیات فانی و معلم

سبب حیات باقی است.

۳ . محبت رعایا سلطان را و به عکس

۴ . محبت معاریف و شرکاء با رفق و مخالطت صادق باشد.

تمدن

۱ . از جنس خیرات و مدینه فاضله است.

۲ . از جنس شرور و مدینه غیرفاضله است که بر سه نوع است:

*مدینه جاهله که در آن قوت غضبی و شهوی بیشتر است.

*مدینه فاسقه که قوت نطقی خادم دیگر قواست.

*مدینه ضاله که توافق در عقاید باطله است.

در مدینه فاضله اساس اجتماع اهل آن بر قواعد کسب سعادات و دفع شرور است، در اعتقادات حقه و اعمال صالحه مشترک اند، همه در امری مجمل شریک باشند اگرچه غیر محقق را بر تفاصیل آن اطلاع نباشد با پیروی از طبقه عالیه که به تأثیر الهی مؤیداند.

ارگان مدینه فاضله پنج طایفه اند:

۱ . افاضل مثل علمای عامل و حکمای کامل.

۲ . صاحبان زبان که به مواعظ و نصایح عوام را از رذایل منع کنند.

۳ . مقدران که موازین قوانین عدالت میان اهل مدینه نگه دارند.

۴ . مجاهدان که مدینه را از تعرض اعدا نگه دارند و مزد هیبت و شجاعت دارند.

۵ . اغنیا که ترتیب ماکول و ملبوس از ایشان منتظم شود و هر کسی به صنعتی که در او اولی است مشغول شود.

بقیه افراد به منزله آلات و ادوات این طوایف اند و اگر قابل فضیلت باشند ممکن است که به تربیت فضلا به کمالی رسند.

بعضی به منزله گیاهان باشند و اینها نوابت اند و پنج صنف اند:

۱ . مرائیان (گمراه شدگان) که به افعال فضلا و شعار ایشان مترائی شوند و به لباس بزرگان متلبس گردند تا به اغراض فاسده دنیه و اغراض کاسده دنیویه جویند.

۲ . محرفان (تحریف کنندگان) که هوا و میل به رذایل برایشان غالب و ملت را به حیله و تأویل خوانند.

۳ . باغیان)بغی(که به قوانین گردن ننهند و بر همه دفع اینان شرعاً و عقلاًواجب است (نفی کنندگان و قانون شکنان).

۴ . مارقان که به علت کم فهمی بر اغراض قواعد ملت و مطالب حکمت واقف نشوند و آن را بر معانی دیگر حمل کنند و از جاده استقامت منحرف باشند. اینان قابل هدایت اند.(مارقین وخوارج)

۵ . مغالطان (به ظاهر دانایان) که به حقایق نرسیده باشند و از جهت طلب مال و جاه به دعاوی کاذبه اقدام نمایند و خود را در صورت دانایان به عوام نمایند در حالی که خود متحیرند.

پس ارگان مدینه فاضله افاضل، سخنوران و نویسندگان، مقدران، مجاهدان و اغنیا هستند،ونوابت مدینه غیر فاضله ۵ صنف اند:

مرائیان(گمراه شدگان)، محرفان(تحریف شدگان)،باغیان (نفی کنندگان و قانون شکنان)، مارقان و افراد کم فهم، و مغالطان (غلط اندازان).

سیاست ملک و آداب ملوک

ص ۳۸ / ۲۶ : یاَ دَاوُودُ إِنَّا جَعَلْنَاکَ خَلِیفَةً فِی الْأَرْضِ فَاحْکُمْ بَیْنَ النَّاسِ بِالْحَقِّ... ﴿ ۲۶ ﴾

سیاست دو قسم است:

۱ . سیاست فاضله یا امامت و آن نظم مصالح عباد است در امور معاش و معادتا هر یک به کمالی که لایق اوست برسد. ملک خلیفه لله و ظل لله است.

۲ . سیاست ناقصه و آن تغلب است و غرض اصحاب آن استخدام عباد لله وتخریب بلاد لله است، و اینان به اندک مدتی به نکبت دنیوی متصل و به شقاوت ابدی مبتلا میگردند. مردم این پادشاهی را میل به دروغ و حرص و سایر رذایل است.

پادشاه باید در او ۷ خصلت باشد:

۱ . علو همت و آن به تهذیب اخلاق حاصل شود.

۲ . اصالت در رأی و فکرت که با تجربه حاصل شود.

۳ . قوت عزیمت که به رأی صواب و قوت ثبات حاصل شود و اصل دراکتساب فضایل است.

۴ . صبر بر شدائد.

۵ . تمول بسیار تا به طمع در مال مردم مضطر نشود.

۶. لشکریان موافق

۷. نسب که ضروری نیست ولی موجب انجذاب خواطر و مهابت و وقار خواهد بود. مبدأ هر دولتی اتفاق آراء جماعتی است که در تعاون به منزله اعضای شخص واحده باشند.

پس مادام که قانون به عدل رود و هر یک از طبقات مردم در مرتبه خود بوده و از غلبه وتعدی و طلب زیادتی منع شوند مملکت با نظام است، و غیر از این هر طایفه را داعیه نفع خود غالب آید. و به اضرار دیگران برخیزند و به واسطه افراط و تفریط رابطه الفت انحلال یابد.

چون پادشاه و اتباع او در ظلم کوشند هر کسی را نیز داعیه ظلم که در فطرت مکنون است به حرکت آید و میل به غلبه کند و وحدت با غلبه جمع نمیگردد و باعث فساد و مزاج عالم گردد: الملک یبقی مع الکفر و لایبقی مع الظلم.

دولت را به دو چیز میتوان نگهداشت:

۱. تألف و اتحاد میان موافقان

۲. منازعت و اختلاف میان دشمنان.

اعتدال مزاج تمدن نیز به تکافوی ۴ صنف تصور شده:

۱. اهل علم که به منزله آبند در میان عناصر

۲. اهل شمشیر که به منزله آتش اند

۳. اهل معامله

۴. اهل زراعت

در اجتماع مدنی غلبه یکی از اصناف بر سه صنف دیگر سبب بطلان نظام و حدوث اختلال شود.

طبقات مردم پنج اند:

۱. به طبع خیر و خیر ایشان تعدی به غیر شود.

۲. به طبع خیر ولی خیر ایشان تعدی به غیر نیست.

۳. به طبع نه خیر و نه شریر

۴. شریر ولی شرشان تعدی به غیر نشود و میتوان آنها را با مواضع و نصایح، تحقیر و اهانت هدایت کرد.

۵. شرارت ذاتی که شرشان تعدی به غیر است. از اینان جمعی را که امید به اصلاح باشد به تأدیب، تهذیب و غیره اصلاح باید کرد و اگر امید به اصلاح نیست دفع

شراز طریق حبس، منع از تصرفات مدنی، نفی و منع از دخول در تمدن و اگر همه نشد یا قطع عضو شر، یا قتل..

خیرات به سه قسم است:

۱. سلامت

۲. اموال

۳. کرامات

سلطان اگر در مقابل جور اندک عقوبت بسیار کند ظلم بر جائر(ستمکار) است، و اگر بازاءجور بسیار عقوبت اندک کند ظلم بر اهل مدینه است.

حدود لله به عفو ساقط نمیشود مانند سرقت، زنا و ایجاد ناامنی، و عقوبت واجب است.

آنچه از جنس حق الناس است اگر قصاص یا حد قذف(سنگسار) است به عفو مستحق ساقط میشود و اگر تعزیز است به صورت ضرب و ایذا و اهانت.

بر پادشاه سه چیز واجب است رعایت شود:

۱. آبادانی خزانه و مملکت

۲. شفقت و رأفت بر رعیت

۳. کارهای بزرگ به مردم کوچک و خرد رجوع ننماید.

اساس بنای عدالت بر ۱۰ قاعده است:

۱. هر اتفاقی که بیفتد فکر کند که خود رعیت است نه پادشاه

۲. انتظار ارباب حاجات تجویز نکند و از خطر آن بر حذر باشد.

۳. اوقات خود را مستغرق شهوات و لذات جسمانی ندارد.

۴. بنای کارها بر رفق و مدارا نهد، نه بر عنف و قهر

۵. در رضای خلق رضای حق را طلبد.

۶. رضای خلق در مخالفت حق نطلبد.

۷. چون از او حکم خواهند عدل کند و چون رحمت طلبند عفو کند.

۸. به صحبت اهل حق مایل باشد.

۹. هر کسی را درهر مرتبه استحقاق دارد.

۱۰. نه تنها خود پادشاه، بلکه عمال، لشکریان و رعایا هم ظلم نکنند.

الرعد ۱۳ / ۱۱:...إِنَّ اللهَ لاَ يُغَيِّرُ مَا بِقَوْمٍ حَتَّى يُغَيِّرُوا مَا بِأَنْفُسِهِمْ..(۱۱)

مسلماً خداوند وضعیت هیچ قومی را تغییر نمی دهد مگر آنچه را که به نفسشان مربوط می شود را تغییر دهند(شخصیت وشیوهٔ زندگی)

قوام بدن به طبیعت است، قوام طبیعت به نفس، قوام نفس به عقل، قوام مدینه به مَلِک، قوام مَلِک به سیاست، و قوام سیاست به حکمت که عین شریعت است.شریعت را نگه دار تا شریعت تو را نگه دارد.

در احسان رعایت مقادیر استحقاق باید نمود و باید احسان قرین هیبت و حشمت باشد، چه باسقوط هیبت احسان سبب انبساط زیردستان و ازدیاد طمع ایشان گردد.

تکبر با متکبران و تواضع با مسکینان و زیردستان از اخلاق کرام است.

اسرار خود پوشیده دار تا بر اجالت (تغییردادن) فکر و نظر قادر باشی و از کید اعادی محفوظ.

آداب معاشرت

افراد یا بالاتر یا مساوی یا فروترهستند.

معاشرت با افراد مساوی سه نوع است:

معاشرت با دوستان، معاشرت با دشمنان و معاشرت با کسانی که نه دوست اند و نه دشمن.

دوستان دو گروه اند: حقیقی و غیرحقیقی

دوستان غیرحقیقی اگر به تملق خود را شبیه دوستان حقیقی جلوه میدهند به قدر و تبع باایشان معاملت باید نمود و در استحالت قلوب ایشان باید کوشید شاید حقیقی شوند ولی اسرارو غرایم و عیوب و مقادیر اموال را باید از ایشان پوشیده داشت و ایشان را به تقصیر مواخذه نباید کرد و در اهمال حقوق معاتب نگردانید و به قدر میسور به مهمات ایشان بر وجه بشاشت خواه به طوع و خواه به تکلف قیام کنید. اگر ایشان را ترقی در جاه و مال و کرامت شود درتردد و تودد نباید افزود.

دشمنان دو نوع اند: نزدیک و دور، و هر دو آشکار و پنهان، اهل حقد دشمنان ظاهرند و اهل حسد دشمنان مخفی، از دشمن نزدیک احتراز بیشتر باید کرد چه اطلاع او بر دقایق احوال بیشتر است و در ماکل و مشارب و مصادر و موارد از او غافل نباید بود.

عمده در سیاست اعدا اگر میسر است به مواسات و تلطف ازاله بغض از دل ایشان باید نمود.اگر نشد مجاملت ظاهری تا به اظهار دشمنی رخصت نیابند، چه قمع شر به خیر، خیر است، ودفع شر به شر، شر است.

به سفاهت اعداء التفات نباید کرد و تحمل و مدارا شعار خود باید ساخت و از منازعت ومخاصمت احتراز باید کرد، دشنام و نفرین و لعنت و غیبت اسلحه زنان و ناقصان است

و ازعادات ارباب عقل و کیاست دور.

اگر دشمن به او پناه آورد یا اعتماد نماید، باید که از غدر و خیانت محترز بود و شرط کرم ومروت به جا آورد، و چنان کند که حسن سیرت و عهد او به همه کس معلوم شود.

دفع ضرر اعداء را به سه طریق است:

۱ . اصلاح ایشان فی انفسهم و اگر نشد اصلاح ذات البین

۲ . احتراز از شر ایشان به اختیار تغییر منزل یا ارتکاب سفری دور

۳ . قهر و قمع و آن آخر همه تدبیرهاست.

حسود را به اظهار نعم و ارائه فضایل و دیگر اسباب سعادات داخلی و خارجی که موجب احتراق او و هیجان مواد آلام نفسانی اش باشد ایذاء باید نمود، و هتک شر او باید کرد تامردم بر قبح سیرت او واقف شوند و نسبت او را به متهم دانند. در ازاله عدوات حسود سعی کردن ضایع باشد.

معاشرت با کسانی که نه دوست اند و نه دشمن بر حسب مراتب ایشان مختلف باشد چه: با ناصحان اختلاط باید نمود)ثبت به جمهور در مقام نصح و اخلاص اند(، در قبول قول هر کسی مسارعت نباید کرد و به ظاهر احوال فریفته نباید شد، بلکه با تأمل بر اغراض هر کس اطلاع باید گرفت، بعد از آن بر آنچه صواب باشد رفت، نسبت به صلحا که به اصلاح ذات البین مشغول اند اعظام و اکرام باید نمود.

با سفها به حلم معاشرت باید کرد و سفاهت و شتم ایشان را اعتبار نباید نمود و در مقام تلافی نباشد، بلکه به سکون و رفق و مفارقت از ایشان نجات باید جست.

با اهل تکبر، تکبر باید کرد تا از آن متألم و منزجر شوند. التکبر مع التکبر صدقه.

فضلا را احترام واجب است و استفاده از ایشان غنیمت.

با خوبی به همسایه و خویشان صبر باید کرد.

حکما گفته اند لئیمان به بدن صابر باشند و کریمان به نفس.

زیردستان را اگر متعلم باشند همچون فرزند گرامی دار و آنچه در آن استعداد دارند باید تقویت کرد و به قدر امکان امداد کرد.

تلمیذان را به آنچه فهم ایشان نزدیکتر است ترغیب کن و از تضیع عمر منع فرما.

سائلان را اگر اصرار نمایند زجر باید نمود و در اجابت توقف کرد مگر آن که الحاح او ازفرط اضطرار باشد.

میان محتاج و طامع تمیز باید کرد و حاجت محتاج را برآورد، ضعفا را دستگیری کن، مظلومان را اجابت نما.

افلاطون گفته است خدا را بشناس و حق او نگه دار و همیشه همت خود را به تعلیم و تعلم منظور دار و اهل علم را به کثرت علم امتحان مکن، بلکه آنها را به اجتناب از شرور و فساداختیار کن.

از خدا چیزی مخواه که زوال پذیرد بلکه از او باقیات صالحات طلب کن، آنچه نباید کردبه آرزو مخواه و بدان که انتقام الهی از بنده نه بر طریق غضب است بلکه به طریق تأدیب و تهذیب است.

حیات را شایسته مشمار مگر آن که وسیله اکتساب خیر باشد.

به خواب میل نکن الا بعد از آن که در سه چیزی محاسبه نفس کرده باشی:

۱. تأمل کنی که در آن روز هیچ خطا از تو واقع نشده

۲. در آن روز هیچ خیر اکتساب کرده ای؟

۳. هیچ عمل خیر به تقصیر فوت کرده ای؟

در ایصال خیر به مستحقان موقوف سؤال ایشان مباش.

بارها اندیشه کن، آن گاه بگو و آن گاه که گفتی به عمل آور.

حاجت محتاج به فردا میفکن.

گرفتاران را معاونت کن مگر آن که بخوی بد گرفتار باشند.

تا سخن هر دو خصم فهم نکنی حکم میان ایشان نکن.

به قول و عمل هر دو حکیم باش.

اگر در نیکی رنجی بری، رنج نماند و نیکی بماند.

اگر از بدی لذتی یابی، لذت نماند و بدی بماند.

نیکی را مکافات کن و بدی را درگذار.

در هیچ کار پیش از وقت شروع مکن و چون به کار مشغول شوی از روی فهم و بصیرت اشتغال کن.

با دوست معامله چنان مکن که به حاکم محتاج شوی و با دشمن معامله چنان کن که اگر به حاکم عرض رود خطر تو را نباشد.

با هیچ کس سفاهت مکن و با همه تواضع کن و هیچ متواضع را حقیر مشمار.

در وصایای ارسطو معلم و وزیر اسکندر به او:

‑ سخاوت آن است که به قدر حاجت به اهل استحقاق برسانی و اسراف نکنی، طمع در مال مردم نکن، ستم جایز ندار و از عیب پوشیده مردم تفتیش نکن و از انعامی که

به کسی دهی یاد نکن.

- نیکان را گرامی دار، با مردم گشاده رو باش، از خطای جاهلان درگذر. اول آلت عقل محبت و نام نیک است.

- خنده بسیار نکن، در شهوت حریص نباش، چنان کن که اهل صلاح از تو ایمن باشند و اهل فساد خائف.

- نکث عهد مکن، سوگند یاد مکن و چون یاد کردی از آن برنگرد. برچیزی که از تو فوت شده تأسف مخور که این شیوه ناقصان است. به یک دلیل حکم مکن.

- عدل صورت عقل است و به عدل مالک قلوب توان شد.

- اهل مملکت را به کسب فنون علوم امر کن، و کسی را که در علم فائق شده به مزید عنایت و تربیت مخصوص دار.

- از افلاطون معلم ارسطو پرسیدند تعلم تا چه وقت مستحسن است گفت تاآن وقت که جهل عیب است.

شمه‌ای از نصایح آقای رندی باوش (پدری جوان و موفق به فرزندان صغیرش قبل از فوت

آقای رندی باوش *Randy Bausch* استاد ممتاز رشته هوش مصنوعی (**AI**) و انیمیشن دانشگاه کارنگی ملون آمریکا در سن ۴۶ سالگی به علت سرطان پانکراس فوت کرد. او دارای سه فرزند یک تا هفت ساله بود. دانشجویان از او خواستند که راجع به تجارب آخرین سال زندگی اش، سرطان و احساسات مرگ قریب الوقوع خود صحبت کند، پرفسور باوش روی سخن را به فرزندان خود معطوف کرد. او گفت چون در بزرگتر شدن و تربیت آنها نقشی نخواهم داشت، میخواهم مقداری از مسئولیت های پدرانه خود را به صورت نصایح در این سخنرانی بجای گذارم. در زیر تیتر نصایح او از نظر شما میگذرد به این امید که در زندگی خود و رابطه با فرزندان و دوستان مفید باشد.

۱ . از طفولیت به آرزوهای بزرگ فکر کن و در زندگی به دنبال تحصیل آنها باش(خواسته ها و دعاهایت متعالی باشند و در راه حوصله به آنها کوشا و صبور باش).

۲ . جدی و با ثبات باش، لزومی ندارد همه تو را دوست بدارند(اگر همه تورا دوست دارند در اموری صادق نیستی).

۳ . گاهی پرچم سفید برافراز و تسلیم شو(همیشه دنبال برد مباش، بگذار زمانی هم دیگران ببرند).

۴ . تفاهم و مسالمت بجا، از تخاصم نابجا جلوگیری میکند.

۵ . در کارهایت هر چند مشکل باشد شکایت و گله نکن، بلکه سخت تر کوشش کن.

۶ . به دنبال ریشه کن کردن بیماری باش، نه درمان موقت علائم آن.

۷ . راجع به اینکه افراد در مورد تو چه میگویند زیاد نگران نباش، تو راه درست را برو.

۸ . اگر لازم دیدی به بقیه اعضای تیم بپیوند.(در صورت لزوم همکاری مفید، بجای تکروی)

۹ . دنبال بهترین در هر شخص و دوستی با بهترین اشخاص باش.

۱۰ . ببین در عمل چه میکنند؟ نه اینکه چه میگویند؟

۱۱ . اگر فکر کنی که میتوانی یا نمیتوانی درست است.(عملت انعکاس طرز فکرت است، نمیتوانم به شکست میانجامد و قبولی خواستن توانستن است.)

۱۲ . روی جزئیات به قیمت فراموش کردن کلیات تمرکز مکن)به قیمت دیدن سوزن جوال دوز را فراموش نکن(.

۱۳ . در پریدن داخل آب سرد، اولین پنگوئن باش.(ریسک پذیر باش)

۱۴ . یادداشت متشکرم را بیشتر برای افراد بنویس.(شکرگزار باش ، قدرنعمتهایت را بدان و نشان بده)

۱۵ . اعتماد جاده ای دوطرفه است.

۱۶ . جواب؛ شب جمعه در خانه ماندن است.)تفاوت افراد موفق و ناموفق در نوع گذران اوقات فراغت است.(

۱۷ . در مواقع لازم ابزار کار را از یاد مبر.)به همه جزئیات، امکاناتت و عوارض قبل از شروع کاری فکر کن (

۱۸ . آماده به جلسه بیا و به همه چیز قبل از رسیدن به مقصد فکر کن.

۱۹ . معذرتخواهی با معنی و واقعی بکن، معذرتخواهی دروغین بدتر از معذرت نخواستن است.

۲۰ . در تمام اوقات و احوال صدیق و راستگو باش، حتی اگر به ضررت باشد.

۲۱ . هیچ کاری کسر شأن نیست، کاری که به تو محول شده و قبول کردی را با جدیت و علاقه و به بهترین وجه انجام بده.

۲۲ . در هر لحظه بدان که کجا ایستاده ای؟ چرا؟ و به کجا میروی؟

۲۳ . اگر کاری مشکل است هیچوقت آن را ناتمام رها نکن.

۲۴ . در امور اجتماعی مشارکت واقعی داشته باش.(حق در جامعه، با مسئولیت پذیری همراه است)

۲۵ . تنها کاری که گاهی لازم است پرسیدن و درخواست کردن است.

۲۶ . از اول تصمیم بگیر که در زندگی ببر هستی.)زرنگ و فعال باش(

۲۷ . وقتت را تلف نکن، آن را درست برنامه ریزی کن و روی چیزهای غیرضروری وقت نگذار.

۲۸ . اگر برنامه ریزی بهتری داری همیشه میتوانی نظر و برنامه ات را عوض کنی. وقتت را به قسمت های کوچکتر تقسیم کن، کارهای روزانه ات را یادداشت کن که فراموش نکنی و بتوانی به تمام آن ها برسی.

۲۹ . هیچوقت زود نیست)دیرهم نیست(که کارها را به مسئولین آن واگذار کنی. کار را به کاردان رجوع نما.

۳۰ . برای استراحت و تفریح وقت بگذار.

منابع:

۱. تفسیر سوره حمد و بقره، آیت لله مرتضی مطهری. انتشارات صدرا. چاپ ۳۳، ۱۳۹۳

۲. تفسیر سوره حمد، استاد حسین انصاریان ۴۲. دار العرفان قم ۱۳۹۲

۳. تفسیر سوره حمد، قرآن عهد نهایی ترجمه لاله، دکتر رشاد خلیفه

۴. قرآن حکیم، معانی آیات و تفاسیر، سایت اینترنتی مهندس عبدالعلی بازرگان ترجمه و تفسیر کلیه آیات قرآنی برداشته از سایت اینترنتی قرآن حکیم متعلق به جناب مهندس عبدالعلی بازرگان میباشد.

۵. پرتوی از قرآن آیت لله محمود طالقانی، جلد ۱، ۱۹۶۳

۶. پژوهشی پیرامون تدبر در قرآن. ولی الله نقی پور فر، انتشارات اسوه، ۱۳۸۷

۷. برداشتی از نماز، آیت لله علی نجفی کاشانی. انتشارات محتشم، ۱۳۷۶

۸. منهای فقر، محمد رضا حکیمی. انتشارات الحیات ۱۳۹۲

۹. تفسیر قرآن کریم، نشر معارف، محسن قرائتی

۱۰. پرتوی از اسرار نماز، محسن قرائتی، مرکز فرهنگی درس هایی از قرآن، ۱۳۷۵

۱۱. تفسیر قرآن کریم آیات برگزیده، محسن قرایتی، دفتر نشر معارف، قم ۱۳۸۴

۱۲. احکام و روح نماز، محمد وحیدی، موسسه بوستان کتاب، ۱۳۸۴

۱۳. مغرب و هلال، محمد جواد موسوی غروی، نشر حجت ۱۳۶؟

۱۴. قربانی در منی، محمد جواد موسوی غروی، ۱۳۶۲

۱۵. برهان قرآن، صدر الدین بلاغی، انتشارات امیر کبیر ۱۳۵۸

۱۶. ده فرمان از قرآن مجید، یوسف پورصفوی، انتشارات اقبال، ۱۳۴۴

۱۷. صراط های مستقیم، عبدالکریم سروش، موسسه فرهنگی صراط، ۱۳۷۸

۱۸. اسرار و آثار واقعه کربلا، استاد جلال همایی، نشریه آستانه حضرت عبد العظیم، ۱۳۵؟

۱۹. تحلیلی از مناسک حج، دکتر علی شریعتی، انتشارات الهام ۱۳۵۲

۲۰. تفسیر موضوعی سوره های قرآن کریم، محمد غزالی، ترجمه علی اصغر محمدی، دفتر نشر فرهنگ اسلامی، ۱۳۷۷

۲۱.‏ اسرارالایات، صدرالمتاهلین شیرازی ملاصدرا، ترجمه محمد خواجوی،
انتشارات مولی، ۱۳۸۰

۲۲.‏ فرهنگواره اخلاق در قرآن، دکتر جعفر شعار، انتشارات آتیه، ۱۳۷۵

23.	The philosophy of the teachings of islam, Ahmad Mirza Ghulam, Islamic International Publications, 1989

24.	Direct Contact, The Muslim Contact Prayer and its Mathematical Encoding, Ihsan Ramadan, BSM press, 2002

25.	The Bible, The Quran and Science, Maurice Bucaille, translated to English

26.	Quran, The Final Testament,-by Alastar Pannel, Idaratul Quran, , Krachi, Pakistan Translated in English bu Dr. Rashad Khalifa, Universal Unity press,1992

27.	The Last Lecture, Randy Pausch, Hyperion, New York, 2008

28.	Yuval Harari, A Brief History of Humankind. Sapiens;Harper Collins-2015

29.	Origin Story, A beef history of Everything, David Christian, Little Brown and Company, 2018

30.	What the Buddha Taught, Walpole Rahula, Grove press, New York, 1974

31.	Muhammad, Karen Armstrong, Harper Collins publishing, San Francisco, 1992

AF447786

9 79834 81 76617